Y0-IWC-316
W0460585

YENİKAPI SHIPWRECKS / YENİKAPI BATIKLARI

VOLUME / CİLT
I

THE 'OLD SHIPS' OF THE 'NEW GATE'

YENİKAPI'NIN ESKİ GEMİLERİ

1

Revised Second Edition / Gözden Geçirilmiş 2. Baskı

Contributors to the Project / Projeye Katkıda Bulunanlar

Research Projects Fund of Istanbul University
Project No: 2294

İstanbul Üniversitesi Bilimsel Araştırma Projeleri
Proje No: 2294

Istanbul University Faculty of Letters

İstanbul Üniversitesi Edebiyat Fakültesi

General Directorate of Monuments and Museums
Istanbul Archaeological Museums

Kültür Varlıkları ve Müzeler Genel Müdürlüğü
İstanbul Arkeoloji Müzeleri Müdürlüğü

BASF
The Chemical Company

YENİKAPI SHIPWRECKS / YENİKAPI BATIKLARI

VOLUME / CİLT
I

THE 'OLD SHIPS' OF THE 'NEW GATE'

YENİKAPI'NIN ESKİ GEMİLERİ

1

editor / editör
Ufuk Kocabaş

Revised Second Edition / Gözden Geçirilmiş 2. Baskı

ege
YAYINLARI

YENİKAPI SHIPWRECKS / YENİKAPI BATIKLARI
VOLUME / CİLT 1

THE 'OLD SHIPS' OF THE 'NEW GATE'
YENİKAPI'NIN ESKİ GEMİLERİ
1

ISBN 978-605-5607-86-9

Revised Second Edition / Gözden Geçirilmiş 2. Baskı

© Istanbul University Yenikapı Shipwrecks Project / İstanbul Üniversitesi Yenikapı Batıkları Projesi
and Ege Yayınları (Certificate No: 14641)

2012, İstanbul

www.divingintopast.com www.gecmisedalis.com

All rights reserved.
No part of this publication may be reproduced or transmitted in any means, electronic or mechanical, including photocopy, without the permission of the publisher and author and without a proper citation.

Her hakkı mahfuzdur.
Bu yayının hiçbir bölümü kopya edilemez. Dipnot vermeden alıntı yapılamaz ve izin alınmadan elektronik, mekanik, fotokopi vb. yollarla kopya edilip yayınlanamaz.

Translation from the Turkish / İngilizceye çeviri
İnci Türkoğlu

Turkish copy-editing / Türkçe düzelti
Seçil Kocabaş

Implementation / Uygulama
Hülya Tokmak

Printed by / Baskı
MAS Matbaacılık A.Ş.
Hamidiye Mah. Soğuksu Cad. No. 3
Kağıthane - İstanbul / Türkiye
Tel: +90 (212) 294 10 00 Fax: +90 (212) 294 90 80
info@masmat.com.tr
Certificate No: 12055

Production and Distribution / Yapım ve Dağıtım
Zero Prod. Ltd.
Abdullah Sokak No. 17 Taksim
34433 İstanbul - Turkey
Tel: +90 (212) 244 7521 Fax: +90 (212) 244 3209
e.mail: info@zerobooksonline.com
www.egeyayinlari.com **www.zerobooksonline.com**

Table of Contents

İçindekiler

Istanbul-Maslak Rotary Club / District 2420 İstanbul-Maslak Rotary Kulübü Derneği

INTRODUCTION

Maslak Rotary Club is proud to announce the construction of three schools in eastern Turkey in the last three years, having concentrated our activities on education. In the fifteenth year of our foundation, we wished to undersign a different project for our society. We have considered it our duty, within the frame of Istanbul's becoming the European Capital of Culture in 2010, to support the publishing of 'Yenikapı Shipwrecks Volume I' covering the documentation and conservation of the shipwrecks uncovered at Yenikapı during the construction of Istanbul's new subway.

We would like to thank the following persons for their invaluable efforts in the preparation of this publication: Prof. Dr. Sait Başaran, the head of the project, who acquired the project on behalf of Istanbul University; Asst. Prof. Dr. Ufuk Kocabaş, the editor and an author of the present volume, who has been perfectly leading the project including the conservation and documentation in addition to the excavation on site; lecturer Işıl Özsait Kocabaş for preparing the infrastructure of the documentation; Miss Seçil Kocabaş for copy-editing the Turkish text; art historian İnci Türkoğlu for translating the work into English for an international context; Ahmet Boratav, the owner of Ege Publications, for producing this authentic work; and, Miss Hülya Tokmak for the design and implementation. Finally, but not the least, we would like to extend our special thanks to amateur historian/archaeologist Turhan Yavaş, our dear friend, who presented this project to us and brought together all the abovementioned experts and introduced them to us.

Istanbul-Maslak Rotary Club

July 2008

SUNUŞ

Maslak Rotary Kulübü olarak, bugüne dek faaliyetlerimizi özellikle eğitim alanında yoğunlaştırıp, son üç yılımızda, güzel ülkemizin doğusunda üç okul yaptırmanın gururunu yaşıyoruz. Kuruluşumuzun 15. yılında ise içinde yaşadığımız topluma yararlı olmak amacıyla farklı bir projeye imza atmak istedik. Bu kez, "İstanbul 2010 Avrupa Kültür Başkenti" projeleri kapsamında, İstanbul Metrosu inşaatı sırasında Yenikapı'da ortaya çıkartılan batık gemilerin korunması, Ülkemize ve arkeoloji dünyasına kazandırılması amacıyla yürütülen kazının belgelenmesine yönelik çalışmaların "Yenikapı Batıkları" başlığı altında yayımlanmasına destek olmayı bir borç bildik.

Bu eserin ortaya çıkmasında öncelikle projenin İstanbul Üniversitesi'ne kazandırılmasını sağlayan ve projenin başkanlığını yürüten Sn. Prof. Dr. Sait Başaran'a; eseri kaleme alan ve editörlüğünü üstlenen, kazıda fiilen çalışarak çıkarılan bütün gemilerin en iyi şekilde korunması ve belgelenmesi dâhil olmak üzere projeyi kusursuzca yöneten Sn. Yrd. Doçent Ufuk Kocabaş'a; tüm bu süreçte projenin belgelemeyle ilgili altyapısını hazırlayarak çalışmalara bilfiil katılan Öğretim Görevlisi Sn. Işıl Özsait Kocabaş'a; Türkçe metindeki düzeltimleri yapan Sn. Seçil Kocabaş'a; kitabın uluslararası bir nitelik kazanması için İngilizce tercümesini gerçekleştiren Sanat Tarihçisi Sn. İnci Türkoğlu'na; elinizde bulunan bu baskıyı özgün bir biçimde hazırlayan Ege Yayınları sahibi Sn. Ahmet Boratav ve tasarımını gerçekleştiren Sn. Hülya Tokmak'a teşekkür ediyoruz. Özellikle de, bu eseri bir proje olarak sunan, bizi teşvik eden ve yukarıda adı geçen, her biri kendi konusunda otorite olan kişileri derneğimizle bir araya getirerek bize yepyeni dostluklar kazandıran, değerli dostumuz amatör tarihçi/arkeolog Sn. Turhan Yavaş'a teşekkürlerimizi sunuyoruz.

İstanbul-Maslak Rotary Kulübü Derneği

Temmuz 2008

Introduction

The Directorate of Istanbul Archaeological Museums was appointed to lead the archaeological excavations at Üsküdar, Sirkeci, Sultanahmet and Yenikapı station constructions of Marmaray and Metro Projects – among the most important transportation projects of Turkey. Initiated in 2004, the excavations have proven to be a rare chance of shedding light on the history of Istanbul. It is impossible to ignore the difficulties of excavating and documenting finds whilst conforming to scientific ethics and rules in a city like Istanbul where daily life is extremely dynamic and hectic. The self-giving approach by our excavation team, negotiations with participating institutions and a meticulously designed project culminated in a project that exemplifies the possible collaboration of cultural and engineering work. Without this project materialising real, we would, perhaps, never have had the chance of uncovering the cultural heritage at Yenikapı and Üsküdar, and especially the Theodosian Harbour of the Byzantine period and the well-preserved shipwrecks swollen by mud in it.

Having mentioned the difficulties of implementing urban archaeology, let us describe the process of excavations briefly. The excavations at Üsküdar Meydanı (soon to be completed) are where we first came across the foundations of an *arasta* – an Ottoman street lined with shops – whose location is mentioned in several sources. The foundations we found were documented using plan drawings and other methods and many other remains designated in the Pervititch map were compared and studied. Furthermore, the foundations of an apsidal building from the twelfth and thirteenth centuries and a wooden construction thought to belong to a pier were uncovered.

The ongoing excavations at Sirkeci allowed us to reach data of utmost importance for the identification of the stratigraphy of Istanbul, a densely built city.

Our largest area of excavation is at Yenikapı on the Marmara coast, the area known as Langa, which housed the harbour of Byzantine Istanbul. The area under excavation is called the Theodosian Harbour by some scholars as it was Theodosios I, who recognised this great need, had this harbour, known after his name, built on the Marmara coast. Indeed commercial harbours played a great role in the development of the new capital of the Roman Emperor Konstantinos. The harbour, built for satisfying the increasing demand for grains and other items, stayed active until the mid-seventh century before losing its importance due to the alluvial silting by the Lykos, and waste and rubble that were dumped in it. The harbour stayed in service for small boats and ships until the late eleventh century and was probably completely filled in during the thirteenth.

Excavations at this harbour revealed to date, a total of 31 shipwrecks of various sizes and types. Arhaeological work on shiprwrecks requires an entirely different expertise to other types of excavation. Our Museum therefore received support from various institutions, and above all, from Istanbul University (IU). With protocols signed, the IU's Department of Restoration and Conservation was authorised to document, lift and undertake all conservation-restoration work as well as preparing the shipwrecks for display at the museum. Following these procedures, the team has already completed the lifting and conserving of eleven shipwrecks whilst conforming to international norms and standards and using the latest technology. The book in your hands explicitly presents the work conducted by the IU team, their scientific approach and the care and importance they pay to their work.

As the directorate of the excavations, we have already published in June 2007 the exhibition catalogue titled *Gün Işığında. İstanbul'un 8000 Yılı: Marmaray, Metro, Sultanahmet Kazıları* [In the Daylight. 8000 Years of Istanbul: Marmaray, Metro, Sultanahmet Excavations]. The symposium held on the 5th and 6th of May 2008 was titled *İstanbul Arkeoloji Müzeleri Marmaray – Metro Kurtarma Kazıları Sempozyumu* [Istanbul Archaeological Museums Symposium on the Rescue Excavations at Marmaray – Metro] and its proceedings are foreseen to be published in the latter half of 2008. The publications by our Museum Directorate and the present volume titled *The 'Old Ships' of the 'New Gate'*, the first of a series that will cover the shipwrecks studied by IU, are all signs for our care for publishing our ongoing scientific works.

Within the frame of 'Istanbul University Yenikapı Shipwrecks Project', which is destined to become a turning point for research on ancient ship and boat technology, I would like to thank Prof. Dr. Sait Başaran, the project director, Asst. Prof. Dr. Ufuk Kocabaş, the field director and vice director of the project. I also wish to extend my thanks to the experts and students working as a member of the team as well as those who have contributed to the publication.

Dr. İsmail Karamut

Director of Istanbul Archaeological Museums
Director of Marmaray-Metro Rescue Excavations
July 2008

Sunuş

İstanbul Arkeoloji Müzeleri Müdürlüğü, Türkiye'nin en önemli ulaşım projelerinden biri olan Marmaray ve Metro inşa çalışmaları kapsamında, Üsküdar, Sirkeci, Sultanahmet ve Yenikapı istasyonlarının kurulacağı noktalarda gerçekleştirilecek arkeolojik kazıları yürütmek üzere görevlendirilmiş; 2004 yılında başlayan kazılar, İstanbul'un tarihini aydınlatması bakımından bizim için kolay rastlanmayacak bir şans olarak değerlendirilmiştir. Çok yoğun ve dinamik bir günlük hayatın yaşandığı İstanbul'da, bilim etiğine ve kurallarına bağlı kalarak kazı yapmanın, bulunan eserleri en iyi şekilde belgeleyebilmenin zorluğu da, göz ardı edilemeyecek önemli bir gerçektir. Kazı ekibimizin özverili yaklaşımları, ilgili kurumlarla yapılan görüşmeler ve projenin titiz bir şekilde planlanması neticesinde, kültürel çalışmalar ile mühendislik projelerinin ortak paydalarda buluşabileceği kanıtlanmıştır. Şayet bu proje olmasaydı, Yenikapı ve Üsküdar'da ortaya çıkan taşınmaz kültür varlıkları, özellikle de Bizans Dönemi Theodosius Limanı ile limanda çamurun yuttuğu ve bu sayede günümüze oldukça korunmuş durumda ulaşan batık gemiler hakkında bilgi sahibi olamayacaktık.

Kent arkeolojisi yapmanın zorluklarını belirttikten sonra, kazı sürecini kısaca anlatmakta yarar görüyorum. Proje bağlamında kazılarına başladığımız ve şu an bitirme aşamasına geldiğimiz Üsküdar Meydanı'ndaki arkeolojik kazılarda ilk olarak bir arastanın temel kalıntılarına rastlanmıştır. Varlığı çeşitli kaynaklar tarafından da belirtilen arastanın kazı çalışmaları süresince ortaya çıkartılan kalıntılarının çizimleri yapılmış, röleveleri çıkartılmış ve belgelenmiştir. Ayrıca bu alanda Pervititch haritasında çizilmiş olan pek çok kalıntı da karşılaştırmalı olarak incelenmiştir. Yine bu alan yakınlarında yapılan kazılarda 12-13. yüzyıllara tarihlenen apsidal bir yapının temellerine ulaşılmıştır. Bu kapsamda sürdürülen kazılarda ele geçen ahşap bir konstrüksiyonun da iskele olduğu düşünülmektedir.

Sirkeci'de devam eden kazılarda da İstanbul gibi yoğun yapılaşmanın olduğu bir kentin stratigrafisinin saptanması açısından son derece önemli verilere ulaşılmıştır.

En büyük kazı alanımız ise Yenikapı ya da Langa Bölgesi, Bizans Dönemi'nde İstanbul'un Marmara kıyılarındaki liman alanıdır. Kazı çalışmalarının yürütüldüğü bölge bazı araştırmacıların çalışmalarında Theodosius Limanı olarak anılmaktadır. Roma imparatoru Büyük Konstantin'in kurduğu yeni başkent Konstantinopolis'in gelişip büyümesinde, gemilerle yapılan ticarette limanlara büyük iş düşüyordu. Bu ihtiyacı fark eden I. Theodosius, Marmara kıyılarında, kendi adıyla anılan bu limanı yaptırmıştır. Kentin artan tahıl ve diğer gereksinimlerini karşılamak üzere kurulan liman, 7. yüzyılın ortalarına kadar aktif konumunu sürdürmüş, daha sonra önemini yitirerek limana akan Lykos deresinin taşıdığı mil, atık ve molozlarla dolmaya başlamıştır. Liman ufak tekne ve gemilerin uğrak yeri olarak 11. yüzyıl sonlarına kadar bir süre daha kullanılmış, muhtemelen 13. yüzyılda tamamen dolarak üstü kapanmıştır.

Bu limanda sürdürülen kazılar sırasında şu ana dek otuz bir adet değişik ölçü ve tiplerde batığa ulaşılmıştır. Batıklar üzerindeki arkeolojik çalışmalar farklı bir uzmanlık gerektirdiği için bu konuda Müzemiz, başta İstanbul Üniversitesi (İÜ) olmak üzere yardımlar almıştır. İÜ Taşınabilir Kültür Varlıklarını Koruma ve Onarım Bölümü ile imzalanan protokoller çerçevesinde, kendilerine batıkların belgelenmesi, kaldırılması ve koruma-onarım çalışmalarının tamamlanarak, batıkların müzede sergilenecek hale getirilmesi konularında yetki verilmiştir. Gerekli prosedürlerin tamamlanmasının ardından geniş bir kadro ile çalışmalarına başlayan ekip, 11 batığı uluslararası normlarda yerlerinden kaldırarak koruma altına almıştır. Elinizdeki bu kitap ise İstanbul Üniversitesi ekibinin, teknolojinin son imkânlarını kullanarak gerçekleştirdikleri çalışmaları, konuya verdikleri önemi ve bilimsel yaklaşımlarını tüm açıklığı ile ortaya koymaktadır.

Kazı başkanlığı olarak "Gün Işığında İstanbul'un 8000 Yılı: Marmaray, Metro, Sultanahmet Kazıları" konulu sergi katalog kitabını 2007 yılı Haziran ayı içinde yayımlamış bulunmaktayız. 2008 yılı içinde 5-6 Mayıs tarihleri arasında düzenlediğimiz "İstanbul Arkeoloji Müzeleri Marmaray-Metro Kurtarma Kazıları Sempozyumu"nun bildiriler kitabını ise 2008 yılının ikinci yarısında yayımlamayı planlıyoruz. Müze Müdürlüğümüzün bu yayınları ile İstanbul Üniversitesi'nin çalıştıkları batıkları konu alan "Yenikapı'nın Eski Gemileri" başlıklı kitaplar, sürdürdüğümüz çalışmaları bilimsel yayınlara dönüştürme konusundaki hassasiyetimizin de birer göstergesidir.

Ülkemizde sürdürülen antik gemi teknolojisi araştırmalarına nirengi noktası olacak "İstanbul Üniversitesi Yenikapı Batıkları Projesi" kapsamında, başta ekibin proje yürütücüsü Prof. Dr. Sait Başaran, ekibin saha direktörü ve bu kitabın editörü Yard. Doç. Dr. Ufuk Kocabaş olmak üzere; çalışmalarda ekip üyesi olarak görev alan uzman ve öğrenciler ile kitabın ortaya çıkmasına katkıda bulunan, emeği geçen herkese teşekkür eder çalışmalarında başarılar dilerim.

Dr. İsmail Karamut

İstanbul Arkeoloji Müzeleri Müdürü
Marmaray-Metro Kurtarma Kazıları Başkanı
Temmuz 2008

Foreword by the Project Director

Istanbul has been settled uninterrupted since the Palaeolithic period and certainly her location at the crossroads of the waterway connecting the Mediterranean to the Black Sea and the land route connecting Asia with Europe has contributed tremendously to her cultural development and wealth. As of the early years of her foundation, Istanbul has been a haven for coexistence and development of various cultures and a city with high levels of welfare.

Within the framework of the excavations conducted by the Istanbul Archaeological Museums' experts on the Thracian and Anatolian sides of the city, archaeological remains and finds brought to daylight are of utmost importance for the cultural history of the world. Especially the 31 Byzantine shipwrecks uncovered at the Theodosian Harbour located at Yenikapı is one of the most important discoveries of recent years. Urbanisation started in the Neolithic period and accelerated in the Bronze Age. The process of urbanisation paved the way for trade between societies far away and pushed mankind to identify the land and sea routes; thus, the cities with a coast and harbour developed through trade based mainly on commercial economy. Istanbul was founded and developed at such a location with harbours suitable for transportation. The present day role of Istanbul's straits and harbours was, without doubt, experienced at a more extensive and intensive level in previous centuries.

The shipwrecks uncovered at the Theodosian Harbour, one of the well-protected harbours of Konstantinopolis, were buried in the silt brought by the Lykos Stream, and thus, they have survived with their forms preserved in good condition, although only partially. The documentation, lifting, conservation, restoration, reconstruction and replica production of these shipwrecks have been undertaken by the Department of Conservation and Restoration of the IU Faculty of Letters. The academic staff of our Department teaching since 1995 has assumed the duty of conveying to the future generations these invaluable trusts, which have the potential to change the cultural history of Istanbul. We aim to establish a ship museum of international standards by conserving, restoring and reconstructing these shipwrecks – properly making use of our experience and accumulation of knowledge. Therefore, a large hall at the Faculty of Letters of IU has been transformed into a laboratory with modern equipment for the conservation of the vessels. Our field work started in 2006 and so far, eleven ships, out of 31, have been documented, lifted and placed in fresh water tanks. The fact that such a project in Turkey is undertaken by IU for the first time will pave the way for the training of experts who will continue working in the field in the future and the investment in our students will be the greatest of all benefits.

I would like to sincerely thank Prof. Dr. Mesut Parlak, the President of IU and Prof. Dr. Korkut Tuna, the Dean of the Faculty of Letters, who have supported us from the very beginning of the project. I am also grateful to Mr. Orhan Düzgün, the Director of Cultural Heritage and Museums of the Ministry of Culture and Tourism, for allowing our Department to undertake this project and Dr. İsmail Karamut, the Director of Istanbul Archaeological Museums, and the vice directors Zeynep Kızıltan and Rahmi Asal for giving all sorts of support, as well as archaeologist Metin Gökçay, the field director, for all the assistance and support he has given in the course of the field work.

I would also like to extend my thanks to Dr. Gerhard W. Schwarz, the CEO of BASF Türk for sponsoring the establishment of the conservation laboratory at our faculty; to Mr. Turhan Yavaş, a friend of archaeologists and the science of archaeology, for his efforts for publishing this book, and Mr. Levent Arer, the president of Istanbul Maslak Rotary Club, their members and especially, Murat Menemenli for facilitating the print of this book.

The project is implemented with a core team and a group of students changing every year listed as follows:

The 2008 Team: Academic staff – Prof. Dr. Sait Başaran, Asst. Prof. Dr. Ufuk Kocabaş, lecturer Işıl Özsait Kocabaş, lecturer Ramazan Yılmaz, Assoc. Prof. Dr. Ahmet Güleç, lecturer Yüksel Dede, Research Asst. Dr. Banu Uçar Çakan, expert Nilüfer Kızık, Research Asst. Gülder Emre. Experts, trainees and students – Evren Türkmenoğlu, Deniz Öztekin, Hidayet Bakırcı, Ebru Ertuğrul, Namık Kılıç, Ayşegül Çetiner, İlker Kızılçay, Fırat Buzlu, Gökçe Egin, Pınar Güler, Uğur Gökçe, Eylül Önen, Tuğçe Özmat, Burcu Kıyıcı, Seda Büyükbayrak, Yasemin Çetiner, Gülçin Uzuner, Merve Alkan, Görkem Hersek, Kaan Kongaz, Pınar Tetik, Deniz Şeker.

The 2007 Team: Academic staff – Prof. Dr. Sait Başaran, Asst. Prof. Dr. Ufuk Kocabaş, lecturer Işıl Özsait Kocabaş, lecturer Ramazan Yılmaz, Assoc. Prof. Dr. Ahmet Güleç, lecturer Yüksel Dede, Research Asst. Banu Uçar Çakan, Research Asst. Gülder Emre, consultant Prof. Dr. Nergis Günsenin. Experts, trainees and students – Evren Türkmenoğlu, Deniz Öztekin, Çağlar Çakır, Ayşegül Çetiner, Namık Kılıç, İlker Kızılçay, Hidayet Bakırcı, Fırat Buzlu, Gökçe Egin, Erkan Baloğlu, Vedat Kürkçüoğlu, Halit Canol, Sinem Köstak, Canan Akhüsük, Fatih Şahin, Burcu Kıyıcı, Çiğdem Kibar.

The 2006 Team: Academic staff – Prof. Dr. Sait Başaran, Asst. Prof. Dr. Ufuk Kocabaş, lecturer Işıl Özsait Kocabaş, lecturer Ramazan Yılmaz, Assoc. Prof. Dr. Ahmet Güleç, lecturer Yüksel Dede, Research Asst. Banu Uçar, Research Asst. Gülder Emre, consultant Prof. Dr. Nergis Günsenin. Experts, trainees and students – Deniz Öztekin, Gökçe Turan,

Burcu Yücel, Uğur Tunalı, Namık Kılıç, İlker Kızılçay, Fırat Buzlu, Çağlar Çakır, Ayşegül Çetiner, Mustafa Eruş, Kerem Abuhan, Gökçe Egin, Burcu Çakmaz, Filiz Yuvarlak, Fatih Şahin, Burcu Kıyıcı, Ergün Çağıran, Gülçin Tuna, Canan Akhüsük.

The abovementioned academic staff, experts and students have been the real workers of the project and worked in 100 % relative humidity conditions inside the plastic tents erected for protecting the shipwrecks from the burning heat of the summers and freezing cold of the winters. Appreciation of their self-sacrificing work can not be expressed in words appropriately, no matter how much more I thank them.

Perhaps this hidden cultural heritage would never have come to daylight if this rail system did not come to the agenda. Thus, finally I would like to express my thanks to the Metropolitan Municipality of Istanbul and Ministry of Transportation for paving the way for the discovery of this cultural heritage within the frame of Metro and Marmaray projects, Mr. Yalçın Eyigün, the Director of Rail System Department, and his colleagues, as well as Assoc. Prof. Dr. Haluk İbrahim Özmen, the Marmaray Regional Director of DLH – the General Directorate of the Railway, Harbour and Airport Construction – and his colleagues for their help and contribution to the project.

Prof. Dr. Sait Başaran

Istanbul University Yenikapı Shipwrecks Project
Director
June 2008

Proje Yürütücüsünün Önsözü

Paleolitik Dönem'de başlayan ve günümüze değin kesintisiz olarak yerleşimlere sahne olan İstanbul'un kültürel gelişiminde ve zenginliğinde kuşkusuz Akdeniz-Karadeniz arasında yer alan suyolu ile Asya'dan Avrupa'ya giden karayolunun kesiştikleri noktada yer almasının büyük payı olmuştur. İstanbul, bulunduğu coğrafya itibarıyla kuruluşunun ilk yıllarından başlayarak farklı kültürlerin bir arada gelişip biçimlendiği, maddi refah düzeyi üst seviyede olan bir kent konumuna gelmiştir.

İstanbul Arkeoloji Müzeleri uzmanları tarafından Metro ve Marmaray projeleri kapsamında İstanbul'un Trakya ve Anadolu yakalarında yürütülen kazı çalışmalarında gün ışığına çıkan arkeolojik kalıntılar ve buluntular, dünya kültür tarihi bakımından son derece önem taşımaktadır. Özellikle de, Yenikapı'da varlığı bilinen Theodosius Limanı'nda bu güne kadar yapılan kazılarda 31 adet Bizans Dönemi'ne ait geminin ortaya çıkması, son yılların en önemli keşiflerinden birini oluşturmaktadır. Bilindiği gibi, Neolitik Dönem'de başlayan ve Tunç Dönemi'nden itibaren gelişen kentleşme sürecinde, toplumlar arasındaki ticaret, insanoğluna yolların, özellikle de suyollarının bulunmasında zorlayıcı bir etken olmuş; ayrıca bu yolların ticaret ve taşımacılığın en önemli rotası olarak kullanılmasını, kıyısı ve limanı bulunan kentlerin ticaret ağırlıklı ekonomiye dayanan bir çerçevede şekillenmesini olanaklı kılmıştır. İstanbul, limanları olan ve taşımacılıkta önemli payı bulunan böylesi bir çerçevede kurulmuş ve gelişmiştir. Günümüzde İstanbul Boğazı'nın ve limanlarının oynadığı rolün daha fazlası, kuşkusuz geçmiş dönemlerde yaşanmıştır.

Konstantinopolis'in oldukça iyi korunaklı ticaret limanlarından birisi olan Theodosius Limanı'nda ortaya çıkan gemiler, Lykos Deresi'nin yığdığı mil içinde gömülü vaziyette bulundukları için, kısmen özgün biçimleri korunmuş durumlarıyla günümüze kadar ulaşmıştır. Bunların belgelenerek yerlerinden sökülüp alınmasını, konservasyon, restorasyon, rekonstrüksiyon ve replika çalışmalarını İstanbul Üniversitesi, Edebiyat Fakültesi Taşınabilir Kültür Varlıklarını Koruma ve Onarım Bölümü üstlenmiştir. Koruma-onarım konularında 1995 yılından itibaren eğitim vermeye başlayan bölümümüzün öğretim elemanları, İstanbul'un kültür tarihini değiştirecek ölçüde böylesine önemli değerli emanetleri sahiplenerek, bu yükün altında ezilmeden, yarınlara taşımayı görev olarak kabul etmişlerdir. Amacımız, çalışmalar sırasında aklımızı, bilincimizi ve birikimimizi devingen duruma getirerek, gemilerin olmaları gerektiği biçimde konservasyon ve rekonstrüksiyonlarını gerçekleştirmek ve İstanbul'a uluslararası düzeyde yeni bir gemi müzesi kazandırmaktır. Bu nedenle, İstanbul Üniversitesi Edebiyat Fakültesi bünyesinde yer alan büyük bir mekân gemilerin konservasyon işlemleri için çağdaş donanımlı bir laboratuar durumuna sokulmuştur. Alandaki çalışmalarımız 2006 yılında başlamış, 31 geminin 11 adedi tamamen belgelenerek kaldırılmış ve su tanklarına yerleştirilmek suretiyle koruma altına alınmıştır. Ülkemizde ilk kez böyle bir çalışmanın İstanbul Üniversitesi bünyesinde yürütülüyor olması, bu alanda birçok uzmanın yetişmesine ve bu konuda ileriki yıllarda hizmet vermesine imkan sağlayacak; öğrencilerimize yaptığımız bu yatırım bizim en büyük kazancımız olacaktır.

Projenin hazırlık evresinden başlayarak hayata geçirme ve uygulama aşamalarında desteklerini esirgemeyen Rektörümüz Sayın Prof. Dr. Mesut Parlak ve Sayın Dekanımız Prof. Dr. Korkut Tuna'ya içtenlikle teşekkür ederim. Projenin bölümümüz tarafından yürütülmesine izin veren ve her türlü desteği sağlayan Kültür ve Turizm Bakanlığı, Kültür Varlıkları ve Müzeler Genel Müdürü Orhan Düzgün, İstanbul Arkeoloji Müzeleri Müdürü Dr. İsmail Karamut ve yardımcıları Zeynep Kızıltan ile Rahmi Asal'a, arazi çalışmaları sırasında bize her türlü kolaylığı sağlayan ve yardımlarını esirgemeyen alan yöneticisi Arkeolog Metin Gökçay'a müteşekkirim.

Fakülte içinde bu amaçla kurduğumuz konservasyon laboratuarının yapımında finansman sağlayan BASF Türk CEO'su Dr. Gerhard W. Schwarz'a, bu kitabın basımı için uğraşan ve kaynak bulan arkeoloji biliminin ve arkeologların dostu Turhan Yavaş'a, kitabın basımını sağlayan Maslak Rotary Kulübü başkanı Levent Arer ile üyelerine ve özellikle Murat Menemenli'ye teşekkürü bir borç bilirim.

Proje, aşağıda isimleri yazılı bir çekirdek ekip ve eğitim amacıyla her yıl değişen öğrenciler tarafından yürütülmektedir:

2008 yılı ekibi: Akademik Kadro; Prof. Dr. Sait Başaran, Yard. Doç. Dr. Ufuk Kocabaş, Okt. Işıl Özsait Kocabaş, Okt. Ramazan Yılmaz, Doç. Dr. Ahmet Güleç, Okt. Yüksel Dede, Araş. Gör. Dr. Banu Uçar Çakan, Uz. Nilüfer Kızık, Araş. Gör. Gülder Emre. Uzman, stajyer ve öğrenciler; Evren Türkmenoğlu, Deniz Öztekin, Hidayet Bakırcı, Ebru Ertuğrul, Namık Kılıç, Ayşegül Çetiner, İlker Kızılçay, Fırat Buzlu, Gökçe Eğin, Pınar Güler, Uğur Gökçe, Eylül Önen, Tuğçe Özmat, Burcu Kıyıcı, Seda Büyükbayrak, Yasemin Çetiner, Gülçin Uzuner, Merve Alkan, Görkem Hersek, Kaan Kongaz, Pınar Tetik, Deniz Şeker.

2007 yılı ekibi: Akademik Kadro; Prof. Dr. Sait Başaran, Yard. Doç. Dr. Ufuk Kocabaş, Okt. Işıl Özsait Kocabaş, Okt. Ramazan Yılmaz, Doç. Dr. Ahmet Güleç, Okt. Yüksel Dede, Araş. Gör. Banu Uçar Çakan, Araş. Gör. Gülder Emre. Danışman; Prof. Dr. Nergis Günsenin. Uzman, stajyer ve öğrenciler; Evren Türkmenoğlu, Deniz Öztekin, Çağlar Çakır, Ayşegül Çetiner, Namık Kılıç, İlker Kızılçay, Hidayet Bakırcı, Fırat Buzlu, Gökçe Eğin, Erkan Baloğlu, Vedat Kürkçüoğlu, Halit Canol, Sinem Köstak, Canan Akhüsük, Fatih Şahin, Burcu Kıyıcı, Çiğdem Kibar.

2006 yılı ekibi: Akademik Kadro; Prof. Dr. Sait Başaran, Yard. Doç. Dr. Ufuk Kocabaş, Okt. Işıl Özsait Kocabaş, Okt. Ramazan Yılmaz, Doç. Dr. Ahmet Güleç, Okt. Yüksel Dede, Araş. Gör. Banu Uçar, Araş. Gör. Gülder Emre. Danışman; Prof. Dr. Nergis Günsenin. Uzman, stajyer ve öğrenciler; Deniz Öztekin, Gökçe Turan, Burcu Yücel, Uğur Tunalı, Namık Kılıç, İlker Kızılçay, Fırat Buzlu, Çağlar Çakır, Ayşegül Çetiner, Mustafa Eruş, Kerem Abuhan, Gökçe Egin, Burcu Çakmaz, Filiz Yuvarlak, Fatih Şahin, Burcu Kıyıcı, Ergün Çağıran, Gülçin Tuna, Canan Akhüsük.

Yukarıda adı geçen öğretim üyeleri, yardımcıları ve öğrencilerimizden oluşan projenin gerçek çalışanları, yazın kavurucu sıcağında, kışın dondurucu soğuğunda arazide gemileri korumak için kurulan plastikle örtülü çadırlarda ve % 100'lük bağıl nem ortamında görevlerini başarıyla yürütmüşlerdir. Bu ortamda yüksünmeden özveriyle çalışan ve halen çalışmakta olan her türlü övgüye layık öğretim üyeleri ve yardımcıları ile öğrencilerime ne denli teşekkür etsem azdır.

Son olarak, İstanbul'a raylı sistem inşası gündeme gelmeseydi Yenikapı'daki bu kültür hazinesi saklı kalacak, belki de hiçbir zaman gün ışığına çıkmayacaktı. Bu eserlerin Metro ve Marmaray projeleri kapsamında Yenikapı'da yürütülen çalışmalar sırasında ortaya çıkmasına vesile olan İstanbul Büyükşehir Belediyesi'ne ve Ulaştırma Bakanlığı'na, Raylı Sistem Daire Başkanı Yalçın Eyigün ve çalışma arkadaşları ile Demiryollar, Limanlar ve Hava Meydanları İnşaatı Genel Müdürlüğü DLH Marmaray Bölge Müdürü Doç. Dr. Haluk İbrahim Özmen ve çalışma arkadaşlarına bize yaptıkları yardımlardan ve projeye sağladıkları katkılardan ötürü teşekkür ederim.

Prof. Dr. Sait Başaran

İstanbul Üniversitesi Yenikapı Batıkları Projesi
Başkan
Haziran 2008

Foreword by the Editor

Considered one of the most important cities of the Mediterranean world since her re-foundation as the capital of the Roman Empire in the fourth century AD, Istanbul has been the capital city of two great world empires, namely the Byzantine and Ottoman Empires, and the grandest city of the Republic of Turkey. She has been the stage for the coexistence and clashes of the occidental and oriental civilisations and different cultures. In the long course of her history, Istanbul grew out of the Theodosian walls into a cosmopolitan and gigantic city of 12 million inhabitants. As the old city transformed into a metropolis, one of the biggest problems became transportation. Before the start of the construction at Üsküdar, Sirkeci, Sultanahmet and Yenikapı for the Metro and Marmaray projects designed to solve the transportation problems, the Directorate of Istanbul Archaeological Museums launched rescue excavations at these sites located within the historical urban fabric. The course of these excavations has transformed into the most comprehensive archaeological excavation in the history of Istanbul. The largest harbour known from Antiquity has been uncovered at Yenikapı, where one of the central stations will be built. Known as Portus Theodosiacus, i.e. the Theodosian Harbour, in the written sources, the site has presented us with finds a capital city's harbour would deserve, and beyond it, with invaluable finds related with the seafaring, trade and ships of the Byzantine period.

Since the first shipwreck uncovered in 2005, the latest shipwreck recently discovered at the time of writing is the thirty-first one. For us, these ships constitute the real treasure of Byzantium, buried under the water, the legendary Byzantine treasure. Invaluable information is hidden in these shipwrecks that will shed light onto the marine vessels and shipbuilding technologies of their times and also unto the port city function of Konstantinopolis, the capital of the 'Byzantine Maritime Empire'. With the invitation and contributions by the Istanbul Archaeological Museums in charge of the rescue excavations at Yenikapı, the Department of Conservation and Restoration of IU became one of the teams to implement the archaeological work on the shipwrecks. The area of the Byzantine harbour was reclaimed into the land as it was silted and the shipwrecks uncovered here constitute the scope of the 'Istanbul University Yenikapı Shipwrecks Project'[1]. Our undertaking this extensive project has been facilitated by the facts that our Department has PhD trained experts in archaeological conservation and restoration and that our staff includes experts on ship and boat archaeology as well as conservation of waterlogged wood. The opportunity to explore vessels from Yenikapı displaying a variety of types from the same period has been a rare chance for ship and boat archaeology.

The first volume of a foreseen series, the present book aims at presenting to the world of archaeology the shipwrecks we have explored preliminarily to date. These shipwrecks have been explored and lifted but the study on them still continues. This first volume presents the raw data collected from the ongoing exploration of the excavations and shipwrecks, avoiding, as much as possible, drawing conclusions. Following the completion of the excavations and lifting of the last shipwreck we hope to publish the second volume in the same concept. After the first two complementing volumes, the series will continue presenting each shipwreck individually and in encompassing detail – their detailed drawings, photographs, comparisons and reconstruction.

We have received and welcomed valuable support, both during our work on the shipwrecks and in the publishing of this book. In our opinion, supporters of scientific work deserve appreciation and thanksgiving as much as those conducting the scientific work itself. First of all, Prof. Dr. Mesut Parlak, the President of Istanbul University, and Prof. Dr. Korkut Tuna, the Dean of the Faculty of Letters, have always been with us and supporting us; we are indebted to both of them. We would like to thank also IU Research Projects Fund for the financial support and Prof. Dr. Feza Günergun for his part in procuring this support; Circulating Capital Directorate of IU and especially Prof. Dr. Betigül Öngen. Above all, Mrs. Sevdiye Yılmaz, the head of Fiscal Office of the Faculty of Letters, above all, and her colleagues as well as all the administrative units of the university have never abstained from assisting us.

We are also indebted to Dr. İsmail Karamut, the Director of Istanbul Archaeological Museums and the rescue excavations, under whose supervision we undertake the work, and his vice directors Zeynep Kızıltan and Rahmi Asal as well as archaeologist Metin Gökçay, the field director, for all the support and trust they have shown in us in the course of the field work.

The chemical company BASF Türk undertook the renovation of our Vessel Conservation and Reconstruction Laboratory within the frame of their social responsibility. We would like to thank Dr. Gerhard W. Schwarz, CEO, and his colleagues Pınar Rüstemoğlu, Bertan Enhoş, Hamit Erdoğdu, Berfu Yöneyman and Gökçe Şahin, all of whom presented an excellent teamwork, and we wish to further our collaboration in the future.

---

1 This project is supported by the Research Projects Fund of Istanbul University: Project No: 2294.

In the birth of this volume, the contributions of Mr. Turhan Yavaş, our esteemed friend, cannot be forgotten. Having dedicated himself to scientific projects, he placed his trust in us. The support of the Maslak Rotary Club, above all their president Mr. Levent Arer and Mr. Murat Menemenli, has opened the way for us to present the first fruits of our work so quickly. We are indebted to them.

Copyediting of the Turkish texts was overseen by Miss Seçil Kocabaş with her deep literary grace and knowledge. The text was translated into the English by Miss İnci Türkoğlu, who, with her art historian background, contributed not only to the translation but also to the scientific context of the book. Typesetting, production and printing have been implemented meticulously by Mr. Ahmet Boratav, owner of Ege Publications, and Miss Hülya Tokmak. We thank this team whose creativity, brains and efforts have made the book what it is.

Examination of Yenikapı shipwrecks will unveil the technical properties of ships traditionally built along the Anatolian coasts. Examination of shipbuilding techniques employed by the local Byzantine masters, who had a great part in the rise of Turks as a seafaring nation and the formation of the first Turkish naval force, will contribute to the Turkish history of seafaring. We, the scholars of Istanbul University, are aware of the fact that we have the responsibility of initiating the first scientific research on these shipwrecks, which can be considered the milestone of ship and boat archaeology in Turkey, and we endeavour to do our best to accomplish our mission properly.

The Yenikapı Shipwrecks Project is also noteworthy for being the first ship and boat archaeology project conducted on land by Turkish experts; furthermore, it is a pioneering project which overcame the difference between what is possible and what is not by implementing a real teamwork. My colleagues and students, who have participated in this project with plenty of self-giving, are the promising scientists of the future and have the capacity to undersign many other great projects to come.

Dr. Ufuk Kocabaş

Editor
Istanbul University Yenikapı Shipwrecks Project
Vice Director and Field Director
June 2008

Note for the Second Edition

It will not be wrong if one says an ancient ship cemetery has been found underneath Yenikapı; the best evidence comes from the 36 wrecks recovered through the seven years following the first discovery... The puzzle of Yenikapı shipwrecks unveils itself day by day as examination of the finds continues. The interdisciplinary work conducted by the ancient ship experts trained by the Istanbul University team reveals the long-forgotten shipbuilding techniques. Our team to study 27 wrecks in total has undertaken the second biggest duty after the Istanbul Archaeological Museums that has undertaken the excavations. The number of ships that we shall help with their rebirths following their conservation and restoration reaches 31. In the time that has elapsed our team has already completed the entire recording and documentation of 26 ships and lifted them from the site.

Our book *The 'Old Ships' of the 'New Gate'* published in 2008 is an important sign for the attention we pay to the issue. We are pleased to present a partially revised and updated version of the sold-out book. While the preparations for the second book are underway, individual volume on Yenikapı 12 is ready for publication. Our greatest ambition is to share as soon as possible with the academia and the wider public our wrecks each of which is studied within the scope of master's and doctoral theses. We would like to express our sincere gratitude to all supporting our efforts...

Assoc. Prof. Dr. Ufuk Kocabaş

Editor
Istanbul University Yenikapı Shipwrecks Project
Director
March 2012, Istanbul

Editörün Önsözü

Kurulduğu günden günümüze değin Akdeniz'in en önemli kentlerinden biri olarak kabul edilen İstanbul, on yedi yüzyıl boyunca iki büyük uygarlığın, Bizans ile Osmanlı İmparatorlukları'nın başkenti ve Türkiye Cumhuriyeti'nin en görkemli şehri olma özelliğini korudu. Doğu ve batı uygarlıklarının buluşma, farklı kültürlerin çatışma ve birlikte yaşamalarına sahne oldu. İstanbul, uzun tarihi boyunca, şehrin sınırlarının Theodosius Surları'yla belirlendiği günlerden, devasa bir alana yayılmış, on iki milyon insanın yaşadığı kozmopolit bir şehir haline dönüştü. Eski kent modern bir metropole dönüşürken en önemli sorunlarından biri de ulaşım oldu. Bu sorunun çözümüne yönelik olarak hazırlanan Marmaray ve Metro projelerinin Üsküdar, Sirkeci, Sultanahmet ve Yenikapı'daki istasyonlarının inşası öncesinde, tarihi dokuya sahip bu yerlerde İstanbul Arkeoloji Müzeleri Müdürlüğü detaylı bir kurtarma kazısı başlattı. İstanbul tarihinin en kapsamlı arkeoloji kazılarına dönüşen bu çalışmalar sırasında, merkezi bir istasyonun kurulacağı Yenikapı'da, antik dünyanın bilinen en büyük limanı ortaya çıkartıldı. Yazılı kaynaklardan "Portus Theodosiacus/Theodosius Limanı" olduğunu bildiğimiz bu noktada, bir başkent limanının ihtişamına yakışan, bunun da ötesinde, Bizans Dönemi denizciliği, ticareti ve gemilerine ilişkin inanılmaz eserlere ulaşıldı.

2005 yılında ilk geminin ortaya çıkartılmasının ardından şu ana kadar geçen sürede bulunan gemi sayısı otuz bire ulaştı. Bize göre, günümüze değin kulaktan kulağa bir şehir efsanesi gibi ulaşan, Bizans'ın sular altındaki gerçek hazinesiydi bu gemiler. "Bizans Deniz İmparatorluğu"nun başkenti Konstantinopolis'in bir liman kenti olarak işlevine, bu dönemde kullanılan deniz taşıtları ile yapım tekniklerine ışık tutacak çok değerli bilgiler bu batıklarda gizliydi. Yenikapı'daki kurtarma kazılarını sürdüren İstanbul Arkeoloji Müzeleri'nin daveti ve katkıları ile batıklar üzerindeki arkeolojik çalışmaları yürütecek ekiplerden biri de, İstanbul Üniversitesi Taşınabilir Kültür Varlıklarını Koruma ve Onarım Bölümü oldu. Marmara Denizi kıyısındaki Bizans limanının dolması sonucu karaya katılmış bu alanda, ele geçen batıklar üzerinde sürdürülecek çalışmalar *"İstanbul Üniversitesi Yenikapı Batıkları Projesi"*[1] kapsamında ele alınmaya başlandı. Bölümümüzün, arkeolojik eserlerin korunması ve onarımı konularında doktora düzeyinde uzman yetiştirmesi, akademik kadromuzda gemi ve tekne arkeolojisi ile suya doymuş ahşap konservasyonunda deneyimli akademik kadronun bulunması, bu çok kapsamlı projeyi üstlenirken en büyük avantajlarımızı oluşturdu. Yenikapı kazılarında aynı döneme tarihlenen pek çok değişik tipteki gemiyi inceleme olanağını bulmamız, gemi ve tekne arkeolojisi açısından kolay elde edilemeyecek bir fırsat olmuştur.

Serinin ilk kitabı olan bu eser, bu güne değin tarafımızca üzerinde çalışılan batıkların, genel anlamda bilim dünyasına tanıtılmasını amaçlamaktadır. İnceleyerek kaldırdığımız batıklar üzerinde halen bilimsel çalışmalar devam etmektedir. İlk ciltte, şimdiye kadar elde ettiğimiz ham veriler, devam eden kazı ve batıkların bilimsel incelemeleri ışığında olabildiğince yorumdan kaçınılarak verilmeye çalışılmıştır. Kazı sürecinin tamamlanması ve arazideki son geminin de kaldırılmasının ardından ikinci cildin de aynı konsept ile yayınlanması düşünülmektedir. Birbirini tamamlayan bu iki cildin devamında, seri, batıkların tek tek ele alındığı detaylı çizim, fotoğraf, karşılaştırma ve rekonstrüksiyonların yer alacağı yeni ciltlerle devam edecektir.

Gerek batıklar üzerindeki çalışmalarımızda, gerekse bu kitabın yayımlanmasında çok kıymetli destekler aldık. Bize göre, bilimsel çalışmaları gerçekleştirenler kadar, bu çalışmalara destek sağlayanlar da takdire şayandır. Öncelikle bağlı bulunduğumuz İstanbul Üniversitesi'nin başta Sayın Rektörü Prof. Dr. Mesut Parlak ve Dekanımız Sayın Prof. Dr. Korkut Tuna her zaman arkamızda ve yanımızdaydı; kendilerine sonsuz şükran borçluyuz. Projemize finansal destek sağlayan İstanbul Üniversitesi Bilimsel Araştırma Projeleri Birimi'ne ve bu desteğin sağlanmasındaki katkılarından dolayı Sn. Prof. Dr. Feza Günergun'a ve İÜ Döner Sermaye İşletme Müdürlüğü'ne, öncelikle Sn. Prof. Dr. Betigül Öngen'e çok teşekkür ediyoruz. Ayrıca, başta Edebiyat Fakültesi Mali Büro Şefi Sn. Sevdiye Yılmaz, Ahmet Başar ve çalışma arkadaşları olmak üzere, Üniversitemizin İdari Birimleri bizden kıymetli desteklerini hiçbir zaman esirgemediler.

Kazı alanındaki çalışmalarımızı kendilerine bağlı olarak sürdürdüğümüz, İstanbul Arkeoloji Müzeleri Müdürü ve Kazı Başkanı Sn. Dr. İsmail Karamut; müdür yardımcıları Sn. Zeynep Kızıltan ve Sn. Rahmi Asal ile Yenikapı alan sorumlusu Sn. Metin Gökçay'a, bize karşı olan güvenleri ve verdikleri destekler için teşekkürü borç biliriz.

"Gemi Konservasyon ve Rekonstrüksiyon Laboratuarı"mızın renovasyonunu üstlenen kimya şirketi BASF Türk'ün sosyal sorumluluk bilinci içinde gerçekleştirdiği bu proje nedeniyle başta CEO'ları Sn. Dr. Gerhard W. Schwarz'a, seçkin çalışma arkadaşları Sn. Pınar Rüstemoğlu, Sn. Bertan Enhoş, Sn. Hamit Erdoğdu, Sn. Berfu Yöneyman ve Sn. Gökçe Şahin'e teşekkür ediyor, işbirliğimizin gelişerek devam etmesini diliyoruz.

1 Bu çalışma İstanbul Üniversitesi Bilimsel Araştırma Projeleri tarafından desteklenmektedir. Proje no: 2294

Bu kitabın ortaya çıkartılmasında ise Sn. Turhan Yavaş'ın katkıları unutulmazdır. Kendisini bilimsel projelere vakfetmiş değerli büyüğümüzün bize olan güveni ve Maslak Rotary Kulübü'nün, özellikle Başkan Sn. Levent Arer ve Sn. Murat Menemenli ile değerli üyelerinin kitabın basılması yönündeki destekleri olmasaydı, çalışmalarımızın ilk meyvelerini bu kadar kısa bir süre içinde bilim dünyasına tanıtma imkânı bulamayacaktık. Kendilerine müteşekkiriz.

Kitap metninin Türkçe düzeltmelerinde en büyük yardımı, edebi bilgi ve görgüsüyle Sn. Seçil Kocabaş'tan aldık. İngilizce çeviriler ise gerçek bir profesyonelin elinden çıktı. Sn. İnci Türkoğlu'nun İngilizce'ye olan hâkimiyetinin yanısıra, sanat tarihçisi olması, yalnızca çeviriye değil, kitabın bilimsel içeriğine de önemli katkılar sağladı. Kitabın yapımını üstlenen Ege Yayınları sahibi Sn. Ahmet Boratav ile tasarım ve uygulamayı gerçekleştiren Sn. Hülya Tokmak büyük bir titizlikle çalıştılar. Yaratıcılık, zekâ, emek ve bilgilerini esirgemeyen bu ekibe çok teşekkür ediyoruz.

Yenikapı batıklarının incelenmesi, Anadolu kıyılarında binlerce yıldır geleneksel yordamla inşa edilen gemilerin teknik özelliklerini ortaya çıkartacaktır. Türklerin denizcilik sahnesine çıkmasında ve ilk deniz güçlerini oluşturmasında önemli bir role sahip olan Bizanslı yerel gemi yapım ustalarının kullandıkları gemi yapım tekniklerinin incelenmesi Türk denizcilik tarihine de önemli katkılar sağlayacaktır. Ülkemizde gemi ve tekne arkeolojisinin miladı olarak kabul edilebilecek bu batıklar üzerindeki ilk bilimsel çalışmaları başlatmanın sorumluluğunu taşıyan İstanbul Üniversitesi'nin bilim insanları olarak bizler, üstlendiğimiz misyonu layıkıyla yerine getirebilmenin çabası içindeyiz.

Türk bilim insanlarının karada gerçekleştirdiği ilk tekne ve gemi arkeolojisi çalışması olması özelliği ile de ayrı bir değer taşıyan Yenikapı batıkları projesi, mümkün olanla mümkün olmayan arasındaki farkın takım çalışmasıyla giderildiği bir öncü projedir. Bu çalışmaların içinde büyük özverilerle yer alan ekip arkadaşlarım ve öğrencilerim ise geleceğin umut vaat eden bilim insanlarıdır ve ileride çok büyük projelere imza atabilecek yetenektedirler.

Dr. Ufuk Kocabaş

Editör
İstanbul Üniversitesi Yenikapı Batıkları Projesi
Başkan Yardımcısı, Saha Direktörü
Haziran 2008

İkinci Baskıya Not

Yenikapı'nın altında bir antik gemi mezarlığı bulundu desek yanlış olmaz; keşfin ardından geçen yedi sene sonunda ulaşılan 36 batık bunun en güzel kanıtı... Yenikapı batıkları bilmecesi, sırlarını incelemeler devam ettikçe gün ışığına çıkarıyor. İstanbul Üniversitesi ekibimizin yetiştirdiği antik gemi eksperlerinin sürdürdüğü disiplinler arası çalışmalar şimdi çoktan unutulmuş gemi inşa geleneklerinin yeniden tanınmasını sağlıyor. Toplam 27 batığın anatomisini inceleyecek olan ekibimiz, kazıları gerçekleştiren İstanbul Arkeoloji Müzeleri'nden sonra alanda en büyük sorumluluğu üstlenen grup oldu. Koruma ve onarımların ardından yeniden doğuşunu gerçekleştireceğimiz batık sayısı ise 31. Ekibimiz geçen süre zarfında 26 gemiyi tüm dokümantasyon çalışmalarını yaparak araziden kaldırdı.

2008 yılında yayımlanan "Yenikapının Eski Gemileri" kitabımız ise bu konuya verdiğimiz önemin en büyük göstergelerinden biri oldu. Baskısı tükenen kitabımızın kısmen güncellenmiş yeni bir sürümünü hazırlamaktan büyük mutluluk duyuyoruz. Kitabın ikinci cildinin hazırlıkları devam ederken, "Yenikapı 12" batığının detay cildi ise yayıma hazır. En büyük hayalimiz, her biri yüksek lisans ve doktora tezi kapsamında ele alınan batık gemilerimizi en kısa zamanda yayımlayarak bilim çevreleri ve kamuoyu ile buluşturmak. Bu çabalarımıza destek veren herkese sonsuz teşekkürler...

Doç. Dr. Ufuk Kocabaş

Editör
İstanbul Üniversitesi Yenikapı Batıkları Projesi
Başkan
Mart 2012, İstanbul

I

'Iron Ways' and an ancient harbour on the Marmara coast

"Demirden Yollar" ve Marmara kıyısında eski bir liman

Sait Başaran

S. sophia
S. Johes Crisostoma
Viridariu.

Serving two empires as their capital city for seventeen centuries, Istanbul has always retained her 'magnificent city' image. The silhouette of the city inspired many travellers: magnificent mosques with leaded domes crowned with golden standards peppering the seven hills; Galata, Pera, Maiden's Tower, and hundreds of boats on the Golden Horn and contrasting lives across the bridge... Still retaining this mystic air, the mega-city of today has faced an ever-growing transportation problem as of the nineteenth century. The first transportation projects were prepared in the nineteenth century when this problem was noticed. The two banks of the Bosporus, a natural barrier separating the two continents, were foreseen to be connected with bridges and undersea tunnels. This uniting came true first with the Bosporus Bridge, namely Boğaziçi Köprüsü in Turkish, in 1973 and then with the Conqueror's Bridge, namely Fatih Sultan Mehmet Köprüsü, in 1988 (İlter 1973). An underwater tunnel across the Bosporus stayed in project level until recently. It was first proposed already in 1860s to connect the railway systems on either side via a tunnel called 'Undersea Steel Tunnel'; however, the project prepared by S. Préault, a French engineer, could not be implemented with the technology of the time (Fig. 1).

In 1876 a new project was proposed by Eugène Henri Gavand, another French engineer, to the Ottoman State, designing a railway system crossing the city from the north to the south mostly under the ground as well as an underground train crossing the Bosporus. On the other hand, although not realised either, the project by Gavand, named as the 'New City Project', has inspired many other projects which have not been realised either.

A new project prepared by American engineers Frederick E. Strom, Frank T. Lindman and John A. Hilliker to cross the Bosporus between the Seraglio Point and Salacak with a tunnel was proposed to Sultan Abdülhamit II in 1902 (Fig. 2). This project, too, aimed at facilitating an uninterrupted railway connection between Europe and Asia. The project proposed a steel tube resting on 16 piers placed on the sea bottom and running a train of three wagons, two of which were for passengers and the last one for cargo, through it. The monumental station building planned for the Asian side indicates that a focal point was foreseen for either end of the tube. The project prepared with limited technology of the time was called the 'Sea Tunnel', or 'Tünel-i Bahri' in Turkish, and it was put on hold due to economic difficulties and also for it was considered unrealistic by the government (Çelik 1998, 82).

In the Republic period, the 'Iron Ways' were considered torches, shedding rays of civilisation and welfare unto the country by Mustafa Kemal Atatürk; however, as of the 1940s, they went on hold losing the excitement and importance. In this period a project was prepared to

On yedi yüzyıl boyunca iki imparatorluğa başkentlik yapan İstanbul, tarihin her döneminde "muhteşem kent" olma imajını korudu. Şehrin silueti pek çok seyyaha ilham kaynağı oldu: Yedi tepe üzerine serpiştirilmiş kurşun kubbeli, altın alemli muhteşem camiler; Galata, Pera, Kız Kulesi ve Haliç üzerinde yüzen yüzlerce sandal, tekne ve köprünün iki yakasında yaşanan zıt hayatlar... Bu mistik havasını halen korumakta olan günümüzün mega şehri, 19. yüzyıldan başlayan ve katlanarak devam eden bir ulaşım sorunu ile karşı karşıya bulunmakta. Bu sorunun hissedilmeye başlandığı 19. yüzyılda ulaşımla ilgili ilk projeler de geliştirilmeye başlandı. İki kıtayı ayıran ve kara taşımacılığında doğal bir bariyer olan İstanbul Boğazı'nın köprü ve deniz altından geçen tünellerle birleştirilmesi hedeflenmişti. Bu birleşme 1973 yılında Boğaziçi Köprüsü ve 1988 yılında Fatih Sultan Mehmet Köprüsü'nün inşası ile sağlandı (İlter 1973). İstanbul Boğazı'nın sualtında inşa edilecek bir tünel ile geçilmesi ise bir türlü hayata geçirilemeyen projeler düzeyinde kalmıştı. *"Denizaltı Çelik Tünel"*i, yani Anadolu ve Rumeli demir yollarının, İstanbul Boğazı'nın altından geçen bir tünel ile birleştirilmesi fikri, ilk olarak 1860'larda ortaya atılmıştır. Fransız mühendis S. Préault'nun hazırladığı boğaz tüneli projesinin hayata geçirilmesi, zamanın teknolojik olanaklarıyla mümkün olmadı (Res. 1).

1876 yılında Osmanlı Devleti'ne yeni bir proje sunan Fransız mühendis Eugène Henri Gavand, İstanbul'u kuzeyden güneye kateden ve büyük bir kısmı yeraltından geçen bir demiryolu sisteminin yanı sıra, Boğaz'ı sualtından geçecek bir yeraltı treni de önermişti. "Yeni Şehir Projesi" adı yakıştırılan Gavand'ın kıtalararası metro projesi, günümüze değin gerçekleştirilemeyen pek çok projeye ilham kaynağı olmuştur.

Geçiş projesi, 1902'de Sultan II. Abdülhamit döneminde tekrar gündeme geldi. Amerikalı Mühendisler Frederik E. Strom, Frank T. Lindman ve John A. Hilliker, Sarayburnu ile Salacak arasında işleyecek yeni bir metro projesi hazırladılar (Res. 2). Bu tasarımın da ana amacı Avrupa ile Asya arasında kesintisiz bir demiryolu bağlantısı kurmaktı. Proje, deniz tabanına on altı payanda ile yerleştirilecek çelik bir tüp tünelin içinden, ikisi yolcu biri de eşya taşınmasında kullanılacak üç vagonlu bir trenin işletilmesini kapsıyordu. Asya yakasında inşa edilmesi düşünülen anıtsal gar binası, tüp geçidin her iki tarafında birer odak noktası oluşturulmak istendiğini göstermektedir. 20. yüzyılın başlarında sınırlı bir teknoloji ile hazırlanan ve *"Tünel-i Bahri"* adı verilen bu proje ekonomik imkânsızlıklar ve hükümetin projeyi tamamıyla hayal ürünü olarak değerlendirmesi nedeniyle rafa kaldırıldı (Çelik 1998, 82).

Cumhuriyetin başlarında bir atılım çağı yaşayan, Mustafa Kemal Atatürk'ün ülkeyi uygarlık ve refah ışıklarıyla aydınlatan bir meşaleye benzettiği "Demirden Yollar" 1940'lardan başlayarak eski önemini ve build a bridge including a railway across the Bosporus but it could not be implemented either.

A railway crossing the Bosporus under the sea, first proposed in 1860s, came on the agenda in 1984 once again, almost 125 years later. This was the 'Marmaray Project' also aiming at connecting the railway systems on both sides of the strait. Considered part of the overall traffic system of Istanbul, Marmaray was planned as the east-west corridor of the city's transportation. Marmaray is foreseen to create an uninterrupted railway line of 76 km. starting from Gebze in Asia up to Halkalı in Europe. The most curious part of the project is the undersea crossing of Bosporus and it is implemented by employing an immersed tube tunnel system used in Turkey for the first time (Fig. 3). The project reached the construction phase in 2004 and includes a total of 39 stations on the line comprising stretches above-the-ground, under-the-ground and under-the-water (Özmen 2006).

The 'Metro Project' for the subway/underground was designed to complement the Marmaray by constituting the north-south commuter corridor on the European side. The first subway of Istanbul was to be built along the steep and narrow Yüksekkaldırım route leading from Karaköy to Pera, used then by 40,000 people on foot daily. As Eugène Henri Gavand called it an underground funicular, a sort of a lift, it would decrease the time needed for covering the distance down to a couple of minutes and relieving people from exhaustion. The construction of the funicular, known as Tünel in Turkish, was initiated in 1872 by the company The Metropolitan Railway of Constantinople, from Galata to Pera, of Gavand connecting Karaköy (Galata) to Beyoğlu (Pera). The slow progressing work was finally completed in 1875 inaugurating the Istanbul Tüneli, the first funicular working on steam power (Çelik 1998, 79). The sheikh al-Islam of the time decreed that

heyecanını yitirmeye başlamıştı. Bu dönemde Boğaz'ın demiryolu da içeren bir köprü ile geçilmesi projelendirildi, ancak bu projenin de diğerleri gibi hayata geçirilmesi mümkün olmadı.

1860'ta ilk defa ortaya atılan İstanbul Boğazı'nın altından geçecek bir demiryolu fikri, yaklaşık 125 yıllık bir bekleyişin ardından Marmaray Projesi ile 1984 yılında tekrar gündeme geldi. Proje kapsamında, Asya ve Avrupa kıtalarındaki demiryolu ağlarının kesintisiz olarak birbirine bağlanması amaçlanmıştı. İstanbul'un genel trafik sisteminin bir parçası olarak düşünülen Marmaray Demiryolu Projesi, şehrin doğu-batı ulaşım koridorunu oluşturacak şekilde planlandı. Anadolu yakasında Gebze'den başlayacak olan Marmaray, Avrupa yakasında Halkalı'ya kadar 76 kilometrelik kesintisiz bir demiryolu yolculuğu sağlamayı hedeflemektedir. Hattın en çok ilgi gören bölümünü, İstanbul Boğazı'nın sualtından geçilmesi oluşturmaktadır. Bu hat ülkemizde ilk kez kullanılacak olan batırma tüp tüneller yardımıyla sağlanacaktır (Res. 3). 2004 yılında inşa çalışmalarına başlanan proje; yüzey, toprakaltı ve sualtı geçişlerinden oluşan hat üzerinde yer alacak 39 adet istasyonu kapsamaktadır (Özmen 2006).

Marmaray'ı bütünleyen Metro Projesi ise Avrupa yakasındaki kuzey-güney kitle ulaşım koridorunu oluşturmak üzere tasarlanmıştır. İstanbul'un ilk metrosu, günde 40.000 kişinin yürüyerek inip çıktığı dik ve dar bir yokuş halinde Karaköy'den Pera'ya çıkan yegâne yol olan "Yüksek Kaldırım"ın güzergâhında kurulacaktı. Eugène H. Gavand'ın kendi deyişiyle "bir yeraltı teleferiği", "inen-çıkan bir tür asansör", yolculuğu birkaç dakikaya indirecek ve yayaları büyük bir yorgunluktan kurtaracaktı. Karaköy (Galata) ile Beyoğlu'nu (Pera) birbirine bağlayacak olan "Tünel" inşaatına, 1872'de Gavant'ın kurduğu *"The Metropolitan Railway of Constantinople, from Galata to Pera"* şirketi tarafından başlandı. Ağır ilerleyen çalışmalar sonucunda buharla çalışan

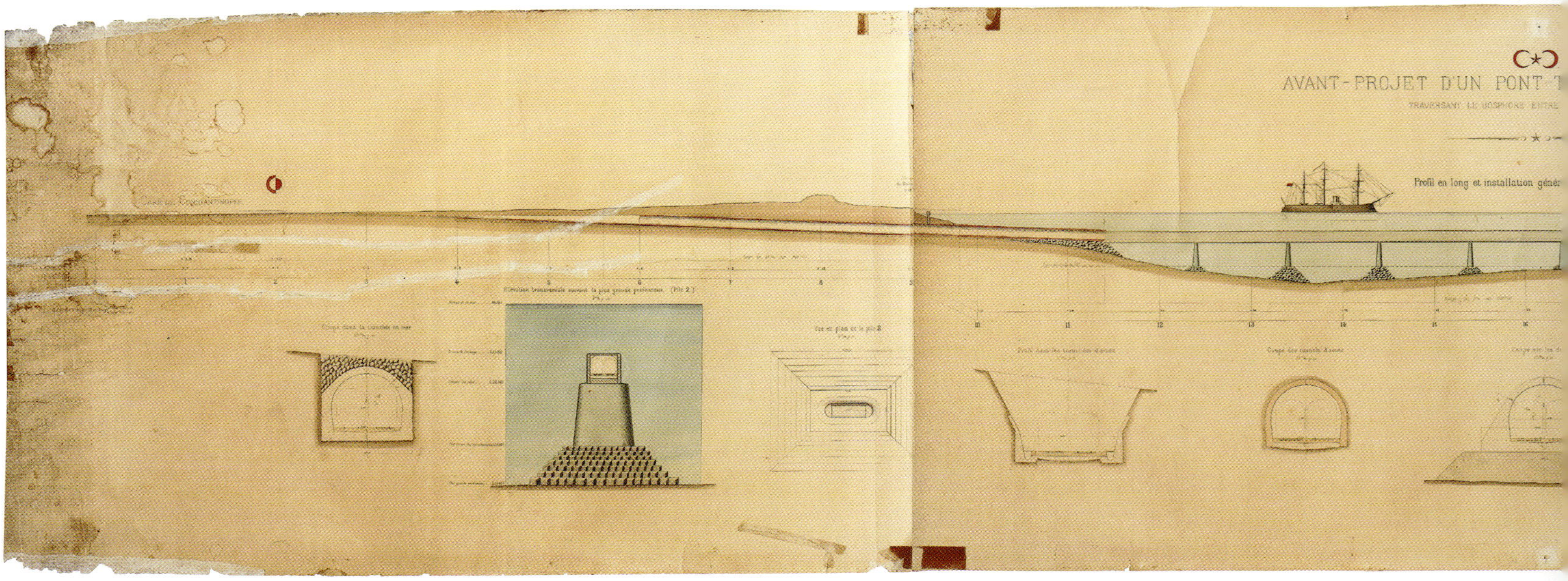

Fig. / Res. 1
Underwater passage across the Bosporus project prepared by S. Préault in 1860.
S.Préault'nun 1860 yılında tasarladığı Boğaz sualtı geçişi projesi.

it was not in accordance with the Islamic law to use these underground wagons for human transportation; thus, only animals were carried at the beginning. As there were no problems experienced, after a while the decree was altered allowing human transportation and thus becoming one of the earliest examples of underground transportation in the world. The Istanbul Tunnel built entirely under the ground in the reign of Sultan Abdülaziz is the second oldest subway of the world after the London Tube (Fig. 4). However, it took 125 years to build new subways, the first inaugurated in 2000 from Taksim to 4. Levent (Fig. 5). This line will be extended up to Hacıosman Bayırı and to Topkapı reaching a total length of 16 km. In Turkish subway is called *metro*, the underwater tunnel across the Bosporus is the *tüp geçit*, literally the 'tube passage', the tram-line sometimes travelling under the ground is *hafif raylı sistem* (the light rail system); therefore, we will call the subway as 'metro' (Fig. 6).

When the Marmaray and Metro projects are completed, the Yenikapı station will be one of the major commuting points of the European side while on the Asian side it will be the Üsküdar station assuming the same role. Both of these stations will include necessary commuting facilities for the passengers using the public bus, ferry, light rail system and tramline. At the points where the Yenikapı, Sirkeci and Üsküdar stations will be located within the dense historical urban fabric, rescue excavations were initiated by the Istanbul Archaeological Museums in 2004 (Fig. 7). The work at Yenikapı brought to daylight the Theodosian Harbour, the most important Byzantine port on the Marmara (Propontis) coast of the city. The site of the port was already known from ancient sources, maps and surveys; however, documents regarding the exact localisation, actual dimensions and layout were deficient. Unveiling of this information will contribute

"İstanbul Tüneli" 1875'te hizmete girebildi (Çelik 1998, 79). Dönemin şeyhülislamının "Bu zir-i zemin arabalarında insan götürülmesinin caiz olmayacağı" yönündeki fetvası üzerine başlangıçta sadece hayvan taşındı. Herhangi bir aksaklığın görülmemesi üzerine fetva değiştirilerek "İstanbul Tüneli", insan taşımacılığının başlatılması suretiyle yeraltı ulaşımının ilk örneklerinden biri oldu. Fransız mühendis Gavand'a göre, Sultan Abdülaziz Han döneminde inşa edilen ve tümüyle yer altından geçen Tünel, Londra'dan sonra hizmete giren dünyanın en eski ikinci yeraltı toplu taşıma sistemidir (Res. 4). Bu kısa metro hattına yenilerinin eklenmesi ise ancak geçen 125 yılın ardından, 2000 yılında Taksim-4. Levent hattının hizmete açılması ile gerçekleşti (Res. 5). Halen devam eden çalışmalarda, Metro güzergâhının yaklaşık 16 kilometreye çıkartılarak, Topkapı'dan Hacıosman Bayırına kadar uzatılması planlanmaktadır (Res. 6).

Marmaray ve Metro projeleri tamamlandığında Yenikapı istasyonu, İstanbul'un Avrupa yakasındaki en önemli aktarma merkezlerinden biri haline gelecek; Asya yakasında ise, Üsküdar istasyonu eşdeğer öneme sahip olacak ve aynı işlevi görecektir. Her iki istasyonda da; otobüs, feribot, hafif raylı tren ve tramvay yolcuları ile yayalar için gerekli aktarma tesisleri bulunacaktır. Tarihi dokuya sahip olan Üsküdar, Sirkeci ve Yenikapı'daki istasyonların kurulacağı bu noktalarda, inşa faaliyetlerinden önce yapılması gerekli olan arkeolojik kazılar, İstanbul Arkeoloji Müzeleri tarafından 2004 yılında başlatıldı (Res. 7). Bu istasyonlardan Yenikapı'da sürdürülen kazı çalışmaları sırasında, arkeologlar Bizans Dönemi'nin Marmara Denizi kıyısındaki en önemli limanı olan *"Theodosius Limanı"*nı ortaya çıkarttılar. Limanın yeri arkeologlar tarafından yazılı kaynaklar, araştırmalar ve eski haritalardan bilinmekteydi. Ancak Bizans ekonomisinde önemli bir yere sahip olan bu limanın planı, büyüklüğü, gerçek

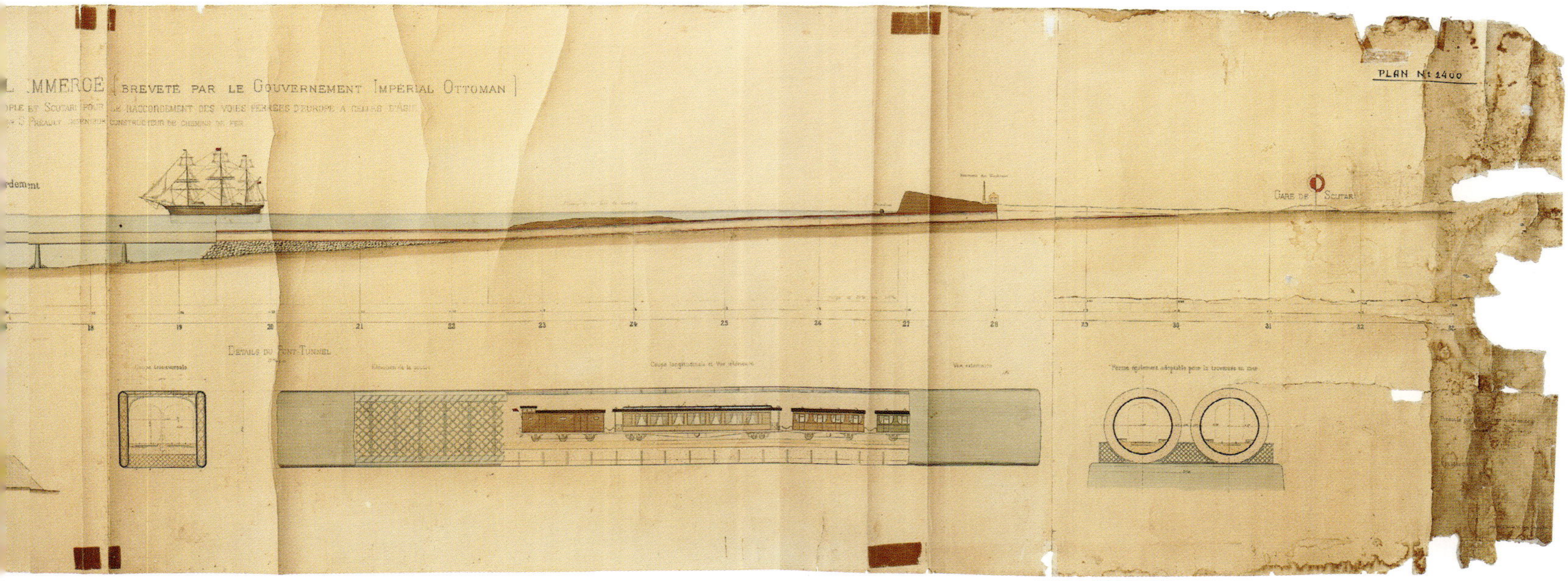

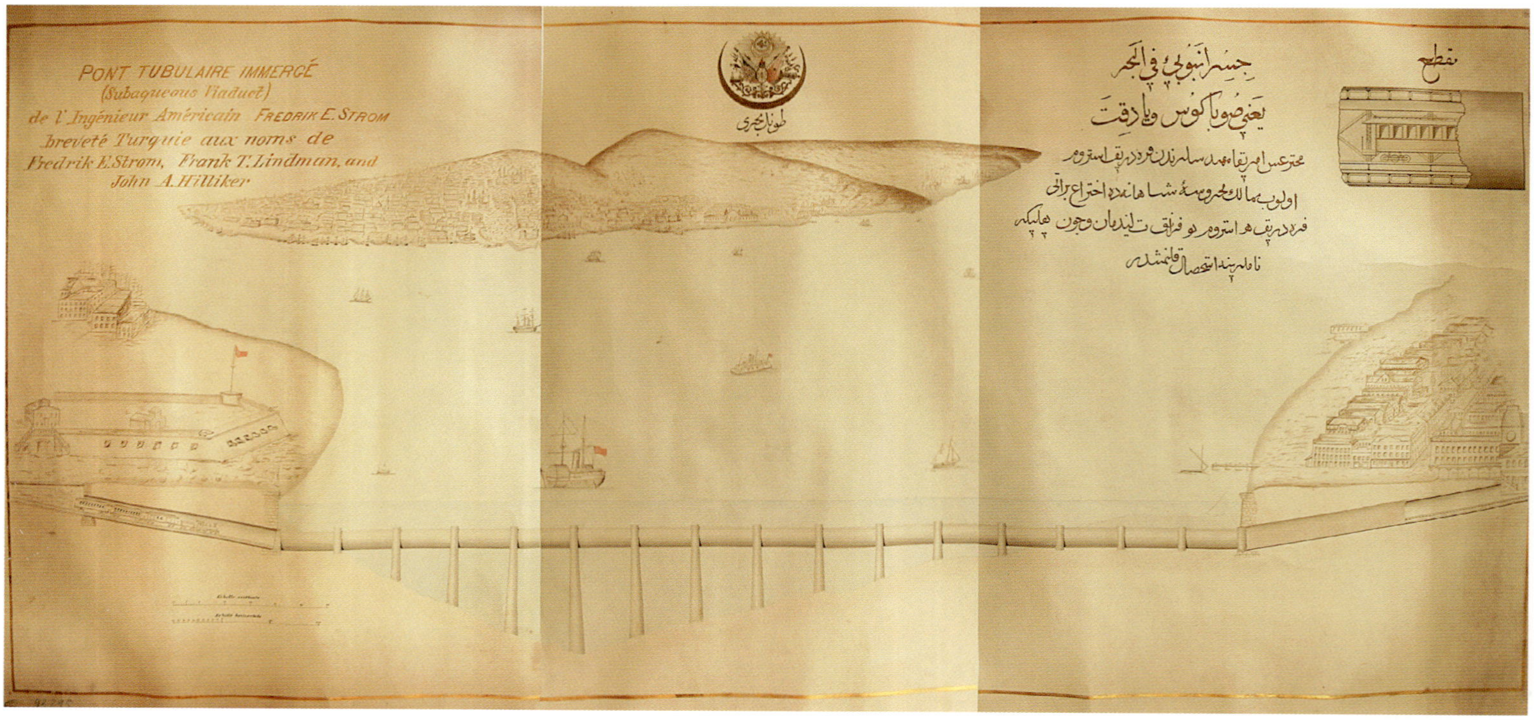

Fig. / Res. 2
'Tünel-i Bahri' Project prepared in 1902.
1902 yılında hazırlanan "Tünel-i Bahri" projesi.

Fig. / Res. 3
Installment of immersed tube tunnel between Üsküdar and Sarayburnu (Seraglio Point).
Üsküdar-Sarayburnu arasında "batırma tüp tünelin" yerleştirilmesi.

Fig. / Res. 4
The Istanbul Tunnel 2008.
Tünel 2008.

5

6

Fig. / Res. 5

Levent station on the metro line inaugurated in 2000.

2000 yılında hizmete giren metro hattı üzerindeki Levent istasyonu.

Fig. / Res. 6

Ongoing metro construction.

Günümüzde devam eden metro inşaatı.

Fig. / Res. 7

Aerial view of Yenikapı coastline and excavation area.

Yenikapı kıyıları ve kazı alanını gösteren hava fotoğrafı.

Fig. / Res. 8a-c
View of Yenikapı excavation area from the east.
Yenikapı kazı alanının doğudan görünüşü.

Fig. / Res. 9a-c
The first shipwreck uncovered at Yenikapı: Yenikapı 1.
Yenikapı kazı alanında bulunan ilk batık : Yenikapı 1.

I. 'Iron Ways' and an ancient harbour on the Marmara coast / I. "Demirden Yollar" ve Marmara kıyısında eski bir liman

greatly to the cultural history of Istanbul. Capturing this chance, archaeologists initiated excavations at the Langa Bostanları, literally 'the Langa vegetable gardens', which supplied Istanbul with fresh vegetables for centuries and which indeed originally housed the Theodosian Harbour. The biggest in the history of Istanbul, the excavations are conducted at a point covering 58,000 sq. m., now about 500 m. inland, by experts from the Istanbul Archaeological Museums assisted by 50 archaeologists and almost 500 workers (Fig. 8a-c). Documentation, lifting, conservation and reconstruction work on the majority of the shipwrecks uncovered in the biggest urban excavation of the world is carried out by the Department of Conservation and Restoration at the Faculty of Letters of Istanbul University (Fig. 9a-c).

9a

9b

Konstantinopolis: Development of the imperial capital

Archaeological remains and finds from excavations conducted on the Thracian and Asian sides of Istanbul are of utmost importance for the history of the world culture. Palaeolithic, Neolithic and Chalcolithic finds uncovered at Yarımburgaz Cave to the north of Lake Küçükçekmece are very important for shedding light on the cultural history of Istanbul. On the Asian side, Fikirtepe and Pendik are two *höyük*s understood to have been settled in the Neolithic and Chalcolithic periods. Despite the dense urbanisation in the recent years, it is possible to present much more evidence and documents proving the prehistoric origins of Istanbul. Archaeological surveys carried out in the area to the west of Lake Küçükçekmece within the borders of Avcılar township within the metropolitan area identified settlements going back to the Pre-Pottery Neolithic inhabited uninterrupted up to the Ottoman period. Similarly, another Late Neolithic settlement has been identified

konumu ve geçmiş dönemlerine ilişkin belge ve bilgiler yetersizdi. Bunların ortaya çıkması İstanbul'un kültür tarihine önemli katkılar sağlayacaktır. Bu şansı yakalayan arkeologlar, yüzlerce yıl İstanbul'un sebze ve meyvesinin bir bölümünü karşılayan Langa Bostanları olarak bilinen bölgede yer alan Theodosius Limanı'nda, İstanbul tarihinin en büyük arkeolojik kazısını başlattılar. Günümüzde denizden yaklaşık 500 m içeride kalmış olan bu noktadaki kazılar, İstanbul Arkeoloji Müzeleri uzmanlarının yanı sıra, elli arkeolog, sayıları beş yüzü bulan kazı işçisi ile elli sekiz bin metrekarelik bir alanda sürdürülmektedir (Res. 8a-c). Dünyanın en büyük kent kazısı olan bu çalışmayla ortaya çıkartılan batık gemilerin çoğunluğunun belgeleme, yerinden kaldırma, konservasyon ve rekonstrüksiyon çalışmaları İstanbul Üniversitesi, Edebiyat Fakültesi Taşınabilir Kültür Varlıklarını Koruma ve Onarım Bölümü tarafından sürdürülmektedir (Res. 9a-c).

at the Yenikapı excavation site pointing to the fact that Istanbul and environs have been settled densely as of the Neolithic period. The settlement was originally located at the point where the Lykos Stream (the former Bayrampaşa Çayı) flowed into the Marmara Sea and lies six meters below the sea level today. Having resisted against the sea's movements, the settlement has survived with architectural remains and a lot of potshards. The remains show that the people lived in oval or rectangular houses built with wattle and daub technique on foundations of stream stones. Above this settlement were layers containing sea mollusc shells and remains that may belong to the Iron Age (Gökçay 2007, 168; Çelik 2007, 218).

There are various opinions regarding the foundation of Istanbul which has been settled uninterruptedly as of the Palaeolithic period. The legendary founder is Byzas. According to the legend, Inakhos, the king of Argos in central Greece, had a beautiful daughter called Io who served as a priestess at the temple to Hera in Argos. One day Zeus saw her and fell in love. However, his jealous wife Hera learned about this love and looked for ways of separating them. Zeus turned Io into a cow in order to be able to protect her from the wrath of his wife. Hera wanted the cow for herself and made the giant Argos with one thousand eyes 'keep an eye' on her. Zeus sent Hermes and had Argos killed. This time Hera sent a gadfly to the cow Io, biting her often. Poor cow Io ended up running from one place to another, followed by the gadfly. On the Thracian side, having crossed the Golden Horn, Io gave birth to a daughter and named her Keroessa. Io came to the Istanbul Strait and crossed the strait reaching the Asian side. Thus, the Strait is called Bosporos meaning the 'ford of the cow'. Keroessa later had a son from the sea god Poseidon and named him Byzas who, when he was grown up, founded a city where he was born and this city was named Byzantion after him (Erhat 1989, 171-172; Tekin 2005, 3 ff.).

Indeed, in the first half of the seventh century BC, first Ionians and then Megaran colonizers from Greece came to the Strait and settled in a new colony named Kalkhedon founded on the Moda promontory of modern Kadıköy. About the middle of the same century, another group of Megarans and Thraks led by Byzas set off from Greece having consulted the oracle temple at Delphi. According to the legend, this group of colonizers settled at Seraglio Point, in the area where Topkapı Palace and Ayasofya are located, opposite the 'Land of the Blind', i.e. Kalkhedon, abiding by the oracle. This city was named Byzantion after their leader Byzas.

Our knowledge of the foundations of Kalkhedon and Byzantion is based on archaeological evidence and ancient sources. Herodotos, the father of historians, tells that Byzantion was founded by Megaran colonizers seventeen years after Kalkhedon as follows:

"This same Megabazus got himself an undying remembrance among the Hellespontians, by a certain speech

Konstantinopolis: İmparatorluk Başkentinin Gelişimi

İstanbul'un Trakya ve Anadolu yakalarında gerçekleştirilen kazılarda gün ışığına çıkartılan arkeolojik kalıntılar ve buluntular dünya kültür tarihi bakımından son derece önemli bir yere sahiptir. Küçük Çekmece Gölü'nün kuzeyinde yer alan Yarımburgaz Mağarası'nda yürütülen kazılarda saptanan Paleolitik, Neolitik ve Kalkolitik dönemlere ait bulgular, İstanbul'un kültür tarihini aydınlatmaları açısından büyük önem taşımaktadırlar. Anadolu yakasında Fikirtepe ve Pendik'te yapılan araştırmalar sonucunda, iki höyüğün de Neolitik ve Kalkolitik Çağlarda iskân edilmiş oldukları anlaşılmıştır. Son yıllardaki yoğun yapılaşmaya rağmen, İstanbul'a tarih öncesi çağlardan itibaren yerleşildiğini kanıtlayan bilgi ve belgeleri çoğaltmak mümkündür. Avcılar Belediyesi sınırları içinde, Küçük Çekmece Gölü'nün batısındaki alanlarda yürütülen arkeolojik araştırmalarda, bölgede, Keramiksiz Neolitik Dönem'de başlayan ve Osmanlı Dönemi'ne kadar kesintiye uğramadan devam eden yerleşmeler saptanmıştır. Aynı şekilde, Yenikapı'daki Marmaray ve Metro istasyon kazılarında Geç Neolitik Çağ'a ait bir yerleşmenin ortaya çıkmış olması, İstanbul ve yöresinin Neolitik Çağ'dan itibaren yoğun bir yerleşime sahne olduğunu göstermektedir. Lykos Deresi'nin denize ulaştığı alanda yer alan yerleşme bugün deniz seviyesinin 6.00 m altında kalmıştır. Binlerce yıl denizin dibinde dalga ve akıntılara karşı direnen yerleşmede, mimariye ait kalıntılar ile bol miktarda çanak çömlek parçası bulunmuştur. Burada insanların, temelleri dere taşlarından inşa edilmiş, üst kısımları çamurla sıvanmış dal örgülerden oluşan oval veya dikdörtgen planlı evlerde oturduklarını gösteren kalıntılar ele geçmiştir. Bu yerleşmenin üzerinde deniz yumuşakçalarının kabukları ve bunların üzerinde de Demir Çağı'na ait olabilecek kalıntıların yer aldığı görülmüştür (Gökçay 2007, 168; Çelik 2007, 218).

Paleolitik Dönem'den itibaren günümüze değin kesintisiz olarak yerleşimlere sahne olmuş İstanbul'un kuruluşuna ilişkin çeşitli görüşler vardır. İstanbul'un söylencesel kurucusu Byzas'tır. Söylenceye göre, Orta Yunanistan'da bulunan Argos Kralı İnakhos'un güzel kızı İo, Argos'taki Hera Tapınağı'nın rahibesidir. Günün birinde İo'yu gören Zeus, ona âşık olur. Zeus'un İo'ya ilgi duyduğunu öğrenen kıskanç Hera, İo'yu Zeus'tan ayırmanın yollarını arar. Zeus; İo'yu Hera'nın gazabından korumak için onu beyaz bir inek kılığına sokar. Hera, ineğin kendisine verilmesini ister. İneği alan Hera bin gözlü dev Argos'u başına nöbetçi olarak diker. Zeus, Hermes'i devin üzerine göndererek öldürtür. İo devden kurtulmuştur, ancak Hera bu kez bir at sineğini İo'nun üzerine musallat eder. Sinek soktukça inek kılığındaki İo'nun canı yanar. İo, Trakya'dan İstanbul Boğazı'na gelir, boğazı geçerek Anadolu'da karaya çıkar. Bu öyküden dolayı İstanbul Boğazı "inek geçidi" anlamına

Fig. / Res. 10

Ship depictions on the front side of a sarcophagus from the 3rd century AD. The inscriptions mention the names of two Chalcedonians (Istanbul Archaeological Museums Collection, Inv. Nr. 4252).

MS 3. yüzyıla ait bir lahdin ön yüzündeki gemi betimleri. Kabartmaların yazıtlarında Kalkhedonlu iki kişinin adı geçmektedir (İstanbul Arkeoloji Müzeleri Koleksiyonu, Env. No: 4252).

which he made. It came to his knowledge, while he was staying at Byzantium, that the Chalcedonians made their settlement seventeen years earlier than the Byzantines. 'Then,' said he, 'the Chalcedonians must at that time have been labouring under blindness – otherwise, when so far more excellent a site was open to them, they would never have chosen one so greatly inferior.'" (*Histories* IV.144)

The geographer Strabon of Amaseia, who lived in the first century BC and AD, tells the following about the foundation of both cities:

"But the Chalcedonians, though situated near by, on the opposite shore, have no share in this abundance, because the pelamydes do not approach their harbours; hence the saying that Apollo, when the men who founded Byzantium at a time subsequent to the founding of Chalcedon by the Megarians consulted the oracle, ordered them to 'make their settlement opposite the blind,' thus calling the Chalcedonians 'blind', because, although they sailed the regions in question at an earlier time, they failed to take possession of the country on the far side, with all its wealth, and chose the poorer country." (*Geography*, 7.6.2) (Fig. 10)

Eusebius, who lived in the Roman Imperial period, states that Byzantion was founded in 660/659 BC and also mentions that Kalkhedon was founded in 685 BC. These pieces of information indicate that Byzantion was founded about the middle of the seventh century BC and after Kalkhedon (Gyllius, I.I; Tekin 2005, 7).

Greek historian Polybios (second century BC) provides the widest information on Byzantion. Polybios describes Byzantion as a wealthy and secure place on the water:

"By sea it so completely commands the entrance to the Pontus, that no merchant can sail in or out against its will. The Pontus therefore being rich in what the rest of the world requires for the support of life, the Byzantines are absolute masters of all such things." (*Histories*, 4.38)

gelen *Bosporos* adını alır. İo Trakya tarafında "Altın Boynuz"u geçtikten sonra adını Keroessa koyduğu bir kız çocuğu dünyaya getirir. Keroessa'nın Deniz Tanrısı Poseidon'dan Byzas adlı bir erkek çocuğu olur. Byzas büyüyünce doğduğu yerde bir kent kurar. Bu kentin adı, kurucusunun adıyla ilişkilendirilerek Byzantion olur (Erhat 1989, 171-172; Tekin 2005, 3 vd.).

Boğaz'a, MÖ 7. yüzyılın ilk yarısından önce İonyalılar ve ardından Orta Yunanistan'dan Megaralılar gelerek Kadıköy'ün Moda Burnu'nda Kalkhedon adıyla kurdukları kente yerleşirler. Aynı yüzyılın ortalarında, Byzas önderliğinde yola çıkan Megaralı ve Traklardan oluşan başka bir grubun, önce yeni kentlerini kuracakları yeri Delphoi'deki Apollon Kehanet Ocağı'na danıştıkları ve kâhinin öğüdüne uyarak MÖ 660/659'da Kalkhedon'un (Körler Ülkesi'nin) karşı kıyısında, bugünkü Sarayburnu'nda, Topkapı Sarayı ile Ayasofya'nın kapladığı alanda başka bir kent kurdukları anlatılır. Bu kente, önderleri olan Byzas ile ilişkilendirerek Byzantion adını vermişlerdir.

Kalkhedon ve Byzantion kentlerinin kuruluşuna ilişkin bu bilgilerimiz arkeolojik verilerle birlikte antik kaynakların bize aktardıkları belgelere dayanmaktadır. Tarihçilerin babası sayılan Herodotos, Byzantion'un, Kadıköy'de kurulmuş olan Kalkhedon'dan 17 yıl sonra Orta Yunanistan'daki Megara kentinden gelen kolonistler tarafından kurulmuş olduğunu aşağıdaki tümcelerle anlatmaktadır (Herodotos IV, 144): *"Bu Megabazos, Hellespontuslulara unutulmaz bir hatıra olarak, tarihe geçecek bir söz bırakmıştır. Byzantion'da bulunduğu sırada, Kalkhedonluların, kentlerini Byzantionlular'dan 17 yıl önce kurduklarını öğrenmiştir. Bunun üzerine Kalkhedonluların o zamanlar kör olmaları gerektiğini söyledi; gözleri kör olmasaydı ellerinin altında bu kadar güzel bir yer dururken gidip o kadar güzel olmayan bir yeri seçmezlerdi."*

MÖ 1. ve MS 1. yüzyılda yaşamış olan Amasyalı coğrafyacı Strabon ise, her iki kentin kuruluşuna ilişkin aşağıdaki bilgiyi aktarmıştır (Strabo VII, 303): *"...bu nedenle, Kalkhedon'un Megaralılar tarafından kurulmasından kısa bir süre sonra Byzantion'u kuran insanlar kahine danıştıklarında, Apollon onlara 'körlerin karşısındaki yere yerleşmelerini' söyleyerek Kalkhedonluları 'kör' olarak adlandırmıştır. Çünkü onlar söz konusu bölgeye daha erken bir tarihte gelmelerine rağmen hatalı davranarak, bütün zenginliği ile gözlerinin önünde duran bir memleket yerine, daha fakir bir memleket seçmişlerdi."* (Res. 10).

Roma İmparatorluk Dönemi'nde yaşamış olan Eusebius, Byzantion'un kuruluşunu MÖ 660-659 olarak vermektedir. Aynı yazar, Kalkhedon'un MÖ 685 yılında kurulduğunu bize aktarır. Bu görüşler ışığında Byzantion'un MÖ 7. yüzyılın ortalarında, Kalkhedon'dan sonra kurulduğu sonucu ortaya çıkmaktadır (Gyllius I, 1; Tekin 2005, 7).

Byzantion'a ilişkin en ayrıntılı bilgi Yunan tarihçi Polybios'tan (MÖ 2. yüzyıl) alınmaktadır. Polybios Byzantion'un deniz kıyısında çok zengin ve güvenli

The fact that Kalkhedon was founded before Byzantion can be considered correct because the Thracian side where Byzantion is located was inhabited by Thrak tribes considered barbarian by ancient historians (Herodotos, *Histories* I.168). It is plausible that the first colonisers settled on the Asian side, which was better sheltered from their attacks, with the hope of protecting their own produce.

The foundation of Byzantion could also be based on different reasons. About the beginning of the twelfth century BC, the Aegean Migrations, as they are called today, originated in central Europe. In the second millennium BC, the Balkans were dominated by the Thraks but when the Illyrians moved into the southwest part of the region, some Thrak tribes, especially those known as Brygs or Phrygs, had to move out. They crossed the Bosporus and settled deep into Anatolia, hence causing great changes in the ethnic and social structure. Consequently, the Hittite State, the greatest political power in Anatolia, fell while in Greece, the Mycenaeans also fell as the Dorians invaded mainland Greece about the same time. These events culminated in changing political balances in Anatolia and the Near East, above all in the Aegean.

The turmoil in the Balkans instigated the Achaeans in Greece to move and start migrating to west Anatolia and the Aegean islands. In this period, another big Thrak tribe known as Bithyns had to move toward Anatolia via Byzantion. Thus, the peoples, who had to move to the Aegean islands and the indented coastline of west Anatolia, developed, already in very early periods, sea and land transportation and trade with the cities founded inland or far away. Therefore, sites with well-protected harbours and with sandy and flat coasts where the ships could be beached became commercial centres at a very early stage. In these times, galleys were preferred for their high manoeuvring capability due to strong winds. These ships allowed access to the obscure and outlying corners in the Black Sea, and the East Mediterranean, thus facilitating the compilation of information on them. 750 – 550 BC is called the Colonisation period when the Greeks of Greece founded many colonies on the west coast of Anatolia, Marmara, north Aegean and the Black Sea; hence, Byzantion must have been founded in this period.

Following her foundation, Byzantion started to draw attention thanks to her wealth. The city is located at a very strategic point and the first threat came from the Persian King Dareios I, who crossed the Strait in 513 BC on his campaign against the Scythians. Dareios built a bridge across, in order to let his army cross, by bringing the ships side by side and placing planks across their decks. In this campaign, Dareios also occupied Byzantion and Kalkhedon briefly and annexed Byzantion to his new satrapy in Thrace. Thereafter, the cities in west Anatolia and Thrace revolted against the

bir kent olduğunu aşağıdaki tümcelerle tarif etmiştir (Polybius IV, 38): *"Çünkü, deniz bakımından, Pontos'un (Karadeniz) ağzını tamamen bloke ettiğinden, hiç kimse Byzantionluların rızası olmadan ne Pontos'tan içeri girebilir ne de dışarı çıkabilir. Öyle ki onlar, Pontos'tan getirilen ve insanın günlük yaşamda gereksinim duyduğu birçok ürünün ve malın giriş çıkışını kontrol altında tutuyorlardı."*

Kalkhedon'un, Byzantion'dan önce kurulmuş olması doğru bir seçim olarak değerlendirilebilir. Byzantion'un bulunduğu Trakya yakasında Antik Çağ tarihçilerince barbar olarak nitelendirilen Trak kabileleri yerleşmiş bulunuyordu (Herodotos I, 168). Bunların saldırılarından ve ürünlerinin yağmalanmasından çekinen ilk kolonistlerin bu nedenle, kentlerini daha güvenli olan Boğaz'ın karşı yakasında Kalkhedon'da kurmuş oldukları düşünülebilir.

Byzantion'un kuruluşu başka olgulara da dayandırılabilir. MÖ 12. yüzyılın başlarında Balkanlar ve Anadolu'da Önasya dünyasını altüst eden bir takım önemli gelişmeler olmuştur. Çağdaş tarihçilerin "Ege Göçleri" olarak tanımladıkları bu halklar hareketinin kökeni Orta Avrupa'ya dayanmaktadır. MÖ 2. binyılda Trakların egemenliğinde olan Balkanların güneybatı bölgelerine İlliryalıların girmesi üzerine yerlerinden oynatılmış olan bazı Trak kabileleri, özellikle Brig'ler ya da Frig'ler, Boğazlar üzerinden Anadolu'ya geçerek, Anadolu'nun etnik ve sosyal yapısında büyük değişiklikler yaratmışlardır. Bunun sonucu olarak Anadolu'daki en büyük siyasi güç olan Hitit Devleti yıkılmış ve aynı dönemde Dorların Yunanistan'ı istila etmeleriyle Miken devleti çökmüştür. Bu olaylardan sonra başta Ege Dünyası olmak üzere, Anadolu ve Yakın Doğu'nun siyasi tablosu değişmiştir.

Balkanlar'da meydana gelen hareketlilik Yunanistan'ın yerli halkı olan Akaları da yerlerinden etmiş; Batı Anadolu ve Ege Adaları'na göç etmelerine sebep olmuştur. Bu olaylar, aynı zamanda büyük bir Trak kabilesi olan Bithynleri de, Byzantion üzerinden Anadolu'ya göç etmeye zorlamıştır. Göçler neticesinde yerlerinden sürülen, Ege Adaları ve Batı Anadolu'nun girintili çıkıntılı kıyılarına yerleşen halklar, uzak diyarlarda ve iç bölgelerde kurulmuş olan çeşitli şehirlerle deniz ve kara taşımacılığının ve ticaretinin çok erken dönemlerde gelişmesine neden olmuşlardır. Bundan dolayı, iyi korunmuş bir limana ve gemilerin karaya çekilebilmesi için düz ve kumsal bir sahile sahip bulunan topraklar çok erken dönemlerde ticaret merkezleri haline dönüşmüştür. Bu çağlarda şiddetli rüzgârlardan ötürü daha çok hareket ve manevra kabiliyeti yüksek kürekli gemiler tercih ediliyordu. Bu gemilerle Karadeniz ve Doğu Akdeniz'in en ücra köşelerine kadar gidilmeye ve gidilen bölgeler hakkında bilgi toplanmaya başlanmıştır. MÖ 750-550 yılları arasında gelişen kolonizasyon hareketi, Batı Anadolu ve Ege Adaları'nda, Marmara, Kuzey Ege ve Karadeniz kıyılarında birçok koloninin kurulmasına yol açmıştır. Byzantion da bu şekilde kurulmuş olmalıdır.

Fig. / Res. 11

A coin of Byzantion from the 2nd-3rd centuries AD. On the obverse of the coin is the head of Byzas (r.), bearded and wearing a helmet, and his name written as BYZAΣ while on the reverse is the galley with sails (r.) that brought Byzas from Megara and below, the name of the city is given as BYZAN / TIΩN, above E MA / PKOY.

Ön yüzünde Byzas'ın sakallı, miğferli başı (sağa) ve BYZAΣ *lejandı; arka yüzünde yelkenli kadırga (sağa), altta* BYZAN / TIΩN *yukarıda,* E MA / PKOY *lejandı olan sikke. MS 2-3. yüzyıl.*

Persians who had usurped their economic interests and succeeded in gaining their independence in 499 BC. In 492 BC Byzantion and Kalkhedon were razed to the ground by Phoenicians who were the allies of the Persians. Byzantion stayed under Persian rule until 478 BC when the Persians were defeated at the battles of Plataeae and Mykale. In the mean time, Byzantion joined the Attic-Delian Sea League and was entitled to pay an annual tribute of 15 talents, which further points to her high level of wealth.

As Byzantion is located at, and controlling, the crossroads of the Aegean World, the Black Sea, Thrace and Bithynia, she always found herself in the midst of conflicts as of the fifth century BC. Athens and Sparta, the two super powers of the time, clashed with each other in order to be able to gain control over Byzantion and the commercial routes and the trade of grains and other products sent from Bithynia to other sites in the Aegean. Although Byzantion was occupied by Athens and Sparta many times during these long-lasting conflicts, she managed to retain her sovereignty and interests by keeping on the side of the strong one (Mansel 1963, 314-317).

As of the fifth century BC, Byzantion founded a checkpoint both at Khrysopolis (modern Üsküdar) and at the isle on which the Maiden's Tower stands today. A customs tax of ten per cent from each ship sailing brought great contribution to Byzantion's economy and it was shared between Byzantion and other states with ruling power in the region (Müller-Wiener 1998, 3). In the fourth century BC, Philippos II, king of Macedon, occupied the territory of Byzantion in order to get hold of the trade with the Black Sea but Byzantion's resistance retained her independence and other economic interests such as grain trade and fish production. The city stayed independent in the time of Alexander the Great and following his death, she kept her independent status during the reign of Lysimakhos, the king of Thrace. In this period, Byzantion was under tutelage of this powerful kingdom and maintained her development – experiencing one of her brightest eras in history.

Byzantion was plundered by Galatians in 280 BC; however, about the same time, the Bithyns, a branch of the Thraks who had settled in this region before the foundation of Byzantion, had founded a kingdom in the area stretching from the Bosporos to the River Sangarios (modern Sakarya). In the second half of the third century BC, Rhodos and Bithynian Kingdom made allies against Byzantion; thus, Byzantion ended up removing the tax levied on the ships travelling through the Bosporus. During the course of the wars between Rome and the Hellenistic kingdoms, Byzantion always held sides with Rome and managed to get Perinthos annexed to her. In 74 BC, when Nikomedes IV, king of Bithynia, bequeathed his kingdom to Rome, Byzantion also passed into the hands of the Romans. Byzantion

Byzantion, kuruluşunu izleyen yıllarda zengin bir kent olarak dikkatleri üzerine çekmeye başlamıştır. Askeri bakımdan stratejik konumu itibarıyla büyük öneme sahip olan kentin karşılaştığı ilk tehlike Pers Kralı I. Dareios'dan gelir. Dareios, İskitler'e karşı MÖ 513'te yaptığı askeri sefer sırasında Boğaz'da gemileri yan yana dizerek ve üzerlerine hatıllar atarak bir köprü oluşturup karşıya geçer. Bu seferi sırasında Byzantion'u ve Kalkhedon'u kısa bir süre için işgal etmiş, Byzantion Trakya'da kurulan satraplığa bağlanmıştır. Bu tarihten sonra ekonomik çıkarları ellerinden alınan Batı Anadolu ve Trakya şehirleri Perslere karşı ayaklanarak egemenliklerini tekrar elde etme başarısını göstermişlerdir (MÖ 499). Ancak, bir yıl sonra Persler İonia isyanını bastırarak Trakya dışında kalan şehirlerin egemenliklerine tekrar son verirler. MÖ 492'de Byzantion ve Kalkhedon, Perslerin bağlaşıkları Fenikeliler tarafından yakılıp yıkılır. Bu dönemde Byzantion bir süre daha Pers egemenliğinde yaşamak zorunda kalır. Perslerin, Plataiai ve Mykale'de Atinalılarla yaptıkları savaşta yenilgiye uğramalarından sonra (MÖ 478), kent tekrar bağımsızlığına kavuşur. Bu arada Yunanlılar tarafından oluşturulan Attik-Delos Deniz Birliği'ne katılır ve birliğe 15 talentum gibi yüksek bir vergi ödemekle yükümlü kılınır ki, bu Byzantion'un maddi refah düzeyini gösteren önemli bir rakamdır.

Byzantion; Ege Dünyası, Karadeniz ve Trakya ile Bithynia arasındaki yol bağlantılarını denetleyen önemli bir yerde kurulmuş olması dolayısıyla, MÖ 5. yüzyıldan itibaren kendini sürekli olarak savaşın içinde bulmuştur. Konumları itibarıyla dönemin güçlü devletleri olan Atina ve Sparta arasında; Byzantion'a ve ticaret yollarına egemen olmak, Karadeniz ve Bithynia'dan Ege'deki kentlere aktarılan hububat ve diğer ürünlerin ticaretini ele geçirmek amacıyla uzun süreli çıkar savaşları yaşanmıştır. Byzantion bu savaşlar sırasında çoğu kez Atinalılar veya Spartalılar tarafından işgal edilmiş olmasına rağmen, devamlı güçlüden yana taraf olarak egemenliğini ve çıkarlarını korumayı bilmiştir (Mansel 1963, 314-317).

Byzantion MÖ 5. yüzyıldan itibaren, Khrysopolis'te (Üsküdar) veya bugünkü Kız Kulesi'nin olduğu yerde bir kontrol noktası kurmak suretiyle, Boğaz'dan geçen her gemiden yüzde on oranında gümrük vergisi alarak önemli bir maddi getiri sağlamıştır. Bu transit ulaşımdan elde edilen gelir, Byzantion ile dönemin bölgeye hâkim gücü olan devletler arasında paylaşılıyordu (Müller-Wiener 1998, 3). Byzantion, MÖ 4. yüzyılda Makedonya Kralı II. Philippos'un Karadeniz ticaretini eline geçirme isteği karşısında direnerek topraklarının işgaline rağmen bağımsızlığını ve tahıl ticareti ile balık üretimi gibi ekonomik çıkarlarını korumuştur. Büyük İskender zamanında bağımsız kalan kent, O'nun ölümünden sonra bölgeye egemen olan Trakya Kralı Lysimakhos zamanında da himaye görerek bağımsızlık statüsünü sürdürmüştür. Byzantion, bu büyük devletin himayesinde gelişimine devam ederek en parlak dönemlerinden birini yaşamıştır.

retained her independence for a long time under the Roman rule by paying taxes.

In AD 193, Byzantion sided with Pescennius Niger in the conflict between him and Septimius Severus; however, this wrong decision was punished severely by Septimius Severus, the winner. The Romans invaded the city in 196 demolishing its renowned walls, killing her soldiers and dignitaries, razed to ground the theatre, baths and other monuments, depriving her of her own culture and respectability. Septimius Severus levied new taxes on the city, confiscated the citizens' properties and Byzantion was punished harshly especially when she was annexed to Perinthos together with all her territory. Despite these horrible punishments, the city was rebuilt with the support of Caracalla, son of Septimius Severus (Kuban 2000, 8; Gyllius, I.1). Badly affected, Byzantion stayed way behind her former glamour until the reign of Konstantinos I. On the obverse of the coins minted in the reign of Konstantinos I is the head of Byzas, bearded and wearing a helmet, and his name written as ΒΥΖΑΣ while on the reverse is the ship that brought Byzas from Megara and the name of the city is given as ΒΥΖΑΝΤΙΩΝ (Tekin 2005, 5; Tekin 2003, Pl. IV, Fig. 81) (Fig. 11). In the second half of the third century Byzantion was occupied and her territory was plundered by Goths (Celts).

Konstantinos I moved his capital to Byzantion, which he rebuilt as Konstantinopolis in AD 330 (Haldon 2005, 35). The new capital Konstantinopolis developed rapidly. The city walls, the palatial complex, colonnaded streets, aqueducts, granaries and houses were built as would a capital city deserve. Following Konstantinos I who preferred having his capital city more in the eastern part of the empire, the gap between the east and west halves of the Roman Empire deepened and the official division of the empire in AD 395 facilitated the growth of the city (Yıldız 1982, 488-491), (Map 1).

When Christianity was made the official state religion, the capital Konstantinopolis of the East Roman Empire, which is more widely known as the Byzantine Empire, became the cultural, artistic, political and economic centre of Christendom during the Middle Ages. Growing and gaining in importance in trade continuously, Konstantinopolis was attacked by the Sassanians and Arabs in the seventh century, by the Bulgars and Arabs in the eighth century, and by the Bulgars and Rus' in the ninth century but could not be captured.

Konstantinopolis was conquered by the Fourth Crusaders in 1204 and became the capital of a Latin Kingdom until 1261. Changes that took place in the new commercial routes and international relations led to dissolution of the unity of the empire and culminated in the emergence of privileged classes and families.

The Ottomans besieged Konstantinopolis twice: first in 1391 by Bayezid I and then in 1422 by Murad II, both of which failed. The city was conquered by Mehmed II

Byzantion, MÖ 280'de Galatların akınlarına uğradı ve bu kavim tarafından talan edildi. Aynı yıllarda, Byzantion'un kuruluşundan önce buraya gelip yerleşen Trakların bir kolu olan Bithynler, İstanbul Boğazı ile Sakarya Nehri arasındaki alanda bir krallık kurmuşlardı. MÖ 3. yüzyılın ikinci yarısında Rhodos ile Bithynia'nın Byzantion'a karşı birleşerek cephe alması sonucu Byzantion, Boğaz'dan geçen gemilerden aldığı gümrüğü kaldırdı. Romalılarla Hellenistik Krallıklar arasında yapılan savaşlarda Byzantion Roma'nın yanında yer almış; bu sayede Perinthos'un kendisine bağlanmasını sağlamıştır. MÖ 74'te Bithynia kralı IV. Nikomedes vasiyet yoluyla ülkesini Roma'ya bırakınca, Byzantion da Roma'ya bağlandı. Şehir, Roma İmparatorluk Dönemi'nde uzun süre Roma'ya vergi ödeyerek bağımsızlığını korudu.

MS 193'te Roma İmparatorluğu'nu ele geçirmek isteyen Septimius Severus ile Pescennius Niger arasındaki taht mücadelesinde Byzantion, Pescennius Niger tarafında yer aldı. Savaşı kazanan Septimius Severus, Byzantion'u bu tutumundan dolayı cezalandırdı. Romalılar, Byzantion'u MS 196'da işgal ederek, askerleri ve kentin ileri gelenlerini öldürdüler, kent yıkıldı, görkemiyle övündükleri surlar yerle bir edildi, tiyatroları, hamamları ve diğer binaları harabe haline geldi, tüm kültüründen ve saygınlığından yoksun bırakıldı. Septimius Severus, kente yeni vergiler getirdi, yurttaşlarının mallarına el koydu, Byzantion ve topraklarını Perinthos'a vererek halkını cezalandırdı. Bütün bunlara rağmen Byzantion, jeopolitik konumundan dolayı, İmparator Septimius Severus'un oğlu Caracalla'nın desteği ile yeniden inşa edildi (Kuban 2000, 8; Gyllius I, 1) ancak, I. Constantinus'a kadar eski maddi refah düzeyinin gerisinde kaldı. I. Constantinus döneminde basılan sikkelerin ön yüzünde kentin söylencesel kurucusu olarak bilinen Byzas'ın miğferli ve sakallı büstü ile adı (ΒΥΖΑΣ) yer alır (Res. 11). Sikkelerin arka yüzünde ise Byzas'ı Megara'dan Byzantion'a getiren kadırga ya da yelkenlinin betimi ve ΒΥΖΑΝΤΙΩΝ lejandı bulunmaktadır (Tekin 2005, 5; Tekin 2003, Lev. IV, Res. 81). 3. yüzyılın ikinci yarısında Byzantion, Gotlar (Keltler) tarafından işgal edilerek toprakları talan edildi.

I. Constantinus, başkentini Byzantion'a taşıdı ve onu Konstantinopolis adıyla MS 330 yılında yeniden imar etti (Haldon 2005, 35). Yeni başkent Konstantinopolis hızla gelişti. Kent surları, saray külliyesi, sütunlu caddeler, su kemerleri, tahıl ambarları ve evler bir başkente yaraşır şekilde inşa edildi. Başkentinin imparatorluğun doğu kısmında konumlanmasını tercih eden I. Constantinus'tan sonra Roma İmparatorluğu'nun doğu ve batı toprakları arasındaki uçurum gittikçe büyüdü ve imparatorluğun 395 yılında resmen ikiye ayrılmasıyla kent daha da gelişti (Yıldız 1982, 488-491), (Har. 1).

Hıristiyanlığın resmi devlet dini olmasıyla birlikte, günümüzde daha çok Bizans adıyla tanınan Doğu Roma İmparatorluğu'nun başkenti Konstantinopolis,

Map / Har. 1
Istanbul map/view from the Atlas by Hartman Schedel (1440-1514), (Katırcıoğlu 2000, 67).
Hartman Schedel tarafından (1440-1514) hazırlanan atlasta yer alan İstanbul harita/ görüntüsü (Katırcıoğlu 2000, 67).

in 1453 which meant the fall of the Byzantine Empire and the Ottoman capital was moved from Edirne to Istanbul (Map. 2).

Portus Theodosiacus: The undiscovered harbour of Theodosios

The location of Byzantion at the point of transition between Anatolia and the Balkans, the Black Sea and the Aegean has facilitated the development of the city and still does. Polybios of the second century BC had clearly noted the importance of Byzantion in his World History: "As far as the sea is concerned, Byzantium occupies a position the most secure and in every way the most advantageous of any town in our quarter of the world" (Müller-Wiener 1998, 1).

In addition to controlling the trade routes, the city had a wide hinterland suitable for agriculture. Besides, fishing on the straits was an important input (Fig. 12a, b). The fact that the bonito fish migrating from the Black Sea to the Aegean is depicted on the coins of the city underlines the importance of fishing for Byzantion (Tekin 2005, 11-12).

The city stands on a high promontory extending into the sea and surrounded by the sea; thus easy to defend (Map 3). The majority of the colonies founded in the eighth century BC were located on small peninsulas on the coastline, as was the case with west Anatolia; this can be explained with the seafaring origin of the settlers as well as their efforts to keep clear of the local peoples living inland. Especially the small peninsulas were very suitable for such locations and facilitated their security against attacks both from the sea and landside. As a matter of fact, Herodotos (V.26, VI.33) tells that the

Hıristiyan dünyasının ortaçağlardaki kültür, sanat, siyasi ve ekonomik merkezi haline geldi. Ticaretle birlikte sürekli büyüyen ve önemi artan Konstantinopolis'e 7. yüzyılda Sasaniler ve Araplar, 8. yüzyılda Bulgarlar ve Araplar, 9. yüzyılda ise Bulgarlar ve Ruslar saldırmış ancak kenti ele geçirememişlerdi.

Konstantinopolis, 1204'te Haçlılar tarafından işgal edilerek 1261 yılına değin Latinlerin merkezi oldu. Bu arada yeni ticaret yollarının ve dış ilişkilerde değişikliklerin oluşmasıyla Bizans'ın bütünsel yapısı bozularak imtiyazlı sınıflar ve aileler ortaya çıktı.

Konstantinopolis, ilk kez 1391'de Osmanlı padişahlarından Yıldırım Bayezit ve daha sonra 1422'de II. Murat tarafından kuşatıldıysa da bu kuşatmalardan sonuç alınamadı. Konstantinopolis II. Mehmet tarafından 1453'te fethedilerek Bizans İmparatorluğu'na son verildi. Bu tarihten sonra Osmanlı başkenti Edirne'den Konstantinopolis'e taşınarak kentin tarihinde yeni bir dönem başlamış oldu (Har. 2).

Portus Theodosİacus: Theodosİus'un keşfedİlmemİş lİmanı

Byzantion'un, Anadolu-Balkanlar, Karadeniz-Ege dünyası arasında, zorunlu bir geçiş noktasında kurulmuş olması, kentin gelişimine büyük katkılar sağlamıştır ve halen de sağlamaktadır. MÖ 2. yüzyılda yaşamış olan Polybios (IV, 38) yazdığı dünya tarihinde Byzantion'un önemini açık bir ifade ile belirtmişti: *"Bizanslılar, dünyamızda güvenlik ve refah bakımından en elverişli deniz kıyısında yaşayan insanlardır"* (Müller-Wiener 1998, 1).

Ticaret yollarının kontrolünü elinde bulunduran kent, aynı zamanda tarımsal faaliyetlerin yürütüldüğü geniş bir hinterlanda sahipti. Ayrıca, Boğaz'da yapılan

Map / Har. 2

Map/view of Istanbul from the 16th century. George Braun (1541-1622) and Franz Hogenberg (1535-1590), (Katırcıoğlu 2000, 87).

16. yüzyıldan bir İstanbul harita/görüntüsü. George Braun (1541-1622) ve Franz Hogenberg (1535-1590), (Katırcıoğlu 2000, 87).

citizens of Byzantion and Kalkhedon abandoned their cities and retreated inland toward the Black Sea when the Persian King Dareios I occupied Thrace. This event shows the importance of coastal settlements with regard to security. Another advantage the peninsular settlements presented was to have more than one harbour. In case one harbour became unusable due to unfavourable weather conditions, a second or even a third one could be used. In Antiquity, the geographic features of Istanbul's coastlines made many harbours available.

Dionysios of Byzantion tells that the first corner of the Straits had three harbours and describes the vessels of the time as follows: "Byzantion had 500 ships and some of them had two rows of oars with rudders at both stem and stern, steered by two steering men."

The former ports on the Golden Horn side of the newly re-founded city turned insufficient for the marine transportation with the increasing the population and

balıkçılık kent için önemli bir gelir kaynağı idi (Res. 12a, b). Karadeniz'den Ege'ye göç eden palamutların, kentin bastırdığı sikkeler üzerinde yer alması balıkçılığın Byzantion için ne denli önemli olduğunu göstermektedir (Tekin 2005, 11-12).

Kent denize doğru uzanan yüksekçe bir burun üzerinde, bir tarafı Haliç diğer tarafı denizle çevrili savunulması kolay bir konumdadır (Har. 3). MÖ 8. yüzyılda kurulan kolonilerin çoğunun Batı Anadolu'da olduğu gibi, küçük yarımadacıklar üzerinde ya da deniz kıyılarında yer almaları, kuşkusuz bu insanların denizci olmalarıyla açıklanabileceği gibi, iç bölgelerde yerleşmiş olan yerli halklardan çekinmelerine de bağlanabilir. Özellikle yarımadacıklar en elverişli yerleşmeleri oluşturmaktaydı. Böylece kara yönünden gelebilecek tehlikeye olduğu kadar denizden gelmesi olası baskınlara karşı da kara üzerinde olmak bakımından güvence altındaydılar. Nitekim, Pers Kralı

12a

12b

Fig. / Res. 12a, b

Vessel fragments with fish motifs (12th century), Istanbul Archaeological Museums Collections.

Balık bezemeli kap parçaları (12. yüzyıl), İstanbul Arkeoloji Müzeleri Koleksiyonu.

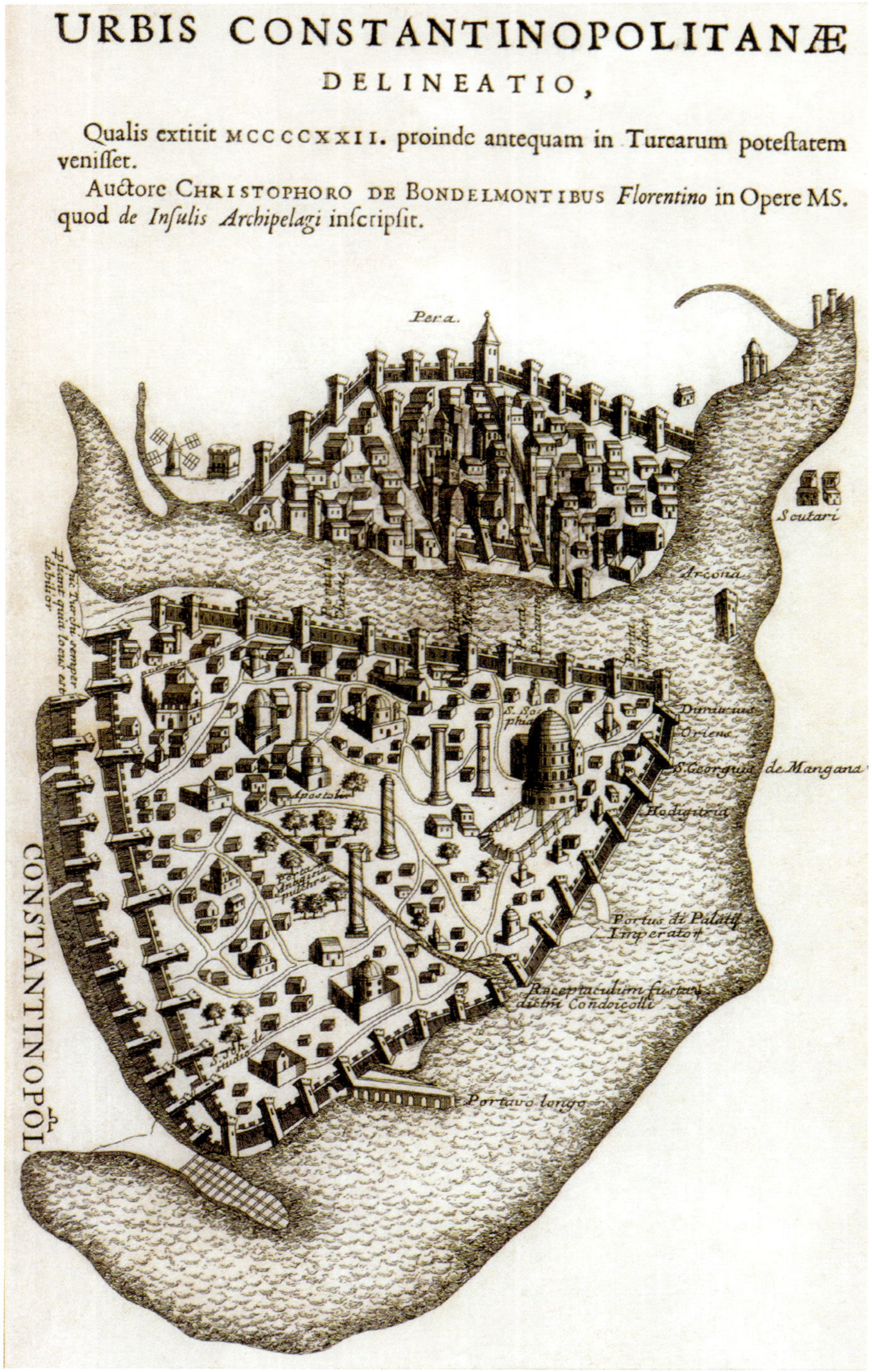

Map / Har. 3

Urbis Constantinopolitanae Delineatio. The oldest view of Istanbul published in 1422 by Christophoro de Buondelmonte of Florence (Katırcıoğlu 2000, 97).

Urbis Constantinopolitanae Delineatio. 1422 tarihinde Floransalı Christophoro de Buondelmonte tarafından yayımlanan İstanbul'un en eski görüntüsü (Katırcıoğlu 2000, 97).

economic revival. Thus, new ports were built on the Propontic coast of the city in the reigns of the emperors Iulianos (r. AD 361-363) and Theodosios I (r. AD 379-295). The harbour built by Iulianos is thought to have had a vaulted semicircular colonnade on the land side and it is called Portus Novus ('the New Port') in *Notitia* and called Megistos Limên ('the Biggest Port') by Zosimos. In the reign of Anastasios (r. AD 491-518), the bottom of the harbour was dredged making it deeper and a mole was built thus enlarging it. Following a fire in 561, the harbour was rebuilt by Iustinos II (r. AD 565-578) and named Sophia after the empress. There are various opinions regarding its use. Some researchers claim that it was an economic port for there were

I. Dareios Trakya'yı işgal ettiği sırada Byzantionlu ve Kalkhedonluların kentlerini terk ederek Karadeniz'den içeriye doğru çekildiklerini Herodotos'tan (V, 26; VI, 33) öğreniyoruz. Bu olay deniz kenarında yerleşmiş olmanın emniyet açısından önemini göstermektedir. Yarımada yerleşmelerinin bir başka avantajı da kentlerin böylece birkaç limana sahip olabilmeleriydi. Bir liman elverişsiz hava koşullarına maruz kaldığında gemiler ikinci hatta üçüncü limandan yararlanabiliyorlardı. Eski Çağ'da İstanbul kıyılarının coğrafi yapısı bu özelliklere sahip olduğundan birçok liman kurulmasına imkân tanımıştır.

Bizanslı Dionysios, Boğaz'ın birinci dönemecinin üç limanı olduğunu yazmaktadır. O dönem gemilerini *"Byzantion'un beş yüz gemisi vardır ve bazı gemiler çift sıra kürekli, hem pruva hem de kıç tarafında dümeni olan, çift dümenci tarafından kullanılırdı"* ifadesiyle tarif etmektedir.

I. Constantinus tarafından 330'da yeniden kurulan şehrin, Haliç kıyısındaki eski limanlarının kapasiteleri, ekonomik canlanma ve artan nüfusun etkileriyle yetersiz kalmaya başlamıştı. Böylece, İmparatorlar İulianus (Julianus) (361-363) ve I. Theodosius (379-395) dönemlerinde kentin *Propontis*'e (Marmara Denizi) bakan kıyılarında yeni limanlar inşa edildi (Har. 3). *Notitia*'da *Portus Novus* (Yeni Liman) olarak geçen, *Zosimus*'un ise *Megistos Limên* (En Büyük Liman) olarak adlandırdığı İulianus Limanı'nın kara tarafında yarım daire biçimli, üzeri tonoz örtülü büyük bir sütunlu galeriden oluştuğu düşünülmektedir. Anastasios (491-518) döneminde limanın içi kepçeyle derinleştirildi ve bir mendirek inşa edilerek liman büyütüldü. 561 yılında geçirdiği yangının ardından II. İustinos (Justinos) (565-578) tarafından yeniden inşa ettirildi ve o dönemden itibaren de imparatoriçenin ismiyle ilişkilendirilerek Sophia Limanı olarak adlandırıldı. Kullanımına ilişkin görüşler ise farklıdır: Bazı araştırmacılara göre limanın yakınlarında tahıl ambarı bulunması nedeniyle burası ekonomik bir işlev görmekteydi. 695'te II. İustinianos'a karşı girişilen ayaklanmanın bu limanda demirli bulunan *dromon* olarak adlandırılan gemilerden başlatılmış olması ise, aynı zamanda askeri amaçlı olarak da kullanıldığını akla getirmektedir. Daha sonraları Kontoskalion adıyla anılan liman, Bizans donanmasının ana üssü haline gelmiştir (Müller-Wiener 1998, 8).

13. yüzyılda liman havuzunun dibi kepçe ile temizlenmiş, etrafındaki sur duvarı onarılmış ve girişine de demir bir kapı takılmıştır. Böylece liman, İmparatorluğun Marmara Denizi kıyısındaki en uzun ömürlü limanı olma özelliğini korumuştur. 1453'ten sonra da Osmanlı Donanması kadırgalarının barınması için kullanılan liman, 16. yüzyılın sonlarında bataklık haline gelmiş ve Başvezir Sokullu Mehmet Paşa tarafından tamamen doldurtulmuştur (Müller-Wiener 1998, 8-11; 30-33). Kadırga Limanı olarak adlandırılan limandan dolayı ardındaki semt de Kadırga ismini alarak günümüze kadar ulaşmıştır. Bizans Dönemi'nde Marmara kıyısında bulunan limanların yerleri ve

granaries nearby; however, in 695 the revolt against Iustinianos II was started at the ships known as *dromon* anchored at this port; thus, it is plausible that it was used for military purposes as well. Later the port was called Kontoskalion and became the main base for the Byzantine navy (Müller-Wiener 1998, 8).

In the thirteenth century the bottom of the harbour was dredged and cleaned, the fortification walls around it were repaired and an iron door was installed at its entrance. Thus, the harbour became the longest-living harbour of the empire on the Marmara coast. Following the Turkish conquest in 1453, the harbour was used for sheltering the Ottoman naval galleys and turned to a swamp by the end of the 16th century; thus, the Grand Vizier Sokullu Mehmet Pasha had it entirely filled (Müller-Wiener 1998, 8-11, 30-33). The harbour was called Kadırga Limanı, i.e. Galley Harbour, and the neighbourhood behind it has been called Kadırga since then. Both the locations and foundation dates of the Byzantine ports on the Marmara coast are open to discussion; therefore, the relations between Iulianos, Sophia-Kontoskalion and Eleutherios-Theodosios have a certain extent of vagueness (Map 4).

The second large harbour on the Marmara coast was the Theodosian Harbour, namely Portus Theodosiacus, possibly built by Theodosios I (r. AD 379-395) in the cove that indents deeply inland (Müller-Wiener 1998, 8-9). The Sea of Marmara became a natural harbour formed by a large bay here and the Lykos Stream flowed into the sea here. It is known that in the prehistoric period, the mouths of rivers opening into the sea were used as shelters for vessels and the river courses suitable for navigation allowed access inland. Cities located at such points served for both unloading the vessels and loading or marketing of the products of their region; thus, they developed more in socio-economic terms than cities located elsewhere.

With Konstantinopolis becoming the new imperial capital, the trade also increased in parallel to the population. Thus, the capacity of the existing harbours became insufficient and it became necessary to build new harbours or to enlarge the existing ones. The natural deep cove at the mouth of Lykos was enlarged probably in the reign of Theodosios I by building a breakwater in the east-west direction on the south in order to be able to answer the needs of the time. There are various opinions regarding the name and foundation of this harbour in the Byzantine period. The Eleutherios Harbour mentioned in surviving texts is usually accepted to be the forerunner of the Theodosian Harbour and was founded in the reign of Konstantinos I. Another claim is that Eleutherios should be looked for further east (Dirimtekin 1953, 59; Asal 2007, 183; Müller-Wiener 1998, 8; Gökçay 2007, 166).

Granaries called Horrea Alexandrina or Horrea Theodosiana, named after Alexandria, Egypt, and the emperor himself, respectively, were located on the Theodosian Harbour's east side which was within the Region IX;

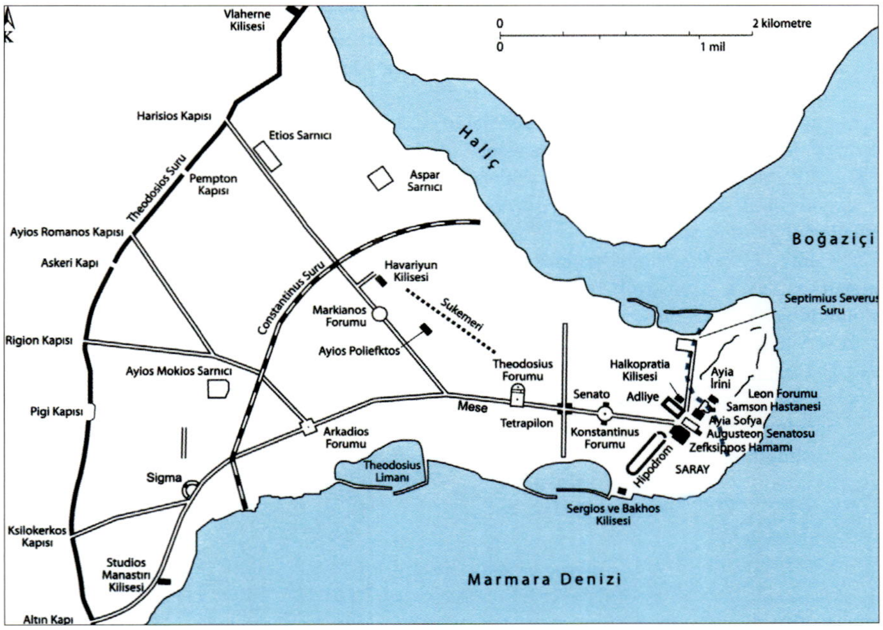

Map / Har. 4

Byzantine harbours along the Marmara coast (Haldon 2006, 72).

Marmara kıyısındaki Bizans limanları (Haldon 2006, 72).

kuruluş tarihleri oldukça tartışmalıdır. Gerek Sophia-Kontoskalion ve gerekse Eleutherius-Theodosius ilişkilerinde bir kuşku payı bulunmaktadır (Har. 4).

Marmara Denizi kıyısında inşa edilen ikinci büyük liman ise, Theodosius Limanı (*Portus Theodosiacus*) adı verilen, muhtemelen I. Theodosius (379-395) tarafından XII. Bölgede, zamanında kıyıya hayli derin bir girinti yapan koyda kurulmuştu (Müller-Wiener 1998, 8-9). Marmara Denizi bu bölgede büyük bir körfez oluşturan doğal bir liman görünümündeydi ve içine Lykos deresi akıyordu. Tarih öncesi çağlarda nehirlerin denize ulaştıkları alanların, gemiler için barınma yeri olarak kullanıldığı bilinmektedir. Seyrüsefere elverişli bu nehir yataklarından iç bölgelere ulaşım sağlanmaktaydı. Bu tür nehirlerin ağızlarında kurulmuş olan kentler, yük boşaltma yerleri olmalarının yanı sıra, aynı zamanda bölgede üretilen malların pazarlandığı ve yüklendiği merkezler olarak sosyo-ekonomik açıdan diğer kentlere göre daha çok gelişmişlerdi.

Konstantinopolis'te yeni imparatorluk başkenti olmasıyla başlayan nüfus artışına koşut olarak ticarette de önemli ölçüde gelişme yaşanmıştır. Mevcut limanların kapasitesi yetersiz kaldığından, yeni limanların kurulması veya var olanların büyütülmesi zorunlu hale gelmiştir. Lykos Deresi'nin ağzında bulunan derin doğal koy büyük olasılıkla İmparator Theodosius (379-395) zamanında genişletilmiş ve günün koşullarına cevap verebilecek şekilde güney tarafına, batıdan doğuya doğru uzanan bir mendirek inşa edilmiştir. Limanın Bizans dönemindeki adı ve kuruluşuyla ilgili değişik görüşler ve öneriler mevcuttur. Günümüze ulaşan kaynaklarda aynı yerde bulunduğundan söz edilen Eleutherius Limanı bir görüşe göre, Theodosius Limanı'nın öncülüdür ve I. Constantinus döneminde kurulduğu kabul edilmektedir. Diğer bir görüş ise Eleutherius Limanı'nın daha doğuda aranması gerektiği yönündedir (Dirimtekin 1953, 59; Asal 2007, 183; Müller-Wiener 1998, 8; Gökçay 2007, 166).

Map / Har. 5

Konstantinopolis and fourteen regions in the reign of Theodosios.

Theodosius döneminde Constantinopolis ve 14 bölge.

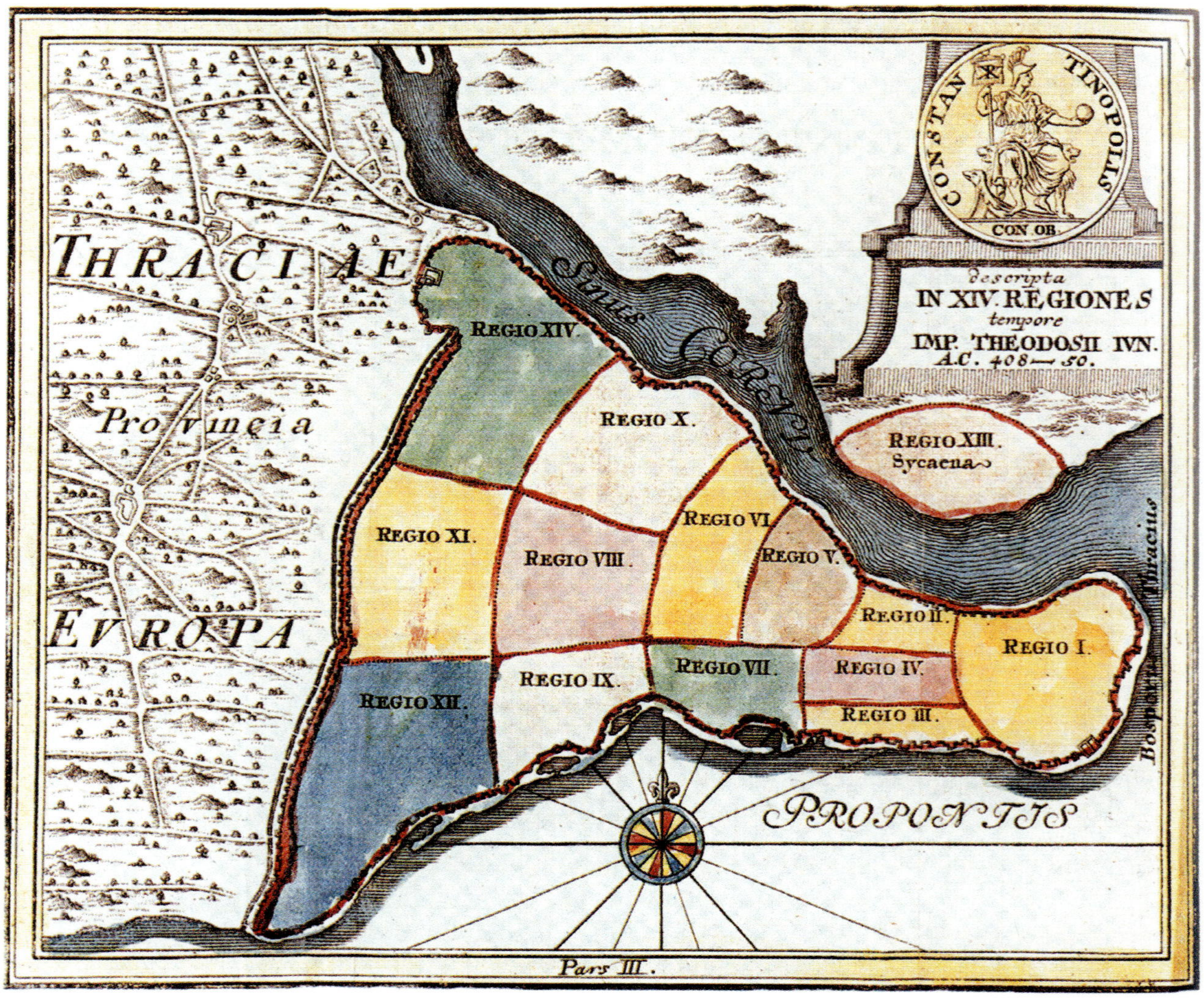

thus, these suggests that this harbour was used for unloading the grains brought from Egypt and other items and that this was a large commercial harbour (Map 5). It is known that the grain import continued until 641 when Egypt was conquered by Muslim Arabs. In the beginning the grains were directly transported into the town. The transportation involved large open-sea vessels with high capacities; however, the winds and currents at the Dardanelles, or the Hellespont, constituted a great handicap delaying the transportation; hence it is known that Iustinianos built intermediary depots at the island Tenedos (modern Bozcaada) and transportation continued with smaller vessels henceforth to the capital. The harbour proved to have functioned vividly in the transportation of Prokonnesian marble demanded for construction, bricks and tiles, timber and food and beverages (Müller-Wiener 1998, 18).

Petrus Gyllius, who stayed in Istanbul from 1544 to 1547 in order to collect ancient manuscripts on behalf of the French king, writes the following about the Theodosian Harbour: "The Theodosian Harbour lied within the vegetable gardens called the Blanka today; it was surrounded with walls all around and located in the flat area on the skirts of the seventh hill along the Sea of Marmara. The harbour's mouth faced east and a

Theodosius Limanı'nın IX. Bölge'de bulunan doğu ucunda kurulu *horrea Alexandrina* (İskenderiye hububat ambarı) ve imparatorun adını taşıyan *horrea Theodosiana* gibi ambar binalarının varlığı, burasının İskenderiye'den veya başka yerlerden gelen gemilerin taşıdığı tahılın ve diğer maddelerin boşaltıldığı oldukça büyük ticari bir liman olduğuna işaret etmektedir (Har. 5). Tahıl ticaretinin, Mısır'ın 641'de Arapların eline geçmesine kadar devam ettiği bilinmektedir. Tahıl önceleri doğrudan kente taşınıyordu. Büyük tonajlı açık deniz gemileri ile yapılan taşıma, Çanakkale Boğazı geçişinde rüzgâr ve akıntı nedeniyle kesintiye uğramakta, gemiler uzun süre boğaz önlerinde beklemekteydi. Bu nedenle İustinianos'un *Tenedos*'ta (Bozcaada) ara depolar inşa ettirdiği ve nakliyenin de bu noktadan sonra daha küçük gemiler tarafından yapılmaya başlandığı bilinmektedir. Ayrıca, şehrin inşa faaliyetlerinde kullanılan *Prokonnesos* (Marmara Adası) mermeri, tuğla, kiremit, kereste ve yiyecek-içecek ihtiyaçlarının karşılanması da limanın oldukça canlı bir yapıda olduğunu göstermektedir (Müller-Wiener 1998, 18).

Klasik yazın kaynaklarını yerinde toplamak ve tarihsel kalıntıları incelemek amacıyla İstanbul'a gelen Petrus Gyllius 1544-1547 yılları arasında derlediği pier extended from this direction toward west. Now on top of these is a fortification wall of 12 feet in thickness extending 600 steps – as I count my steps while walking… Looking at the pier and the location I discovered that the ancient port's perimeter was more than a mile. At the mouth of the harbour still accessible today is a tower surrounded with the sea and stone debris." (Gyllius, IV.8).

Langa, or Vlanga, Ulanka, vegetable gardens are located between the Mustafa Kemal and Namık Kemal streets extending from Aksaray perpendicularly to the Marmara and the name meant 'outside' in Greek. This indicates that Langa was by but outside the fortifications. It is known that Jews were settled here as of the thirteenth century. In the Ottoman period this area was mainly settled by non-Muslims and Eremya Çelebi Kömürcüyan writes the following about it (1988, 3): "The third gate is Davudpaşa. This area containing the Small Vlanga Bostanı is surrounded with double walls up to Yenikapı. The Vlanga Bostanı, also known as the 'Great Garden', grows very big cucumbers… The fourth gate is the Yenikapı, literally the 'New Gate', and the Large Vlanga Bostanı is located here. Now we are looking at this neighbourhood from the sea to its south. In the sea is a tower known as the Papaz Kulesi, literally 'Priest Tower'. The deputy of Patriarch David and some other priests were strangled here. The area extending from here to Kumkapı constitutes the border of the Armenian and *Rum* neighbourhoods."

On the other hand P.Ğ. İncicyan (1976, 4-5) writes the following: "The tower, which had once stood in the sea, and which was named after Belisarios, the commander of the Emperor Iustinianos, is today located behind the bakery outside the Yenikapı. This area was once a wide bay but it was filled with debris and rubble from the construction of the Laleli Mosque in the reign of Sultan Mustafa III, and the land thus reclaimed was sold to Christians for housing while the Muslims were banned from settling here. The abovementioned tower is called the Priest Tower because some Armenian priests were drowned here in the sea during the term of Patriarch David, before the filling of the sea."

The Theodosian Harbour lost its primary function when the grains transportation from Egypt came to an end toward the middle of the seventh century; however, it continued to serve as a harbour as attested from the shipwrecks uncovered dating from the seventh through the eleventh centuries. The harbour hosted cargo vessels of short distances and fishing boats. It fell out of use in the twelfth century when it was blocked with the silt carried by the Lykos (Bayrampaşa) Stream and was dumped with rubble thereafter.

bilgilerden Theodosius Limanı ile ilgili olanları şöyle aktarır: *"Theodosius Limanı, günümüzde Blanka denilen bostanların içindeydi, her yanda duvarla çevriliydi ve yedinci tepenin eteklerinde uzanan Marmara kıyı düzlüğünde yer alıyordu. Limanın ağzı doğuya bakıyor, bu yönden batıya doğru bir rıhtım uzanıyordu. Şimdi bunların üstünde, benim adımlarımla-adımlarımı yürürken saymaktayım-altı yüz adım uzunluğunda ve on iki ayak genişliğinde surlar vardır……..Rıhtıma ve yerin konumuna bakarak, eski limanın çevresinin bir mili aştığını, keşfettim. Limanın, gemilerin hala girebileceği ağzında, her yanı denizle ve taş kalıntılarla çevrili olarak kule, günümüzde de görülebilir"* (Gyllius IV, 8).

Bugün, Aksaray'dan Marmara sahiline dik inen Mustafa Kemal ve Namık Kemal caddelerinin arasında kalan Langa'nın (Vlanga, Ulanka) Yunanca kelime anlamı "dışarı"dır. Bu da Langa'nın sur dibinde, Marmara'nın güney surları dışına taşan bir semt olduğunu göstermektedir. Bu bölgede 13. yüzyıldan başlayarak Yahudilerin iskân edildiği bilinmektedir. Osmanlı döneminde de daha çok gayrimüslim azınlıkların yerleştiği bu bölge hakkında bilgi veren Eremya Çelebi Kömürciyan (Kömürciyan 1988, 3) *"Üçüncü kapı Davudpaşa'dır. Küçük Vlanga Bostanı'nın bulunduğu bu yer, Yenikapı'ya kadar iki kat surla çevrilidir. Büyük bahçe denilen Vlanga Bostanı'nın hıyarları çok büyük olur… Dördüncü kapının adı Yenikapı'dır. Büyük Vlanga Bostanı buradadır. Şimdi cenup tarafında bulunan denizden bu semte bakıyoruz. Denizin içinde Papazkulesi adını taşıyan bir burç vardır. Patrik David'in vekili ile bazı papazlar burada boğdurulmuşlardır. Buradan Kumkapı'ya kadar olan saha Ermeni ve Rum Mahalleleri'nin hududunu teşkil eder."*

İncicyan (1976, 4-5) ise, *"Vaktiyle denizin içinde bulunup, bazı müelliflerin İmparator İüstinianos'un kumandanı Belisarius'un adı ile zikrettikleri kule de, bugün Yenikapı'nın dış tarafındaki ekmekçi fırınının arkasında bulunmaktadır. Burası vaktiyle geniş bir körfezdi, fakat sultan III. Mustafa'nın zamanında Laleli Camii'nin inşası sırasında çıkarılan toprak ve iri taşlar oraya dökülmüş ve meydana gelen arsa, iskân yeri olarak hıristiyanlara satılmıştı. Müslümanların buraya yerleşmeleri menedilmiştir. Mezkûr kuleye halen 'papaz kulesi' denir, çünkü sahil doldurulmadan evvel, bazı ermeni papazları patrik David zamanında bu kulenin yanında denizde boğulmuşlardı."* diye yazmaktadırlar.

Theodosius Limanı, 7. yüzyıl ortalarına doğru Mısır'dan tahıl sevkiyatının sona ermesiyle işlevinin en önemli bölümünü yitirmiş olmasına rağmen, liman olarak kullanılmaya devam edildiği kazılarda ortaya çıkan ve 7-11. yüzyıllar arasına tarihlenen gemi kalıntılarından anlaşılmaktadır. Bu dönemlerde daha çok yakın mesafelerde kullanılan yük gemileri ile balıkçı teknelerinin barındığı bir liman olarak kullanılmıştır. Tarih öncesi dönemlerden itibaren deniz ticaretine büyük oranda hizmet veren liman, Lykos (Bayrampaşa) Deresi'nin sürekli mil taşıyarak önünü doldurması neticesinde 12. yüzyıldan sonra terk edilmiş ve bu tarihten itibaren çevreden çıkan molozun döküm yeri olmuştur.

Bibliography / Kaynakça

Asal, R., 2007, İstanbul'un ticareti ve Theodosius Limanı. *Gün Işığında: İstanbul'un 8000 Yılı. Marmaray, Metro ve Sultanahmet Kazıları*, 180-189. İstanbul.

Çelik, G.B., 2007, Yenikapı'da günlük yaşam. *Gün Işığında İstanbul'un 8000 Yılı. Marmaray, Metro ve Sultanahmet Kazıları*, 216-229. İstanbul.

Çelik, Z., 1998, *Değişen İstanbul: 19. Yüzyılda Osmanlı Başkenti*. İstanbul.

Dirimtekin, F., 1953, *Fetihten Önce Marmara Surları*. İstanbul.

Erhat, A., 1989, *Mitoloji Sözlüğü*. İstanbul.

Erzen, A., 1994, *İlk Çağ Tarihinde Trakya*. İstanbul.

Gökçay, M., 2007, Yenikapı kazılarında ortaya çıkarılan mimari buluntular. *Gün Işığında: İstanbul'un 8000 Yılı. Marmaray, Metro ve Sultanahmet Kazıları*, 167-179. İstanbul.

Gyllius , P., *İstanbul'un Tarihi Eserleri*. E. Özbayoğlu (transl./çev.) İstanbul, 1997.

Haldon, J., 2006, *Bizans Tarih Atlası*. A. Özdamar (transl./çev.), İstanbul.

Herodotos, *Tarih*. M. Ökmen (transl./çev.), İstanbul, 2007.

Herodotus, *The Histories*, G. Rawlinson (transl./çev.), London, 1942. LOEB

İlter, İ., 1973, *Boğaz ve Haliç Geçişlerinin Tarihçesi*. Ankara.

İncicyan, P. G., 1976, *18. Asırda İstanbul*. H.D. Andreasyan (transl./çev.) İstanbul.

Katırcıoğlu, F. M., 2000, Katalog/Catalogue. In/Bkz.: S. Özpalabıyıklar (ed.), *Yeryüzü Suretleri, F. Muhtar Katırcıoğlu Koleksiyonu/Images of the Earth, F. Muhtar Katırcıoğlu Collection*. Istanbul

Kömürciyan, E. Ç., 1988, *İstanbul Tarihi, XVII. Asırda İstanbul*. H.D. Andreasyan (transl./çev.) İstanbul.

Kuban, D., 2000, *İstanbul Bir Kent Tarihi, Byzantion, Konstantinopolis, İstanbul*. İstanbul.

Mansel, A. M., 1963, *Ege ve Yunan Tarihi*. Ankara.

Özmen, H. İ., 2007, Tarihe ve kültüre saygı: Marmaray. *Gün Işığında: İstanbul'un 8000 Yılı. Marmaray, Metro ve Sultanahmet Kazıları*, 22-27. İstanbul.

Polybius, *The Histories* (Vol. II, Book III- IV). W.R. Paton (transl./çev.) London, 1922. LOEB.

Strabo, *Geography (Vol. III, Book VI-VII)*. H.L. Jones (transl./çev.) London, 1924. LOEB.

Tekin, O., 2003, *Sadberk Hanım Müzesi Antik Sikkeleri Kataloğu*. İstanbul.

Tekin, O., 2005, *Byzas'tan I. Constantinus'a Kadar Eskiçağda İstanbul (Byzantion)*. İstanbul.

Müller-Wiener, W., 1998, *Bizans'tan Osmanlı'ya İstanbul Limanı*. İstanbul.

Yıldız, H. D., 1982, Bizans tarihi. *Anadolu Uygarlıkları Görsel Anadolu Tarihi Ansiklopedisi*, 3, 488-565.

II

Life at the Theodosian Harbour, wrecks and a rapid silting

Theodosius Limanı'nda hayat, batıklar ve hızlı bir gömülme

Ufuk Kocabaş

MRY B-6 11
MRY B-6 6
MRY B-6 10
MRY B-6 12
MRY B-6 13
MRY B-6 14
MRY B-6 16
MRY B-6 15
MRY B-6 17
MRY B-6 20
MRY B-6 19
MRY B-6 21
MRY B-6 22

This great harbour was protected from storms with breakwaters. The Byzantine harbours were furnished with high walls built on top of the breakwaters that drew the lines of the inner main port. These walls were usually the extensions of the fortifications on the coastline. The breakwater of the Theodosian Harbour stretched from the Davutpaşa pier on the west, first eastward and then northeast. In the western part of the excavation site, named as Insula 100, was the inner harbour and the excavations here brought to light harbour architecture such as sea walls, a pier built with large blocks and the beginning part of the breakwater. M. Gökçay, the field director of Yenikapı excavations, has stated that the pier was built in two rows of rectangular blocks measuring 2.75x1.35 m. in the north-south direction (Fig. 1). It is possible that the rectangular holes cut in these huge blocks were meant for their transportation or mooring the vessels (Fig. 2). The pier, today measuring 25 m. long and 2.80 m. wide, rests on a sandy bottom (Gökçay 2007, 171). In the sea bottom deepening toward east before the pier were found about 30 stone anchors following a stratigraphy.

Many of the Byzantine port cities had both an inner port and an outer port. Access to the outer port or access to the inner port in case there was no outer port was blocked with iron gates or chains. Similarly the harbours of Thessalonica, Modon and Hierax were closed off with chains as was the Golden Horn which effectively became a very large natural harbour (Fig. 3).

Entrances to the harbours were flanked with towers meant for watching. The entrance to the Theodosian Harbour facing east was guarded by the Belisarios Tower, also known as Belisarios Dungeon or Priest Tower, rising from the middle of the sea. As was the case with other Byzantine harbours, this harbour was also built in two parts surrounded with porticoes as seen in ancient maps. This tower could have also served as a lighthouse, with its bright light at night, pointing to the presence of a safe shelter nearby. Müller-Wiener (1998, 11) mentions the presence of lighthouses among seafaring facilities on the south coastline of the city, whose remains have not been discovered yet. The best-known one was the Pharos, the lighthouse near the Great Palace. According to the accounts of travellers, this lighthouse was a column-like slender building and had a "mirror of an immeasurable size". At the eastern end of the harbour two foundations were identified next to each other at a point close to the sea walls and experts have considered them to belong to the second lighthouse of the harbour; investigation continues at the time writing.

The road leading to the vibrant markets in Byzantine port cities started from the piers and quays inside the harbour (Fig. 4). The 43.50 meter-long remains of a pier uncovered in the east part of the Theodosian Harbour indicate to the fact that vessels were loaded

Bu muazzam limanın fırtınaya karşı bir dalgakıran ile korunduğu bilinmektedir. Bizans dönemi limanlarında, ana (iç) limanın havzasının şeklini çizen dalgakıranlar üzerine yüksek duvarlar inşa edilirdi. Bu duvarlar genellikle, liman şehrinin kıyı bölgelerini koruyan deniz surlarının uzantılarıydı. Theodosius Limanı'nın dalgakıranı batıda Davutpaşa İskelesi'nden başlayıp, doğu ve kuzeydoğuya doğru kıvrılarak uzanmaktaydı. Günümüzde 100 Ada olarak adlandırılan ve iç limanı oluşturan batı kesiminde gerçekleştirilen kazılarda; deniz surları, büyük taş bloklardan inşa edilmiş rıhtım, dalgakıranın başlangıç bölümü gibi liman mimarisi belirlenmiştir. Kuzey-güney yönünde uzanan 2,75x1,35 m boyutlarında dikdörtgen taşlarla oluşturulmuş rıhtımın 2 sıra olarak inşa edildiğini, Yenikapı kazılarının saha sorumlusu M. Gökçay'dan öğrenmiş bulunuyoruz (Res. 1). Bu masif bloklara açılmış dikdörtgen deliklerin, blokların taşınması ya da gemi bağlama amaçlı olarak kullanıldıkları söylenebilir (Res. 2). Tespit edilen uzunluğu 25 m, genişliği 2,80 m olan rıhtım kum zemin üzerine oturmaktadır (Gökçay 2007, 171). Rıhtımın önünde doğuya doğru derinleşen deniz tabanında ise 30 civarında taş çapa, belli bir stratigrafi verecek şekilde bulunmuştur.

Bizans liman şehirlerinin birçoğunda "iç" ve "dış" liman bulunduğunu biliyoruz. Dış limana giriş, ya da dış limanın olmadığı durumlarda iç limana giriş, demir kapılar veya zincirlerle kapatılmaktaydı. Aynı şekilde, Selanik, Modon ve Hierax limanlarına girişi demir zincirler engelliyordu. Halici de saldırılara karşı dev bir demir zincir koruyordu ki bu onu çok geniş bir doğal liman haline getirmekteydi (Res. 3).

Limanlara girişin her iki tarafında da, gözetleme amaçlı burçlar veya kuleler inşa edilirdi. Theodosius Limanı'nın doğuya bakan liman girişi ise denizin ortasında yükselen Belisarios Kulesi (Belisarios Zindanı-Papaz Kulesi) olarak adlandırılan bir burç ile korunmaktaydı. Diğer Bizans limanlarında olduğu gibi bu limanın da revaklarla çevrili iki bölüm halinde inşa edilmiş olduğu eski haritalarda görülmektedir. Aynı zamanda bir fener yapısı olabilecek bu kule, geceleri parlak ışığıyla gemilere güvenli bir barınağın yakınında bulunduklarını işaret etmiş olmalıdır. Müller-Wiener (1998, 11) kentin güney kıyısındaki denizcilik tesisleri arasında, var oldukları bilinen, fakat günümüze maddi kalıntıları ulaşamamış fener kulelerinden bahsetmektedir. Bunlardan en çok bilineni "*faros*" olarak adlandırılan ve Büyük Saray'ın yakınlarında bulunan fenerdir. Gezginlerin tasvirlerine göre fener; ince, sütun benzeri bir yapıydı ve "ölçülemez büyüklükteki bir ayna"ya sahipti. Limanın doğu ucunda, deniz surlarına yakın bir noktada, yan yana belirlenen iki adet temel ise uzmanlarca limanın diğer feneri olarak yorumlanmış olup, üzerindeki incelemeler devam etmektedir.

Bizans liman şehirlerindeki canlı ticaretin yaşandığı pazarlara giden yol, liman içindeki rıhtım ve

Fig. / Res. 1
Remains of the quay at the west end of the harbour.
Limanın batı ucundaki rıhtım kalıntıları.

Fig. / Res. 2
One hole on the western quay for tying the ropes of a ship.
Batı rıhtımı üzerinde gemi halatlarının bağlanacağı oyuklardan biri.

iskelelerden başlamaktaydı (Res. 4). Theodosius Limanı'nın doğu kesiminde bulunan ve 43,5 m'lik kısmı ortaya çıkartılan iskele kalıntısı ise gemilerin bu alanda yükleme boşaltma yaptığına işaret etmektedir (Res. 5). Limanın ağzına ne zaman bir gemi yaklaşsa, ana iskele boyunca büyük bir kalabalık toplandığı bilinmektedir. Birçoğu, yeni gelenleri ve beraberlerinde getirdikleri malları merak ettiği için gelirdi. Limancılar ve denizciler bir araya toplanarak, gemicilerin yüklerini boşaltmalarına ve malları iskele boyunca yer alan depolara taşımalarına yardımcı olurlardı. Konstantinopolis ile ticari bir anlaşması olmayan devletlerden gelen gemilerin ise limanlara girişi yasaklanmıştı[1] (Balaska, Selenti 1997, 62).

---

1 9. yüzyıldan itibaren *kommerkion* olarak bilinen en önemli gümrük vergisinin yanı sıra, Bizans devleti nakit ya da ayni olarak başka vergiler de almaktaydı. Bu vergiler genellikle:

* İnsan ve ürünlerin sirkülasyonu: *Diabatikion ve poriatikon,* boğaz ya da nehirlerden geçiş ücreti olarak; *embletikion* ve *ekbletikion,* devlet ürünlerinin yüklenmesi ve boşaltılması için ödenen vergiler.

* Nakliye şekli: *Naulon* ve *antinaulon,* devlet mallarının taşınması için mecburi vergi; *katartiatikon* limana giriş vergisi; *limeniatikon* limanda rıhtıma yanaşma vergisi; *skaliatikon* malların boşaltılması ve liman depolarının kullanımı vergisi; *sabouratikon* geminin safra vergisi (Balaksa, Selenti 1997, 66).

Fig. / Res. 3

Fragment of the chain thought to have been used for closing off the Golden Horn, now on display in front of an imaginary view of Istanbul at the Istanbul Archaeological Museums.

İstanbul Arkeoloji Müzesi'nde sergilenen, Haliç girişinin kapatılmasında kullanıldığına inanılan zincirin bir parçası ve arka fonda bir canlandırma.

Fig. / Res. 4

Gregorios of Nazianzos departing from Konstantinopolis. Priests are standing on a wooden pier on the left. The pillars of the pier strengthened with cross-beams and a longitudinal beam extending under the water are worth noting regarding the construction technique of the pier (Stavroulaki 1997, 21).

Nazianzoslu Gregorius'un Konstantinopolis'ten ayrılışı. Sol tarafta rahipler ahşap bir iskele üzerinde durmaktadır. Çapraz tahtalar atılarak sağlamlaştırılan iskele ayakları ve suyun altında boydan boya uzanan bir kiriş, iskelenin yapım tekniği açısından dikkat çekmektedir (Stavroulaki 1997, 21).

and unloaded here (Fig. 5). It is known that a crowd gathered on the main pier whenever a vessel sailed to the mouth of the harbour. Many gathered there just out of curiosity to see who the newcomers were and what they brought with them. Longshoremen and other seamen gathered to help the unloading and transporting of the cargo to the storehouses along the piers. On the other hand, ships coming from states with no trade treaties with Konstantinopolis were banned from entering the harbour[1] (Balaska – Selenti 1997, 62).

Examination of numerous bones found around both piers within the Theodosian Harbour has shown that especially horses were used for carrying heavy loads (Fig. 6). V. Onar of Istanbul University's Veterinary Faculty has announced, after examining the bones found, that the bit with very high port used for curbing the horses pressed the palates of horses leading to the level of piercing their palates and nasal cavity. This painful condition of work points to the fact that the horses were pushed beyond the limits (Onar 2008). The work was

Theodosius Limanı içinde yer alan her iki iskele etrafında da yoğun olarak bulunan kemikler üzerinde yapılan incelemeler, özellikle taşımada atların ağır yük için kullanıldıklarını göstermiştir (Res. 6). Yenikapı kazılarında ortaya çıkartılan kemikleri inceleyen İstanbul Üniversitesi Veterinerlik Fakültesi öğretim üyelerinden V. Onar'ın bildirdiğine göre, atların idaresinde kullanılan acı damak tipi gemler, damaklarına baskı yaparak ağız boşluğu ile burun boşluğunun delinmesine varacak kadar hasar yapmıştır. Hayvanlara acı veren bu durum, atların oldukça kötü şartlar altında son raddeye kadar çalıştırıldıklarını göstermektedir (Onar 2008). İş çabuk ancak dikkatli sürerdi, zira gelen yükün çoğu, şarap gibi değerli mallardı ve kırılabilecek amforalarda taşınırlardı (Res. 7). Amfora kırıklarıyla dolu Theodosius Limanı'nın tabanı ise liman içinde batan

1 In addition to the *kommerkion*, the most important customs tax, other taxes in cash or in kind were also collected by the Byzantine State as of the ninth century. These taxes included:

* For the circulation of humans and merchandise: *diabatikion* or *poriatikon* – fee for passing the straits or from the vessels passing-by; *embletikion* and *ekbletikion* – a tax paid to load or unload the state merchandise.

* Freight type: *naulon* or *antinaulon* – a compulsory tax for the transportation of official merchandise; *katartiatikon* – tax for entering the harbour; *limeniatikon* – tax for anchoring along side the pier; *skaliatikon* – tax for unloading and use of the harbour storehouses; and, *sabouratikon* – ballast tax (Balaksa – Selenti 1997, 66).

Fig. / Res. 5
Pillars of a pier in the excavation area.
Kazı alanında belirlenen iskeleye ait ayak dikmeleri.

Fig. / Res. 6
A whole skeleton of a horse uncovered (Onar 2008).
Bütün olarak ele geçen bir at iskeleti (Onar 2008).

gemilerin taşıdığı yükü, ticaretin yoğunluğunu ve bazen de bu boşaltma esnasında yaşananları gözler önüne sermektedir (Res. 8).

Ürünlerin kontrolü ve ücretlerin ödenmesi, liman başkanının veya baş muhasibin denetimi altında gerçekleşirdi. Bir limana geldiklerinde tüccarlar vergi memurlarına (*kommerkiarioi*) pasaportları ile birlikte almayı düşündükleri malların bir listesini sunmak, taşıdıkları mallar için vergi ödemek ve bunları ticari alış verişlerin gerçekleştirildiği liman depolarına emaneten bırakmak zorundaydılar (Balaksa, Selenti 1997, 62). Malların bazıları, doğrudan liman pazarına (forum) taşınırken, geri kalanı, at arabalarıyla, şehir içine getirilirdi. Limanın ticari merkezi, ticaretin yoğun olduğu zamanlarda oldukça hareketli bir görünüşte olurdu. Dükkân sahiplerinin *"abbakia"* yani tezgâhları her türden malla dolardı. Zaten dar olan sokaklara taşan geniş tezgâhlar, insanların geçişini zorlaştırırdı. Pazarcıların bağırışları, mallarını, açık hava pazarlarında satışa sunan yabancıların sesleriyle karışırdı. İpek kumaşlar, parfümler, aletler ve değerli maddeler zengin, fakir, kadın, erkek herkesin dikkatini çekerdi.

Alanın kuzey sınırını oluşturan hat üzerinde ise Marmara sahil surlarının bazı parçaları ile Namık Kemal Caddesi'nin hemen doğu kenarında surların güneye doğru yaptığı dönüş ve liman kapısı olabilecek girişler saptanmıştır (Gökçay 2007, 176). Bu kapıların dışındaki liman hayatı nasıldı? Ne tür yapılar vardı? Yenikapı'da devam eden kazılar deniz surlarının

Fig. / Res. 7

Amphorae uncovered in Yenikapı 12 wreck evidencing wine trade.

Yenikapı 12 batığında ele geçen ve şarap ticaretini göstermesi açısından önem taşıyan amforalar.

done quickly but carefully because most of the arriving cargo comprised valuable goods such as wine contained in fragile amphorae (Fig. 7). The bottom of the harbour was full of amphora fragments and this sheds light on the cargo of the sunken vessels, density of trade and what happened during unloading (Fig. 8).

Checking of the products and remittance of dues and taxes were carried out under the supervision of the harbour master or the head accountant. When merchants arrived at a port they had to submit to the tax collectors (*kommerkiarioi*) their passports together with a list of merchandise they wished to buy, to pay taxes for the goods they had with them and leave them on consignment in the storehouses of the harbour (Balaksa – Selenti 1997, 62). While some of the merchandise was carried to the harbour's market (*forum*) others were carried on horse carriages into the town. The commercial heart of the harbour was quite busy at times of dense trade and the stalls (*abbakia*) of the shops were full of merchandise of all types. Stalls projecting into the narrow streets hindered walking. Cries of the market vendors mingled with those of foreign vendors in the market area. Silk textiles, perfumes, tools and valuable materials attracted everybody, rich, poor, women or men.

On the line constituting the north border here are fragments of the sea walls – which were once along the Marmara – and on the east side of the Namık Kemal Street the walls make an elbow turning south and

dışındaki liman içinde devam ettiğinden, sur içindeki yapılanmayı ancak literatürden takip edebilmekteyiz. Tüccarlar geceyi ya geminin güvertesinde ya da özel evlerde geçirirlerdi ve liman dışına çıkmalarına ya da gemilerinin ayrılmasının ardından orada kalmalarına izin verilmezdi. İstanbul'a varan yabancı tüccarlardan kalacak yeri olmayanlar güvenli bir biçimde uyuyabilecekleri, ticari mallarını depolayabilecekleri ve ilgili işlemleri gerçekleştirebilecekleri *mitata* denilen özel alanlara gönderilirlerdi. *Mitata*'da kalma süresi üç ayla sınırlandırılmıştı; sadece Rusların altı ay kalma hakkı vardı (Balaksa, Selenti 1997, 63). Gidecek başka yerleri yoksa denizciler, pazarcılar, seyyahlar, askerler, hacılar, resmi görevliler ve ticari amaçlı olarak seyahat eden tüm insanlar, limandaki birçok hana ve yatakhaneye doluşurlardı. Bu barınaklar, tavernalar ve hanlar, bir veya daha fazla sayıdaki küçük binalardan oluşmaktaydı. Zemin katta yemek odası, mutfak ve banyo yer alırken, üst kat uyuma amaçlı olarak kullanılırdı. Han dışındaki işaretler kullanımı mümkün olan tesisleri gösterirdi:

"Yakına gelin
Yabancılar için bir barınak
Evet, sen seyyah
Burada dinlen
Benim evimi paylaş
Ekmeği özleyen, sıcak bir yuva isteyen yorgun ruhları yatak örtüsü kaplar"

Fig. / Res. 8

Yenikapı 1, the first wreck excavated at Yenikapı, was covered with amphora shards on the north.

Yenikapı'da kazısı gerçekleştirilen ilk batık olan Yenikapı 1'in kuzey tarafını kaplayan amfora kırıkları.

entranceways that could be gates to the harbour have been identified (Gökçay 2007, 176). How was the harbour life outside these gates? What kind of buildings were there? As the rescue excavations at Yenikapı are conducted in the harbour outside the sea walls of the city, the structures within the city walls are known only from sources. The merchants spent the night on the deck or special guesthouses and they were not allowed to leave the harbour or stay behind when their ships set off. Foreign merchants who had no special place to stay at were directed to special areas called *mitata* where they could safely overnight, store their merchandise and carry out the bureaucratic works. Staying at a *mitata* was limited to three months maximum; however, only the Russians had the right of staying there for six months (Balaksa – Selenti 1997, 63). Those, who had nowhere else to stay, such as seamen, vendors, travellers, soldiers, pilgrims, officials and commercial people, would swarm into the numerous inns and dormitories in the harbour. Such shelters, taverns or inns comprised

Hanlardaki yiyecekler çoğunlukla basitti: Balık, genellikle iyi ve bol miktarda şarap (Res. 9). Bizans metinleri hanları, özellikle gürültülü yerler olarak tanımlamaktadırlar. Ayrıca, hanlarda çalışan ve birkaç *"obol"* karşılığında hizmet veren kızlarla ilgili kavgalar da az değildi. Mütevazı hanlardan daha az oranda olsa da, zengin "oteller" de varlıklı tüccarlar, büyükelçiler ve kraliyet görevlileri kalırdı. En fakirler için veya seyahatleri esnasında hastalanan seyyahlar için, kilise, aynı zamanda hastane olarak da hizmet veren yatakhaneler sunardı.

Limanın yerlileri ve seyyahlar, eğlenmek için sahiplerinin adı ile anılan meyhanelere giderlerdi. 6. yüzyılda Konstantinopolis'teki "Sophia" limanında bulunan, üç iyi bilinen meyhane, patronlarının adları ile; *"Melitargos"*, *"Spanos"* ve *"Gorgoploutos"*un yeri olarak anılırdı (Stavroulaki 1997). Geceleri meşale ile aydınlatılan meyhane girişlerinin ana caddeye bakması yasaktı ve bir perde ile kapatılırlardı. Yüksek sesle şarkı söyleyen one or more small buildings. On the ground floor was a dining hall, kitchen and baths, whilst the upper floor was spared for overnighting. Signposting outside the inns pointed at other facilities available:

"Come, behold,
The haven for stranger,
Ye man who travel,
Rest your cars here,
Share what is mine.
The longed-for bread, cheerer of heart,
And covers for tired souls"

Foods available at the inns were usually simple: fish and usually good and abundant wine (Fig. 9). Byzantine sources mention the inns especially as noisy places. Besides, fights over the girls serving there for a few *oboles* took place quite often. Fewer in number, there were also rich 'hotels' serving the wealthy merchants, ambassadors and royal officials. The poor and the travellers who got ill on the way were taken care of at the dormitories which also served as hospitals and were run by the Church.

For entertainment locals of the harbour and travellers went to the taverns known after the names of their owners, for example, the best-known three at the Harbour of Sophia were Melitargos, Spanos and Gorgoploutos (Stavroulaki 1997). The entrances to the taverns were lit with torches at night and they were not allowed to open directly into the main street, thus they were shut with curtains. Wandering musicians sang aloud amidst the noise and laughter of

seyyah müzisyenler, fıçılar boşaldıkça keyiflenen misafirlerin bağırtıları ve gülüşleri arasında seslerini duyurmaya çalışırlardı (Res. 10). Theodosius Limanı'nın etrafındaki bu renkli hayatı gözümüzde canlandırırken, günümüzün eğlence dünyasında Yenikapı İstasyonu'nun altında bulunan "Gar Gazinosu" ve karşısında, meydanın kuzeydoğusundaki "Çakıl Gazinosu" çevrenin en eski gazinoları olarak karşımıza çıkar.

Limanların, denizin ve nehirlerin sürekli kum biriktirmesi sebebiyle kullanılamaz hale gelmesi önce ticaretin, daha sonra da liman etrafındaki ticarete bağlı hayatın sona ermesine neden olmuştur. "Siltlenme" olarak da bilinen bu birikinti nedeniyle, birçok Bizans limanı, ciddi problemler yaşamış; genellikle kumun "dip tarama" olarak adlandırılan yöntemlerle temizlenmesi gerekmiştir. Ayrıca, dış limanın inşasının iç limanda kum ve diğer atık malzemelerin birikmesini geciktirdiği bilinmektedir. Gemi inşa tekniklerindeki gelişmeler, liman tesislerinin eskimesi, ticari gemi trafiğindeki artışlar; bütün bunlar limanların yenilenmesi, sığlaşan deniz tabanının taranarak derinleştirilmesi, surların ve dalgakıranların tahkim edilmesini gerekli kılmıştır. MS 509'da, İmparator I. Anastasios'un, İulianos (Julianus) Limanı'nda dip taraması talimatı verdiği bilinmektedir. Limanda toplanan kum limanı sığlaştırmıştı ve sonuç olarak büyük gemiler buraya demirleyemiyordu. Aynı zamanda, ikinci bir dış liman oluşturmak üzere ana limanın dışına iki alçak dalgakıran inşa edildi. İmparator, iç limanda ciddi problemlere sebep olan büyük miktarlı kum yığılmasının, iki dalgakıranla çözülebileceğini ümit ediyordu.

Fig. / Res. 9

Bonito fish, a favourite fish of the Byzantines to catch in season (Aidoni 1997, 72).

Mevsimi geldiği zaman Bizanslı balıkçıların en gözde avı olan palamut balığı (Aidoni 1997, 72).

Fig. / Res. 10
Street musicians strolling in the harbour quarter (Stavroulaki 1997, 29).
Liman mahallesinde dolaşan sokak müzisyenleri (Stavroulaki 1997, 29).

the clients livening up as the barrels were consumed (Fig. 10).

As the harbours fell out of use due to silting caused by the sea and rivers, first trade, then the life dependent on it died away. This depositing known as silting caused serious problems to many Byzantine harbours and their bottoms had to be dredged. In addition, construction of the outer harbour did help by delaying the accumulation of sand and other wastes in the inner harbour. Advancements in the shipbuilding technology, ageing of the harbour facilities and increase in the commercial vessel traffic – all these obliged the renovation of the harbour, dredging of the bottom to make it deeper and reinforcing of the walls and breakwaters. Emperor Anastasios ordered dredging of the Harbour of Iulianos in AD 509 because silting had made it shallow preventing big vessels from docking there. Besides, a second, outer harbour was built by constructing two low moles outside the main harbour. The emperor hoped to solve the problem of silt accumulation in the inner harbour by building two moles.

It is thought that the silting caused by Lykos filled the western part of the Theodosian Harbour first. When this area, known as the inner harbour, was entirely silted, activities shifted to the east part; however, silting continued and filled the east part starting in the north and progressing toward south. Archaeological excavations have shown that the harbour was almost entirely silted by the end of the twelfth century allowing only small fishing boats and coastal cargo vessels sail into a very small area. The facts that most of the shipwrecks uncovered are dated to the late tenth and early eleventh century and that none date to the later periods further support this hypothesis. The area was known as Vlanga in the Ottoman period and was entirely filled – becoming, as understood from the accounts of the travellers, vegetable gardens. Petrus Gyllius writes the following about the filling of the Theodosian Harbour: "The

Yenikapı sahilinden denize dökülen Lykos Deresi' nin taşıdığı alüvyonların birikmesi ile ilk olarak Theodosius Limanı'nın batı kesiminin dolmaya başladığı düşünülmektedir. İç liman olarak adlandırılan bu ilk limanın dolarak kullanılmaz hale gelmesiyle birlikte faaliyetler limanın doğusuna uzanan sahile doğru kaydı ve devam eden siltlenme bu sefer limanın kuzeyden güneye doğru dolmasına neden oldu. Arkeolojik kazılar, 12. yüzyılın sonlarından itibaren, limanın neredeyse tamamına yakın bir kısmının dolduğunu, sadece kıyı denizciliği yapan balıkçı ve nakliye gemilerinin kullanabileceği küçük bir bölümünün kaldığını kanıtlamaktadır. Kazı alanında çoğunluğu 10. yüzyıl sonu ile 11. yüzyıl başlarına tarihlenen batıklar arasında daha geç dönemlere tarihlenen bir batığın şimdiye kadar bulunmamış olması da bu görüşü desteklemektedir. Osmanlı döneminde, Vlanga olarak adlandırılan bölgenin tamamen dolarak karaya katıldığı ve artık bostan olarak kullanıldığını İstanbul'u ziyaret eden seyyahların anlattıklarından öğrenmekteyiz. 16. yüzyılın ortalarında şehri ziyaret eden Petrus Gyllius limanın dolmasıyla ilgili şunları söyler: *"Liman doldurulmuş, geniş bostanlara yeşillik ekilmiş, çok az sayıda da arbor (ağaç; gemi direği) dikilmiştir. Ağaçlardan, Fabius'un dediği gibi, yelken değil meyve sarkar; bostanlar, içlerinde yer alan kuşkusuz eski limanın kalıntıları olan suyu tükenmez çeşmelerden sulanırlar"* (Gyllius IV, 8). Yenikapı'da sürdürülen kazıların üst tabakalarında bulunan ve tarlaları sulama amaçlı inşa edilmiş olan su dolapları, yani *"noria"*lar da, Osmanlı döneminde eski limanın bostan olarak değerlendirildiğini kanıtlayan maddi kalıntılardır.

harbour has been filled, vegetables have been planted in the wide fields and a few arbours have been planted. Fruits hang down from the trees, not sails as Fabios had told; the vegetable gardens are watered from inexhaustible fountains remaining from the ancient harbour." (Gyllius, Istanbul, IV: 8). Waterwheels, known as *noriah*s, uncovered in the upper strata were built for watering the fields reclaimed from the former harbour in the Ottoman period.

Sinking of the vessels and a rapid burial

Although it is not possible to be certain of what type of catastrophes these ships experienced inside the harbour, it is possible to postulate that they met natural catastrophes like storms or tsunamis while some others were abandoned having completed their service life. It is thought that the number of shipwrecks uncovered – to date, 31 as of May 15th, 2008 – will increase when the area by the sea walls is excavated.

Doğan Perinçek (Perinçek 2007-2008), one of the experts studying the geology of the harbour area[2], identified an overall stratigraphy from the profiles of four reference point stations within the excavation area. Having identified nine stratigraphic sections, Perinçek claims that an earthquake in AD 553 was followed by a tsunami as inferred from the effects observed in the sediment unit 4. He further purports that some of the low lying neighbourhoods of Istanbul were flooded by the waves following the tsunami. The evidence for this is claimed to be the layer 40-45 cm. thick containing mixed potshards and a lot of architecture. Pebbles, wood, bones and potshards attested in a mixed state in this layer indicate a rapid burial (Fig. 11). Furthermore, whole skeletons belonging to one camel and five horses were found in this layer. Perinçek states that the tsunami waves reaching the land captured these animals dragging them to the sea and covered them rapidly[3]. Shipwrecks identified to date were found in three different geological units. A piece of wood with tenon-and-mortise is thought to have belonged to a wooden ship datable to the fourth – fifth centuries AD. Shipwreck Yenikapı 22 found in this layer but not excavated yet calls for attention with its dimensions and construction technique. Preliminary observations pointed to tenon-and-mortise joints on the ship built with massive planks.

The sediment unit 5 is 1.96 m. thick and datable to the eighth – ninth centuries; it contains the shipwrecks

2 A team from Istanbul University's Marine Sciences Institute (Algan *et al* 2007) and another team from Çanakkale On Sekiz Mart University's Geological Engineering Department (Perinçek 2007-2008) are working on the geo-archaeology of the Theodosian Harbour.

3 Although this claim is faced with some opposition, ongoing work will certainly shed more light on the topic.

Gemilerin batışı ve hızlı bir gömülme

Gemilerin liman içinde ne tür bir felaketle karşılaştığını kesin olarak söylemek şu anda mümkün olmamakla birlikte, fırtına ya da tsunami gibi bir doğal afete maruz kaldıkları ve bir kısmının da kullanım ömrünü bitirerek terk edildikleri düşünülebilir. Otuz bire ulaşan batık sayısının, alanın henüz açılmamış sahil surlarına yakın olan kısmının da kazılmasıyla birlikte artacağı düşünülmektedir.

Limanın jeolojik incelemelerini gerçekleştiren uzmanlardan[2] Doğan Perinçek (Perinçek 2007-2008), Yenikapı kazı alanı içinde yer alan dört istasyondaki kesitleri inceleyerek, genelleştirilmiş bir stratigrafi kesiti elde etmiştir. Dokuz stratigrafik kesit belirleyen Perinçek, 4 numaralı sediment istifinde, 553 yılında meydana gelen deprem ve bunun ardından oluşan tsunami dalgalarının etkilerini saptadığını belirtmekte; tsunami dalgalarının ardından, İstanbul'un denize çok yakın bazı semtlerinin dalgaların altında kaldığı görüşünü öne sürmektedir. Bunun kanıtı olarak da, kalınlığı 40-45 cm olan ve içinde karışık seramik ve bolca mimari elemanın yer aldığı tabakayı göstermektedir. Bu tabaka içinde karışık bir düzen içinde bulunmuş olan; çakıllar, odun, kemik ve keramik parçaları hızlı bir çökelmeye işaret etmektedirler (Res. 11). Ayrıca bütün olarak bulunan bir deve ve beş at iskeleti de bu tabakada ele geçmiştir. Deprem sonrası karaya ulaşan tsunami dalgalarının bu hayvanları denize çekerek, tabaka içinde hızlı bir şekilde gömülmelerini sağlaması nedeniyle günümüze kadar korundukları Perinçek tarafından belirtilmektedir[3]. Şu ana kadar belirlenen batıklar ise üç değişik jeolojik dolgu tabakasında bulunmuştur. Limanın batı ucundaki rıhtımın yakınlarında bir yerde ele geçmiş olan zıvana geçmeli bir ahşap parçasının, 4-5. yüzyıllara tarihlenebilecek bir gemiye ait olduğu düşünülmektedir. Bu tabakada yer alan ve henüz kazısını yapmadığımız Yenikapı 22 numaralı batık ise ölçüleri ve yapım tekniği itibarıyla oldukça ilginçtir. İlk gözlemlerimize göre masif ahşaplardan inşa edilmiş olan geminin birleşimlerinde zıvana geçmeleri tespit edilmiştir.

8-9. yüzyıllara tarihlenen ve yaklaşık olarak 1,96 m kalınlığındaki 5 numaralı istifte ise kazısını henüz tamamladığımız Yenikapı 17 ve Yenikapı 29 numaralı batıklar yer almaktadır. Yapım teknikleri ile oldukça değişik verilere ulaşmamızı sağlayan bu iki batık şu anda detaylı incelemeye alınmış bulunmaktadır.

2 Theodosius Limanı'nın jeoarkeolojisi ile ilgili olarak; İstanbul Üniversitesi Deniz Bilimleri Enstitüsü öğretim üyelerinden oluşan bir ekip (Algan, vd., 2007) ile Çanakkale On Sekiz Mart Üniversitesi Jeoloji Anabilim Dalı ekibi (Perinçek 2007-2008) çalışmalarını sürdürmektedir.

3 Bu öneriye bazı karşı görüşler bulunmakla birlikte, devam eden çalışmaların konuya açıklık getirmesi beklenmektedir.

Yenikapı 17 and Yenikapı 29, whose excavations have not been completed yet. Their construction techniques revealed very different data and they are under intensive investigation at the time of writing. The wreck to the east of the wooden pier located close to the quay on the west end of the harbour has not been excavated yet but it is claimed to be datable to the end of the seventh century and beginning of the eighth century.

The sediment unit 6 is 70 cm. thick and contained 22 of the shipwrecks out of the 27 whose stratigraphy have been identified. The deposit is dated to the tenth – eleventh centuries and there are various opinions regarding the reasons of sinking; however, the question why the ships sunken at shallow points were not removed awaits an answer (Fig. 12a, b).

It is possible that the sudden gusts of southwester winds developing into storms especially in summer at Marmara were responsible for the sinking of numerous vessels close to the east end of the harbour and datable to the late tenth and early eleventh century. The violent storm in question caused at least twenty two ships to sink and covered them with a thick layer of sea sand. The alluvium deposited by the Lykos and sand carried by the sea made the Theodosian Harbour unusable but have also preserved the sunken ships in a very good state.

Rapid silting has also facilitated very good preservation of many other items such as hardware like pulleys and blocks, ropes, toggles; daily use items like combs, leather sandals, baskets, wooden plates; and many other organic and inorganic items such as amphorae, stone or iron anchors. Beside the ships uncovered as a whole, there were many ship fragments scattered around inside the harbour. Such finds may indicate that many other ships may have sunken and not have survived, or, some of the wooden pieces may belong to the existing wrecks. These individual pieces will be examined in detail in order to identify whether or not they belong to any one of the existing wrecks.

The advantageous location between east and west paved the way for the Byzantine Empire to lead the Mediterranean trade for a long while. Thanks to the large size of its territory, the empire was both a big exporter of agricultural products and processed minerals and a big market for the consumption of products. R. Asal, vice director of Istanbul Archaeological Museums, has focused on the trade at this harbour and states that the earliest finds came from the western part of the harbour (Asal 2007; 2008). Though few in number, these earliest finds include a rim fragment of a Samian amphora from the fifth – third century BC, Thasian and Chian amphorae from the fourth century BC, two Roman coins dating to AD 209-212 and a Pamphylian amphora dating to the second – fourth century AD. Following Byzantium's becoming the second Roman capital as Konstantinopolis, finds

Limanın batı ucundaki rıhtıma yakın ahşap iskelenin doğusunda bulunan ve kazısı henüz yapılamayan batığın ise 7. yüzyıl sonu ile 8. yüzyılın başına tarihlendirilebileceği belirtilmektedir.

70 cm kalınlığındaki 6 numaralı sediment istifi içinde ise, stratigrafisi belirlenen 27 batığın, 22'si bulunmuştur. 10-11. yüzyıllara tarihlenen bu dolgu içindeki gemilerin batış nedenleri hakkında değişik görüşler bulunmakta, oldukça sığ noktalarda batmış olan gemilerin fırtına ardından neden kurtarılmadıkları sorusu cevaplandırılmayı beklemektedir (Res. 12a, b).

Özellikle yaz aylarında Marmara Denizi'nde ansızın patlayan ve "kaçak" olarak adlandırılan lodos fırtınasının, limanın girişine yakın doğu ucunda bulunmuş ve çoğunluğu oluşturan, 10. yüzyıl sonu ile 11. yüzyıl başlarına tarihlendirilen teknelerin batmasında etkili olduğu düşünülebilir. Söz konusu şiddetli fırtınada en az 22 gemi batmış ve tekneler üzerinde kalın bir deniz kumu katmanı oluşmuştur. Lykos deresinin yığdığı alüvyonlar ve denizin getirdiği kum, *Theodosius* limanının kullanılamaz hale gelmesine neden olsa da, liman içinde bulduğumuz gemilerin oldukça iyi durumda korunmalarını sağlamıştır.

Bu hızlı gömülme batıkların haricinde bulunan makara, palanga, halat, halat tokası gibi donanımın; tarak, deri sandalet, hasır sepet, ahşap tabak gibi günlük kullanım eşyalarının; amfora, taş ve demir çapa gibi organik ve inorganik birçok eserin de yok olmasını engellemiştir. Bir bütünlük içinde bulunan gemilerin yanı sıra, liman içinde etrafa dağılmış durumda pek çok gemi parçası saptanmıştır. Bu tür buluntular, belirlenen gemilerin dışında günümüze ulaşamayan daha pek çok geminin bu limanda battığı ya da bir kısım ahşabın mevcut batıkların dağılmış parçaları olabileceği ihtimalini düşündürmektedir. Bu münferit ahşapların, belirlenen batıkların parçaları olup olmadıkları dikkatle incelenecektir.

Doğu ve batı arasındaki avantajlı coğrafi konumu Bizans İmparatorluğu'nun uzun bir süre Akdeniz ticaretinde lider konumda olmasını sağladı. Sahip olduğu coğrafi alanın genişliğinden dolayı, İmparatorluk tarımsal ürünler ve işlenmiş madenlerin önemli bir ihracatçısı ve ürünlerin tüketimi için de büyük bir pazar olmuştur. Limandaki ticaret üzerine çalışmalarını sürdüren İstanbul Arkeoloji Müzeleri Müdür Yardımcısı R. Asal'ın (Asal 2007; 2008) verdiği bilgiler, liman içindeki en erken buluntuların batı kesiminden ortaya çıkartıldığı yönündedir. MÖ 5-3. yüzyıl Samos amforasına ait ağız parçası, MÖ 4. yüzyıl Thasos ve Khios amforaları, Roma Dönemi'ne tarihlenen iki adet (MS 209-212) sikke, MS 2-4. yüzyıl Pamphylia amforası, az sayıda örnekle temsil edilseler de limanın en eski buluntularıdır. Konstantinopolis'in başkent olmasının ardından ise yine limanın batı kesiminde MS 4. yüzyıla ait buluntular karşımıza çıkmaktadır. Limanın Theodosius Dönemi'nde gelişmesiyle birlikte buluntu

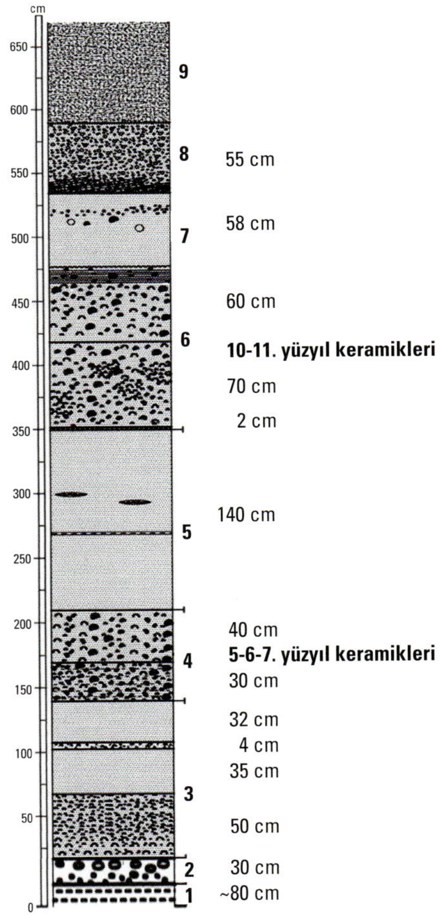

Fig. / Res. 11 Tsunami layer attested in the excavation site. / *Kazı alanında tsunami tabakası.*

Fig. / Res. 12a, b Stratification attested in the harbour (Perinçek 2008). / *Limanda tabakalanma (Perinçek 2008).* **12b** dating to the fourth century AD came from the west part of the harbour again. As the harbour was enlarged in the reign of Theodosios I, the number of finds increase accordingly; for example, East Mediterranean – Egyptian amphorae from the fourth – seventh centuries AD as well as Palestinian origin amphorae from the fourth – sixth centuries AD. The decrease in the number of finds indicates that the harbour lost its primary function with the Arab conquests in the seventh century and the trade declined in the seventh – eighth centuries. It is possible to say that trade flourished once again here from the ninth through the eleventh century with the trade shifting from the East Mediterranean to the Aegean islands and the Black Sea as of the eighth century.

sayısında da bir artış gözlemlenmektedir. Bu döneme ait buluntular arasında MS 4-7. yüzyıllara tarihlenen Doğu Akdeniz-Mısır amforaları, MS 4-6. yüzyıllara tarihlenen Filistin kökenli amforalar karşımıza çıkmaktadır. 7. yüzyılda Arap fetihlerinin etkisi ile limanın işlevini yitirdiğini ve 7-8. yüzyıllar arasında ticarette bir düşüş olduğunu buluntu sayısındaki azalmadan anlayabiliyoruz. 8. yüzyıldan itibaren ticaretin Doğu Akdeniz'den Ege Adaları ve kuzeye Karadeniz'e kayması ile birlikte 9-11. yüzyıllar arasında ticaretin limanda tekrar geliştiğini söylemek mümkündür.

Bibliography / Kaynakça

Aidoni, S., 1997, Fishing. In/Bkz.: D. Zafiropoulou (ed.), *Journeys on the Seas of Byzantium,* 70-75.

Algan, O. et al/vd., 2007, Antik Theodosius Yenikapı Limanı'nın jeoarkeolojik önemi: Geç-holosen ortam değişimleri ve İstanbul'un son 10 bin yıllık kültürel tarihi. *Gün Işığında: İstanbul'un 8000 Yılı. Marmaray, Metro ve Sultanahmet Kazıları,* 242-245. İstanbul.

Asal, R., 2007, İstanbul'un ticareti ve Theodosius Limanı. *Gün Işığında: İstanbul'un 8000 Yılı. Marmaray, Metro ve Sultanahmet Kazıları,* 180-189. İstanbul.

Asal, R., 2008, Theodosius Limanı ve İstanbul'un Bizans dönemi deniz ticareti. *İstanbul Arkeoloji Müzeleri Marmaray-Metro Kurtarma Kazıları Sempozyumu Bildiriler Kitabı.* (In press/Baskıda)

Balaska, N. – N. Selenti, 1997, On the trade routes. In/Bkz.: D. Zafiropoulou (ed.), *Journeys on the Seas of Byzantium,* 54-69.

Gökçay, M., 2007, Yenikapı kazılarında ortaya çıkartılan mimari buluntular. *Gün Işığında: İstanbul'un 8000 Yılı. Marmaray, Metro ve Sultanahmet Kazıları,* 166-179. İstanbul.

Gyllius, P., *İstanbul'un tarihi eserleri.* E. Özbayoğlu (transl./çev.) İstanbul, 1997.

Kuban, D., 2004, *İstanbul Bir Kent Tarihi, Byzantion, Konstantinopolis, İstanbul.* İstanbul.

Mango, C., 1985, *Le développement urbain de Constantinople (IVe-VIIe siècles).* Paris.

Müller-Wiener, W., 1998, *Bizans'tan Osmanlı'ya İstanbul Limanı.* İstanbul.

Müller-Wiener, W., 2007, *İstanbul'un Tarihsel Topografyası.* İstanbul

Onar, V., 2008, İstanbul Marmaray ve Metro kazılarında ortaya çıkartılan hayvan iskelet kalıntılarının ön inceleme raporu. *İstanbul Arkeoloji Müzeleri Marmaray-Metro Kurtarma Kazıları Sempozyumu Bildiriler Kitabı.* (In press/Baskıda)

Perinçek, D. et al/vd., 2007, Yenikapı antik liman kazılarında jeoarkeoloji çalışmaları ve yeni bulgular. *Türkiye Jeoloji Kurultayı, Bildiri Özetleri Kitabı,* 16-22 Nisan 2007, 131-135. Ankara.

Perinçek, D., 2008, Yenikapı Antik Liman Kazılarında Jeoarkeoloji Çalışmaları ve Doğal Afetlerin Jeolojik Kesitteki İzleri. Bkz.: M. D. Köksal (ed), *1. Ulusal Doğal Afetler ve Yerbilimleri Sempozyumu Bildiriler Kitabı, 19-22 Mart 2008,* 31-49. Sakarya.

Stavroulaki, F., 1997, Byzantine seaports. In/Bkz.: D. Zafiropoulou (ed.), *Journeys on the Seas of Byzantium,* 18-31.

III

Documentation: Reading the timber

Belgeleme: Ahşabı okumak

Işıl Özsait Kocabaş

0.05mm

A total of thirty one shipwrecks uncovered in the Yenikapı excavation site of Marmaray-Metro are very important for not only constituting the biggest ship assembly from the Early and Middle Byzantine periods but also for having survived in a very good state of preservation. The Yenikapı shipwrecks can be entirely identified with their forms and *in situ* locations; and their timber elements can be followed with their original hull forms, floor timber and futtock curves. Most of them have survived with their planking preserved above the vessel bottom and some have survived up to the bulwark level; thus, supplementing our knowledge about their construction as well as revealing many new pieces of information about shipbuilding techniques.

Such features of the boats and ships under investigation have guided our documentation method. *In situ* measurements were the first step in recording the volumetric properties of the hull precisely and accurately; documentation work was supported with photography, sketch drawings and written visual remarks and then continued at the laboratory with drawings in full scale.

Our work was advantageous compared with documentation under the water; however, our problem was shortage of time because we had a pre-determined, limited period of time to document and lift the wrecks within the frame of rescue excavations. Our team had to work without any interruption through the cold winter months and high temperatures in the summer heatwaves of 2006 and 2007. Water spraying was adjusted according to the relative humidity of the vessels and according to the exterior weather temperatures. Mandatory breaks arising from unfavourable conditions turned our work comparable to the time-limited dives of an underwater excavation.

Our work aimed at identifying the missing pieces based on existing pieces and clarifying the relations between all the members and the entire vessel. The place of Yenikapı shipwrecks in the shipbuilding technology could be revealed only through precise and very detailed documentation; therefore, in 2006 the best technique was devised based on the wrecks themselves in order to avoid any damage to the timber and loss of any bit of information. The wrecks exposed were recorded in three ways, namely by drawings, photography and visual remarks, at the same time. Thus, the work-flowchart shown in Table 1 was established.

A stepped work-flow with certain routine repeats allowed us to work on and lift two wrecks at the same time. Our team organised into sub-teams led by expert leaders first carried out the basic documentation of Yenikapı (YK) 6 wreck including the erection of the tent, removal of the layer concealing the wreck, overall photography, measurements; then the team moved to work on the YK 3 wreck. While the same

Marmaray-Metro kazı alanında bugüne kadar ortaya çıkartılan 31 batık, Erken ve Orta Bizans Dönemi'ne tarihlenen en büyük toplu gemi buluntusu olmasının yanı sıra, oldukça iyi korunmuş halde günümüze ulaşmaları nedeniyle de önem taşımaktadır. Formları ve *in situ* duruşları ile tamamen tanımlanabilir durumda olan Yenikapı batıklarına ait ahşap elemanların, orijinal gövde biçimleri, döşek ve posta kavisleri izlenebilmektedir. Çoğunun karina üzerine ve birkaçının da küpeştelerine kadar yükselen kaplamaları, özellikle tasarımları hakkındaki bilgileri bütünleştirmemize imkan tanımış, yapım teknikleri üzerinde de şimdiye kadar bilinmeyen birçok veriye ulaşmamızı sağlamıştır.

Üzerinde çalıştığımız tekne ve gemilerin bu özellikleri, belgeleme metodunu yönlendirmemizde başlıca etken olmuştur. *In situ* ölçümler, gövdenin hacimsel özelliklerinin en hassas ve doğru biçimde kayıt edilmesinde ilk basamağı oluşturmuş; fotoğraf, skeç ve yazılı notlar ile desteklenen yerinde belgeleme çalışmaları, laboratuardaki 1:1 ölçekli çizimlerle devam etmiştir.

Sualtındaki batıkların belgeleme çalışmaları ile karşılaştırıldığında birçok avantaja sahip olan uygulamalarımızın en önemli sorunu zamandı. Kurtarma kazısı kapsamında gerçekleştirilen gemi ve teknelerin belgelenerek kaldırılması işlemleri için önceden belirlenmiş bir süre vardı. Çok soğuk kış ortamı ve sıcaklığın mevsim normallerinin üstünde seyrettiği 2006 ve 2007 yaz aylarında ekibimizin disiplinli bir şekilde ve mesaiyi aksatmadan çalışmaya devam etmesi gerekiyordu. Gemi ve teknelerin bağıl nem ortamlarının korunmasına yönelik olarak, hava sıcaklığına göre ayarlanan sulama aralıkları ve olumsuz şartlardan kaynaklanan zorunlu molalar ise çalışmamızı bir bakıma bir sualtı kazısının sınırlı süreli dalışlarına benzetmiştir.

Yürüttüğümüz çalışmalarda amacımız mevcut parçaların incelenmesi yoluyla eksik parçaların nasıl olabileceğini belirlemek ve verilere bağlı olarak da tüm gemi ve tekne elemanları arasındaki ilişkileri ortaya çıkarmaktı. Yenikapı batıklarının gemi yapım teknolojisindeki yeri, ancak doğru ve çok detaylı bir belgeleme ile çözülebilirdi. Bu nedenle, 2006 yılında, ahşaplara herhangi bir zarar verilmesini önleyecek ve bilgi kayıplarını engelleyecek en uygun teknik, batıkların durumları göz önünde bulundurularak geliştirildi. Üzerleri açılan batıkların kayıtları; çizim, fotoğraf ve görsel notlar olarak üç farklı koldan eş zamanlı olarak yürütüldü. Böylece tablo 1'de detayları verilen çalışma akışı oluşturuldu.

Rutin tekrarları içeren oturmuş bir sistem içinde kademelendirilmiş çalışma düzeni, iki farklı batığı aynı zaman dilimi içerisinde kaldırma olanağını bize sundu. Uzman ekip liderleri başkanlığında gruplara ayrılan, kendi konularında eğitimli ekibimiz, Yenikapı (YK) 6 batığının temel belgeleme hazırlıklarını (çadırın kurulması, batık üzerindeki tabakanın

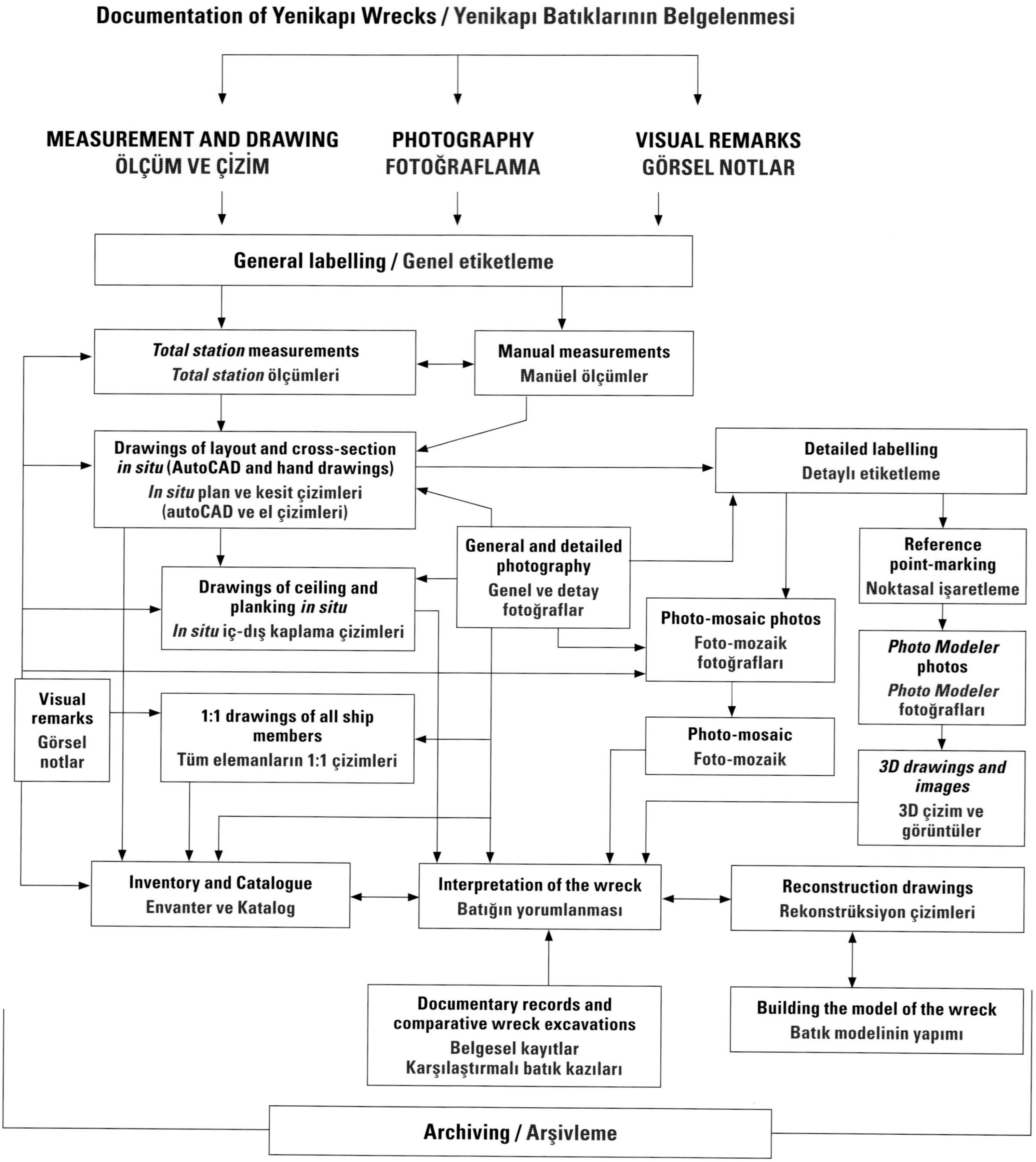

Table / Tablo 1 Flowchart for the documentation work of Yenikapı wrecks / *Yenikapı batıklarının belgelenmesindeki çalışma akışı sistematiği.*

preliminary work went on there, drawings were made at YK 6. While the photo-mosaic team worked on YK 6, draughts team moved to YK 3. This work methodology required excellent programming as well as a willing-team, for which we think we have been lucky. It is only with this system that we managed such extensive work within limited periods and covering a full range of documentation on site to lifting the remains and placing them in fresh water pools.

1. Measurements and drawings

Archaeologists working at a harbour excavation would normally expect a wooden shipwreck buried under dense stratification of cultural strata containing amphora fragments, stones and other remains. When the expectations are fulfilled and the wrecks are uncovered, they are first localised and then covered with sand until the work actually starts in order to prevent any deformation.

Our work started with the building of temporary tents over the wrecks erecting wooden posts and covering with rubber cloth (Fig. 1). Inside the tent a special atomizing water sprayer system was installed in order to regulate the relative humidity of the interior and the timbers twenty-four hours a day (Figs. 2, 3). When the wrecks were sheltered from the damaging effects of unfavourable weather conditions and changes in the environment, amphorae, other cargo and sand covering them were removed. The fine sand cover was removed mechanically using fine tools and water (Fig. 4). Thus, the surfaces of the wrecks could be cleaned without causing any damage and the remains of the vessels themselves were entirely exposed. The vessels were thus photographed and measured and basic labelling necessary for the overall plan was applied.

It was of utmost importance not to cause any cracks, dents or any misplacement altering the relations between the members while measuring the remains; thus, it was necessary not to touch them. Therefore, special scaffolding was built crossing the remains in width. Fine cleaning work, manual measurements, placement of the labels and ensuing implementations were carried out from the scaffolding (Fig. 5).

kaldırılması, genel fotoğraf çekimleri, gerekli ölçümlerin alınması) tamamladıktan sonra, YK 3'e geçti. Orada aynı hazırlıklar yapılırken YK 6'da çizim aşaması gerçekleştirildi. YK 6'da foto-mozaik ekibi çalışırken, çizim ekibi YK 3'e geçti. Bu şekilde devam eden belli sekmelerdeki dönüşümlü çalışma biçimi ancak çok iyi programlanmış bir çalışma planı ve özverili bir ekiple gerçekleştirilebilirdi. Bu açıdan çok şanslı olduğumuzu düşünüyorum. Bu düzen, her bir batığın belgelenmesi ve yerinden kaldırılarak tatlı su havuzlarına yerleştirilebilmesi için sahip olduğumuz sınırlı zaman dilimlerinde bu kadar kapsamlı işleri nasıl bitirebildiğimizi açıklamaktadır.

1. Ölçüm ve çizim

Bir liman kazısında çalışan arkeologlar, toprak yüzeyi üzerinde yayılmış amfora kırıkları, taşlar ve çeşitli kalıntılardan anlaşılan, belirli kodlardaki kültür tabakalarına ulaştıklarında, bu yoğun tabakalaşma altında ahşap bir batıkla karşılaşabileceklerini bilirler. Beklenen gerçekleştiğinde, ortaya çıkarılan batıklar, gerekli konumlandırmalar yapıldıktan sonra bozulmaya uğramalarının engellenmesi amacıyla, çalışmalar başlayana kadar, yeniden kum ile örtülürler.

Çalışmalarımız, batıkları çevreleyen, ahşap dikmeler ve muşambadan oluşan geçici çadırların inşasıyla başladı (Res. 1). Oluşturulan mekânın içinde % 100 bağıl nem ortamı oluşturmak ve ahşapların 24 saat boyunca nemli kalmasını sağlamak amacıyla atomize sulama yapan özel bir püskürtme tesisatı kuruldu (Res. 2, 3). Olumsuz hava şartlarının ve ortam değişikliğinin yıkıcı etkisine karşı koruma altına alınan batıkların üzerinden amforalar, diğer yükler ile kum ve mil tabakası kaldırıldı. İnce kum örtü küçük aletler ve su ile mekanik olarak uzaklaştırıldı (Res. 4). Bu yöntem sayesinde herhangi bir zarar verilmeden yüzey temizlendi ve batıkların biçimleri hakkında fikir veren mevcut kalıntılar tamamen görülebildi. Bu haliyle batıkların fotoğraf çekimleri yapıldı, genel ölçümler alındı, ana plan için gerekli olan temel etiket sistemi oluşturuldu.

Ölçümler sırasında elemanların birbirleriyle olan ilişkilerini bozmamak, yeni ezik ve kırıklar yaratmamak için gövde ahşaplarına temas etmemek gerekiyordu. Bu nedenle batığı enine aşan özel iskeleler inşa edildi. İnce temizlik çalışmaları, el ölçümleri, etiketlerin yerleştirilmesi ve daha sonraki uygulamalar bunlar yoluyla gerçekleştirildi (Res. 5).

Fig. / Res. 1

Interior view of the temporary tent set up to protect the wrecks on site.

Alanda batıkları korumak için kullanılan geçici çadırın iç görünüşü.

Fig. / Res. 2, 3

Atomizer water spraying (YK 6).

Atomize sulama sistemi (YK 6).

Fig. / Res. 4

Removal of sand with pressurized water (YK 18).

Batıklar üzerindeki kum tabakasının su ile uzaklaştırılması (YK 18).

Fig. / Res. 5

Working on the scaffolding (YK 3).

İskeleler üzerinde sürdürülen bir çalışma (YK 3).

Labelling system

A labelling system that varied according to the building technique, medium found, state of preservation and lifting type was arranged so that the labels indicate the features of every ship member and answer the requisitions of ensuing conservation, restoration and reconstruction implementations. The numbering of the floor timbers was done from the bow toward the stern or vice versa depending on the state of preservation while the numbering of the planking was done according to the starboard or port sides with the keel as the reference.

In this system, the floor timbers were named as E1, E2, E3 etc. and the futtocks of the frame were named, for example for E1, as E1-1, E1-2, E1-3 etc. Usually most of the futtocks have not survived or as was the case with YK 3, portside futtocks did not exist at all. In order to avoid meaningless spaces in the labels, directions of the futtocks were indicated by letters: e.g. the first futtock on the starboard side of the fourth floor timber was named as E4-S1.

Some of the planking and frames uncovered in very fragmentary condition were joined as if joining the shards of a pottery vessel. The fragments were joined with fine stainless wires and marked with labels referring to arrows and numbers (Fig. 6a-d).

The planking was encoded starting with SK for starboard side planking and with İK for port side planking. The garboards of ships and boats with extant garboards, e.g. YK 3, were named as İB and SB for port and starboard sides respectively. The planking joined

Etiket sistemi

Yapım teknikleri, bulundukları ortam, korunmuşluk durumları ve yerinden kaldırma şekillerine göre değişiklik gösteren etiket sistemi, her bir gemi ve tekne elemanının özelliğini verecek, sonraki konservasyon, restorasyon, rekonstrüksiyon uygulamalarındaki ihtiyacı karşılayacak şekilde düzenlendi. Kodlamada gemi elemanının kısaltılmış ismi ve sıra sayısı kullanıldı. Numara sırası, döşeklerde, batıkların korunmuşluk durumlarına göre kıçtan başa ya da baştan kıça; kaplamalarda omurga referans kabul edilerek sancak ve iskele yanlarına doğru verildi.

Bu sistemde, döşekler E1, E2, E3, E4, vd. şeklinde tanımlandı. Eğriye ait postalar, örneğin E1 için, E1-1, E1-2, E1-3 gibi kodlar aldı. Genelde postaların çoğunluğu günümüze ulaşamamıştı ya da YK 3'te olduğu gibi iskele postalarının hiçbiri mevcut değildi. Bu durumun etiket kodlarında anlamsız bir boşluk yaratmaması için, posta yönlerini belirtirken tek ve çift sayılar yerine harfler kullanıldı. Böylece 4. döşeğin sancak tarafındaki 1. postası E4-S1 kodunu aldı.

Bazı kaplama ve eğriler, parçalara ayrılmış ve çatlamış olarak ele geçmişti. Bunlar tıpkı bir keramiğin kırık parçaları gibi birleştirildi. Özel şekiller verilen ince paslanmaz tellerle bağlanan kırıkların birleşme yerlerine, okların ve numaraların birbirine refere edildiği etiketler tutturuldu (Res. 6a-d).

Kaplamaların kodlanmasında, sancak kaplama tahtaları "SK", iskele kaplama tahtaları "İK" öneklerini aldı. YK 3 gibi burması olan gemilerde burma

Fig. / Res. 6a-d
Labelling of the wooden vessel members.
Ahşap gemi elemanları üzerinde etiketleme çalışması.

with scarphs in the same strake was encoded for example as İK5-1, İK5-2, İK5-3 etc. for the pieces belonging to the fifth planking on the port side. The ceiling of YK 3 and YK 12 was named with a prefix of F, e.g. F1, F2, F3 etc.

The keel was encoded as Om after the Turkish term *omurga*. Pieces of the keel were named as Om-1, Om-2, Om-3 etc. while the stem was called BB and sternpost was called KB. Wales uncovered in YK 3, 12 and 17 were encoded as ÇT while the preserved bilge keels of the vessels YK 6, YK 7 and YK 9 were encoded as YOm. The surviving parts of the vessels uncovered have usually retained their entirety; therefore, the locations of only very few pieces were unknown. In order to facilitate future reconstruction work their labels were marked with their member code and a remark and encoded as YBE for frame pieces of unknown location and YBK for planking pieces of unknown location (Table 2). All the coding was preceded with the name of the wreck they belong to.

Coding was done in Turkish and all the English namings in use since the 1960s were adapted to Turkish nautical terminology[1]. Thus, the first step was taken in creating a database for Turkish researchers and scientists as well as establishing a common language for future shipwreck studies. Table 3 shows some examples.

The coding system described above facilitated the identification and arrangement of ship members; thus, each wooden element has its own ID file comprising its coding where we were able to record every single operation done on them. A special filing system on the computer allows us to view all the history of every one of the wooden elements as well as their visual documentation. Thus, this work constitutes the basis for all the future conservation, restoration, restitution and reconstruction work as well as storage and regular maintenance work to be carried out at the museum.

One of the greatest advantages in labelling was the fact that documentation had to be conducted in a few days – not over several campaigns (Matthews 2004, 76). Removal of the silt and sand layer covering each wreck, followed by the documentation seeing the entire length and width was completed in a few days' time and thus the label codes followed a certain order. However, regular water spraying and sand brought by the sea water rising from the ground covered the scarphs and seams concealing the details. Therefore, following the cleaning of the vessels a general labelling was done in order to identify the starboard and port sides, stern and bow ends, number of floor timbers and futtocks as well as providing a reference for total station and other

1 Nautical dictionaries consulted during our work include Nutku 1917; Kahane et al 1958; Dear – Kemp 2000; Steffy 1994, 266-298; Zaloğlu 1988.

kaplamaları, "İB" ve "SB" oldu. Aynı sıradaki parilelerle birleştirilmiş kaplama tahtalarının, örneğin iskele yönünde 5. kaplama sırasına ait parçaların kodları, İK5-1, İK5-2, İK5-3 şeklinde verildi. YK 3 ve YK 12'nin iç kaplamaları "F" ön-ekiyle, F1, F2, F3 gibi kodlar aldı.

Omurga "Om" olarak kodlandı. Omurga parçaları Om-1, Om-2, Om-3; baş bodoslama "BB", kıç bodoslama "KB" oldu. YK 3, YK 12 ve YK 17'de bulunan çapa tahtalarına, "ÇT"; YK 6, YK 7, YK 9'da tekne boyunca bütünlüğünü korumuş olan yalpa omurgalarına "YOm" kodu verildi. Ele geçen gemi ve teknelerin günümüze ulaşan kısımları genellikle bütünlüklerini korudukları için konumu belli olmayan parça sayısı çok azdı. Rekonstrüksiyon sırasında yerlerinin belirlenmesini kolaylaştırmak için, bunların etiketlerine bulundukları elemanın koduyla birlikte açıklama yazıldı ve yeri belli olmayan eğri anlamına gelen "YBE", yeri belli olmayan kaplama anlamında "YBK" kısaltmaları kullanıldı (Tab. 2). Bütün kodların başına hangi batığa ait oldukları yazıldı.

Kodlama dili olarak Türkçe tercih edildi. Türkiye'de 1960'lardan günümüze değin İngilizce olarak kullanılmış kodlamalar, Türk denizcilik terimlerine göre dilimize uyarlandı[1]. Böylece, Türk araştırmacılara ve bilim insanlarına veri tabanı oluşturularak, bundan sonraki batık çalışmalarında ortak bir dilin geliştirilmesi yönünde ilk adım atılmış oldu. Tablo 3'te bununla ilgili örnekler verilmiştir.

Yukarıda anlatılan kodlama sistemi, gemi ve tekne elemanlarının tanımlanmasında büyük kolaylıklar ve düzen sağladı. Tüm ahşap elemanlar, kodlardan oluşan kimlik kartları sayesinde, üzerlerinde yapılan işlemlerin yazıldığı kendi dosyalarına sahip oldular. Bilgisayarda, oluşturulan özel bir dosyalama sayesinde, ilgili kod girildiğinde haklarındaki tüm bilgilere ve görsel dokümanlara ulaşılma imkânı doğdu. Bu çalışma, ileride yapılacak olan konservasyon, restorasyon, restitüsyon ve rekonstrüksiyon çalışmaları ve hatta müze içindeki depolama ve düzenli bakım uygulamalarının takibinde kullanılacak olan kapsamlı bir sistemin temelini oluşturmaktadır.

Etiketlemede en büyük avantajlarımızdan biri de, belgeleme süresinin birkaç kazı sezonuna yayılmaması idi (Matthews 2004, 76). Her bir batık üzerindeki kum ve mil tabakasının birkaç gün içinde kaldırılması, tam boy ve genişliğin görülerek belgelenmesi, özellikle etiket kodlarının belirli bir sıra izlemesini kolaylaştırdı. Fakat düzenli sulama ve alttan çıkan deniz suyunun taşıdığı kum; detayların, özellikle parile ve armuzların üzerlerini örterek, seçilmelerini oldukça zorlaştırıyordu. Bu nedenle gemi ve teknelerin temizlikleri yapıldıktan sonra, baş-kıç uçları, iskele-sancak yanları ile döşek

1 Bu çalışmalar kapsamında başvurulan denizcilik terimleri sözlükleri için bakın: Nutku 1917; Kahane vd. 1958; Dear – Kemp 2000; Steffy 1994, 266-298; Zaloğlu 1988.

Table / Tablo 2

Coding system used for frames, planking and keel.

Eğri sistemi, kaplamalar ve omurgada kullanılan kodlama düzeni.

Frame system / Eğri sistemi		**Planking /** Kaplama Tahtaları		**Keel /** Omurga	
E1	Floor timber 1 / 1. döşek	SK1	First starboard planking of vessels with flat bottoms Düz dipli örneklerde 1. sancak kaplama	Om-1	First keel piece 1. omurga parçası
E1-S1	First starboard futtock of the frame 1 1. eğri sisteminde 1. sancak postası	SB	Starboard garboard / Sancak burma kaplama	Om-2	Second keel piece 2. omurga parçası
E1-İ1	First port futtock of the frame 1 1. eğri sisteminde 1. iskele postası	İK1	First port planking of vessels with flat bottom Düz dipli örneklerde 1. iskele kaplama	Om-1/1	First fragment of the first keel piece / 1. omurga parçasında 1. kırık
E1-S1/1	First fragment of the first starboard futtock of frame 1 / 1. eğri sisteminde 1. sancak postasının 1. kırığı	İB	Portside garboard / İskele burma kaplama		
E1/3	Third fragment of floor timber 1 1. döşeğin 3. kırığı	SK1-1	Starboard planking strake 1, wooden piece 1 1. sancak kaplama sırası 1. ahşap parça		
		SK1-2	Starboard planking strake 1, wooden piece 2 1. sancak kaplama sırası 2. ahşap parça		
		SK1-2/1	Starboard planking strake 1, the first fragment of wooden piece 2 / 1. sancak kaplama sırası, 2. ahşap parçada 1. kırık		
		İK1-1	Port planking strake 1, wooden piece 1 1.iskele kaplama sırası 1. ahşap parça		
		İK1-1/2	Port planking strake 1, the second fragment of wooden piece 1 / 1. iskele kaplama sırası 1. ahşap parçada 2. kırık		

Table / Tablo 3

Examples of Turkish and English naming for some ship members.

Gemi elemanlarının isim ve kodlarında İngilizce ve Türkçe karşılaştırma örnekleri.

English term / İngilizce isim	**Turkish term / Türkçe isim**	**Turkish coding / Türkçe kod**
Frame	Eğri sistemi	E
Floor timber	Döşek	E1 (Floor timber 1 of the frame)
Futtock	Posta	E1-S1 (Starboard futtock 1 of frame 1) E1-İ1 (Port futtock 1 of frame 1)
Keel	Omurga	Om
Keelson	İç Omurga	İçOm
Port planking	İskele dış kaplama	İK
Starboard planking	Sancak dış kaplama	SK
Ceiling	Farş (İç kaplama)	F
Garboard	Burma tahtası	SB, İB
Wale	Çapa tahtası	ÇT
Bilge keel	Yalpa Omurga	YOm
Unknown member	Yeri belli olmayan eğri, Yeri belli olmayan kaplama	YBE, YBK

measurements and preliminary photography (Fig. 7). Detailed and systematic labelling was done after the completion of the main layout plan that evinces the relations among the elements more precisely.

Labels prepared according to the layout plan were placed in addition to the former ones. A few more wooden pieces discovered during the course of this work were immediately labelled according to the system. Pieces and their codes were marked daily in the main ship plan, keeping the plan continuously updated. Labelling of the elements, photography, drawings and remarks all done on site, by creating a common language, prevented any problems from arising during the dismantling and reconstruction.

ve posta sayılarının belirlenebilmesi, *total station* ve diğer ölçümler ile ön durum fotoğraflarına referans sağlanması amacıyla genel bir etiketleme yapıldı (Res. 7). Detaylı ve sistemli etiketleme düzeni, elemanlar arasındaki ilişkileri daha kesin gösteren ana plan tamamlandıktan sonra oluşturuldu.

Plana göre hazırlanan etiketler, daha önceden tutturulanlara ilaveten yerlerine yerleştirildi. Çalışma sırasında sonradan bulunan birkaç ahşap parça da bu sisteme uygun olarak anında kodlanarak etiketlendi. Parçalar ile kodları ana tekne planına günlük olarak işlenerek plan devamlı olarak yenilendi. Elemanların yerinde etiketlenmesi, fotoğraf çekimleri, çizimler ve *in situ* notlar; gerekli dil birliğinin sağlanarak, sökülmeleri ve rekonstrüksiyonları sırasında ortaya çıkabilecek sorunların engellenmesini sağladı.

Measurements and drawings of plans and cross-sections *in situ*

Following the overall measurements of the wreck area, preparations were done for the plan drawings to scale. The first documentation work carried out on YK 6 comprised the conventional three-point measurements and drawing techniques. For this purpose three fixed reference points and one check-point were identified on the pillars of the protective tent using an electronic level-balancer. Special iron hooks were fitted there and positioned in relation to each other. 20 meter-long tape measures were fitted at level to the hooks in the directions needed. Tape measures were hung down vertically from these lines to the numbered reference points on the wreck in order to measure points (Figs. 8-9). Thus, hundreds of points identified on the wreck were measured with tapes from four different reference points. These points were recorded in tables (Table 4). Then in the draughtsmen's on-site offices, these values were marked in scale, using compasses, on Mylar® paper, which does not deteriorate with water (Fig. 10). This jigsaw puzzle comprising point values obtained were joined together by crosschecking visually and doing the necessary detailed measurements (Fig. 11). Then, similarly, coak holes and centres of nail shafts were measured from three points. Their forms and locations were marked on the plan. In addition to the plan drawings, sketches were drawn, measurements were taken

Fig. / Res. 7
General labelling (YK 3).
Genel etiketleme (YK 3).

In situ ölçüm, plan ve kesit çizimleri

Batık alanının genel ölçümleri tamamlandıktan sonra, plan çizimleri için hazırlık başladı. YK 6'daki ilk belgeleme çalışmalarında 3 nokta sistemiyle geleneksel ölçüm ve çizim teknikleri uygulandı. Bunun için batığın üzerine kurulmuş olan koruyucu çadırın sabit ayaklarına 3 ana nokta ve bir kontrol noktası ile 4 farklı merkez, elektronik düzeç ile belirlendi. Buralara

Fig. / Res. 8
Triangulation (YK 8).
Üç nokta ölçümü (YK 8).

Fig. / Res. 9
Manual measuring (YK 6).
Manüel ölçüm çalışması (YK 6).

Table / Tablo 4

Sample point measurements taken using the triangulation method.

Üçgenleme yöntemiyle alınan nokta ölçüm listesi örneği.

No.	A	B	C
325	26.95	32.05	59.95
326	24.57	30.70	71.77
327	27.08	28.50	73.51
328	26.88	28.30	72.01
329	27.70	30.96	60.07
330	34.24	29.71	53.38
331	33.83	29.62	53.98
332	33.45	29.67	54.23
333	33.37	29.14	54.86
334	31.20	27.32	59.83
335	30.79	26.85	61.22
336	29.24	27.15	63.65
337	36.20	27.84	53.12
338	35.89	27.72	53.48
339	35.37	27.87	53.97
340	35.28	27.22	54.76
341	–	26.68	52.75

and remarks were noted. Thus, beside photography, all the remains on top of and by the wreck's hull, cracks, scarphs, futtock-floor timber connections and even the pier posts piled much later were marked in the plan in great detail (Dwg. 1).

The drawing scale was determined as 1:5 or 1:10 depending on the size of the wreck. For example, as YK 6 was not a big ship, scale was set as 1:5 so that details and even very small pieces could be explicitly marked. YK 6 did not have a ceiling but YK 3 both was a large vessel and had ceiling. Therefore, YK 3 was first drawn to scale at the ceiling level and then when that was removed, the floor timbers and planking appearing from underneath were drawn to scale.

Forms, positions, relations in between and especially volumetric details of the frame system comprising floor timbers and futtocks, ceiling and planking, wales, keel and stem- and sternpost as well as *in situ* conditions of broken wooden pieces were measured. Measurements, drawings and other documentation constituted about three-quarters of the entire working time, and this conventional method implemented on the YK 6 and YK 7, YK 3 and YK 8 wrecks involved many repetitive steps requiring time and effort. As the number of wrecks increased, we looked for other ways. Thus, a gradual transition was made to total station measurements and drawings supported with manual drawings. During the work on YK 12 both total station and conventional measurements were taken and both plans were overlapped. Accuracy was beyond expectations;

özel olarak imal edilen demir kancalar monte edildi. Bunlar birbirlerine pozisyonlandırıldıktan sonra ölçme işlemlerine başlandı. Kancalara uçlarındaki klipsler sayesinde geçirilen 20 metrelik şerit metreler istenilen yönlere doğru terazisinde çekildi. Bu hatlardan batık üzerindeki numaralı referans noktalarına şakulünde metreler indirilerek nokta ölçümleri yapıldı (Res. 8, 9). Böylece batık üzerinde belirlenen yüzlerce noktanın 4 ayrı röperden çekilen metrelerle ölçümü gerçekleştirildi. Tespit edilen bu noktalar listeler halinde tutuldu (Tab. 4). Çizim konteynırında bu nokta ölçümleri sudan etkilenmeyen özel bir kâğıt olan *Mylar*® üzerine pergel yardımıyla ölçekli olarak işlendi (Res. 10). Elde edilen noktasal değerlerden oluşan bu yapboz, kazı alanında batığın ahşaplarına bakılarak ve gerekli detay ölçüleri alınarak birleştirildi (Res. 11). Sonra aynı şekilde kavela delikleri ve çivi merkezleri 3 noktadan ölçülerek biçimleri ve yerleri plan üzerine işlendi. Oluşturulan plan çizimlerine ek olarak; skeçler, ölçümler yapıldı, notlar tutuldu. Böylece, fotoğraflamanın yanı sıra, batık gövdesinin üzerindeki ve çevresindeki tüm kalıntılar, çatlaklar, parileler, posta-döşek ilişkileri ve sonradan çakılmış iskele kazıkları orijinal durumlarında en ince ayrıntısına kadar ana plan üzerine işlendi (Çiz. 1).

Ölçek genelde batıkların boyutlarına göre 1:5 ve 1:10 olarak belirlendi. YK 6'da tekne boyutlarının nispeten küçük olması nedeniyle ayrıntıların daha iyi işlenip okunabilmesi amacıyla 1:5 ölçeği tercih edildi. Bu ölçek çok küçük parçaların bile ayrıntılı şekilde işlenmesine olanak sağladı. YK 6'nın iç kaplamaları yoktu. Fakat YK 3 hem iç kaplamalara sahipti hem de boyut olarak çok daha büyük bir gemiydi. Bu gemide tüm çizim basamakları, hem iç kaplamalar hem de bunlar kaldırıldıktan sonra ortaya çıkan döşek ve dış kaplamalar için ayrı ayrı uygulandı.

Döşek ve postalardan oluşan eğri sistemi, iç ve dış kaplamalar, çapa tahtaları, omurga ve bodoslamalar gibi tüm elemanların biçimleri, duruşları, birbirleriyle ilişkili konumları, özellikle hacimsel detayları ve batık kütlesine ait kopuk ahşapların *in situ* durumları ölçüldü. Ölçüm, çizim ve diğer belgeleme uygulamaları, toplam çalışma süresinin ¾'ü gibi oldukça uzun bir zamanı kapsamakta; YK 6, YK 7, YK 3 ve

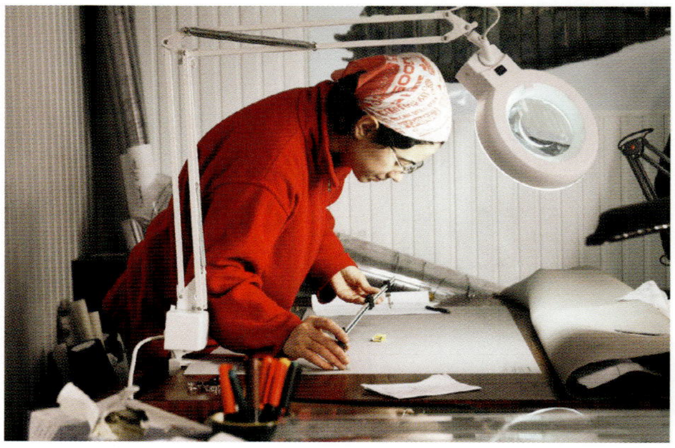

Fig. / Res. 10

Transfer unto paper using a pair of compasses the point-measurements taken on site.

Arazide alınan nokta ölçümlerinin pergel yardımıyla kâğıda işlenmesi.

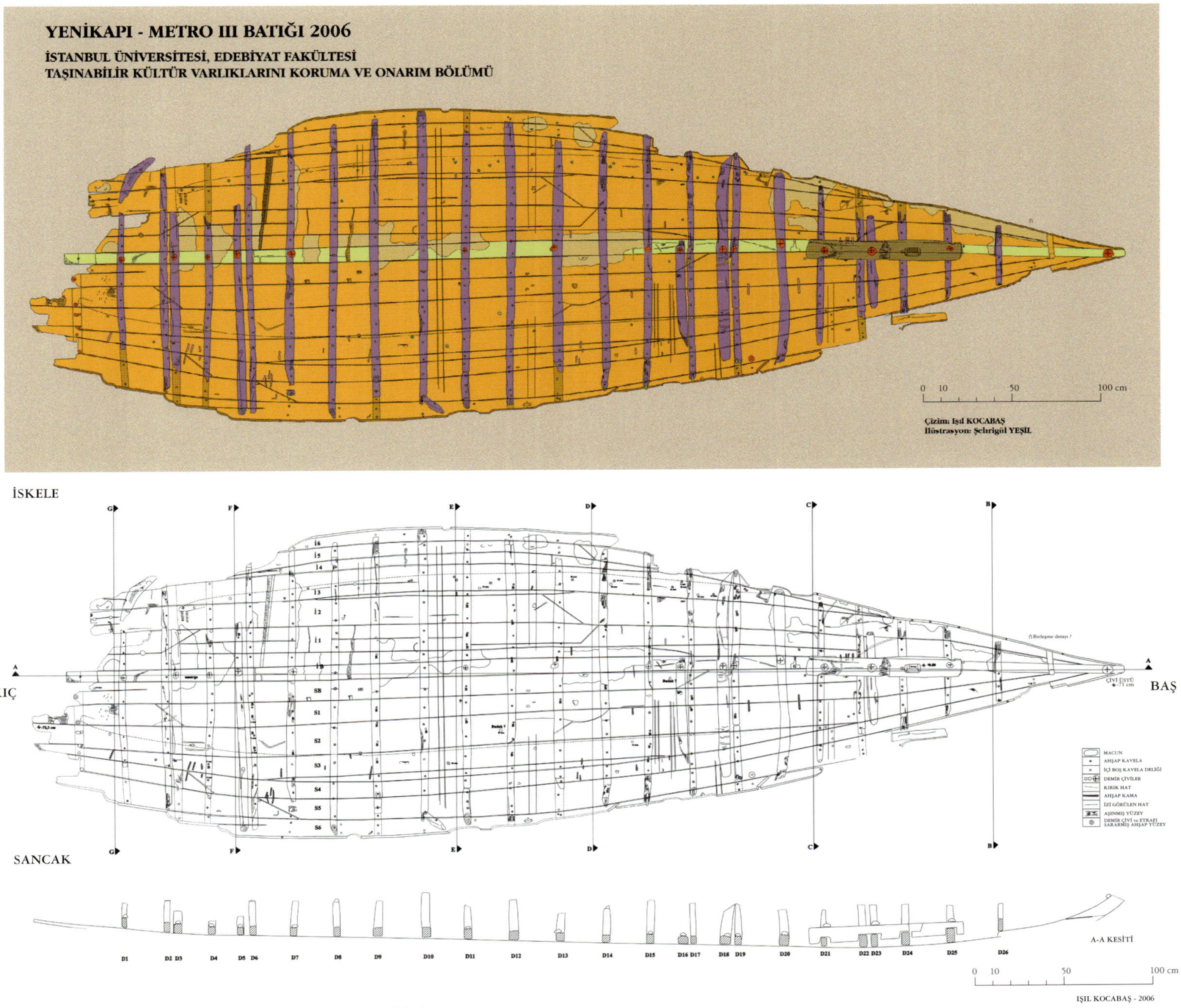

Dwg. / Çiz. 1 Plan drawing of YK 6. / *YK 6 batığının plan çizimi.*

thus, measurements were continued using total station (Figs. 12). Hence, the number of people needed and the volume of work decreased; so we were able to work at different areas simultaneously, saving both time and labour. However, drawings done on the computer had very sharp-angled outlines due to the programme used. This feature did not cause any problems with architectural drawings but it did cause unwanted corners on the curving lines of vessels, on porous and soft-textured material like wood. Therefore, Mylar® paper was placed on top of the printouts and everything was measured and drawn once again (Fig. 13). As a result we managed to obtain full accuracy both in dimensions and in texture. This final drawing was scanned again and

YK 8 batıklarında kullandığımız geleneksel ölçüm yöntemi, emek ve sabır gerektiren tekrarları içermekteydi. Batık sayısının gittikçe artması bizi daha farklı bir çözüm arayışına sevk etti. Böylece manüel çizimle desteklediğimiz *total station* ölçüm ve çizimleme yöntemine kademeli bir geçiş sağlandı. YK 12 batığının çalışmaları sırasında hem *total station* ölçümler, hem de geleneksel ölçümler yapıldı ve iki plan çakıştırıldı. Doğruluk sonuçları beklenenden çok daha iyiydi. Böylece, *total station* nokta ölçümleriyle çalışmalara devam edildi (Res. 12). Bu bize, işlem hacminin ve gereken kişi sayısının azalmasıyla beraber farklı işlerde eş zamanlı çalışma imkânı vererek zaman ve emek tasarrufu sağladı. Fakat bilgisayarda yapılan çizimlerin

Fig. / Res. 11
Unification of point-values by crosschecking the wreck's timber elements (YK 7).
Noktasal değerlerin batık ahşaplarına bakılarak birleştirilmesi (YK 7).

çıktıları programın karakteristiği nedeniyle çok keskin hatlı olmuştu. Mimari çizimlerde sorun yaratmayan bu özellik ahşap gibi gözenekli ve yumuşak dokulu bir malzemede, özellikle gemi ve teknelerin kıvrımlı, kavisli hatlarında istenmeyen köşeler oluşturmuştu. Bu nedenle, elde edilen çıktıların üzerine *Mylar®* kâğıdı yerleştirilerek tüm bu hatlar tekrar ölçüldü ve çizildi (Res. 13). Sonuçta hem ölçü, hem de tekstür olarak tam bir doğruluk elde edilmiş oldu. Daha sonra bu yeni çizim tekrar taranarak bilgisayar ortamına alındı. Tabakalar halinde yapılan çizimler sonucunda, batık elemanlarının ayrı ayrı ya da istenen kombinasyonlarını gösteren çizim paftalarını görüntülemek ve çıkışlarını almak mümkün oldu.

Plan çizimleri, dağılmış ve ayrılmış parçaların yerlerini açığa çıkarmak ve geminin tasarımını belirlemek için gerekliydi. Yenikapı kazı alanındaki batık gövde elemanlarının çoğunlukla orijinal yerlerinde bulunmaları nedeniyle buradaki esas amaç, tasarım ve konstrüksiyona yönelik genel sistemin ipuçlarını bulmak ve gövdelerin uğradığı zarar ya da çarpılmanın derecesini belirlemekti. Temel olarak bu sistem, teknenin tüm elemanlarının yerinden kaldırılmadan orijinal durumlarının tanımlanmasını içeriyordu.

Gövde hacmi, eğrilerin kavisleri ve diğer elemanların ilişkilerini yakalayabilmek ve dikey ölçüleri yorumlayabilmek amacıyla kesit çizimleri sık aralıklarla gerçekleştirildi. Enine kesitler eğri kavislerini; boyuna kesitler omurga ve bodoslama bilgilerini edinmemizi sağladı. Geleneksel yöntemle yapılan enine kesit çizimleri için döşek hizalarından, üzeri belli aralıklarla işaretli referans hatları çekildi (Res. 14). Terazide olan

Fig. / Res. 12
Total station work (YK 18).
Total station çalışması (YK 18).

transferred to the computer. Drawings made in layers allowed viewing and printing various features individually or together.

Plan drawings were necessary for determining the locations of pieces separated or dispersed and also identifying the design of the vessel. As the hull members of the wrecks at Yenikapı were usually found together in their original spots, the main target here was to obtain clues to the general system regarding design and construction and determine the level of damage or crash the hull underwent. This system basically involved identification of the original situation of all the vessel members before dismantling.

In order to identify the hull volume, frame curvatures and relations of other members and to be able to interpret the vertical measurements, cross-section drawings were made at frequent intervals. Transversal sections shed light unto the frame curvatures while the longitudinal sections shed light unto the keel and stem- and sternposts. For the conventional transversal sections, reference lines were set at regular intervals starting from the floor timber level (Fig. 14). The vertical distances were measured from these horizontal lines at level. The same procedure was repeated along the keel and the longitudinal section was prepared. Then all these drawings were scanned and transferred to computer and redrawn with AutoCAD (Dwg. 2). Another implementation involved using a special large profiler built with aluminium bars. Profiles copied from each frame and its corresponding plank surfaces were transferred to Mylar® paper. This data will be especially useful while reassembling the vessels (Figs. 15-16).

Measuring with Total Station

Measuring with total station as described above facilitated our work with precise and accurate results as well as a freer workflow. However, it was not possible to record at once all the contour points of wreck members, angles in between and cross-section measurements. Boats and ships involved different details with codes varying due to their differing construction and designs. Therefore, measurements were repeated each time some members were removed revealing more concealed underneath. The volumetric features of the wreck were identified using the strings stretched across the frames and planking (Fig. 17-18).

Boats and ships in the excavation area were measured with geodesic methods using the total station device. In order to avoid any damage during the documentation, a total station device with no reflector requiring minimum level contact with the wreck was used. For drawing the plans, views and cross-sections, about 4,000 to 10,000 points were measured and recorded using minimum three stands, depending on the size of the wreck. The measurements were given coordinates and loaded into the computer for use with AutoCAD.

Fig. / Res. 13 Marking details on total station printouts (YK 12).
Total station *çıktıları üzerinde detay işleme çalışması (YK 12).*

Fig. / Res. 14 Working on a cross-section (YK 3).
Kesit alma çalışması (YK 3).

bu hatların işaretli olan yerlerinden şakulünde metreler indirilerek yükseklikler ölçüldü. Aynı işlem omurga hattında tekrarlanarak boy kesit elde edildikten sonra her bir batığın çizimi, taranarak bilgisayar ortamına alındı ve *AutoCAD* programında tekrar çizildi (Çiz. 2). Diğer bir uygulama da, alüminyum çubuklardan özel olarak imal edilen büyük bir profil ölçerle gerçekleştirildi. Her eğrinin üzerinden ve ona paralel gelen kaplama yüzeyinden alınan kopya hatlar, *Mylar®* kâğıdına aktarıldı. Bu çalışmanın verileri, özellikle gemi ve teknelerin yeniden kurulmaları sırasında çok işimize yarayacaktı (Res. 15, 16).

Fig. / Res. 15
Measuring curvature profiles of frames using an aluminium profiler (YK 7).
Alüminyum profil tarağıyla, kesitlerinin çıkartılması (YK 7).

Fig. / Res. 16
Drawing of lines identified with the aluminium profiler.
Alüminyum profil tarağıyla alınan kesit hatlarının çizimi.

Fig. / Res. 17, 18
Volumetric measurements using *total station* (YK 12).
Hacimsel özelliklerin total station *ile ölçülmesi (YK 12).*

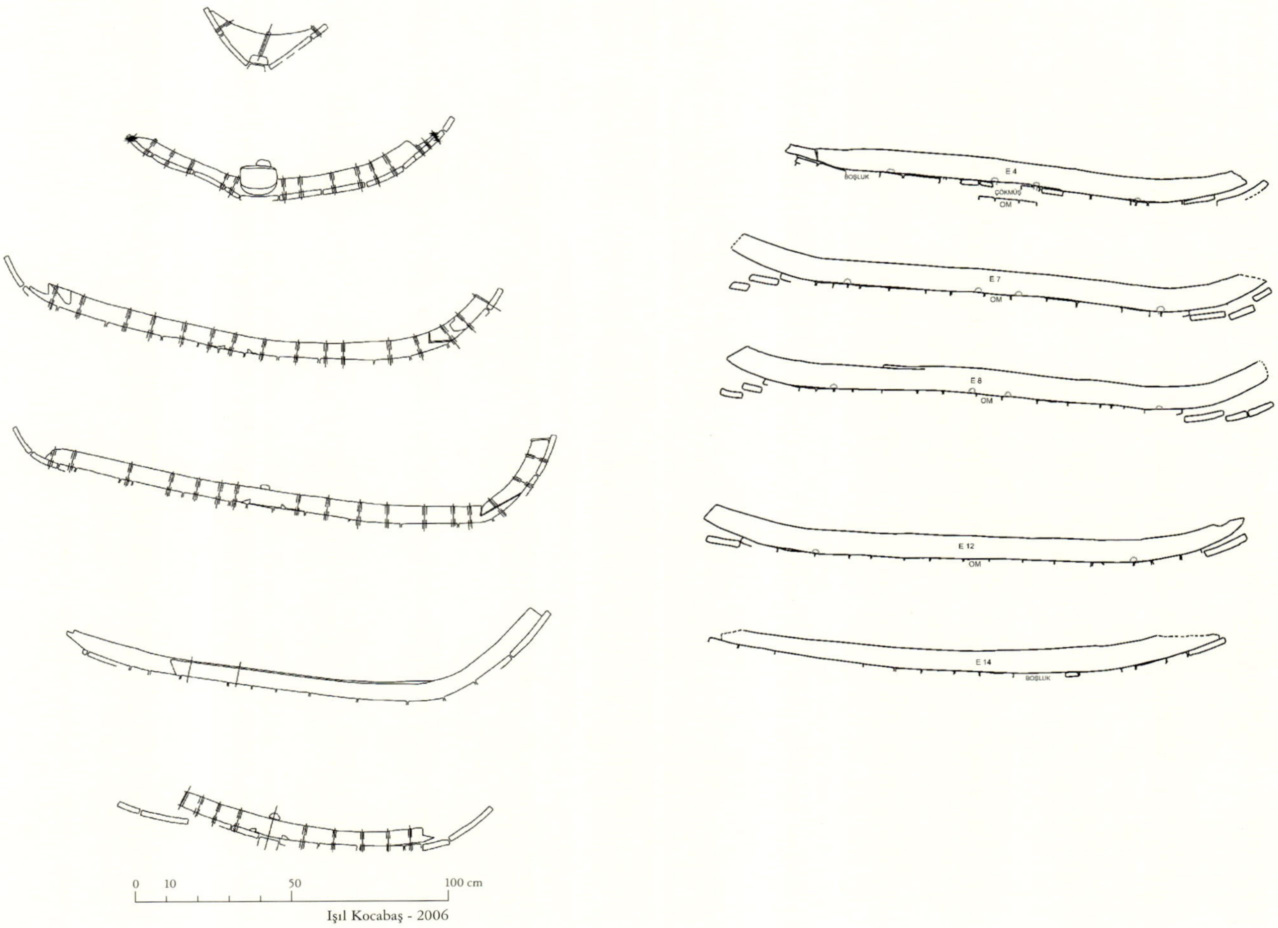

Dwg. / Çiz. 2
Cross-section drawings of YK 6 and YK 8.

YK 6 batığı (sol) ve YK 8 batığının (sağ) enine kesit çizimleri.

This data was united with AutoCAD with reference to the sketches formed while measuring points with total station. As the data was loaded on the computer directly and drawings were made there, we were also able to work with other computer programmes employing the same data, which was another positive side of the system. What must be kept in mind is that such devices only record values in addition to getting rid of some other obstacles; however, they have to be supported by experienced approach, flexible view-angle and observations (Anderson – Croteau 2000, 22). Therefore, drawings based on total station data were enriched with sketch drawings, detail photographs and visual remarks.

Full scale drawings of planking *in situ*

When the floor timbers and futtocks were removed, planking was copied on clear acetate in full scale. For this purpose, acetate folios were laid on the planking strakes and scarphs, nails, caulking and putty[2] were marked and hatched in different colours and shades using permanent pens (Figs. 19-20). These folios were

2 As the chemical analyses have not been carried out on these substances yet, we will call them 'putty' in general sense.

Total Station kullanımı

Yukarıda anlatıldığı üzere pek çok avantaj sağlayan *total station* ölçümleri bize kesin doğruluk ve serbest bir iş akışı kazandırdı. Ancak, batığa ait elemanların kontur noktalarının, birbirlerine olan açılarının ve kesit ölçümlerinin tek seferde kaydedilmesi mümkün değildi. Gemi ve tekneler konstrüksiyonları ve tasarımları nedeniyle değişen kodlarda farklı detayları içermekteydi. Bu nedenle üst üste binen ahşaplar söküldükçe ölçümler tekrarlandı. Batığın hacimsel özellikleri, eğri ve kaplamaların üzerinden geçirilen ipler sayesinde saptandı (Res. 17, 18).

Kazı alanındaki gemi ve tekneler, *total station* cihazı ile jeodezik yöntemle ölçüldü. Batıkların ölçüm esnasında herhangi bir bozulmaya ve tahribe uğramasını önlemek amacıyla gemiye en az teması sağlayacak reflektörsüz mesafe okuma özelliğine sahip *total station* aleti tercih edildi. Plan, görünüş ve kesitlerinin çizimi için, batık büyüklüğüne bağlı olarak ortalama 4000 ile 10.000 arasında nokta ölçümü en az üç adet sehpa kurularak gerçekleştirildi. Elde edilen ölçümler koordinatlandırılıp *AutoCAD* dosyasına dönüştürülerek bilgisayara kaydedildi. Bu veriler *total station* cihazı ile nokta alma esnasında oluşturulan krokiler göz önünde bulundurularak *AutoCAD* programında birleştirildi. Veriler doğrudan bilgisayar ortamına yüklendiği ve orada

Fig. / Res. 19
Full scale drawing of planks (YK 29).
Kaplama tahtalarının 1:1 ölçekli çizimi (YK 29).

Fig. / Res. 20a, b
Full scale drawing of planks (YK 8).
Kaplama tahtalarının 1:1 ölçekli çizimi (YK 8).

Fig. / Res. 21
Fine cleaning on floor timbers.
Döşeklerin ince temizlik çalışması.

marked with codes, locations of the frames, starboard and port sides, name of the wreck, scale, date of drawing etc. These drawings are actually the same size as the vessels themselves and they were recopied in the laboratory and archived.

When the *in situ* documentation was completed then the wreck was dismantled and lifted using carrier constructions and transported in purpose-built wooden boxes and placed in pools.

Full scale drawings of all members

Drawings of 1:10 scale preferred for comparison and interpretation during conservation, restoration and inventory works do not include all the necessary details. Besides, it is difficult to draw the overlapping or ground-touching sides; therefore, details of inaccessible sides are drawn on 1:1 scale (Steffy 1994, 200, 202). Wooden surfaces bear clues of the technology of their time and the duration the ship was in service. Tool marks and notches can be followed as regular parallel incisions while the lost members can be traced from joining lines, empty fastening cavities and stains. Thus, we obtain the chance of commenting on construction techniques, skills of the masters etc. Peculiar joints different from the systematic order, traces of annexes and

çizildiği için, bu değerler ile diğer bilgisayar programlarında da çalışabilme kolaylığının oluşması sistemin bir diğer olumlu özelliğiydi. Burada unutulmaması gereken nokta, değişik engellerin üstesinden gelebilmesine rağmen, bu tip aletlerin sadece kayıt yaptığı; deneyimli yaklaşım, esnek bir bakış açısı ve gözlemlerle mutlaka desteklenmesi gerekliliğiydi (Anderson – Croteau 2000, 22). Bu nedenle *total station* temelli çizimler; eskizler, detay fotoğrafları ve görsel notlarla zenginleştirildi.

Kaplamaların 1:1 *in situ* çizimleri

Döşek ve postalar kaldırıldıktan sonra, kaplama tahtaları 1:1 ölçeğinde asetata kopyalandı. Bunun için kaplamaların üzerine serilen asetat tabakalara, sabit kalemlerle kaplama hatları, parileler, çiviler, kalafat ve macunlar[2], değişik renk ve tarama şekilleriyle işlendi (Res. 19, 20). Bu paftaların üzerlerine kodlar, eğrilerin yerleri, sancak ve iskele yönleri, batığın adı, ölçek, çizim tarihi gibi bilgiler yazıldı. Gemi ve teknelerin boyutları kadar büyük olan bu çizimler laboratuarda temize çekildi ve depolandı.

In situ belgelemeleri tamamen bitirilen batıklar sökülerek destekleyici konstrüksiyonlarla kaldırıldı. Ölçülerine uygun olarak hazırlanmış kasalar içinde taşınarak havuzlara yerleştirildi.

Tüm elemanların 1:1 çizimleri

Konservasyon, restorasyon ve envanter çalışmalarında çizimlerin karşılaştırılması ve yorumlanmasında tercih edilen 1:10 ölçeğinde tüm detayları vermek mümkün olmamaktadır. Ayrıca *in situ* olarak yapılan çizimlerde üst üste binen veya toprağa dayanan yüzeylerin çizilmesi zor olduğundan, ulaşılamayan yüzeylerin detaylı bilgileri 1:1 çizimler sırasında elde edilir (Steffy 1994, 200, 202). Ahşap yüzeyler, döneminin teknolojisi ve teknelerin kullanım süresini gösteren ipuçları taşır. Kullanılan aletlerin izleri, çentikler, düzenli paralel çizikler halinde; kayıp elemanların belirtileri ise, geçme yerleri, boş bağlantı delikleri ve lekeler olarak görülebilir. Böylece yapım teknikleri, ustanın becerisi vb. hakkında yorumda bulunma imkânı doğar. Sistematik düzeni bozan farklı birleştirmeler, ekler ve tamir izlerine sahip, farklı tür ve biçimde ahşap elemanların varlığı kullanım süresinin uzunluğuna işaret ediyor olabilir (Crisman 1993, 312).

2 Kimyasal analizler henüz yapılmadığı için genel anlamda macun denilmektedir.

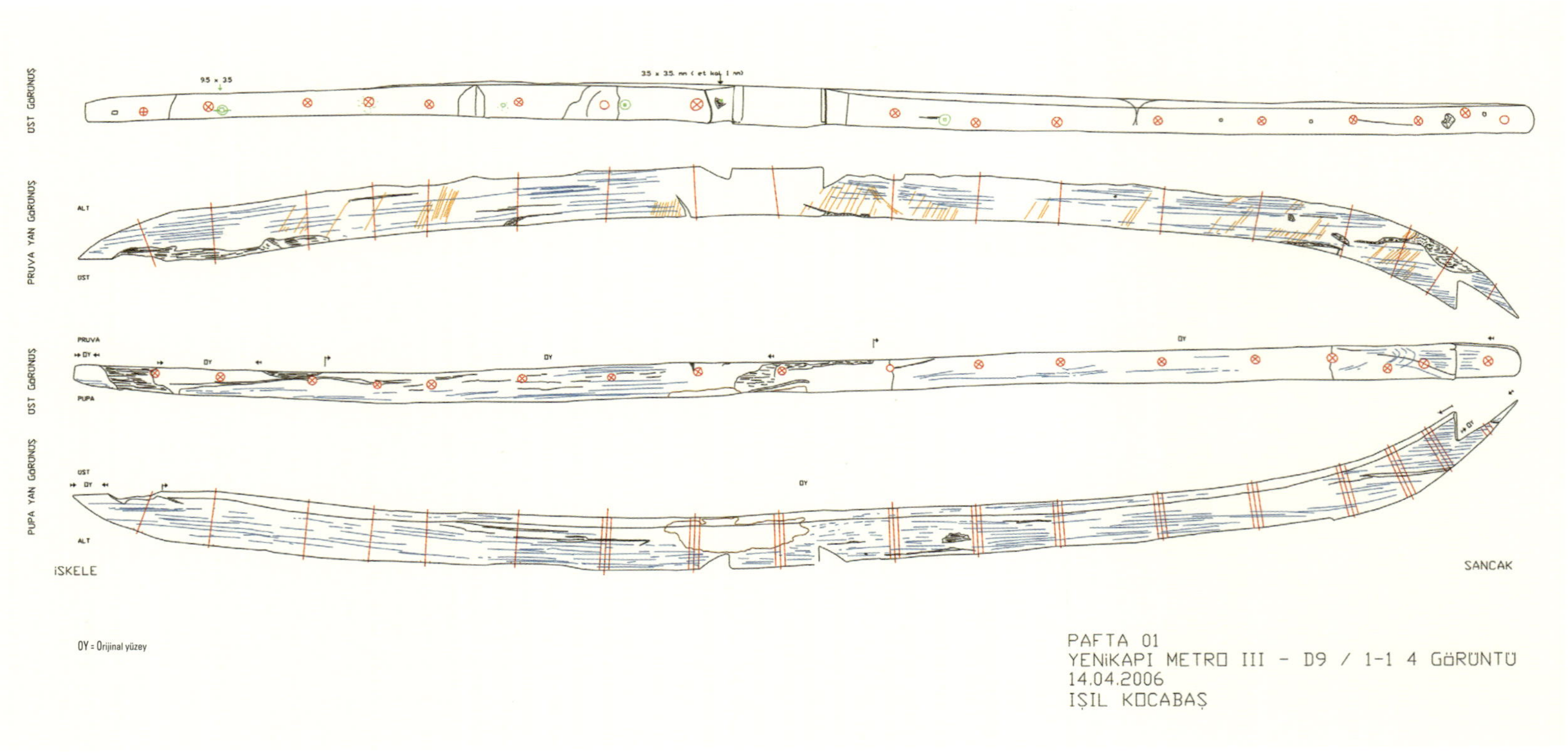

Dwg. / Çiz. 3
Example of a full seale dawing (YK 6).
1:1 ölçekli çizim örneği (YK 6).

repair, presence of a variety of timbers may point to a long period of use (Crisman 1993, 312).

Thus, drawings to the full scale are a must in order to evaluate all the evidences and retrieve all the data collected from the wrecks. Therefore, a separate draughtsmen office was established at the excavation site. On long tables covered with water-proof material, fine cleaning of timber pieces was done, evaluated under magnifying lights, and other information like angle of nail canals, hammering direction etc. were filled into the forms (Fig. 21, 22). Then the vessel member was placed on the long drawing table supported with Styrofoam bedding and pins. A glass plate was positioned over the timber, not touching it, and acetate was laid on it and drawing was done with coloured permanent pens (Figs. 23a, b-24; Table 5). Drawings were executed with perpendiculars rising from the edges of the wooden member and their thicknesses and widths were noted at regular intervals. Cross-section drawings were made at certain positions (Dwg. 3).

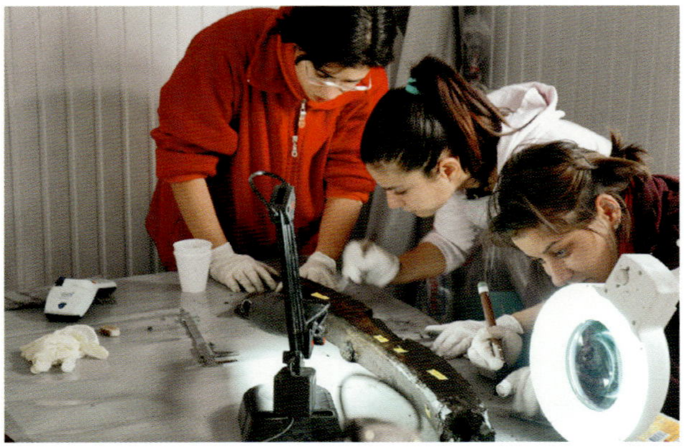

Fig. / Res. 22
Exploration of a floor timber.
Döşek üzerinde incelemeler.

Tüm bu belirtileri değerlendirebilmek, batıklardan toplanacak bilgilerin tümüne ulaşabilmek için vazgeçilmez bir basamak olan 1:1 ölçekli çizimlerin yapılması gereklidir. Bu amaçla kazı alanında çizim ve analizlerin gerçekleştirilebilmesi amacıyla ayrı bir mekân kuruldu. Suya dayanıklı malzeme ile kaplanan uzun masalar üzerinde ince temizlikleri tamamlanan ahşaplar, büyüteçli lambalar altında değerlendirilerek, ortaya çıkan çivi deliklerinin çapları, kesit biçimleri, çivi kanallarının açısı, çakılma yönleri gibi bilgiler, hazırlanan föylere işlendi (Res. 21, 22). Daha sonra çizim tezgâhının üzerine taşınan gemi elemanı, strafor yastıklar ve pimlerle desteklendi. Ahşaba değmeyecek şekilde yerleştirilen cam levha üzerine asetat serildi ve renkli permanant kalemlerle çizimi yapıldı (Res. 23a, b, 24), (Tab. 5). Ahşap elemanın kenarlarından 90 derecelik dikler taşınarak gerçekleştirilen çizimlerin üzerine düzenli aralıklarla kalınlıkları ve genişlikleri not edildi. Belli yerlerden kesit çizimleri yapıldı (Çiz. 3).

Pen colour / Kalem rengi	Area of use / Kullanım yeri
Black / Siyah	Contours / Dış hatlar
Red / Kırmızı	Treenail / Ahşap çivi
Green / Yeşil	Iron nail / Demir çivi
Blue / Mavi	Wood grain / Ahşap damarı
Brown / Kahverengi	Putty / Macun
Yellow / Sarı	Tool mark / Alet izi
Orange / Turuncu	Caulk / Kalafat

Table / Tablo 5 Colour codes used for full scale drawings of wreck members. / *Batık elemanlarının 1:1 çizimlerinde kullanılan renk kodları.*

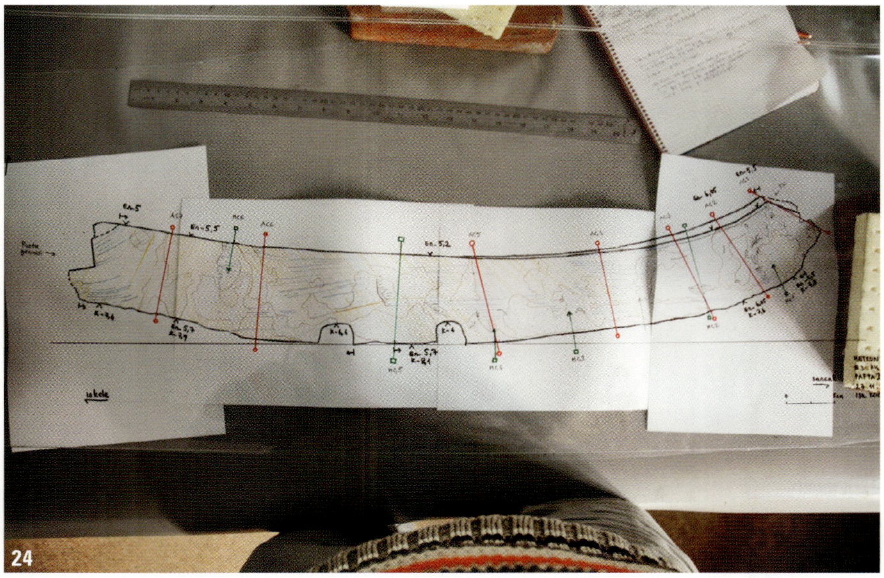

Fig. / Res. 23a, b Full scale drawing of a floor timber belonging to YK 6 wreck.
YK 6 batığına ait bir döşeğin 1:1 çizim uygulaması.

Fig. / Res. 24 Full scale drawing of a floor timber belonging to YK 6 wreck.
YK 6 batığına ait bir döşeğin 1:1 çizimi.

2. Photography

Overall and detail photography and video-filming

Photographs serving as technological notes can replace thousands of words in describing details (Shanks 1997, 75); therefore, photos showing every detail and overall view of the vessel were taken at every stage of the work as if keeping a diary.

Photography and video-filming, two major methods of visual documentation, started before removing the sand and cargo of the vessels *in situ*, and continued during every stage of uncovering, drawing, dismantling, lifting and transportation covering the overall work as well. These methods were also used for checking the condition of the wooden members placed in pools. For full scale drawings of each piece, photos were taken on all sides, overall and detail shots.

Detail photography on site was especially necessary for identifying the relations between the timber elements, obtaining three-dimensional views of composite items, supporting the drawings being made, compiling data regarding colour and texture and obtaining perspective images of volumetric features of the wreck and construction techniques. The starboard and port ends of each frame was photographed from various angles. Textures of caulking used for repair or filling in the seams were identified (Fig. 25). Photography was preferred as a supplementary documentation method for identifying traces of treenails and dowels, fallen gnarls, various distortions, connections between the mast step and floor timbers, and examination of various traces and marks

2. Fotoğraf

Genel ve yakın plan fotoğraf, video çekimleri

Teknolojik notlar olarak kullanılan fotoğraflar, titiz bir çalışmayla detaylı tanımlamalar için binlerce sözcüğün yerini alabilir (Shanks 1997, 75). Bu amaçla batıkların yakın plan fotoğrafları ile bütünü yansıtan genel fotoğraflar, çalışmaların her aşamasında tıpkı bir günlük tutar gibi çekildi.

In situ durumdaki gemi ve teknelerin üzerlerindeki yük ve kum örtüsü kaldırılmadan önce çekilmeye başlanan fotoğraf ve video kayıtları, batığın üzerinin açılması sırasında, çizim, sökme, kaldırma, taşıma aşamalarında ve genel çalışmaların görüntülenmesinde belirli düzenlerde gerçekleştirildi. Havuzlara taşınan ahşapların kontrollerinde durum tespiti için kullanıldı. 1:1 ölçekli çizimler için her bir ahşap parçanın dört yüzü de dâhil olmak üzere boydan boya ve detay çekimleri yapıldı.

Yerinde detay çekimleri, ahşapların birbirleriyle olan ilişkilerini belirlemek, kompozit durumlarda üç boyutlu görünüm sağlamak, çizime destek olmak, renk ve doku bilgilerini toplamak ve batığın hacimsel özelliklerinin ve yapım tekniklerinin perspektifsel görüntülerini elde etmek amaçlı kullanıldı. Her bir eğrinin sancak ve iskele uçları değişik açılardan görüntülendi. Armuzlar arasında, onarımlarda ve dolgularda kullanılan kalafat dokuları belirlendi (Res. 25). Ahşap çivi ve kavelaların izleri, düşen budaklar, çeşitli çarpılmalar, yelken yatağının döşekler ile ilişkisi, kaplama ve diğer elemanlardaki çeşitli izlerin durum ve

Fig. / Res. 25
Photographic documentation (YK 18).
Fotoğrafla belgeleme (YK 18).

observed on planking and other members. For photographic documentation, the Nikon D70 S camera and the Niccor 18-70 mm. f/3.5-4.5G lens were used. In 2008, Nikon D300 digital camera was integrated into the equipment assembly keeping pace with technology. On the average, about 4000 images were shot for each wreck, transferred to the computer and archived. All the photographic work was run in parallel to the work of the expert team. Various levelling rods with and without metering and gauges were employed. In addition to all these, photo-mosaic was also implemented at various stages of wreck-lifting and photos were taken from various angles to use with the photogrammetric software Photo Modeler.

Beside photography, video-filming was also implemented in order to document the working conditions, to retain the information unchanged, to use for academic presentations or lectures, and to refresh the memory in every detail.

konumlarının ilişkilendirilmesi gibi birçok farklı ayrıntıyı belgeleyebilmek amacıyla çizimlere destek olarak kullanıldı. Bu çekimlerde başta *Nikon D70 S* kamera ve *Niccor* 18-70 mm f/3.5-4.5G objektif tercih edildi. 2008 yılı içinde ise gelişen teknoloji izlenerek, belgelemeye *Nikon* D 300 dijital fotoğraf makinesi ile devam edildi. Her bir batık için ortalama dört bin adet genel ve detay fotoğrafı çekildi, bilgisayar ortamına aktarıldı ve arşivlendi. Bütün fotoğraf çekimleri, uzman ekibin çalışmalarıyla eş zamanlı olarak yürütüldü. Fotoğraflamalarda uygulamanın özelliğine göre değişik ölçekler, jalon ve miralar kullanıldı. Bütün bunların yanı sıra batıkların kaldırılmalarının değişik safhalarında foto-mozaik çalışması yapıldı ve *Photo Modeler* fotogrametri yazılımında kullanılmak üzere farklı açılardan fotoğraflar çekildi.

Görsel kayıtlarda fotoğraf çekimleri ile birlikte çalışma ortamını belgeleme, değişmemiş bilgiyi izleme, akademik sunum ve derslerde kullanma, tüm aşamalarıyla hafızayı tazeleme amaçlarıyla video çekimleri gerçekleştirildi.

Foto-mozaik

Birçok fotoğraf karesinin birleştirilmesiyle elde edilen foto-mozaik görüntüler iki boyutlu (2D) arşivleme için ideal bilgiyi ve hızlı belgelemeyi sağlarlar. Plan yerine kullanılamamalarına rağmen tüm ayrıntıları içine alan yakın çekimde oluşturulmuş genel bir görüntü elde etmek istendiğinde, çizim kayıtları için iyi bir tamamlayıcı olurlar (Martin - Martin 2002, 147). Bu nedenle arazideki tüm batıkların foto-mozaik çalışmaları yapıldı. Plan ve kesit çizimlerinden sonra, uygun hava koşullarında çekilen fotoğraf sayısı batıkların boyutlarına göre değişmekteydi. Örneğin foto-mozaik birleştirmelerinde mevcut boyu yaklaşık 7 m, genişliği 2,3 m olan YK 12 batığında 90 adet; 8,20 m uzunluk ve 2 m genişliğe sahip YK 17 batığında 227 adet fotoğraf karesi kullanıldı. Fotoğrafların aynı yükseklik, açı ve doğrultuda tam tepeden çekilebilmesi için, demir profilden sabit bir iskelet sistemi inşa edildi. Batığın her iki yanına karşılıklı oturtulan, gönyesinde ve terazisinde iki kızağın içine kaydırılarak hareket ettirilen bu özel ayağa, fotoğraf makinesinin kadrajı ile orantılı, 40x60 ölçülerinde dikdörtgen, batığa paralel bir karelaj yerleştirildi (Res. 26, 27). Her çekim sırasında, kadrajın yanında fotoğraf karesine giren bu alana yukarıdan görülecek şekilde ölçek, numara ve harflerden oluşan mıknatıslı kodlama işaretleri tutturuldu. Böylece optik deformasyonun önlenebilmesi için, 4 m yükseklikte batık yüzeyine dik olarak ayarlanan dijital fotoğraf makinesi ile gerçekleştirilen dar açılı çekimlerde her kare ünik bir numaraya sahip oldu.

JPEG ve NEF formatında çekilen fotoğraf kareleri bilgisayar ortamına aktarıldı ve *Adobe Photoshop CS3* programı kullanılarak birleştirildi. %30 oranında bindirmeli olarak çekilen fotoğraflar arasından seçilenler,

Fig. / Res. 26, 27
Photo-mosaic work (YK 3).
Foto-mozaik çalışması (YK 3).

Photo-mosaic

Photo-mosaic images created by joining multiple images facilitate ideal 2D information to be archived and fast documentation. Although they cannot replace plans, they supplement the work for drawings when a general view is needed to build from zoom photos (Martin – Martin 2002, 147). Therefore, all the wrecks on site were documented with photo-mosaic as well. After the plan and cross-section drawings, a number of photos taken under favourable weather conditions varied according to the size of the vessel. For example, for the photo-mosaic of YK 12 wreck, which is preserved to a length of 7 m. and a width of 2.30 m., a total of 90 images were needed while a total of 227 images were used for the photo-mosaic of YK 17 wreck which is preserved to a length of 8.20 m. and a width of 2 m. In order to be able to shoot the photos from the equal height, angle and direction, a fixed construction of iron profiles was built. This special construction, which moved sliding along two racks placed at level along the long sides of the wreck, was fitted with a frame of 40x60 cm. parallel to the wreck and in proportion with the camera's frame (Fig. 26, 27). For each shot, magnet codes including alphanumeric characters and the scale were fitted unto the frame visible from above. Thus each narrow frame shot with the digital camera placed 4 m. above the surface of the wreck in order to prevent optic distortion got a unique numbering.

The photos shot in JPEG and NEF formats were uploaded to the computer and united using Adobe Photoshop CS3 programme. The photos were shot overlapping 30%; thus, those selected were cropped and placed on the wreck's plan. The patching lines of the images brought together were cleaned (Figs. 28, 29). Thus photo-mosaic images of about 3.5 GB size were created with highest accuracy and allowing 1:1 printouts (Figs. 30-33).

3D Modelling

Photo Modeler (Green – Matthews – Turanlı 2002, 283-292) is a photogrammetric software that forms 3D images from 2D digital images and recently has been widely used in underwater research replacing measurements using a meter (Aguilar *et al* 2005, 336). In addition to the total station and photo-mosaic methods, Photo Modeler shooting was also done on Yenikapı wrecks for it is known that information compiled using multiple inputs bringing together different documentation techniques contributes significantly to specific interpretations. For this purpose pins with heads in different colours were placed on the corners and along the edges of the wreck members to provide reference points: blue for frames, red for dowels, pink for planking lines (Fig. 34a, b). The three-dimensional levelling rod is placed in every shot and other levelling rods painted in red and white were placed at right angles at the corners, providing reference for visual data (Fig. 35, 36). Points on the wrecks were photographed by a calibrated camera fixed on tripod with the help of triangulations.

The good quality images were picked from among hundreds depicting various views of the same points. The angles were calculated and geometry needed for modelling was established and thus the two-dimensional graphic was created. With images adding different angles and perspectives, three-dimensional models were developed. Photo Modeler Pro software was used to obtain vector angle, item's volumetric information and three-dimensional coordinates for the points. When completed, all this work was transferred to Rhinoceros (Rino) software for 3D modelling. This software added the volumetric texture to the wire-mesh allowing us to see the three-dimensional virtual image from all angles. Illustrations thus obtained were archived in high resolution JPEG format (Figs. 37a, b; 38a-d).

ilgili işaretlerden kroplanıp, doğru konuma çevrilerek batık planı üzerinde birleştirildi. Üst üste gelen ek yerlerinin yamalı görüntüleri rötuşlandı (Res. 28, 29). Böylece 3,5 GB dosya boyutunda ve yüksek doğrulukta tek bir görüntü içeren, istendiğinde 1:1 ölçeğinde çıkış alınabilecek kalitede, ölçekli foto-mozaik çıktıları elde edildi (Res. 30-33).

3 Boyutlu modelleme

Son zamanlarda çoğu sualtı araştırmasında metre ölçümü yerine ve 3 boyutlu görüntü elde etmek için kullanılan *Photo Modeler* (Green-Matthews-Turanlı, 2002, 283-292), 2D dijital görüntülerden, bir objenin 3D biçimlendirilmesi amacıyla kullanılan görüntü temelli bir fotogrametri yazılımıdır (Aguilar vd. 2005, 336). Çoklu bilgi alışının ve farklı belgeleme tekniklerinin birleşmesiyle toplanan bilginin spesifik yorumlamalara olan katkısı bilindiğinden Yenikapı batıklarında *total station*, foto-mozaik gibi uygulamaların yanı sıra *Photo Modeler* çekimleri de yapıldı. Buna yönelik olarak, batık elemanlarının köşelerine ve kenar hatlarına referans sağlamak amacıyla eğri sistemine mavi, kavela merkezlerine kırmızı, kaplama hatlarına pembe başlı iğneler yerleştirildi (Res. 34a, b). Sitede çekilen tüm fotoğraflarda görülecek şekilde yerleştirilen x, y, z koordinatlı ölçek ve köşelere dik açıyla sabitlenen kırmızı ve beyaza boyanmış jalonlar elde edilen görsel verilere referans sağladı (Res. 35, 36). Batıkların üzerindeki noktalar, ölçüm hatları yoluyla gerekli üçgenlemeler yapılarak, tripoda takılan ve kalibre edilen fotoğraf makinesiyle çekildi.

Aynı noktaların farklı görüntülerini içeren yüzlerce fotoğraf arasından nitelikli kareler seçildi. Açıları hesaplanarak modelleme için gerekli geometri tamamlandıktan sonra, 2 boyutlu grafik olarak oluşturuldu; farklı açı ve perspektiflerde eklenen fotoğraflarla 3 boyutlu modeller geliştirildi. Standart fotoğraflardan vektör açısı (büyüklük ve yön temsil eden hat), objenin hacim bilgisi, üç boyutlu nokta koordinatları sağlamak amacıyla *Photo Modeler Pro* programı kullanıldı. Biten iş, 3D modelleme için *Rhinoceros (Rino)* programına aktarıldı. Bu programda tel iskeletler etlendirildi: Böylece üç boyutlu görüntüyü tüm yönlerinden, istenilen açıda görmek mümkün oldu. Elde edilen illüstrasyonlar JPEG formatta yüksek çözünürlükte depolandı (Res. 37a, b; 38a-d).

Fig. / Res. 28
Patched photo-mosaic (YK 12).
Yamalı foto-mozaik görüntü (YK 12).

Fig. / Res. 29
Retouched photo-mosaic (YK 12).
Rötuşlu foto-mozaik görüntü (YK 12).

34a

34b

Fig. / Res. 34a, b

Distribution of pins with coloured heads placed for modelling work (YK 7).

Modelleme için yerleştirilen renkli başlı iğnelerin yayılımı (YK 7).

Fig. / Res. 35

The surveying rods and cubes placed for *Photo Modeler* shots (YK 3).

Photo Modeler *çekimleri için yerleştirilen üç boyutlu ölçek ve jalonlar (YK 3).*

Fig. / Res. 36

Photography for *Photo Modeler* (YK 6).

Photo Modeler *için fotoğraf çekimi (YK 6).*

Fig. / Res. 37a, b 3D views of YK 6. / *YK 6 batığının 3D görüntüleri.*

Fig. / Res. 38a-d 3D views of YK 3. / *YK 3 batığının 3D görüntüleri.*

3. Visual remarks

As these vessels had sunk rapidly, they have become a time-capsule and reveal much information about the technology, economy, lifestyle and men of their time in the course of evaluation. Joints and scarphs of ship members define the construction; differences in form and construction order define the design; use of metal and wood, tool marks, and repairs define the technology. Examining the cargo and finds will shed light on many things such as the life on deck and trade routes. All these define the route of both the research and documentation (Steffy 1994, 193). Beside all the work, small details bearing great importance must be defined in required accuracy while written description and sketches are made. It is highly likely that the visual remarks are written down by various members of the team at

3. Görsel notlar

Sualtında hızlı bir gömülme ortamına maruz kaldıkları için bir zaman kapsülü niteliği taşıyan batıklar, değerlendirilmeleri sırasında ait oldukları dönemin teknolojisi, ekonomisi, yaşamı ve insanı hakkında geniş bilgiler verirler. Gemi elemanlarındaki geçme ve birleştirmeler konstrüksiyonu; biçim farklılıkları ve yapım düzeni tasarımı; metal ve ahşap kullanımı, alet izleri, onarımları teknolojiyi belirler. Yük ve buluntulara bakılarak güverte yaşamı ile ticaret rotası gibi pek çok bilgi elde edilebilir. Bütün bunlar hem belgelemenin, hem de araştırmanın rotasını çizer (Steffy 1994, 193). Tüm çalışmaların yanı sıra, yazılı tanımlar ve krokiler yapılırken son derece büyük önem taşıyan küçük detayların istenilen doğrulukta tanımlanması gereklidir. Görsel notların, farklı zamanlarda, değişik

Fig. / Res. 39a-d

On site examination and measurement works on shipwrecks.

Batıklarda yerinde gözlem ve ölçüm çalışmaları.

different times based on personal observation; therefore, standard observation evaluation lists were prepared for use on site and at the lab in order to guarantee usage of common terminology which must be understood in the same way by all and that even the smallest detail to be recorded. These forms were created from four different files of questionnaires for the keel, stem- and sternpost, frame system and planking and ceiling separately and were filled with on site observation and measurements at various times – when the vessels were still *in situ* (Table 6), in the course of dismantling, and in the course of 1:1 drawings (Table 7; Figs. 39a-d). These descriptions were referred to almost at every stage of inventorying and cataloguing and other future work.

ekip üyelerince ve kişisel gözlemlerle tutulma olasılığı yüksektir. Bu nedenlerle, özellikle tanımlarda ortak terimlerin kullanılması, bunların herkes tarafından aynı şekilde anlaşılması ve en küçük bir ayrıntının bile işlenmesini garantilemek amacıyla arazide ve laboratuarda kullanılmak üzere standart gözlem değerlendirme listeleri oluşturuldu. Omurga, bodoslama, eğri sistemi, iç ve dış kaplamalar için ayrı soru kılavuzları halinde dört farklı dosya olarak hazırlanan bu föyler, gemi ve tekneler *in situ* durumdayken (Tab. 6), demontaj sırasında ve 1:1 ölçekli çizim aşamalarında (Tab. 7), yerinde gözlem ve ölçümlerle dolduruldu (Res. 39a-d). Bu tanımlamalara; envanter ve katalog yazımında, ileriki çalışmaların hemen her aşamasında başvurulacaktı.

Remarks for on site evaluation, frame system (floor timber – futtock)
Yerinde değerlendirme notları, eğri sistemi (döşek-posta)

NAME OF WRECK / BATIK ADI	
NAME OF FRAME / EĞRİ ADI	
Name of floor timber / Döşek adı	
Name of futtock / Posta adı	
LOCATION OF THE FRAME / EĞRİ YERİ	SKETCH OF THE FRAME / EĞRİ KROKİSİ
FLOOR TIMBER – GENERAL CONDITION / DÖŞEK-GENEL DURUM	
Percentage of extant material / Sağlamlık derecesi	
Teredo damage / Teredo zararı	
Formation of deposit / Depozit oluşumu	
Corrosion / Korozyon	
Description of wholeness / Bütünlük tanımı	
Distortion / Çarpılma, aşınma, ezilme	
Staining / Lekelenme	
Trace of fire / Yanık izi	
Putty / Macun	
Caulk / Kalafat	
Repair / Tamir	
Other / Diğer	
Reason for damage / Hasar nedeni	
FUTTOCK – OVERALL CONDITION / POSTA-GENEL DURUM	
Percentage of extant material / Sağlamlık derecesi	
Teredo damage / Teredo zararı	
Formation of deposit / Depozit oluşumu	
Corrosion / Korozyon	
Description of wholeness / Bütünlük tanımı	
Distortion / Çarpılma, aşınma, ezilme	
Staining / Lekelenme	
Trace of fire / Yanık izi	
Putty / Macun	

Caulk / Kalafat	
Repair / Tamir	
Other / Diğer	
Reason for damage / Hasar nedeni	
FORM OF FLOOR TIMBERS / DÖŞEK ŞEKLİ	
Full frame / Tam döşek	
Half frame / Yarım döşek	

TRANSVERSAL SECTION OF FLOOR TIMBERS / DÖŞEK ENİNE KESİT BİÇİMİ		TRANSVERSAL SECTION OF FUTTOCKS / POSTA ENİNE KESİT BİÇİMİ	
Square / Kare		Square Kare	
Rectangle / Dikdörtgen		Rectangle Dikdörtgen	
Trapezoid / Yamuk		Trapezoid Yamuk	
Circular / Daire		Circular Daire	
Other / Diğer		Other / Diğer	

CHAMFERS OF FLOOR TIMBERS / DÖŞEK KENAR PAHLARI		
Inner – stern side / İç yüzey kıç yönü		Drawing / Çizim
Inner – on both sides / İç yüzey her iki yanda		
Planking surface – stem side Kaplama yüzeyi baş yönü		
Planking surface – stern side Kaplama yüzeyi kıç yönü		
Planking surface – on both sides Kaplama yüzeyi her iki yanda		
On four sides / Dört kenarda		
Other / Diğer		

CHAMFERS OF FUTTOCKS / POSTA KENAR PAHLARI		
Inner – stern side / İç yüzey kıç yönü		Drawing / Çizim
Inner – on both sides / İç yüzey her iki yanda		
Planking surface – stem side Kaplama yüzeyi baş yönü		
Planking surface – stern side Kaplama yüzeyi kıç yönü		
Planking surface – on both sides Kaplama yüzeyi her iki yanda		
On four sides / Dört kenarda		
Other / Diğer		

FRAME CHAMFER DIRECTION / EĞRİ PAH YÖNÜ	
Stern side Kıç yönü	
Stem side / Baş yönü	

FABRICATION OF FLOOR TIMBER SURFACES / DÖŞEK YÜZEYİ İŞLENME DURUMU		FABRICATION OF FUTTOCK SURFACE / POSTA YÜZEYİ İŞLENME DURUMU	
Planking side Alt yüzey		Planking side / Alt yüzey	
Inner side / İç yüzey		Inner side / İç yüzey	
Stern side / Kıç yüzey		Stern side / Kıç yüzey	
Stem side / Baş yüzey		Stem side / Baş yüzey	

MARKS ON THE LATERAL SIDES OF FRAME / EĞRİ YAN YÜZEYLERİNDEKİ İZLER			
Holes / Delik		Putty / Macun	
Iron nail / Demir çivi		Staining / Lekelenme	
Treenail / Ahşap çivi		Other / Diğer	
Caulk / Kalafat		No marks-traces / İz yok	

FLOOR TIMBER SLOPE / DÖŞEK EĞİMİ		
Degree of slope Eğim açısı		Drawing / Çizim
Direction of slope Eğim yönü		

LIMBER HOLES / SİNTİNE DELİKLERİ		
Length / Uzunluk		Drawing / Çizim
Height / Yükseklik		
Form / Biçim		
Existing number of limber holes / Mevcut sayı		
Corresponding planking number Denk geldiği kaplama no		
Distance between the limber holes Sintine delikleri arası mesafe		
Distance from the keel axis Om merkezinden uzaklık		

FLOOR TIMBER ENDS / DÖŞEK UÇLARI		
Original ending Orijinal bitim		Drawing / Çizim
Broken / Kırık		
Corresponding planking no Bulunduğu Kaplama no		
Ending direction Bitiş yönü		

FUTTOCK ENDS / POSTA UÇLARI		
Original ending / Orijinal bitim		Drawing / Çizim
Broken / Kırık		
Corresponding planking no Bulunduğu kaplama no		
Ending direction / Bitiş yönü		

FLOOR TIMBER – KEEL CONNECTION / DÖŞEK-OMURGA İLİŞKİSİ		
Tangent on keel / Omurgaya teğet basmış		Drawing / Çizim
Groove fitting on keel / Omurgaya dişli basmış		
Not touching the keel / Omurgaya değmiyor		
Not connected to the keel / Omurgaya bağlı değil		
Connected to the keel / Omurgaya bağlı		
Caulk in between / Arada kalafat		
Putty in between / Arada macun		
Other / Diğer		

FLOOR TIMBER – FUTTOCK CONNECTION / DÖŞEK-POSTA İLİŞKİSİ		
Long arm direction / Döşeğin uzun kol yönü		Drawing / Çizim
Short arm direction / Döşeğin kısa kol yönü		
Floor timber – futtock with nails / Döşek-posta çivili		
Floor timber – futtock without nails Döşek-posta çivisiz		
Caulk in between / Arada kalafat		
Putty in between / Arada macun		
Other / Diğer		

FRAME – PLANKING CONNECTION / EĞRİ-KAPLAMA İLİŞKİSİ	
Are there any marks/traces on the planking surface where the frame sits? / Eğrinin bastığı kaplama yüzeyinde iz var mı?	
Are there any marks/traces on the planking for placing the frames? Eğri kenarlarının sınırında kaplama üstünde iz var mı?	
Do the iron nails on the planking correspond to those on the floor timbers? / Kaplamadaki demir çiviler döşektekileri karşılıyor mu?	
Do the treenails on the planking correspond to those on the floor timbers? Kaplamadaki ahşap çiviler döşektekileri karşılıyor mu?	
Is there a wedge in between? If yes, planking no? Arada takoz var mı, varsa kaplama no?	
Is there caulk in between? If yes, planking no? Arada kalafat var mı, varsa kaplama no?	
Is there putty in between? If yes, planking no? Arada macun var mı, varsa kaplama no?	

MEASUREMENTS OF FRAME / EĞRİ ÖLÇÜMLERİ			
Overall length of frame (external, with tape measure) Eğrinin toplam mezura uzunluğu		Width x thickness of floor timber on starboard side chine / Döşek sancak açozunda en x kalınlık	
Length of floor timber, port end – starboard end (external, with tape measure) / Döşek mezura uzunluğu, iskele ucu-sancak ucu		Width x thickness of floor timber on port end Döşek iskele ucunda en x kalınlık	
Distance from the keel axis to the starboard end of the floor timber Omurga merkezi-döşek sancak kol ucu uzaklığı		Width x thickness of floor timber on starboard end Döşek sancak ucunda en x kalınlık	
Distance from the keel axis to the port end of the floor timber Omurga merkezi-döşek iskele kol ucu uzaklığı		Width x thickness of futtock on port end Posta iskele ucu en x kalınlık	
Width x thickness of floor timber on keel Döşek omurga üstünde en x kalınlık		Width x thickness of futtock on starboard end Posta sancak ucu en x kalınlık	
Width x thickness of floor timber on port side chine Döşek iskele açozunda en x kalınlık		Other / Diğer	

CONNECTIONS OF THE FRAME / EĞRİ BAĞLANTILARI		Drawing / Çizim
Floor timber, no. of nails / Döşek çivi sayısı		
Futtock, no. of nails / Posta çivi sayısı		
No. of treenails / Ahşap çivi sayısı		
No. of iron nails / Demir çivi sayısı		
Empty nail holes / Boş çivi deliği		
Treenail diameter, cross-section form / Ahşap çivi çap kesit şekli		
Compression on treenails / Ahşap çivi üstünde eziklik		
Condition of treenails / Ahşap çivi durumu		
Wedge in the treenail hole / Ahşap çivi deliğinde kama		
Putty in the treenail hole / Ahşap çivi deliğinde macun		
Caulk in the treenail hole / Ahşap çivi deliğinde kalafat		
Staining in the nail hole / Çivi deliğinde lekelenme		
No. of planking the nails correspond to / Çivilerin denk geldiği kaplama no		
Distance between the centres of nail shafts on the keel / Omurga üzerinde çivi merkezleri aralığı		
PARALLELISM BETWEEN FRAMES / EĞRİ BENZERLİKLERİ		
Those parallel in colour and texture / Rengi ve dokusu benzeyenler		
Those parallel in form / Biçimi benzeyenler		
Those parallel in thickness / Kalınlığı benzeyenler		
Those parallel in height / Yüksekliği benzeyenler		
Those parallel in length / Uzunluğu benzeyenler		
Those parallel in deterioration type / Bozulma şekli benzeyenler		
Those parallel in nail systematic / Çivi sistematiği benzeyenler		

Table / Tablo 6 A sample form filled when the vessel is still *in situ*. / *Gemi ve tekneler* in situ *durumdayken doldurulan form örneği.*

FRAME INVENTORY / EĞRİ ENVANTERİ

FRAME ID / KİMLİK BİLGİLERİ	
CODE / KODU	
NAME / ADI	
LOCATION / YERİ	
DIRECTION / YÖNÜ	
TIMBER GENUS AĞAÇ CİNSİ	
TIMBER SPECIES AĞAÇ TÜRÜ	
FUTTOCK / POSTASI	

MEASUREMENTS / ÖLÇÜ BİLGİLERİ		nail çivi	dowel kavela	
ARM ANGLE / KOL AÇISI				Length / Boyu
ARM HEIGHT KOL YÖKSEKLİĞİ				
DISTANCE FROM THE KEEL OMURGA UZAKLIĞI				
EXTANT LENGTH MEVCUT BOY				Distance from keel Omurgadan uzaklık
TAPE MEASURED LENGTH AÇILIM BOYU				

CROSS-SECTIONS / KESİT BİLGİLERİ		
SQUARE / KARE	STEM SIDE CHAMFER BAŞ YÖNÜ PAHLI	SLOPE ANGLE EĞİM AÇISI
RECTANGLE DİKDÖRTGEN	STERN SIDE CHAMFER KIÇ YÖNÜ PAHLI	BOTTOM STERN SIDE ALT KIÇ YÖNDE
RECTANGLE DİKDÖRTGEN	BOTH SIDES CHAMFERED ÜST İKİ YÖN PAHLI	BOTTOM STEM SIDE ALT BAŞ YÖNDE
CIRCULAR YUVARLAK	TOP-BOTTOM CHAMFERED ÜST-ALT PAHLI	NO SLOPE ON THE BOTTOM ALT YÜZEYDE EĞİM YOK
ROUNDED TOP ÜSTÜ YUVARLAK	NO CHAMFER / PAH YOK	

CONNECTIONS / İLİŞKİLER

STEM- /STERNPOST – FLOOR TIMBER BAŞ/KIÇ BODOSLAMA-DÖŞEK	
IRON NAIL / DEMİR ÇİVİ	
TREENAIL / AHŞAP ÇİVİ	
NOT CONNECTED BAĞLANTI YOK	
SCARPH / GEÇME	
CAULKING / KALAFAT DOLGU	
UNKNOWN / BELİRLENEMEDİ	
SCARPH SKETCH / GEÇME KROKİSİ	

PLANKING – FLOOR TIMBER / FUTTOCK KAPLAMA-DÖŞEK/POSTA	NAME / İSMİ	EA. / SAYI
IRON NAIL FROM BOTTOM / DÇ ALTTAN		
IRON NAIL FROM TOP AHŞAP ÇİVİ		
TREENAIL FROM BOTTOM / AÇ ALTTAN		
TREENAIL FROM TOP AÇ ÜSTTEN		
DETACHED / ARASI AÇIK		
ADJACENT / ARASI BİTİŞİK		
CAULK IN BETWEEN ARADA KALAFAT		
PUTTY IN BETWEEN ARADA MACUN		
WOOD IN BETWEEN ARADA TAHTA		
MARK OF FLOOR TIMBER ON PLANKING KAPLAMADA DÖŞEK İZİ	YES / VAR	NONE YOK
MARK OF PLANKING ON FLOOR TIMBER DÖŞEKTE KAPLAMA İZİ	YES / VAR	NONE YOK

KEEL – FLOOR TIMBER OMURGA-DÖŞEK			
IRON NAIL / DÇ		ADJACENT / BİTİŞİK	
TREENAIL / AÇ		DETACHED / ARASI AÇIK	
NOT CONNECTED BAĞLANTI YOK		SCARPH GEÇMELİ	
UNKNOWN BELİRLENEMEDİ		CAULK KALAFAT	
SCARPH SKETCH / GEÇME KROKİSİ			

GARBOARD – FLOOR TIMBER / BURMA - DÖŞEK	
IRON NAIL / DEMİR ÇİVİ	
TREENAIL / AHŞAP ÇİVİ	
NOT CONNECTED / BAĞLANTI YOK	
DETACHED / ARALIK	
ADJACENT / BİTİŞİK	

FUTTOCK – FLOOR TIMBER / POSTA - DÖŞEK				
IRON NAIL / DEMİR ÇİVİ				SCARPH SKETCH GEÇME KROKİSİ
TREENAIL / AHŞAP ÇİVİ				
NOT CONNECTED BAĞLANTI YOK				
SCARPH / GEÇME				
	FILLED BETWEEN ARASI DOLU	COATED ON TOP ÜSTÜ SIVALI	COATED ON SIDE YANI SIVALI	
PUTTY / MACUN				
CAULK / KALAFAT				

BUILDING / YAPIM BİLGİLERİ					
CUTTING STYLE KESİM TARZI	WITH BARK KABUKLU	HEARTWOOD ÖZ ODUN	SAPWOOD DİRİ ODUN	WITHOUT BARK KABUKSUZ	UNKNOWN BİLİNMEYEN
CARVED FROM BRANCH DALDAN YONTULARAK					
JOINED FROM A SINGLE TREE TEK AĞAÇTAN BİRLEŞTİRME					
SPECIAL GROWTH ÖZEL YETİŞTİRME					

SLOPE / EĞİM	
RIGHT ANGLE DİK	
INCLINED TO STERN KIÇA EĞİK	
INCLINED TO STEM BAŞA EĞİK	
SAME NAIL SLOPE ÇİVİ EĞİMİ AYNI	
NAIL DISTORTED ÇİVİSİ ÇARPILMIŞ	

LIMBER HOLES / SİNTİNE DELİĞİ						
TOTAL NUMBER TOPLAM SAYISI		LIMBER HOLE	port iskele	starboard sancak	port iskele	starboard sancak
LIMBER SKETCH SİNTİNE DELİĞİ KROKİSİ		WIDTH EN				
		LENGTH BOY				
		HEIGHT YÜKSEKLİK				
		BETWEEN TWO HOLES İKİ DELİK ARASI				

INVENTORY NO ENVANTER NO	
PHOTO NO FOTO NO	
DRAWING NO ÇİZİM PAFTA NO	
FULL SCALE DRAWING NO 1: 1 ÇİZİM PAFTA NO	
INFO FILE NO BİLGİ DOSYASI NO	

OVERALL CONDITION / GENEL DURUM					
FABRICATED İŞLENMİŞ	STEM SIDE BAŞ YAN		REPAIR MARKS TAMİR İZİ		
	STERN SIDE KIÇ YAN		CAULK KALAFAT		
	TOP ÜST		PUTTY MACUN		
	BOTTOM ALT		WOODEN PIECE AHŞAP PARÇA		
	NONE HİÇBİR YERİ		OTHER DİĞER		

		REMARKS NOTLAR
DISTANCE BETWEEN KEEL AXIS AND PORTSIDE LIMBER HOLE / OMURGA MERKEZİ-İ. S. MESAFESİ		
DISTANCE BETWEEN KEEL AXIS AND STARBOARDSIDE LIMBER HOLE OMURGA MERK.-S. DELİK MESAFESİ		
DISTANCE BETWEEN KEEL – PORT FUTTOCK LIMBER HOLE / OMURGA-İ. POSTA DELİK MESAFESİ		
DISTANCE BETWEEN KEEL – STARBOARD FUTTOCK LIMBER HOLE / OMURGA-S. DELİK MESAFESİ		
STARBOARD LIMBER HOLE PLANKING NAME S. DELİK KAPLAMA KODU		
PORT LIMBER HOLE PLANKING NAME İ. DELİK KAPLAMA KODU		

Table / Tablo 7 A sample inventory form filled in the course of full scale drawing . / *1:1 çizim sırasında doldurulan form örneği.*

Bibliography / Kaynakça

Aguilar, M. A. – F. J. Aguilar – F. Agüera, 2005, Mapping small areas using a low-cost close range photogrammetric software package with aerial photography. *The Photogrammetric Record*, 20 (112), 335-350.

Anderson, R. K. – T. A. Croteau, 2000, Futtocks, buttocks and duck tails, Haer's Maritime Program. *Cultural Resources Management*, 4, 18–22.

Boker, P. E. – J. N. Gren, 1976, Recording techniques used during the excavation of the Batavia. *International Journal of Nautical Archaeology*, 5.2, 143-158.

Crisman, K. J., 1993, An archaeological approach, recording boats from their remains and learning from their parts. In/Bkz.: P. Lipke - P. Spectre - B. A.G. Fuller (ed.), *Boats*, 304-320. Tennessee.

Dear, I. – P. Kemp, 2000, *A'dan Z'ye Denizcilik Terimleri Sözlüğü*. O. Soyer (transl./çev.) İstanbul.

Green, J. – S. Matthews – T. Turanlı, 2002, Underwater archaeological surveying using PhotoModeler virtual mapper: Different applications for different problems. *International Journal of Nautical Archaeology*, 31.2, 283-292.

Green, J., 1991, Hull recording methods used at Mombasa. *INA Newsletter* 18.2, 8-13.

Kahane, H. – R. Kahane – A. Tietze, 1958, *The Lingua Franca in the Levant, Turkish Nautical Terms of Italian and Greek Origin*. Urbana.

Martin, C. J. M. – E. A. Martin, 2002, An underwater photomosaic technique using Adobe Photoshop. *International Journal of Nautical Archaeology*, 31.1, 137-147.

Matthews, S. D., 2004, Recording the hull. In/Bkz.: G. Bass et al/vd. (ed.), *Serçe Limanı, an Eleventh-Century Shipwreck: The Ship and Its Anchorage, Crew and Passengers, Vol. 1*, 75-79. College Station.

Nutku, S., 1917, *Kâmusu Bahrî*. İstanbul.

Shanks, M., 1997, Photography and archaeology. In/Bkz.: B.L. Molyneaux (ed.), *The Cultural Life of Images Visual Representation in Archaeology*, 73-107. London.

Steffy, J. R., 1994, *Wooden Ship Building and the Interpretation of Shipwrecks*. College Station.

Zaloğlu, M., 1988, *Gemici Dili*. İstanbul.

IV

Dismantling of the Vessel Members

Gemi̇ elemanlarının demonte edi̇lmesi̇

Ufuk Kocabaş – Ramazan Yılmaz

MAR 10
E 14

By the 15th of May, 2008, examination and documentation works of eleven wrecks have been completed and moved to the laboratory. Their detailed studies and full scale drawings are still in progress. Of all the eleven vessels we have lifted from the site, the original hull forms and slopes have been preserved as per original or with slight deformations. Thus, the Yenikapı wrecks have provided us with much more abundant information compared to the underwater-lying shipwrecks scattered around and decomposed due to damage by the *teredo navalis*. This favourable and exceptional condition of the wrecks at Yenikapı arose from a combination of different natural circumstances.

As it still is today, the worm-like marine bivalve mollusc *teredo navalis* were the nightmare of the seafarers and ship-owners in Antiquity. They used to sheath caulking lines on the bottom of the vessel with lead plates or coat the joints with special putties prepared from colophony resin and oakum; they endeavoured to elongate the life of their vessels by protecting them from the dangerous teredo which eat up the vessels decreasing their lifespan by half. However, the seamen knew very well that the *teredo navalis* could not live in fresh waters. Perhaps this is why the ancient harbours, where the vessels anchored for a long period of time, were located next to fresh water sources. Thus, washed with the fresh waters of Lykos, the Theodosian Harbour should have provided some sheltering from the teredos. Our examinations have shown that the teredo damage does exist on these vessels but at a much lower rate than those observed in the wrecks excavated in the open sea. This protection continued for a while more until the sunken ships were covered with sediments.

The wholeness of the wreck uncovered is evidence of rapid silting. They could only survive as a whole, without teredo damage, at a point very close to the coast, where the waves break and lose their energy, and where rapid silting has taken place. In spite of all these favourable conditions, examination has shown that the timbers of these vessels had already lost their physical strength. Thus, a very sensitive approach had to be taken while lifting and new techniques had to be devised.

Following the completion of the documentation works mentioned in the preceding chapter titled "Documentation: Reading the timber", dismantling of the timber elements was started. One of the goals here was to identify the construction method by separating the pieces whose joining details could not be seen. This was actually very important for the identification of the shipbuilding technique. For instance, the joint details of two planks may not be visible from above and below; however, when they are dismantled from each other, then it becomes possible to see the joint technique applied such as dowel, nail, tenon-and-mortise, etc. Besides, especially when the joining of planking and frames are examined on the surface they seem to have

15 Mayıs 2008 itibarıyla on bir batığı *in situ* olarak inceleyerek, belgeleme çalışmalarını tamamladık ve kaldırdık. Bu batıkların detay incelemeleri ve 1:1 ölçekli çizim çalışmaları devam etmektedir. Şimdiye kadar kaldırdığımız tekne ve gemilerin orijinal gövde formları ve eğimleri olduğu şekli ile ya da küçük deformasyonlarla korunagelmiştir. Yenikapı batıklarının bu özelliği, sualtında gerçekleştirilen arkeolojik kazılarda alana yayılmış ya da *teredo navalis* kurtlarının verdikleri zararlar neticesi dekompoze olmuş batıklara oranla çok daha fazla bilgiye ulaşmamızı sağlamıştır. Yenikapı'da üzerinde çalıştığımız batıkların bu istisnai durumu bazı elverişli doğa koşullarının bir araya gelmesi ile mümkün olabilmiştir.

Teredo navalis deniz kurtları, günümüzde olduğu gibi antik Akdeniz dünyasında da denizcilerin ve gemi sahiplerinin korkulu rüyasıydı. Kalafat yerlerinde teknelerin su kesimini kurşun levhalarla kaplayan ya da kolofon reçinesi ve kıtıkla hazırladıkları macunlarla sıvayan gemi ustaları, teknelerinin ömrünü açtıkları tünellerle yarı yarıya kısaltan deniz kurtlarından korunma çabası içindeydiler. Ancak denizciler, *teredo navalislerin* tatlı suda yaşayamadığını da biliyorlardı. Antik Çağda gemilerin uzun süre hareketsiz kaldıkları limanların, tatlı su kaynaklarının yakınlarında inşa edilmelerinin bir nedeni de bu olmalıydı. *Lykos*'un tatlı sularıyla yıkanan Theodosius Limanı da, denizcilerin limanda bekleyen gemilerine, *teredolara* karşı göreceli bir koruma sağlamış olmalıdır. Gemiler üzerinde yürüttüğümüz incelemeler deniz kurdu tahribatının mevcut olduğunu, fakat diğer açık deniz kazılarındakilere oranla daha düşük oranda gerçekleştiğini göstermektedir. Bu koruma, gemilerin batışının ardından, üzerleri tortu tabakası ile kaplanıncaya kadar da belli bir miktarda devam etmiştir.

Batıklar, *teredo* zararlarına karşı ve kıyıya çok yakın bir noktada bulunmaları nedeniyle dalgaların kırılarak güçlerini boşalttıkları bu noktada, bütünlüklerini ancak hızlı bir gömülme ile koruyabilirlerdi. Üzerleri açılan batıkların görsel bütünlüğü, bu tür bir hızlı gömülmenin kanıtı olarak değerlendirilmelidir. Gemilerin korunmasındaki bu olumlu etkilere rağmen, yapılan incelemeler, gemileri oluşturan ahşapların genellikle fiziksel olarak güçlerini yitirmiş olduklarını ortaya koymuştur. Bu da az sonra değineceğimiz, ahşap elemanların kaldırılmasında hassas bir yaklaşımı gerekli kılmış, bazı yeni tekniklerin geliştirilmesini gerektirmiştir.

"Belgeleme: Ahşabı okumak" bölümünde açıklanan tüm dokümantasyon işlemlerinin ardından, gemileri oluşturan ahşap elemanların demonte edilme aşamasına geçildi. Buradaki amaçlardan biri de birleşim detayı gözükmeyen parçaların ayrılarak inşa yönteminin belirlenmesiydi. Nitekim bu, geminin yapım tekniğinin saptanması açısından son derece önemliydi. Örneğin, iki kaplama tahtasının birleşme detayı üstten ya da alttan bakıldığında gözükmeyebilir. Oysa

1a

Fig. / Res. 1a, b; 2a, b; 3
Three different methods for cutting the iron nails in frames in various stages of deformation (YK 3).

Bozulmanın değişik safhalarında bulunan eğriler üzerindeki demir çivi bağlantılarının üç farklı yöntemle kesilmesi (YK 3).

1b

been fastened with treenails; however, when the frame of some vessels was removed in the course of dismantling, it was seen that the frame was also fixed with iron nails hammered from the planking side. Another point worth noting is that it is much more practical to conserve the pieces individually. Presence of many other archaeological items on site made it impossible to use heavy machinery for the lifting of the wreck's mass; therefore, apart from a small example, lifting as a single mass method was not implemented. The facts that the items were to be lifted with their forms protected, and that the same team would be in charge from the beginning to the end (i.e. on site

birbirinden ayrıldıklarında, temas eden yüzeylerin dikkatli bir şekilde incelenmesi ile kavela, çivi, zıvana vb. gibi, hangi yöntemle birleştirildiklerini belirlemek mümkündür. Ayrıca, özellikle kaplama ve eğrilerin birleşimlerinde, yüzeyden bakıldığında birleştirme malzemesi olarak sadece ahşap çivilerin kullanıldığı gözükmektedir. Oysa bazı batıklarda demontaj aşamasında kaldırılan eğrinin, kaplama tarafından demir çiviler ile de sabitlendiği belirlenmiştir. Diğer amaç ise parçaların konservasyon için tek tek koruma altına alınmasındaki kolaylıktır. Gemilerin yattığı liman tabanında pek çok diğer arkeolojik eser bulunması, kütle kaldırmada iş makinesi kullanımını imkânsız kılmış, bundan dolayı küçük bir örneğin dışında toptan kaldırma yöntemi tercih edilmemiştir. Eserlerin formlarının korunarak kaldırılması, ekibin çalışmayı baştan sona yürütecek olması; yani yerinde inceleme, belgeleme, konservasyon ve rekonstrüksiyon çalışmalarını aynı ekibin üstlenmesi, çalışmanın bir bütün olarak ele alınması yönünde sayısız faydalar sağlamıştır. Konservasyonun ardı sıra geçilecek restorasyon ve rekonstrüksiyon aşamalarında herhangi bir sorun yaşanmaması için, gemilere ait bütün ahşap aksamların, formlarını koruyacak destekler kullanılarak yerlerinden kaldırılması gerekmekteydi. Böylece, kaldırma çalışmalarında, ahşapları

2a

examination, documentation, conservation and reconstruction works were all under taken by the same team) were a great overall advantage for the project. In order to avoid any potential problems in the course of restoration and reconstruction, it was necessary to lift all the wooden ship members using supports that would protect their forms. Thus, supporting methods were devised and developed during lifting. Furthermore, manual contact with the items has been minimized.

Fastening elements such as dowels, treenails and iron nails continued keeping the elements together thanks to their mechanical strength despite the deformation they have suffered. Therefore, in the beginning of the dismantling, these fastening elements were cut. Iron nails still retained some of their mechanical strength thanks to the concretion that formed around them, although they had lost their metallic features. Especially for the removal of iron nails, a variety of methods had to be employed depending on the preservation state of the timber. The first method used was preferred for the well-preserved timbers – for example, dismantling the frames, when the frame was moved slightly, then the iron nails broke and fell off (Figs. 1a, b). This method was effective in retaining the traces on the surfaces of the timber touching each other but it could be implemented only for the very well-preserved items. Another

2b

destekleyerek bütünlüklerini koruyacak destekleme yöntemleri geliştirilmiş; bu şekilde malzemeye elle yapılacak müdahaleler de en aza indirilmiştir.

Gemi elemanlarının birleştirilmesinde kullanılan kavela, ahşap çivi ve demir çivi gibi bağlantı elemanları, bozulmalardan nasiplerini almış olsalar da hala devam eden mekanik güçleri ile ahşapları bir arada tutmaktaydılar. Bunun için demontaj aşamasının başlangıcında ayrılacak parçanın fiziksel birlikteliğini sağlayan bu bağlantı elemanlarının kesilmesi gerçekleştirildi. Demir çiviler metalik özleri yok olmasına rağmen dış kısımlarında oluşan depozit tabakası sayesinde hala belli

3

Fig. / Res. 4

Frames supported inside the chests ready for placing in conservation pools (YK 6).

Kasalar içinde desteklenerek koruma havuzuna yerleştirilmeye hazır hale getirilen eğriler (YK 6).

method involved inserting a thin spatula in between the timbers which did not separate with the first method; the spatula was slightly hammered breaking the iron nail deposit in its middle (Figs. 2a, b). A third method was preferred when the timbers were more fragile than the iron nails themselves – a fretsaw blade was used to cut the nail at the joint without causing any damage to the timber items. In order to avoid damaging the timber surrounding the nail, protection was assured with plastic sheets (Fig. 3). Frames lifted were placed inside wooden chests and fixed with small Styrofoam wedges in order to prevent any effect by the motion of water inside the desalination pools (Fig. 4).

1. Negative mould method for lifting the planking

The first one of the methods we devised for lifting the planking, retaining their forms with buttocks and for avoiding damage to the timber while lifting involved building negative copies or moulds. In this method, first the length and width of the plank to be lifted were determined and transferred to drawing. Then wooden legs with heights varying according to the buttock of the frame to be lifted were installed at 30 cm. intervals on a wooden carrier skeleton of 5x10 cm. in cross-section. Fine facing timbers of 8 mm. thickness and 12 cm. width, which would contact the timber items being lifted, were placed on top of this construction. The carrier thus formed was checked on the member to be lifted for any mismatch. In the beginning the surface touching original item was covered with Styrofoam for it is soft but the Styrofoam caused floating in the protection tanks; thus, it was decided not to use it any more.

These constructions were placed inside the vessel, on top of the timber elements to be lifted (Fig. 5) and then fixed with Styrofoam 'clips' (Fig. 6). The U-shaped Styrofoam pieces, placed under the planking so that they would sit on the carrier construction, would hold the planking when the sand underneath was removed (Fig. 7). The Styrofoam clips were placed at intervals varying from 25 cm. to 50 cm. depending on the timber's state of preservation and when the sand was removed from underneath, the pieces were carefully turned over and the Styrofoam pieces were removed (Fig. 8). Even the pieces such as the planking manufactured with slopes and twisting and joining the stem could be lifted only with the carrier mould shaped into their individual forms (Figs. 9-10). The same procedure was later implemented with a synthetic fabric instead of Styrofoam clips (Figs. 11-12). The lifting, one of the most difficult stages of the work, was successfully implemented thanks to the meticulous construction of such carriers one by one. The majority of the planking strakes forming the bottom of Yenikapı (YK) 6 were removed with this method.

bir oranda mekanik güçlerini korumaktaydı. Özellikle demir çivilerin ayrılmasında ahşabın korunma durumuna göre değişik yöntemler kullanıldı. Bunlardan ilki ve oldukça sağlam ahşapların ayrılmasında, örneğin eğrilerin sökülmesinde tercih ettiğimiz yöntem, eğrinin hafif hafif oynatılması neticesinde demir çivilerin kendiliğinden kırılarak ayrılmasıydı (Res. 1a, b). Ahşapların birbirlerinin yüzeylerine değen kısımlarındaki izlerinin korunmasında etkili olan bu yöntem sadece çok sağlam ahşaplarda uygulanabildi. Diğer bir yöntem ise, yine sağlam ahşaplar için geliştirilen fakat ilk yöntemle ayrılamayan çiviler üzerinde uygulanan; ince bir spatulanın birleşmiş ahşapların arasından sokularak hafif bir çekiç yardımı ile demir çivi depozitinin ortadan kırılması idi (Res. 2a, b). Üçüncü bir yöntem ise diğerlerine göre ahşapların fiziksel dayanımları, demir çivinin dayanımından zayıf olduğu durumlarda uygulandı. Ahşaba zarar vermemek için birleşme yerinden geçirilen kıl testere yardımıyla çiviye ait depozit oldukça hassas bir çalışma ile kesildi. Sabır gerektiren ve oldukça zaman alan bu özenli çalışma esnasında çivinin etrafındaki ahşaplara zarar vermemek için plastik kâğıtlarla koruma sağlandı (Res. 3). Yerinden kaldırılan eğriler ise boyutlarına göre inşa edilen ahşap kasalara yerleştirilerek, bekletilecekleri havuzlarda su hareketlerinden etkilenmemeleri amacıyla strafordan yapılan küçük takozlarla sabitlendi (Res. 4).

1. Kaplama tahtalarının kaldırılmasında negatif kopya yöntemi

Gemilerin gövdelerini oluşturan kaplama tahtalarının "endaze" olarak adlandırılan eğimlerinin korunabilmesi ve ahşapların kaldırılma sırasında herhangi bir fiziksel zarara uğramadan yerlerinden alınabilmesi amacıyla geliştirdiğimiz yöntemlerin ilki, negatif kopyalar inşa edilmesiydi. Bu yöntemde öncelikle, kaldırılacak kaplama tahtasının boy ve genişlik eğimi belirlenerek çizime aktarıldı. Daha sonra 5x10 cm'lik dikdörtgen kesitli ahşaptan taşıyıcı iskeletin üzerine yine aynı malzemeden 30 cm aralıklarla, ahşabın eğimine göre uzunlukları ayarlanmış ayaklar monte edildi. Bu konstrüksiyonun üzerine ise orijinal ahşap yüzeye temas edecek, 8 mm kalınlıkta, 12 cm genişlikte ince kaplama tahtaları bağlandı. Oluşturulan bu taşıyıcının kontrolleri batığın kaldırılacak parçası üzerinde dikkatlice yapılarak, herhangi bir uyuşmazlık olup olmadığı kontrol edildi. Başlangıçta orijinal ahşap yüzeylere temas eden yüzeyin yumuşak bir doku olması açısından strafor ile kaplanması öngörülmüştü. Fakat daha sonraki uygulamalarda straforun koruma tanklarında yarattığı pozitif yüzerlik sorunları nedeni ile taşıyıcıların orijinal ahşaba değen yüzeylerinin strafor ile kaplanmasından vazgeçildi.

Hazırlanan bu konstrüksiyonlar geminin içine, kaldırılacak kaplama tahtalarının üzerine yerleştirildi (Res. 5) ve strafordan yapılan "ataçlarla" tek tek sabitlendi

Fig. / Res. 5, 6, 7, 8, 9, 10
"Negative moulds" built for lifting planking (YK 6).
Kaplama tahtalarının kaldırılmasında, formlarına göre inşa edilen "negatif kopyalar" (YK 6).

5

6

(Res. 6). Kaplama tahtasının altına, taşıyıcı konstrüksiyonun üzerine basacak şekilde yerleştirilen "U" profilli straforlar, kaplamanın altındaki kumun temizlenmesinin ardından, kaplama ile konstrüksiyon arasındaki bağı oluşturacak; kaplamanın kaldırma esnasında düşmesini engelleyecekti (Res. 7). Ahşabın bozulma durumuna bağlı olarak 25 cm ile 50 cm arasında yerleştirilen straforların altında bulunan kum tabakasının uzaklaştırılmasından sonra yerinden kaldırılmaya hazır hale gelen parçalar dikkatli bir döndürme operasyonu ile kaldırılarak straforlar söküldü (Res. 8). Kavis verilerek ve burularak imal edilmiş, iki eğimi baş bodoslamaya bağlanan kaplama tahtaları gibi parçalar dahi, taşıyıcı kalıba benzer eğimlerin verilmesi ile yukarıda açıklanan prosedürle yerinden alınabildi (Res. 9, 10). Aynı işlem daha sonraları straforla sabitleme yerine, sentetik bir bezin kaldırılacak ahşabın altından geçirilerek taşıyıcı konstrüksiyona bağlanması şeklinde uygulanmaya başlandı (Res. 11, 12).

Çalışmanın en zor aşamalarından biri olan yerinden kaldırma işlemi, bu taşıyıcıların sabırla imal edilmesi sonucunda başarıyla gerçekleştirildi. Yenikapı (YK) 6 teknesinin karinasını oluşturan kaplama tahtalarının büyük bir kısmı bu yöntemle yerinden kaldırıldı.

Taşıyıcı konstrüksiyonlar için ahşap satın aldığımız ve esas mesleği, Karadeniz çektirmelerinin inşa edildiği zamanlarda, gemi ustaları için ormandan ahşap kesmek olan İnebolulu Hacı Amca'nın bizi seyredip, hayretle "Allah Allah, siz gemiyi kaldırmak için yeni gemi yapıyorsunuz!" demesi aslında kullandığımız yöntemi en yalın haliyle ifade ediyordu.

7

8

Fig. / Res. 9, 10

Hacı Amca of İnebolu, from whom we bought the wood for the carrier constructions and who used to cut timber from the forest for the modern Black Sea cargo vessels when they were still manufactured, exclaimed, watching us, "Good Lord! You are building another ship to lift this ship!" Indeed his remark described our method in very simple words.

2. Lifting the planking with L-shaped carriers

Another method we devised for dismantling the planking involved lifting them from the bottom of the vessel, in other words from the exterior of the vessel, using L-shaped carriers. Timbers of 5x10 cm. were cut at lengths needed and fitted to each other at right angles using zinc-plated treenails (Fig. 13a, b). Then the almost 25 cm. long surface to touch the plank was formed with fine facing timber (8x120 mm.). A number of L-shaped carriers were prepared as needed depending on the length of the planking to be lifted. Implementation started with the removal of sand underneath the planking, L-shaped profiles were placed under the planking leaving no gap between the plank and the carrier (Fig. 14). All the L-shaped carriers were fixed on the timber of 5x10 cm. extended above. Thus, the experts holding the construction at suitable points managed successfully to lift the item and place it inside the box specially manufactured for it (Figs. 15-17).

2. "L" formlu taşıyıcılar ile kaplamaların kaldırılması

Kaplama tahtalarının demonte edilmesi amacıyla geliştirdiğimiz diğer bir yöntem de, kaplama tahtalarının karina tarafından, başka bir deyişle geminin dış tarafından, hazırladığımız "L" profilli taşıyıcılar ile kaldırılması oldu. 5x10 cm kalınlıktaki ahşaplar uygun boy ve genişlikte kesilerek 90 derecelik bir açı yapacak şekilde kalaylı ahşap vidalar yardımıyla birleştirildi (Res. 13a, b). Daha sonra kaplamaya yaklaşık olarak 25 cm basacak yüzey, 0,8 cm kalınlıkta, 12 cm genişlikte ince kaplama tahtası ile oluşturuldu. Kaldırılacak kaplama tahtasının uzunluğuna göre gereken miktarda "L"ler hazırlandı. Kaplamanın altındaki kumun uzaklaştırılarak, kaplama altına, taşıyıcı ile kaplama arasında boşluk kalmayacak şekilde "L" profiller yerleştirilmesiyle işleme başlandı (Res. 14). Kaplama altına yerleştirilen birinci "L"den son "L"ye kadar bütün taşıyıcılar üstlerinden geçirilen 5x10 cm kesitli ahşaba vidalanmak suretiyle sabitlendi. Böylece konstrüksiyonun uygun yerlerinden tutan uzmanlar imal edilen kasanın içine eseri kolayca yerleştirebildiler (Res. 15, 16, 17).

Bu uygulama "negatif kalıp" yöntemine göre çok daha modülerdi. İçten ahşap kalıpla destekleme yöntemi çok detaylı ölçü alınmasını gerektirirken, dıştan destekleme yöntemi, yine kaplama tahtasının şeklini koruyacak desteği veriyor; fakat uygulamada oldukça

Sağ sayfa:

Fig. / Res. 11, 12

Tying with textile instead of Styrofoam in negative mould lifting method (YK 6).

Negatif kopya ile kaldırma yönteminde strafor yerine tekstil ile bağlama (YK 6).

11

12

kolaylık ve zaman tasarrufu sağlıyordu. Yöntemin uygulanmasında karşılaştığımız yegâne zorluk kaplamaların altına "L" profillerin yerleştirilmesi amacıyla gerçekleştirilen temizlik sırasında bazılarının altından büyük taş, amfora kırıkları vs. gibi parçaların ortaya çıkmasıyla yaşandı. Bu tür parçalar da dikkatli bir çalışma ile kaplama sıralarının alt ve yanlarının açılması suretiyle yerlerinden alındı (Res. 18). Böylece YK 3, 7, 8, 9, 12, 15, 17 ve 18 batıklarının kaplama tahtalarının tamamı ile YK 3'ün farşları bu yöntemle başarıyla kaldırıldı (Res. 19).

Fig. / Res. 13a, b
L-shaped carriers under construction, with the YK 17 in the background.
İmal aşamasındaki "L" formlu taşıyıcılar; arka planda YK 17.

This system was more modular than the negative mould method. Lifting with support from the interior involved too many detailed measurements but lifting with support from the exterior not only retained the shape of the planking but also saved much time and facilitated the work. The biggest difficulty during the lifting with this method was faced when large stones, amphora fragments etc. came from underneath during the removal of sand to place the L-shaped profiles. Such pieces were also removed with careful and meticulous work exposing the planking from the sides and underneath (Fig. 18). Thus, the planking strakes of YK 3, 7, 8, 9, 12, 15, 17 and 18 as well as the ceiling of YK 3 were lifted with this method (Fig. 19).

Fig. / Res. 14, 15, 16, 17, 18
Stages of lifting with L-shaped carriers (YK 8).
"L" formlu taşıyıcılar ile gerçekleştirilen kaldırma işleminin aşamaları (YK 8).

15

16

17

18

Fig. / Res. 19

Lifting the ceiling using L-shaped carriers (YK 3).

"L" formlu taşıyıcıların farş tahtalarının kaldırılmasında kullanımı (YK 3).

3. Epoxy support for lifting

A different method, which we named as 'epoxy sheath', was used for lifting the ceiling of YK 12, which was uncovered surprisingly with its cargo and which has revealed important features regarding shipbuilding technology of its time. Following the removal of the cargo, archaeologists unexpectedly ended up with the ceiling of the ship, very unusual to find (Fig. 20). This excitement could indeed lead to problems during lifting as some of the timbers had thinned down to 1-2 mm. in thickness. In the method developed, aluminium foil was first spread on the timbers in order to protect them from epoxy (Fig. 21) and then epoxy was applied on them to obtain their moulds (Fig. 22). Araldite® FC 52 (ABC), which solidifies very fast, was prepared in appropriate proportions, applied on the aluminium foil and supported with fibre textile. The fibre material spread on epoxy was overlapped by about one-third thus improving the strength. One or two coats were applied depending on the size of the timber. Solidifying in 8-10 minutes, a thin skeleton was placed inside the epoxy sheath (Figs. 23-24). This thin skeleton was fitted into the mould using epoxy again. Before placing these carrier moulds on the ceiling, very fine synthetic fabrics were spread under the ceiling (Fig. 25). Then the carrier was placed on top of the ceiling strakes and the textiles spread underneath were tied around the carrier and thus the ceiling members were lifted retaining their forms hundred per cent (Figs. 26-27).

3. Kaldırmada epoksi ile destekleme

YK 12'nin ambar kaplamalarının kaldırılmasında "epoksi gömlek" adını verdiğimiz öncekilerden farklı bir yöntem uygulandı. Sürpriz bir şekilde içindeki yükle birlikte bulunan YK 12, gemi yapım tekniği açısından oldukça önemli özelliklere sahipti. Yükün kaldırılmasının ardından, gemi arkeologlarının bu dönem için çok sık görmeye alışık olmadıkları, farş tahtası olarak isimlendirilen geminin iç kaplamaları ortaya çıktı (Res. 20). Bizleri heyecanlandıran bu durum, bazı yerleri 1-2 mm'ye kadar incelmiş ahşapların kaldırılması sırasında büyük sorunlar yaratabilirdi. Geliştirilen uygulama çerçevesinde, kaplamaların üzerine, tahtaları epoksi malzemeden korumak için ince alüminyum folyo serilmesi ile işe başlandı (Res. 21) ve bunun üzerine epoksi malzeme uygulanarak kalıpları çıkartıldı (Res. 22). Hızlı donan özellikte olan *Araldite® FC 52 (ABC)* uygun oranlarda hazırlanarak alüminyum folyonun üzerine sürüldü ve ardından elyaf kumaş ile desteklendi. Epoksi üzerine serilen elyaf malzemenin 1:3 oranında diğerinin üzerine gelmesi sağlanarak dayanıklılığı artırıldı. Ahşabın boyutlarına göre bir ya da iki kat uygulama yapıldı. Donma süresi olan 8-10 dakikanın ardından ahşabın formunu alan epoksi gömlek içine ince bir iskelet yerleştirildi (Res. 23, 24). Bu ince iskelet yine epoksi yardımı ile kalıba tutturuldu. Hazırlanan taşıyıcı kalıplar farş üzerine yerleştirilmeden önce çok ince sentetik tekstil kuşaklar farşın altından geçirildi (Res. 25). Ardından,

Fig. / Res. 20, 21, 22, 23, 24, 25, 26, 27, 28
Stages of lifting very thin ceiling members with epoxy support (YK 12).
Epoksi ile destekleme yönteminin çok ince farş tahtalarının kaldırılmasında kullanılması aşamaları (YK 12).

21

22

23

24

25

26

27

28

Ceiling strakes lifted were copy-drawn on clear acetate and their reverse sides were also drawn making use of a similar epoxy method. The moulds prepared for the visible sides became supports when the item was turned over and facilitated the drawings on acetate of the reverse sides (Fig. 28).

4. Lifting as a single mass

In addition to lifting members individually, the keel and six planking strakes joining to the keel of YK 6 vessel were lifted as a whole. A similar method was implemented by German restorers when they lifted the Roman period vessels from the site at Mainz, Germany. Markus Wittköpper, expert restorer, from Museum of Ancient Shipping of Roman-Germanic Central Museum (RGZM), was invited to present their method to us. Using this as inspiration, we devised our own method for lifting a vessel as a single mass.

With archaeologist-restorer Yüksel Dede joining the team, first a ditch of one-meter depth and one-meter width was excavated all around the wreck. Then the wreck was furnished with a scaffolding of 10x10 cm. timbers (Fig. 29). Then starting from the stem of the vessel, the sand underneath was removed in slices of 25 cm. The upper and bottom profiles of the exposed parts of the vessel were copied in full scale via a large profiler manufactured and copied onto a dense Styrofoam 5 cm. thick (Figs. 30-31). The profile of the vessel was decoupled and cut off; this profile in Styrofoam was placed in the 25 cm. thick gap under the vessel and fitted to the main construction of 10x10 cm. built around the vessel (Fig. 32). Then the interior profile of the vessel was also supported with Styrofoam prepared with the same method (Fig. 33). Thus, the vessel resting on a layer of sediment was placed on Styrofoam, and hence the wooden construction that would carry it, by placing a Styrofoam profile every 25 cm. (Fig. 34a, b). In order to reinforce the construction increasing its carrying capacity, perpendicular and diagonal supports were placed along its sides and top (Fig. 35). Then, under the gazes of curious eyes, the remaining part of the vessel was lifted as a single mass and placed in the pool built at the excavation site (Fig. 36a, b).

5. Hamburger method for lifting

The much softened and sometimes brittle frames of YK 3 were lifted with support on one or two sides. In order to ascertain that the supporting material would have the same profile as the frames, an aluminium profiler was manufactured specially for this purpose. This aluminium profiler was manufactured by drilling holes of 1 cm. in diameter every 10 cm. on a two-meter long rectangular aluminium bar. Aluminium tubes were placed in these holes. These tubes were plugged with rubber tips and screws were fitted in order to fix the

hazırlanan taşıyıcı kaldırılacak farşın üzerine yerleştirildi ve farşın altından geçirilen tekstiller taşıyıcı konstrüksiyonun üzerine düğüm atılarak bağlandı ve formları %100 korunarak yerinden kaldırılabildi (Res. 26, 27).

Yerinden kaldırılarak asetat çizimleri yapılan farş tahtalarının diğer yüzlerinin çiziminde de benzer bir epoksi yöntemi kullanıldı. Gözüken yüzden alınan kalıplar eserin döndürülmesinde destekleyici bir rol üstlendi ve diğer tarafın asetat çizimleri kolaylıkla gerçekleştirilebildi (Res. 28).

4. Kütle olarak kaldırma

İç kaplama, eğri ve kaplama tahtalarının tek tek ayrılarak kaldırılmasının yanı sıra, özel bir teknik sayesinde, YK 6 teknesinin omurga ve omurgaya bağlı altı adet kaplaması birbirinden ayrılmadan, kütle olarak yerinden kaldırıldı. Bu yöntemin bir benzeri Almanya'nın Mainz kentinde bulunan Roma Dönemi teknelerinin araziden kaldırılmasında Alman restoratörler tarafından uygulanmıştı. Bu konuda bir konferans vermesi için davet ettiğimiz Römisch-Germanisches Zentralmuseum (RGZM), Museum für Antike Schiffahrt'dan (Mainz-Almanya) uzman restoratör Markus Wittköpper, kendi batıklarında uyguladıkları yöntemi bizlere aktardı. Bu yöntemden esinlenerek geliştirdiğimiz farklı bir teknik ile kütle kaldırma çalışmalarına başladık.

Arkeolog-Restoratör Yüksel Dede'nin de katılımıyla yürütülen çalışmalar, teknenin mevcut kalıntısının etrafının 1 m genişliğinde ve 1 m derinliğinde kazılmasıyla başladı. Kazılmış olan batığın etrafına 10x10 cm kesitli ahşap bir iskelet giydirildi (Res. 29). Daha sonra teknenin baş kısmından başlayarak altındaki kum 25 cm'lik bölümler halinde temizlendi. Teknenin açılan kısmının alt ve üst profilleri kendi hazırladığımız büyük ölçekli bir profil tarağı ile 1:1 oranında çıkartılarak 5 cm kalınlığındaki yoğun strafora çizildi (Res. 30, 31). Strafor üzerine çizilen teknenin alttan ve üstten kesitleri dekupaj yardımı ile dikkatle kesildi. Hazırlanan strafor teknenin altından uzaklaştırılan 25 cm'lik boşluğa yerleştirildi ve ardından batığın etrafına kurulan 10x10 cm'lik ana konstrüksiyona raptedildi (Res. 32). Daha sonra teknenin iç profili aynı yöntemlerle hazırlanan strafor ile desteklendi (Res. 33). Böylece, sediment üzerinde yatan tekne 25 cm'de bir strafor yerleştirilerek, üzerinde yattığı kum tabakadan, tamamen strafor ve dolayısıyla kütle olarak taşınacağı ahşap konstrüksiyon üzerine alınmış oldu (Res. 34a, b). Konstrüksiyonun taşıyıcılığını artırmak üzere yan taraflarına ve üzerine dikme ve çapraz destekler atıldı (Res. 35). Bu sayede, meraklı bakışlar altında teknenin kalan parçası kütle olarak yerinden alınarak, başarılı bir şekilde kazı alanında hazırlanan havuza yerleştirildi (Res. 36a, b).

Fig. / Res. 29, 30, 31, 32, 33, 34a, b, 35, 36a, b

Series of operations implemented from the beginning up to placing in the pool of the vessel in the method of lifting as a single mass (YK 6).

Kütle olarak kaldırma yönteminin başlangıcından, geminin havuza taşınmasına kadar uygulanan işlemler dizisi (YK 6).

34a

34b

35

36a

36b

37

Fig. / Res. 37, 38, 39

Lifting with waterproof plywood shaped into frame forms and placed on top and bottom (YK 3).

Eğri formlarına uygun olarak hazırlanan su kontrplaklarının, alta ve üste gelecek şekilde yerleştirilerek kaldırma işleminin gerçekleştirilmesi (YK 3).

38

39

measured length. This huge profiler facilitated determining the profile of the members to be lifted (Fig. 37). The profiler was held by two men above the frame while the third one slid the tubes until they touched the frame and then fixed them with the screw. Thus, the round legs placed every 10 cm. assumed the form of the frame. Profiles thus measured were transferred unto waterproof plywood and cut out. Frames in better state were supported only from one side with plywood and lifted slowly. The floor timbers supported by plywood taken the shape of those, were placed safely in the chests. Deformed frames were supported with plywood both on the front and rear side, like a hamburger, and then lifted (Figs. 38-39).

5. Hamburger yöntemi

YK 3 batığının çok yumuşamış ve bazen de kırılganlaşmış eğrileri bir ya da iki tarafından desteklenerek yerinden kaldırıldı. Destek malzemesinin eğriler ile aynı profilde olması için alüminyum bir profil tarağı imal edildi. 2 m uzunluğunda olan dikdörtgen kesitli alüminyumun kısa kenarına matkap yardımıyla 10 mm'lik delikler açıldı. Her 10 cm'de bir açılan deliklere aynı çapta alüminyum borular yerleştirildi. Boruların uçlarına lastik başlıklar geçirilerek, ölçü alındıktan sonra alınan ölçünün korunmasını sağlamak amacıyla gövde üzerine sabitleyici vidalar takıldı. İmal ettiğimiz bu düzenek sayesinde

yerinden kaldırılacak eğrilerin profilleri, bu büyük profil tarağı yardımıyla çıkartıldı (Res. 37). Profil tarağı iki personel yardımı ile kesiti alınmak istenen eğrinin üzerine, uçlarından tutuldu. Üçüncü personel yuvarlak alüminyumları kaydırarak eğri üzerine gelinceye kadar serbest bıraktı ve temas sağlanınca ana gövdeye vida ile sabitledi. Böylece her 10 cm'de bir yerleştirilmiş olan yuvarlak ayaklar eğrinin şekline göre ayarlanmış oldu. Alınan bu ölçümler 1 cm kalınlığında su kontrplağına çizildi ve dekupaj yardımı ile kesildi. Çok bozulmamış eğriler sadece bir tarafından hazırlanan kontrplak yardımı ile desteklenerek kaldırıldı. Yavaş yavaş kontrplak üzerine eğilen döşekler kasa içine güvenle yerleştirildi. Bozulmuş durumdaki eğrilerin kaldırılması için kesilen su kontrplakları yan yüzeylerine yerleştirildi. Böylece iki kontrplak arasında kalan eğri, bizim hamburger yöntemi olarak adlandırdığımız teknikle desteklenerek yerinden kaldırılabildi (Res. 38, 39).

Fig. / Res. 40, 41, 42a, b
Removal of the mast step (YK 6).
Yelken yatağının alınması (YK 6).

6. Other methods for lifting

Some timber elements could not be lifted with any of the abovementioned methods which we have transformed into modular systems. One such example was the frame E1 of YK 3, which had retained its look but had turned almost like dough due to deformation. We were able to lift it using aluminium foil and wood: A thick aluminium foil was placed underneath E1 and supported with wood on both sides, like a broken arm. The foil was fixed on these wood pieces and then E1 could be lifted.

The mast step of YK 6 and the floor timbers on which it rested were in very crisp-brittle state (Fig. 40). When the nails connecting the step on the keel and the floor timbers were cut, it was necessary to support it and a two-pieced carrier was built comprising wood and Styrofoam (Fig. 41). The vessel's interior was filled with water and with the help of the water, the step floated and the Styrofoam was placed under it. The item supported with Styrofoam was placed on the wooden construction. The entire carrier was placed in a chest and then in a pool (Fig. 42a, b).

The keels were not able to support their own weights, thus they were lifted on a platform. The platform was placed next to them, they were carefully turned aside

6. Kaldırmada kullanılan farklı yöntemler

Birçok gemi elemanında uyguladığımız ve modüler hale getirdiğimiz yöntemler bazı ahşaplara uygulanamıyordu. Bunlardan biri de YK 3 gemisinin eğrilerinden olan E1'di. Görüntüsünü korumuş, fakat bozulmaya uğrayarak neredeyse hamur kıvamına gelmiş bu eğriyi, ancak alüminyum folyo ve ahşapla destekleyerek yerinden kaldırabildik. Kalın bir alüminyum folyoyu, E1'in altından geçirerek, kırılmış bir kol gibi her iki yanından ahşapla destekledik ve alüminyum folyoyu bu tahtalara sabitleyerek, E1'i yerinden kaldırabildik.

YK 6 teknesinin yelken yatağı ve yatağın bastığı döşekler oldukça dağılgan durumdaydılar (Res. 40). Yatağı omurgaya ve döşeklere bağlayan çivilerin kesilmesinin ardından kaldırma işleminde bir destekleyiciye ihtiyaç duyuldu. Böylece ahşap ve strafor konstrüksiyondan oluşan iki parçalı bir taşıyıcı imal edildi (Res. 41). Teknenin içi suyla dolduruldu ve yelken yatağı suyun kaldırma kuvvetinin de yardımıyla yerinden kaldırılarak altına hazırlanan strafor yerleştirildi. Daha sonra straforun desteklediği eser, hazırlanan ahşap konstrüksiyon üzerine nakledildi. Tüm taşıyıcı hazırlanan bir kasa içine yerleştirilerek havuzda koruma altına alındı (Res. 42a, b).

Fig. / Res. 43

Transportation of the keel by placing it on the platform (YK 7).

Omurganın hazırlanan platforma yatırılarak taşınması (YK 7).

Fig. / Res. 44

slowly. Thus, the preserved inclination of the keel along the stem-stern direction was also retained and it was also easily placed inside the chest thanks to the carrier platform (Fig. 43).

Special chests of suitable lengths were built for ceiling, planking, frames, keel and stem- and sternposts lifted using carrier constructions. The chests of standard sizes were built with timber of 1 cm. thickness and 10-12 cm. width so that they could be placed on top of each other. They were fitted only with brass nails and galvanised screws. For carrying heavier pieces, thicker timbers were used increasing the carrying capacity. Pulley and block systems were used especially for lifting the long and heavy items dismantled in deep trenches. Smaller items were carried up the stairs normally used for access into the trench.

Work conducted on the wrecks involved minimised physical contact with them and therefore, various number of 'bridges' were built over each one and special scaffolding was built for working, lying on them (Fig. 44).

Omurgalar, kendi ağırlıklarını taşıyamayacak durumda olduklarından hazırlanan bir platform üzerinde taşındılar. Yanına yaslanan platform üzerine yavaş yavaş yatırılan omurga, sonunda tamamen yan yatmış pozisyona getirildi. Böylece omurganın baş kıç doğrultusundaki mevcut eğimi de korunmuş oldu ve taşıyıcı platform yardımıyla kasanın içine rahatça yerleştirildi (Res. 43).

Taşıyıcı konstrüksiyonlar ile kaldırılan farş, eğri, kaplama, omurga ve bodoslama gibi gemi elemanları için kendi boylarına uygun kasalar imal edildi. Üst üste yerleştirilebilmelerini sağlamak amacıyla belli standart büyüklüklere sahip kasalar, 1 cm kalınlığında ve 10-12 cm genişliğinde ahşaplar kullanılarak imal edildi. Birleştirilmelerinde ise sadece pirinç çivi ve galvaniz vidalardan faydalanıldı. Ağır parçaların taşınmasında ise iskelet yapımında daha kalın ahşaplar kullanılarak taşıyıcı özelliği artırıldı. Özellikle derin açmalardan demonte edilen uzun ve ağır parçaların çıkartılmasında açma kenarına kurulan palanga sisteminden faydalanıldı. Boyut olarak daha küçük parçalar ise açma içine giriş için kullanılan merdivenlerden çıkartılarak havuzlara yerleştirildi.

Batık üzerinde devam eden çalışmalarda fiziksel temas en az düzeyde tutuldu. Bunun sağlanabilmesi için batığın üzerine değişik sayılarda "köprü"ler ve gerektiğinde üzerinde yatarak çalışmak için özel iskelet sistemleri kuruldu (Res. 44).

Bibliography / Kaynakça

Başaran, S. – U. Kocabaş, Yenikapı batıkları, Bizans'ın bin yıllık gemileri, *Arkeo Atlas*, 6, 142-149.

Dawson, J.E. – R. Ravindra – R.H. Lafontaine, 1982, A review of storage methods for waterlogged wood. In/Bkz.: D.W. Grattan (ed.), *Proceedings of the ICOM Waterlogged Wood Working Group Conference Ottawa,* 227-235.

Kocabaş, U., 1996, Sualtı sitelerinden çıkartılan arkeolojik kalıntılara yapılacak ilk koruma uygulaması ve bu objelerin site üzerinde kısa süreli saklanması. In/Bkz.: M. Egi et al./vd. (ed.), *Sualtı Bilim ve Teknolojisi Toplantısı Bildiriler Kitabı,* 177–182.

Kocabaş U., 1998, *Arkeolojik Sualtı Kalıntılarının Konservasyonu.* İstanbul

Kocabas U., 2006, İstanbul Üniversitesi bin yıllık Bizans batıklarını kurtarıyor. *İdol,* 30, 2-7.

Kocabaş, U. – I. Özsait Kocabaş, 2006, İstanbul Üniversitesi, Yenikapı batıkları belgeleme, konservasyon, restorasyon ve rekonstrüksiyon projesi 2006 yılı çalışmaları. *SBT 2006, 10. Sualtı Bilim ve Teknoloji Toplantısı 2006 Bildiriler Kitabı,* 115-122.

Lucas, D., 1982, On-site packing and protection for wet and waterlogged wood. In/Bkz.: D.W. Grattan (ed.), *Proceedings of the ICOM Waterlogged Wood Working Group Conference Ottawa,* 51-55.

Pearson, C. (ed.), 1987, *Conservation of Marine Archaeological Objects.* Cornwall.

Vaudaine, P. (ed), 2007, *Sauvé des Eaux.* Villeurbanne.

V

Technological and constructional features of Yenikapı shipwrecks: a preliminary evaluation

Yenikapı batıklarında teknoloji ve konstrüksiyon özellikleri: bir ön değerlendirme

Işıl Özsait Kocabaş – Ufuk Kocabaş

This chapter covers the overall characteristics and building techniques of nine trade shipwrecks[1] whose documentation on site have been completed and briefly introduces one galley, a rare find[2] (Plan 1). The shipwrecks found at Yenikapı range from the 'round ships' for cargo, to medium and small size ships for coastal seafaring as well as fishing boats. Galleys called 'long ships', rarely encountered by the underwater archaeologists to date, evince the variety of maritime transportation of the Byzantine Empire. Byzantine writers named the ships as *naus, ploion, xylon, holkas, karabion* etc. but never gave any details. Coastal seafaring, mainly grain transportation, involved small sailing ships called *sandalia, agrarion, kondurai*; long-distance trade involved ships called *strongylos* and *pamphylos;* and the navy employed slim and long ships called *dromon, khelandion pamphylon* and *khelandion ousiakon* (Müller-Wiener 1998, 18; Pryor – Jeffreys 2006, 372). The ships from the Theodosian Harbour display a moment frozen in time and have made tremendous contributions to the information on the shipbuilding technology and development during Antiquity and the Middle Ages.

The carpenters who built the ships for the commercial or naval fleets of Byzantium had everything available around: abundant timbers, ideal sites for dockyards, and qualified personnel. Dockyards where ships were built or sites where they were equipped were called *neorion* and *exartysis* in the Byzantine period. *Neoria* (pl.) were the buildings where the ships were repaired and sheltered. The same term applied also for the dockyards which served these purposes as well. *Exartysis* (sing.) means 'procuring equipment for the ships' in Greek and covers all sorts of work to furnish and equip the ships and in addition, it also covers the site where the ships were built. *Exartyseis* (pl.) basically meant Byzantine dockyards working for the imperial navy while *neoria* was used to indicate the Byzantine sea bases (Stavroulaki 1997, 24). The Laws of Leon VI included an article that prohibited teaching foreigners how to build ships and this article was based on the principle that 'the enemy

1 The total number of shipwrecks discovered at Yenikapı has reached 36 by the 26th of March, 2012. This number is expected to rise when the area close to the fortifications on the north of the harbour is also excavated. The Istanbul University team led by Assoc. Prof. Dr. Ufuk Kocabaş, has undertaken the unearthing of 27 shipwrecks and conservation and reconstruction of 31 shipwrecks in total while the rest are undertaken by Institute of Nautical Archaeology (INA).

2 One of the important contributions of the Yenikapı excavations to the archaeology of ships and boats is the four galleys, i.e. ships with oars, discovered. A very rare find, our team will study two of these galleys and we have just started the work on one of them, namely the YK 16; therefore, this galley is incorporated to the present volume very briefly. Following its documentation on site it will be presented in detail in the second volume.

Bu bölümde, yerinde belgelemesini tamamladığımız dokuz adet ticaret gemisi[1] ve henüz çalışmalarına yeni başladığımız, ender bulunan, kürekli çektiri tarzı bir geminin, genel özellikleri ve yapım teknikleri üzerinde durulacaktır[2] (Plan 1). Yenikapı batıkları; "yuvarlak gemi" olarak adlandırılan yük gemilerinin yanı sıra, kıyı denizciliği yapan orta ve küçük boyutlardaki gemiler ve balıkçı kayıklarına kadar değişik örnekleri içermektedir. Ayrıca, şimdiye kadar sualtı arkeologlarının çok nadir olarak karşılaştıkları "uzun gemi" olarak da adlandırılan çektiri sınıfı kürekli gemiler, Bizans Deniz İmparatorluğu'nun deniz ulaşımındaki çeşitliliğini gözler önüne sermektedir. Bizanslı yazarlar gemileri *naus, ploion, ksylon, holkas, karabion* gibi isimlerle tanımlamışlar, fakat ayrıntı vermemişlerdir. Yakın bölgelerle yapılan kıyı denizciliğinde, ağırlıklı olarak erzak sevkiyatı, *sandalia, agrarion, kondurai* ismi verilen küçük yelkenliler; uzak bölgelerle yapılan ticarette *strongylos* ve *pamphylos* adı verilen gemiler; donanmada ise *dromon, khelandion pamphylon* ve *khelandion ousiakon* adı verilen ince uzun gemiler kullanılmıştır (Müller-Wiener 1998, 18; Pryor – Jeffreys 2006, 372). Zamanın dondurulmuş bir kesitini sunan Theodosius Limanı'nda bulunan gemiler, Antik Çağ ve Ortaçağ gemi yapım teknolojisi ve gelişimi konusunda da bilgi dağarcığımıza eşsiz katkılarda bulunmuşlardır.

Ticaret veya savaş filoları için gemiler inşa eden Bizanslı marangozların ihtiyacı olan her şey mevcuttu: Bol miktarda kereste, tersanelerin kurulacağı ideal yerler ve yetişmiş elemanlara sahiptiler. Bizans Dönemi'nde gemilerin inşa edildiği tersaneleri ve donatıldığı yerleri ifade etmek için *neorion* ve *eksartysis* kelimeleri kullanılırdı. *Neoria* (çoğul); gemilerin tamir edildiği, korunduğu deniz yapısına verilen addı. Aynı kelime, bu imkânların bulunduğu tersaneler için de kullanılıyordu. *Eksartysis* (tekil, Yunanca, "gemiye donanım tedariki" anlamında) kelimesi bir gemiyi donatmak için gereken tüm işleri ve genişletilmiş şekilde,

1 Yenikapı'da gün ışığına çıkartılan batıkların toplam sayısı 26 Mart 2012 tarihi itibarıyla 36'ya ulaşmıştır. Limanın kuzey tarafındaki, deniz surlarına yakın kesimin kazılmasıyla birlikte batık sayısının artması beklenmektedir. Doç. Dr. Ufuk Kocabaş'ın başkanlığında İstanbul Üniversitesi uzmanları Yenikapı batıklarının 27'sinin gün ışığına çıkartılarak değerlendirilmesi ile toplam 31 batığın konservasyon ve rekonstrüksiyonunu üstlenmiştir. Diğer batıklar ise Sualtı Arkeoloji Enstitüsü (INA) ekibi tarafından incelenmektedir.

2 Yenikapı'da sürdürülen kazıların en önemli yanlarından biri de çok nadir olarak karşılaştığımız dört adet çektiri veya kürekli gemiye rastlanmış olmasıdır. Bu nedenle, tarafımızca çalışılacak olan iki adet çektiriden ilki olan ve yerinde inceleme çalışmalarına henüz başladığımız YK 16 bu bölüme çok genel özellikleri ile dâhil edilmiş olup *in situ* belgelemesinin tamamlanmasının ardından serinin ikinci cildinde detaylarıyla yer alacaktır.

must not get hold of anything that will make them superior to us.' Within this frame, not only products but also services could be banned. In the law *Epanagoge* of the last quarter of the tenth century it is stated that whosoever taught the barbarians to build ships would be liable to capital punishment (Balaska – Selenti 1997, 58).

In the mid-way from the Antiquity to the Modern Ages, that is, in the Byzantine period, the traditional shell-first technique was replaced by the frame-first technique, which is still in use today, as inferred from the ongoing excavations. In Antiquity, building wooden ships was entirely different in methodology from what is done today. Frame-first or skeleton-first method involves the construction of the skeleton with keel and futtocks first and then facing them with planks on the exterior and it defines an advanced technology that requires pre-planning.

Until the Byzantine period, the ships were built in the shell-first technique, also known as Greco-Roman technique; then the shells comprising the planking were built first and the skeleton was later fitted in it. This method indeed originated from the need to navigate in open seas of enlarging the canoe carved out from a single trunk by fitting planks along the two long sides and reinforcing them with ribs crossing them transversally. Thus, it is inferred that the basic features of ships, that is, the keel, ribs and side-board planking, emerged as an embryo in the shell-first ships. In time so many planks were attached to the side of the carved canoe that the vessel that emerged was something we could call a ship in today's understanding with the carved trunk becoming the keel. The planks were fitted to each other using three methods: sewing, mortise-and-tenon and clinker-built.

The oldest ships known to have been built with shell-first technique belong to the Egypt of the Old Kingdom period. Shipbuilding masters of Egypt employed the 'seam technique' to bring together the planks and the oldest surviving boat with seams is the one uncovered in the underground chamber to the south of the Great Pyramid at Giza. Known as the 'Royal Ship of Keops', this ship was dated to 2600s BC.

The planking of the ships built with mortise technique was joined with pegs or with mortise and tenons like on the Dashur boat. The planking of Uluburun ship, which is thought to have sunk about 1325 BC, was joined with large mortises placed frequently. Despite very detailed and meticulous examination, no traces of frames and futtocks have been attested at Uluburun (Pulak 1996).

This technique was also widely used by the ancient Greek, Phoenician and Roman shipbuilders. However, they used such a specialised technique that the result was far beyond carpentry only but rather a marvel of fine workmanship. Different from the Egyptians, these

gemilerin inşa edildiği alanı tanımlamaktadır. *Eksartyseis* (çoğul), esas olarak imparatorluk deniz kuvvetleri adına çalışan Bizanslı tersaneler anlamındaydı; *neoria* ise genellikle Bizans deniz üslerini tanımlamak için kullanılıyordu (Stavroulaki 1997, 24). VI. Leon'un yasaları arasında gemi yapımının yabancılara öğretilmesi ile ilgili bir yasağın yer aldığı bilinmektedir. Yasanın temeli: "Düşman kendisini bizden daha güçlü yapabilecek hiçbir nesneye sahip olmamalıdır" ilkesine dayanır. Bu çerçevede sadece ürünler değil hizmetler için de bir "yasaklama" söz konusu olabilmektedir. 10. yüzyılın son çeyreğinde, *Epanagoge* kanununda şöyle denmiştir: "Barbarlara gemi inşaatını öğretenler idam cezasıyla cezalandırılırlar" (Balaska – Selenti 1997, 58).

Eski gemi yapımcılığında Antik ve Modern Çağlar arasındaki yarı yol olan Bizans Dönemi'nde, geleneksel kaplama-ilk tekniğinden, günümüzde de kullanılan iskelet-ilk tekniğe geçildiğini, günümüze kadar süregelen arkeoloji kazılarından öğrenmiş bulunuyoruz. Antik Çağ'da ahşap bir tekne inşa etmenin yöntemi, günümüzde kullanılan modern yöntemlerden oldukça farklıydı. Önce omurga ve postalardan oluşan bir iskeletin inşa edilmesi, sonra da plakalardan oluşan bir kaplamanın bunun üzerine raptedilmesi yöntemi olan iskelet-ilk, önceden tasarlanarak imal edilme özelliği ile ileri bir teknolojiyi ifade etmektedir.

Bizans dönemine kadar geçen süreçte gemiler "kaplama-ilk" ya da "Greko-Romen (Yunan-Roma)" tekniği olarak adlandırılan, kaplama tahtalarının birleştirilmesiyle oluşturulmuş tekne kabuğuna, iskeletin sonradan monte edilmesiyle üretilmiştir. Bu yöntemin geçmişi; oyulmuş kütük kanonun açık denize adaptasyonu amacıyla her iki taraf boyunca kenarlardan itibaren kaplamalar eklenerek, bu kaplamaların karşıdan karşıya geçen kaburgalar yoluyla sağlamlaştırılmasına dayanır. Eski zamanlardan bugüne teknelerin en temel özelliklerinin, omurga, kaburga ve borda kaplamaları şeklinde kaplama-ilk tarzı teknede embriyo halinde ortaya çıktığını görüyoruz. Zaman geçtikçe oyma kütük kanonun kenarlarına o kadar çok plaka eklendi ki sonunda bizim hakiki bir tekne diyebileceğimiz yapı ortaya çıktı, oyma kütük de teknenin omurgası olarak kaldı. Kaplama tahtalarının birbirine raptedilmesinde ise üç değişik yöntem kullanılmıştır: Dikiş, zıvana ve bindirme.

Kaplama yöntemiyle imal edilmiş bilinen en eski tekneler, Eski Krallık Mısır'ına aittirler. Mısırlı gemi inşa ustaları kaplama tahtalarının birbirine bağlanmasında "dikiş" tekniğini uygulamışlardır. Yaşayan en eski dikilmiş tekne örneği, Büyük Giza Piramidi'nin güney cephesinin yakınlarındaki yeraltı odasında bulunmuştur. "Keops'un Saltanat Kayığı" olarak bilinen bu tekne, MÖ 2600'lere tarihlendirilmiştir.

Zıvana kullanılarak inşa edilen teknelerin kaplamaları iki başlı çivilerle ya da Dahşur teknelerindeki gibi dişi ve erkek zıvanaların kullanılmasıyla birleştirilir. MÖ 1325 yıllarında battığı düşünülen

ancient peoples mounted a full skeleton inside the finely built shell. One of the oldest shipwrecks built with this technique and also one studied in detail is the wreck from Girne (Kyrenia), Cyprus. The Girne shipwreck was built with short mortises locked with pegs.

Although the history of shipbuilding is studied separately for the northern countries, the ships built by the Vikings comprise the third group of shell-first ships. The clinker-built planking technique employed by the Scandinavian shipbuilders involves overlapping a certain portion of a plank on the next plank and then fixing them with pegs, nails or rivets (Vinner 2002, 10-11).

Fourth century AD marks a turning point in the history of shipbuilding. Starting in this period, the shipbuilders decreased the resistance of the shell by decreasing the importance of the edge-joining and thus, they increased the importance of the skeleton to compensate. The characteristics of this transition were attested in the Yassıada shipwreck at Bodrum dating to the fourth century AD. By the seventh century AD, the distance between mortises was increased and the mortises themselves became smaller; and the mortises were not locked with dowels any more. The seventh-century Byzantine shipwreck from Yassıada was built with shell-first technique below the waterline but at that point the master changed the building method and installed the futtocks and nailed the planks on the interior and exterior and finally fitted the wales using bolts. Thus, in the Byzantine period, which is halfway between Antiquity and Modern Ages, the master too brought together the ancient and modern methods. Consequently, transition from the shell-first to the skeleton-first was implemented (Turanlı 1999). The Bozburun shipwreck from Marmaris, dating to the ninth century AD, which is still under study, has planking joined with dowels.

Building larger and stronger vessels that could maintain the developing and growing rig could be accomplished only after switching to the skeleton-first technique. The most significant factor that paved the way for its gaining popularity was the labour and material saving it introduced. This method did not require procuring very large trunks in order to be able to curl the planks as needed. In addition, the masters did not lose time with drilling thousands of mortises. This technique allowed the ships to become larger, more flexible and stronger. The Serçe Limanı glass wreck bears importance for the shipbuilding technology for it is the first known open seas ship built with the modern technology, which involved building a strong and powerful skeleton planked afterwards. This method has been implemented in the construction of numerous wooden ships of various forms and dimensions along the Mediterranean coasts since then.

Kaş-Uluburun açıklarındaki batık geminin kaplama tahtalarının birleştirilmesinde de büyük ve sık zıvanalar kullanılmıştır. Tüm detaylı incelemelere rağmen, Uluburun gemisinde eğri ve postaların varlığını gösteren bir belirtiye rastlanamamıştır (Pulak 1996, 20).

Bu teknik, Yunan, Fenike ve Romalı tekne yapımcılarının da kullandığı yöntemdir. Fakat onlar o kadar özel bir teknik kullanmışlardır ki, sonucu salt bir marangozluk olmaktan öte, bir ince işçilik harikası ortaya çıkmıştır. Mısırlılardan farklı olarak, incelikle inşa ettikleri kabuğa bütün bir iskelet monte etmişlerdir. Bu yöntemin tam anlamıyla uygulandığı bilinen en eski ve iyi araştırılmış gemi örneklerinden biri Girne batığıdır. Girne batığında kısa zıvanalar kavela ile kilitlenerek kullanılmıştır.

Kuzey ülkelerindeki gemi yapımcılığının izlediği seyir Akdeniz'den ayrı ele alınmakla birlikte, kaplama-ilk tekniğiyle inşa edilmiş teknelerin üçüncü grubunu Vikingler tarafından imal edilenler oluşturur. İskandinav tekne yapımcıları tarafından kullanılan bindirme kaplama tekniğinde, her plaka bir altındakinin bir miktar üzerine gelecek şekilde oturtulup, mıh, çivi ya da perçinle tutturulur (Vinner 2002, 10-11).

MS 4. yüzyıl eski gemi yapımcılığında bir dönüm noktası teşkil eder. Bu zamandan itibaren, gemi yapımcıları, birleştirmenin önemini azaltarak kabuğun mukavemetini düşürdüler ve bunu telafi etmek için de iskeletin önemini artırdılar. Bu geçiş dönemi özellikleri Bodrum Yassıada 4. yüzyıl batığında da tespit edilmiştir. 7. yüzyıla gelindiğinde zıvana geçmelerinin arası daha da açılarak, zıvana boyutları küçüldü. Ayrıca, zıvanalar artık kavelalarla kilitlenmiyordu. Yassıada 7. yüzyıl Bizans batığında teknenin su kesimi kabuk-ilk yöntemiyle tamamlandı. Bu aşamada usta, inşa yöntemini değiştirerek geminin geri kalan postalarını dikti ve bu postaların üzerine iç ve dış kaplamaları çiviledikten sonra cıvata kullanarak kuşak tahtalarını ekledi. Antik ve modern çağlar arasında yarı yol olan Bizans döneminde, usta da gemisinin inşası için, eski ve modern yöntemleri birleştirerek karma bir yöntem uygulamış oldu. Sonunda, kaplama-ilk tekniğinden, iskelet-ilk tarzı yapıma geçiş sağlandı (Turanlı 1999). Halen inceleme çalışmaları devam eden Marmaris Bozburun (9. yüzyıl) batığında ise kaplama tahtaları kavelalar ile tutturulmuştur.

Gittikçe gelişen ve büyüyen armayı taşımak için daha büyük ve güçlü teknelerin inşa edilmesi, iskelet-önce yöntemine geçilerek sağlanmıştır. Bu yöntemin benimsenmesinde en önemli faktör, kullanılan malzeme ve işgücünde sağlanan tasarruftur. Bu yöntemde kalaslara istenilen eğimin verilmesi için büyük kütüklerin kesilmesi gerekmiyordu. Ayrıca gemi inşa ustalarının büyük zamanını alan binlerce zıvana deliğinin açılması da gerekmiyordu. Bu teknik gemilerin daha esnek, büyük ve güçlü olmasını sağlamaktaydı. Serçe Limanı Cam Batığı'nın gemi inşa teknikleri yönünden önemi, modern bir biçimde inşa edilmiş olduğu bilinen ilk açık

Most of the extremely well-preserved ships of the fifth – tenth centuries uncovered at Yenikapı have the edges of planks below the waterline joined with dowels. The excellent condition of the Yenikapı wrecks has revealed the edge-joining systematic and shipbuilding technology employed. This dowel system, with minimised implementation, displays the last phase of the transition to the skeleton-first technique. Change and development in shipbuilding philosophy had its turning point in the Byzantine period and the traditional route of transferring the cruces via the master-apprentice relation gave way to a pre-planned structure resulting in engineering and transferability to the future generations. This transitional period technique, the turning point in the history of skeleton-first construction, allowed the shipbuilders to test the new technique and develop their knowledge and skills about it. The skeleton-first ships assumed the pioneer role of the discoveries at sea to come.

Recent research has shown that the shipbuilding technology across the Mediterranean did not follow a linear course and that the Tantaura shipwrecks dated to the fifth – sixth centuries AD could be the forerunners of this hypothesis (Kahanov – Royal 2001). The Yenikapı (YK) 17 datable to the eighth – ninth centuries AD (i.e. from the sediment unit 5), whose on site documentation has been completed, for the time being suggest that it was built with skeleton-first technique. These results are not binding as we expect to attain the decisive conclusions when their detailed studies are completed[3].

The shipwrecks presented in this chapter are grouped under two headings as trade ships and galleys. The trade ships are further grouped into three as small cargo ships or fishing boats for coastal seafaring, about 8 – 9 m. long (YK 6, 9, 12); medium size cargo ships about 10 – 12 m. long (YK 7, 18, 8); and large cargo ships about 17 – 19 m. long (YK 15, 17, 3).

3 Only two of the ships in the excavation site have been found together with their cargo while all the rest have survived with their wooden constructions only. Therefore, the ships can be dated roughly based on the materials coming from the stratigraphy. As the excavations still continue, evaluation of the stratigraphic materials cannot be considered decisive at this point; thus, all the shipwrecks lifted by the Istanbul University team will be dated with C14 method in order to be able to attain decisive conclusions.

deniz teknesi olmasıdır. Modern yöntemde, önce güçlü ve sağlam bir iskelet oluşturulmuş, ardından kaplama bu iskelete tutturulmuştur. Bu yöntem kullanılarak Akdeniz sahillerinde günümüze kadar değişik form ve büyüklüklerde sayısız ahşap gemi inşa edilmiştir.

Yenikapı'da saptanan 5. ve 10. yüzyıllara tarihlenen ve inanılmaz ölçüde iyi korunagelmiş gemilerin çoğunda, suyunaltındakalankaplamalarınınkenarbağlantılarında kavela kullanıldığı tespit edilmiştir. Batıkların mükemmel durumu hiçbir şüpheye meydan vermeden kenar bağlantılarının sistematiğini ve gemilerin yapım teknolojilerini anlamamızı sağlamıştır. Bu kavela sistemi, mümkün olan en düşük düzeyde kullanımıyla, iskelet-ilk tarzı yapıma geçişteki son noktayı gözler önüne sermektedir. Bizans döneminde dönüm noktası yaşamış olan imalat felsefesindeki değişim ve gelişim, usta çırak ilişkisi ile püf noktaları aktarılan geleneksel yordamdan kurtularak, sonucu mühendislik olan, plan üzerinde çalışılan ve bir sonraki kuşaklara aktarılabilen bir yapıya bürünmüştür. İskelet-ilk gemilerin inşasında dönüm noktası olan bu geçiş dönemi tekniği, gemi yapımcılarının yeni yöntemi test edebilecekleri ve bu yöntem hakkında bilgilerini ve yeteneklerini geliştirebilecekleri bir çalışma olmuştur. İskelet-ilk tarzı gemiler insanoğlunun denizlerde yapacağı yeni keşiflerin öncülüğünü üstlenmiştir.

Son yıllarda sürdürülen araştırmalar sonucunda Akdeniz'deki gemi yapım teknolojisinin lineer bir yol izlemediği, MS 5-6. yüzyıllara tarihlenen Tantaura batıklarının da bu tezin öncülü olabileceği düşünülmektedir (Kahanov, Royal 2001). Yenikapı kazılarında 5. tabaka içinde yer alan 8-9. yüzyıllara tarihlenen ve *in situ* belgelemesini tamamladığımız YK 17 iskelet-ilk tekniği ile inşa edildiği yönünde izlenimler sunmaktadır. Kesin sonuçlara ise batıkların detay incelemelerinin tamamlanmasının ardından varılması daha doğru olacaktır[3].

Bu bölümde ele aldığımız batıkları yük gemisi ve çektiri tarzı gemiler olarak ikiye ayırdık. Yük gemileri de kendi içlerinde alanda çıkan batıkların boyutlarına göre kıyı denizciliği yapan küçük yük ya da balıkçı tekneleri (boyu 8-9 m arası olan, YK 6, 9, 12); orta büyüklükteki yük gemileri (boyu 10-12 m arası olan, YK 7, 18, 8) ve büyük yük gemileri (boyu 17-19 m arası olan, YK 15, 17, 3) olarak sınıflandırılmıştır.

3 Kazı alanında şu ana kadar belirlenen batıklardan iki adedi taşıdığı yükü ile bulunmuş olup, diğer batıkların sadece ahşap kısımları ele geçmiştir. Bu nedenle batıkların tarihlendirilmesinde tabaka içinden gelen malzeme ile yaklaşık tarihlendirmeler yapılabilmektedir. Tabaka malzemesinin değerlendirme çalışmaları, kazının sürmesi nedeni ile bir kesinlik arz etmediğinden, daha sağlıklı ve kesin sonuçlara ulaşılabilmesi açısından tarafımızca kaldırılan batıkların tamamının C14 yöntemi ile tarihlendirilmeleri proje kapsamında gerçekleştirilecektir.

A. Trade ships

1. Yenikapı 6

YK 6 shipwreck has survived with its starboard and port bottom intact, measuring 6.20 m. long and 1.90 m. wide. It is estimated to be about 8 m. long and 2.50 m. wide originally. The shipwreck was found at -1 m. level inside the sediment unit 6, extending in the north-south direction and it is dated to the tenth century. YK 6 was a small cargo ship or fishing ship suitable for coastal seafaring. It had no deck but a small bow seat and a stern seat, a single mast and sailed with spritsail. Repairs, additions and abrasions observed on the floor timbers and planking evince the long-lasting life of the vessel.

The vessel comprises the keel, part of the stem, eight starboard and eight portside planking strakes forming the bottom, 26 frames of varying sizes, two bilge keels crossing the vessel lengthwise on the starboard and portside under the bottom, keel on the interior and the mast step fitted on the floor timbers to hold the mast. Some of the frames and planking were added or renewed during repairs, as observed. The shipwreck did not have its cargo or other equipment on the interior but all its members were *in situ* (Fig. 1, Dwg. 1).

All the surviving planks were joined with dowels – which indicates that the extant bottom was built with shell-first technique. As the first wale has not been recovered, it is not possible to comment whether the shell-first building technique continued from this point onward or the shipbuilding master switched to the skeleton-first technique.

It has been observed that the YK 6 was an old boat and had undergone repairs, coated many times with putty before it finally sank. Between the planking strakes is luting and the interior of the vessel was entirely coated with putty in order to make it watertight. Our examination has clearly shown that between the planking strakes of the bottom are plenty of rope fragments and remains of luting made from colophony resin mixed with oakum. In the course of dismantling the planking, we noted luting ropes wrapped around the dowels, which shows that this material was laid in the seams during the joining of planks. The interior of the vessel is quite worn out and especially the bottoms of the floor timbers and futtocks as well as the tops of the seams were coated with a thick layer of putty. The putty layer still adheres very well on the wood and was made from colophony resin mixed with oakum fragments and it is yellowish in colour and has hardened fabric.

Absence of any traces for a ceiling that faced the interior suggests that the ceiling system was multi-pieced and portable and covered only the bottom. Therefore, the ceiling probably floated at the time of sinking and thus has not survived.

The *in situ* documentation of YK 6 shipwreck started on March 10th, 2006 and following the completion of the documentation, its mast step, futtocks, floor

A. Ticaret Gemileri

1. Yenikapı 6

Günümüze iskele ve sancak karinası sağlam olarak ulaşan YK 6 batığının korunan uzunluğu 6,2 m, karinasının en geniş yeri 1,90 m'dir. Özgün boyu ise yaklaşık 8 m, genişliği de 2,5 m olarak belirlenmiştir. 6 numaralı sediment istifi içinde, -1 m kodunda, kuzey-güney doğrultusunda belirlenen batık, MS 10. yüzyıla tarihlenmektedir. YK 6, küçük bir baş üstü ve kıç üstüne sahip olan, güvertesiz, tek direkli ve yan yelken donanımı ile hareket eden, düz bir karinaya sahip kıyı denizciliği yapan küçük bir yük gemisi ya da balıkçı teknesidir. Döşek ve kaplamalarda görülen onarım, ilave ve aşınmalar teknenin uzun süre kullanıldığına işaret etmektedir.

Tekne; omurga, baş bodoslamanın bir kısmı, karinayı oluşturan 8 sıra sancak, 8 sıra iskele kaplama tahtası, değişik boyutlarda 26 adet eğri, karinanın altında iskele ve sancak yanlarında tekneyi boydan boya geçen birer yalpa omurga ve iç kısımda omurga ve döşeklere bağlanmış yelken direğinin sabitleneceği, üzerinde ıskaça deliği bulunan yelken yatağından oluşmaktadır. Bazı eğrilerin ve kaplama tahtalarının teknenin tamir aşamasında eklendikleri ya da değiştirildikleri saptanmıştır. İçinde yük ve diğer aksamı bulunmayan batığın tüm elemanları *in situ* durumdadır (Res. 1), (Çiz. 1).

Batığın günümüze ulaşan kaplama tahtalarının tamamının birleştirilmesinde kavelalar kullanılmıştır. Bu da bize karinanın mevcut kısmının kabuk-ilk yöntemi ile inşa edildiğini göstermektedir. Teknenin ilk çapa tahtası (yumrusu) mevcut olmadığı için bu noktadan sonra yapım tekniğinde iskelet-ilk tekniğine dönüş olup olmadığı anlaşılamamaktadır.

YK 6 batığının yaşlı bir gemi olduğu ve batmadan önce bazı tamiratlar geçirerek kat kat macunlandığı tespit edilmiştir. Geminin su geçirmezliğini sağlamak amacıyla kaplama tahtalarının aralarına serme kalafat çekilmiş ve teknenin iç kısmı tamamen macun ile sıvanmıştır. Karinayı oluşturan kaplama tahtalarının arasında bol miktarda ince halat parçaları ve kolofon reçinesinin içine karıştırılan kıtık ile yapılmış serme kalafat kalıntıları belirlenmiştir. Kaplama tahtalarının sökülmesi esnasında birleşimi sağlayan kavelaların etrafından dolanan serme kalafat bize bu malzemenin armuz arasına birleşim esnasında sürüldüğünü göstermektedir. Oldukça aşınmış durumda olan teknenin içi, özellikle döşek ve postaların dipleri ile armuz aralıklarının üzerleri kalın bir macun tabakası ile sıvanmıştır. Ahşap üzerine yapışma özelliğini halen mükemmel bir şekilde korumakta olan bu macun tabakası, kolofon reçinesi ile kıtık parçalarının karışımından elde edilmiş sarımsı renkte ve sertleşmiş bir yapıdadır.

Teknenin içinde farş tahtası olarak adlandırılan iç kaplamaya ait herhangi bir bağlantı izi bulunmayışı, sadece tabanı kaplayan parçalı ve portatif bir farş sisteminin timbers and planking on top were dismantled and lifted using the negative mould method (Fig. 2a, b). The remaining six strakes, keel and stem were packed as a single mass and placed in the pool. All this documentation, dismantling and lifting work on YK 6 was completed on May 13th, 2006 (Fig. 3a, b).

Keel

The rectangular keel has survived 5.30 m. long with its stem and sternpost scarphs (Fig. 4). Its top width is 5 cm. at the stem, 9 cm. in the middle and 7 cm. at the stern while its average thickness is 11 cm[4]. Toward the stem end of the keel is an oval hole measuring 4x5 cm. and it is thought to have served for pulling the vessel to the beach. Disregarding the floor timbers added later for strengthening purposes, the floor timber – keel fastenings are fixed with iron nails at every other scarph; other floor timbers were either not fastened or treenails were used.

Stem and sternpost

The 5 cm. wide and 8 cm. thick stem has survived 80 cm. long and its intact bottom evinces about the slope (Fig. 5a, b).

At the stern, the sternpost is missing although its corresponding scarph part on the keel has survived.

Planking

The planking exists as eight strakes on both the starboard and portside and although they look fine from outside their resistance has weakened considerably. The planks vary in length and width and their thickness vary from 16 to 20 mm. Their widths are listed in Table 1 below.

Table / Tablo 1

Planking widths at selected frame locations (SK: starboard planking, İK: port planking, E: frame).

Seçilen eğri sıralarına göre dış kaplama genişlikleri (SK: Sancak kaplama, İK: İskele kaplama, E: Eğri)

Name of planking Kaplama adı	E1 (mm)	E5 (mm)	E11 (mm)	E14 (mm)	E21 (mm)	E26 (mm)
SK7	–	190	190	80	50	–
SK6	175	140	200	170	145	–
SK5	90	110	110	95	100	60
SK4	–	–	40	30	–	–
SK3	50	110	130	110	40	–
SK2	145	160	160	170	140	90
SK1	125	150	135	130	95	–
SB	125	110	100	110	80	75
İB	90	80	50	65	70	120
İK1	130	150	150	120	90	–
İK2	155	160	160	180	140	95
İK3	–	–	40	–	–	–
İK4	125	145	140	145	45	–
İK5	–	15	50	50	50	–
İK6	–	–	95	90	–	–
İK7	–	–	100	110	–	–

4 The measurements given in this book were taken *in situ* before the disassembling of the wrecks.

varlığına işaret etmektedir. Geminin batma anında yüzen farşlar bu nedenle günümüze kadar ulaşamamış olmalıdır.

10 Mart 2006 tarihinde başlayan YK 6 *in situ* belgeleme çalışmalarının ardından, yelken yatağı, posta, döşek ve üst sıradaki dış kaplamaları sökülerek, negatif kalıp yöntemiyle kaldırılmıştır (Res. 2a, b). Son altı sıra, omurga ve baş bodoslama kütle olarak paketlenerek havuza taşınmıştır. Kaldırma çalışmalarıyla birlikte YK 6'nın belgeleme ve sökülerek taşınma işlemleri 13 Mayıs 2006 tarihinde tamamlanmıştır (Res. 3a, b).

Omurga

Baş ve kıç uçlarındaki bodoslama geçmeleri korunmuş olan omurga, 5,30 m uzunluğunda ve dikdörtgen biçimlidir (Res. 4). Üst genişliği teknenin baş tarafında 5 cm, ortasında 9 cm, kıç tarafında 7 cm; yüksekliği ortalama 11 cm'dir[4]. Omurganın baş ucuna doğru 4 x 5 cm ölçülerinde oval bir delik bulunmakta olup bunun tekneyi karaya çekmek amacıyla kullanıldığı düşünülmektedir. Sonradan eklenen destekleme amaçlı döşekleri dikkate almadığımızda, omurga bağlantılarına bir atlayarak demir çivi çakıldığı, diğer döşeklerde bağlantı yapılmadığı ya da ahşap çivi kullanıldığı belirlenmiştir.

Bodoslamalar

YK 6'nın 80 cm uzunluğunda, 5 cm genişliğinde ve 8 cm kalınlığındaki baş bodoslamasının korunmuş olan alt kısmı, bodoslamanın kavisi hakkında bilgi vermektedir (Res. 5a, b).

Kıç kısmında omurganın bodoslama ile birleşme yerinde geçmesi korunmuş olmasına karşın kıç bodoslaması mevcut değildir.

Dış Kaplamalar

Sancak ve iskele kısımlarında 8 sıra olarak bulunan kaplama tahtaları dış biçim itibarıyla oldukça iyi durumda gözükseler de dirençleri zayıftır. Boy ve genişlikleri farklılık gösteren bu ahşapların kalınlıkları 16-20 mm arasında değişmektedir. Kaplama tahtalarının genişlikleri tablo 1'de verilmiştir.

Akdeniz geleneğine bağlı olarak inşa edilen armuz kaplama sıralarının birleşme yerlerinde 25-70 cm aralıklarla yerleştirilmiş ahşap kavelalar bulunmuştur. Bu kavelalar ortalama 10 cm uzunluğunda, 1 cm çapındadır. Kaplamaların arasında serme kalafat tespit edilmiştir.

Kaplama sıraları boyunca, alandaki diğer teknelerinkilere oranla daha kısa olan YK 6'nın tahtalarını birleştiren parileler, bir adet "S" biçimli olan hariç, diyagonal şekillidir (Tab. 2). Bunlar yan yüzeylerinden kavelalarla birbirlerine bağlanmıştır.

4 Bu kitaptaki ölçümler batıklar sökülmeden önce *in situ* durumdayken alınmıştır.

Fig. / Res. 1
Photo-mosaic image of YK 6 shipwreck.
YK 6 batığına ait foto-mozaik.

0 10 50 100 cm

Fig. / Res. 2a, b

The *in situ* condition of the shipwreck which did not contain cargo or other furnishings.

İçinde yük ve diğer aksamı bulunmayan batığın in situ *durumu.*

Fig. / Res. 3a, b

The keel, stem and the last six planking strakes carried to the pools by lifting as a single mass.

Kütle olarak paketlenerek havuza taşınan omurga, baş bodoslama ve son altı sıra kaplama tahtası.

Table / Tablo 2

Form, length and number of scarphs along a strake (SK: starboard planking, İK: port planking, E: frame)

Bir kaplama sırasına ait parilelerin biçim, uzunluk ve sayıları (SK: Sancak kaplama, İK: İskele kaplama, E: Eğri)

Code of planking Kaplama kodu	Scarph form Parile biçimi	Extant length of planking from scarph to scarph (cm) Parileden parileye mevcut kaplama uzunluğu (cm)	No. of extant scarphs Mevcut parile sayısı
SK7	Diagonal / Diyagonal	255 (SK7-1); 85 (SK7-2); 30 (SK7-3)	2
SK6	Diagonal / Diyagonal	102 (SK6-1); 390 (SK6-2)	1
SK5	Diagonal / Diyagonal	68 (SK5-1); 535 (SK5-2)	1
SK4	–	225 (SK4)	none / yok
SK3	–	465 (SK3)	none / yok
SK2	Diagonal / Diyagonal	290 (SK2-1); 320 (SK2-2)	1
SK1	Diagonal / Diyagonal	85 (SK1-1); 490 (SK1-2)	1
SB	Diagonal / Diyagonal	335 (SB-1); 175 (SB-2)	1
İB	Curved (S) / "S" biçimli	335 (İK-1); 90 (İK-2)	1
İK1	Diagonal / Diyagonal	30 (İK1-1); 235 (İK1-2), 165 (İK1-3)	2
İB/İK1	Arced / Kavisli	125	–
İK2	Diagonal / Diyagonal	280 (İK2-1); 285 (İK2-2)	1
İK3	–	150	none / yok
İK4	–	450	none / yok
İK5	–	245	none / yok
İK6	Diagonal / Diyagonal	205 (İK6-1); 172,5 (İK6-2)	1
İK7	–	185	none / yok

At the joining of the strakes built according to the Mediterranean tradition are wooden dowels placed every 25 to 70 cm. These dowels are 10 cm. long on the average and have a diameter of 1 cm. Luting is attested between the planks.

Along the planking strakes, the scarphs joining the planks of YK 6, which is shorter than the other vessels in the area, are diagonal-shaped except for one which is S-shaped (Table 2). These are joined with dowel on their lateral sides.

Eğri Sistemi

Döşekler

Omurga boyunca uzanan 26 adet döşeğe ilaveten, 1 adet kıç, 1 adet baş kısımdaki izler ile bilinen döşek sayısı toplam 28 adettir. Döşekler arası mesafeler 23 cm ile 28 cm arasında değişmektedir (Tab. 3). Tablo 3'te görülen 5,5 ile 19 cm'ler arasında değişen değerler, sonradan destek amacıyla konulmuş döşekler nedeniyle oluşmuştur. Bunların (E3, E5, E16, E18, E20, E23) üzerlerinde çok az ahşap çivi bulunması ve kaplama yönünden demir çiviler kullanılarak bağlanmaları, sonradan yapılan onarımlara işaret etmektedir. Bu

Fig. / Res. 4

Joining of the rectangular keel with the sternpost.

Dikdörtgen kesitli omurganın kıç bodoslama ile birleşim yeri.

5a

5b

Fig. / Res. 5a, b

The preserved lower part of the stem revealing information about the slope of the stem.

Bodoslamanın kavisi hakkında bilgi veren baş bodoslamasının korunmuş olan alt kısmı.

Frame system

Floor timbers

In addition to 26 floor timbers extending across the keel, there are traces of one on the bow and one on the stern; thus, the total number of floor timbers identified is 28. The space between the floor timbers varies from 23 to 28 cm. (Table 3). The values varying from 5.5 to 19 cm. arise from the floor timbers added later on for strengthening purpose. These (E3, E5, E16, E18, E20, E23) bear very few treenails and the fact that they are joined with iron nails hammered from the planking ahşapların, diğerlerinden farklı bir ağaç cinsinden imal edilmiş olup farklı renk, tekstür özellikleri ve bozulma türlerine sahip olmaları bu yöndeki fikirleri desteklemektedir.

Döşekler genellikle dikdörtgen kesitli, üst yüzeyleri aşağı bakan yay biçimli; 3 ile 5 cm. arasında değişen genişlikte ve ortalama 6 cm. yüksekliktedirler. Omurga üzerinde ve bitim uçları arasında büyük ölçü farkları bulunmamaktadır. Sintine delikleri, 15 mm. yüksekliğinde, 25 mm. genişliğinde ve omurgaya bakan kenarları dik açılı olan üçgenler şeklindedir.

Interval Aralık referansı	Space (cm) Uzunluk (cm)	Interval Aralık referansı	Space (cm) Uzunluk (cm)	Interval Aralık referansı	Space (cm) Uzunluk (cm)
E0-E1	26	E10-E11	23	E20-E21	23
E1-E2	24	E11-E12	26	E21-E22	23
E2-E3	5.5	E12-E13	26	E22-E23	6
E3-E4	19	E13-E14	26	E23-E24	18
E4-E5	16.5	E14-E15	26	E24-E25	26
E5-E6	7	E15-E16	18	E25-E26	28
E6-E7	23	E16-E17	6		
E7-E8	25	E17-E18	18		
E8-E9	23	E18-E19	6		
E9-E10	28	E19-E20	26		

Table / Tablo 3

Distances between the floor timbers.

Döşeklerin birbirlerine olan uzaklıkları.

side indicates repairs of later times. This hypothesis is further supported by the facts that their timber is from a different tree species and that they have different colours, texture and decaying types.

The floor timbers are usually rectangular in cross-section and their top surfaces are convex; their widths vary from 3 to 5 cm. and they are 6 cm. thick on the average. The dimensions on the keel and the ends do not change too much. Limber holes are 15 mm. deep and 25 mm. wide; they are shaped like triangles whose right-angled sides face the keel.

Döşekleri kaplamalara bağlayan ahşap çiviler 6 mm ile 10 mm arasında değişen çokgen kesitte ve 7 cm uzunluğunda; 7-13 cm'lik değişen aralıklarla çakılmıştır. Kaplama yönünden çakılan demir çiviler özellikle E26, E25, E24, E23, E21, E20, E19, E18, E5, E3'te izlenmektedir. Bir kaplamaya düşen çivi sayısı kaplamanın genişliğine göre değişmektedir (Tab. 4).

Postalar

Eğri sisteminde E8, E10, E11, E12, E14, E15, E19 kodlu döşeklerin hizasından devam eden 8 adet sancak postası (E8-S1, E10-S1, E11-S1, E12-S1, E14-S1, E15-S1, E17-S1, E19-S1) günümüze ulaşmıştır. Postalar, ortalama 5,5-6 cm kalınlıkta 3-4 cm genişliktedir. Bunları kaplamalara bağlayan ahşap çivilerin çapları ve uzunlukları döşek çivileriyle aynıdır. Döşek-posta birleştirmelerinde parileler, ahşap çivilerle bağlanmıştır (Res. 6).

Table / Tablo 4

Types and number of nails observed on the top surfaces of floor timbers, the corresponding planking they are fixed unto (DÇ: iron nail, AÇ: treenail) / *Döşeklerin üst yüzeylerinden görülen çivi türleri, sayıları ve bağlandıkları kaplamalar (DÇ/dç: Demir çivi, AÇ/aç: Ahşap çivi)*

Code of floor timber Döşek kodu	Corresponding planking Bağlandığı kaplama	AÇ (ea.) AÇ (adet)	DÇ (ea.) DÇ (adet)
E1	SK3 (1 aç), SK2-1 (2 aç), SK1-1 (1 aç), SB-1 (1 aç), İB-1 (1 aç), İK1-1 (2 aç), İK2-1 (1 aç)	9	-
E2	SK6-1 (1 aç), SK5-1 (1 aç), SK3 (1 aç), SK2-1 (2 aç), SK1-1 (1 aç), SB-1 (1 aç), İB-1 (1 aç), İK1-1 (1 aç), İK2-1 (2 aç), İK4 (1 aç)	12	-
E3	SK3 (1 dç)		1
E4	SK5-2 (1aç), SK3 (1 aç), SK2-1 (2 aç), SK1-2 (2 aç), SB-1(1 aç), İB-1 (1 aç), İK1-2 (1 aç)	9	-
E5	İB-1 (1 aç), İK1-2 (1 aç)	2	-
E6	SK6-1 (1 aç), SK5-2 (1 aç), SK3 (1 aç), SK2-1 (2 aç), SK1-2 (2 aç), SB-1 (1 aç), İB-1 (1 aç), İK1-2 (2 aç),İK2-1 (2 aç), İK4 (2 aç)	15	-
E7	SK5-2 (1 aç), SK3 (1 aç), SK2-1 (2 aç), SK1-2 (2 aç), SB-1 (1 aç), İK-1 (1 aç), İK1-2 (1 aç), İK2-1 (2 aç), İK4 (2 aç)	13	-
E8	SK7-1 (1 aç), SK6-2 (1 aç), SK5-2 (2 aç), SK3 (1 aç), SK2-1 (2 aç), SK1-2 (1 aç), SB-1 (1 aç), İK1-2 (2 aç), İK2-1 (2 aç), İK4 (1 aç), İK5 (1 aç), İK6-1 (1 aç)	16	-
E9	SK6-2 (2 aç), SK5-2 (2 aç), SK4 (1 aç), SK3 (1 aç), SK2-1 (2 aç), SK1-2 (1 aç), SB-1 (1 aç), İK-1 (1 aç),İK1-2 (1 aç), İK2-1 (2 aç), İK3 (1 aç), İK4 (1 aç), İK5 (1 aç), İK6 (1 aç)	18	-
E10	SK7-1 (1 aç), SK6-2 (1 aç), SK5-2 (1 aç), SK4 (1 aç), SK3 (1 aç), SK2-1 (2 aç), SK1-2 (1 aç), SB-1 (1 aç), İB-1 (1 aç), İK1-2 (2 aç), İK2-1 (1 aç), İK3 (1 aç), İK4 (1 aç), İK5 (1 aç), İK6 (1 aç), İK7 (2 aç)	19	-
E11	SK5-2 (1 aç), SK4 (1 aç), SK3 (1 aç), SK2-1 (2 aç), SK1-2 (1 aç), SB-1 (1 aç), İB-1 (1 aç), İK1-2 (2 aç), İK2-1 (2 aç), İK3 (1 aç), İK4 (1 aç), İK5 (1 aç), İK6 (1 aç)	16	-
E12	SK7-1 (1 aç),SK6-2 (2 aç), K5-2 (1 aç), SK4 (1 aç), SK3 (1 aç), SK2-1 (2 aç), SK1-2 (1 aç), SB-1 (1 aç), İB-1 (1 aç), İK1-2 (1 aç), İK2-1 (2 aç), İK4 (2 aç), İK5 (1 aç)	17	-
E13	SK5-2 (2 aç), SK4 (1 aç), SK3 (1 aç), SK2-1 (1 aç), SK1-2 (1 aç), SB-1 (1 aç), İB-1(1 aç), İK1-2 (2 aç), İK2-2 (1 aç), İK4 (2 aç)	13	-
E14	SK7-1 (1 aç), SK6-2 (1 aç), SK5-2 (2 aç), SK3 (1 aç), SK2-2 (2 aç), SK1-2 (1 aç), SB-1 (1 aç), İK1-3 (1 aç), İK2-2 (1aç), İK4 (1 aç), İK5 (1 aç), İK6 (2 aç)	15	-
E15	SK7-2 (1 aç), SK6-2 (2 aç), SK5-2 (1 aç), SK4 (1 aç), SK3 (1 aç), SK2-2 (2 aç), SK1-2 (1 aç), İB-1 (1 aç), İB-1 (1 aç), İB-2 (1 aç), İK1-3 (1 aç), İK2-2 (2 aç), İK4 (2 aç), İK5 (1 aç)	18	-
E16		-	-
E17	SK7-2 (1 aç), SK6-2 (2 aç), SK5-2 (1 aç), SK3 (2 aç), SK2-2 (2 aç), SK1-2 (1 aç), SB-2 (1 aç), SB-1 (1 aç), İK1-3 (1 aç), İK4 (1 aç), İK6 (1 aç)	14	-
E18		-	-
E19	SK2-2 (1 aç), SK1-2 (1 aç), SB-2 (1 aç), İK1-3 (1 aç), İK2-2 (1 aç), İK4 (2 aç)	7	-
E20		-	-
E21	SK6-2 (2 aç), SK3 (1 aç), SK2-2 (3 aç), SK1-2 (1 aç), SB-2 (1 aç), İB-2 (1 aç), İK2-2 (3 aç), İK4 (1 aç)	12	-
E22	SK5-2 (1 aç), SK2-2 (2 aç), SK1-2 (1 aç), SB-2 (1 aç), İB-2 (1 aç), İB/İK1 (1 aç), İK1-3 (2 aç)	9	-
E23		-	-
E24	SK5-2 (1 aç), SK2-2 (1 aç), SK1-2 (2 aç), İB-2 (1 aç), İB/İK1 (2 aç)	7	-
E25	SK5-2 (1 aç, 1 dç), SK2-2 (1 aç), SK1-2 (1 aç), İB/İK1 (2 aç), İK2-2 (1 aç)	6	1
E26	SK5-2 (1 aç), SK2-2 (1 aç), SK1-2 (1 aç), İB/İK1 (1 aç)	4	

Treenails fastening the floor timbers to the planking are polygonal in cross-section varying from 6 to 10 mm. and are 7 cm. long. They were fitted 7 to 13 cm. apart. The iron nails hammered from the planking side are especially discernible on E26, E25, E24, E23, E21, E20, E19, E18, E5 and E3. Number of nails per planking varies according to its width (Table 4).

Futtocks

Eight starboard futtocks have survived in total: E8-S1, E10-S1, E11-S1, E12-S1, E14-S1, E15-S1, E17-S1 and E19-S1. These futtocks extend the floor timbers E8, E10, E11, E12, E14, E15 and E19 respectively. The futtocks are 5.5 – 6 cm. thick and 3 – 4 cm. wide on the average. The diameters and lengths of the treenails fastening these futtocks on the floor timbers are the same as those of the floor timbers. The scarphs joining the floor timbers with futtocks are fastened with treenails (Fig. 6).

Mast step

The mast step measuring 89 cm. long, 12 cm. wide and 9 cm. high is located very close to the bow, from between the E20 and E21 through between E25 and E26. It is mounted on tops of floor timbers E21, E22, E23, E24 and E25 and also fixed with an iron nail only on E21, E23 and E25 (Figs. 7-8; Dwg. 2). There is a rectangular mortise for the heel of the mast, measuring 5 cm. wide, 65 mm. long and 54 mm. deep. The proximity of the mast step to the stem suggests that this vessel had a single mast and sailed using a spritsail (Fig. 9), (Casson 1994, 116).

Bilge keel

There is a bilge keel both on starboard and port sides extending all along the hull. The bilge keel of the port side can be followed between E3 and E20, on the strakes İK2, İK4 and İK6 while the bilge keel on the starboard side is followed between E0 and E18, on the strakes SK1, SK2 and SK3. They are fastened on the planking with treenails of 15 mm. diameter on both sides. The starboard side bilge keel measures 2 cm. thick at the bow end, 5 cm. in the middle and 4 cm. at the stern end while the port side bilge keel measures 25 mm. thick at the bow end, 4 cm. in the middle and 4 cm. at the stern end; their average widths are 4 cm. (Fig. 10a-c).

Fig. / Res. 6

Fastenings of floor timbers and futtocks with treenails.
Ahşap çivilerle sağlanan döşek-posta birleştirmeleri.

Fig. / Res. 7

Detail from the mast step.
Yelken yatağından detay.

Fig. / Res. 8

General view of the mast step.
Yelken yatağından genel görünüş.

Fig. / Res. 9

Depiction of a boat with spritsail in relief on a tomb stele dated to the second or the third century AD. Istanbul Archaeological Museums.

MS 2. ya da 3. yüzyıla tarihlenen mezar taşı üzerinde yan yelken donanımı ile betimlenmiş tekne rölyefi. İstanbul Arkeoloji Müzeleri.

Yelken Yatağı

Toplam uzunluğu 89 cm, genişliği 12 cm, yüksekliği 9 cm olan yelken yatağı, teknenin baş kısmına çok yakın şekilde E20 ve E21 arası ile E25 ve E26 arasına konumlandırılmıştır. E21, E22, E23, E24, E25'e kertmeli geçmeler ile oturtulmuş; E21, E23, E25'e birer demir çivi ile tutturulmuştur (Res. 7, 8), (Çiz. 2). Üzerinde dikdörtgen şekilli, 50 mm genişlik; 65 mm uzunluk; 54 mm derinlikte yelken direği topuğunun oturacağı ıskaçası vardır. Yelken yatağının baş bodoslamaya oldukça yakın bir konumda bulunması, tek direkli ve yan yelken donanımı ile hareket eden bir tekne olduğuna işaret etmektedir (Res. 9), (Casson 1994, 116).

Yalpa Omurga

İskele ve sancak yanında, gövde uzunluğu boyunca süren, birer yalpa omurga yer almaktadır. İskele yalpa omurga E3 ve E20 arasında, İK2, İK4, İK6 sıralarında; sancak yalpa omurga E0 ve E18 arasında, SK1, SK2, SK3 kaplama sıralarında izlenmektedir. Her iki yönde de kaplamalara 15 mm çapında ahşap çivilerle bağlanmışlardır. Sancak yalpa omurganın kalınlığı baş ucunda 2 cm, ortada 5 cm, kıç ucunda 4 cm; iskele yalpa omurganın kalınlığı baş ucunda 25 mm, ortada 4 cm, kıç ucunda 4 cm olup, ortalama genişlikleri 4 cm'dir (Res. 10a-c).

2. Yenikapı 12

YK 12 shipwreck was uncovered together with its cargo of amphorae and it is the second shipwreck still containing its cargo uncovered at Yenikapı. Inside the ship were intact amphorae and many fragments belonging to such amphorae. Following the documentation and removal of the cargo first, the shipwreck was exposed and the surviving part of its bottom was found to be 7 m. long and 2.30 m. wide. The vessel is thought to be approximately 8 – 8.50 m. long and 2.80 m. wide originally. The shipwreck was found at -1.30 m. level,

2. Yenikapı 12

Taşıdığı amforalar ile birlikte bulunan YK 12 batığı, Yenikapı kazı alanında şu ana kadar yükü ile belirlenen ikinci gemidir. Geminin içinde, sağlam durumdaki amforalar ve bu amforalara ait çok miktarda kırık parça tespit edilmiştir. Geminin taşıdığı yükün belgelenerek kaldırılmasının ardından batığın korunan uzunluğunun 7 m, karinanın en geniş yerinin 2,3 m olduğu belirlenmiştir. Teknenin tam boyunun yaklaşık 8-8,5 m, karinanın en geniş yerinin yaklaşık 2,8 m olduğu düşünülmektedir.

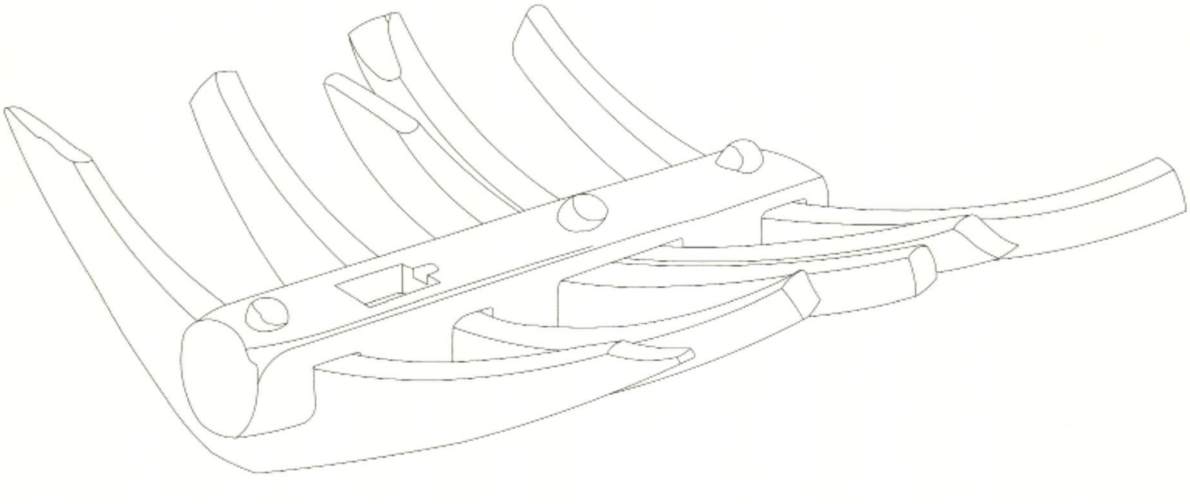

Dwg. / Çiz. 2

Perspective drawing of the mast step.

Yelken yatağının perspektif çizimi.

Fig. / Res. 10

Bilge keel extending along the hull.

Gövde uzunluğu boyunca yer alan yalpa omurga.

extending in the east-west direction and it is dated to around cal. AD 672-870 by radiocarbon[5]. YK 12 was a cargo ship used for coastal cargo shipping and it had no deck but a single mast and sailed with a lateen sail.

When the cargo of amphorae was removed, the ceiling was exposed. The ceiling timbers clinker-built by overlapping systematically were fitted on the frame system with iron nails and their thicknesses vary from 5 to 12 mm. The mast step was well-preserved underneath the cargo and it is very different from the one found on YK 6. The mast step is much longer and it can even be considered a keelson although it does not stretch from bow to stern. In addition, it was mounted close to the centre point of the vessel – not close to the bow of the vessel as was the case with YK 6. Beside the step to place the heel of the mast, there is a second rectangular hole on it, placed to the bow side of the mortise for the mast-heel. This second hole is thought to have housed the stanchion that supported the deck beam or the supporting beam on which the mast leaned.

25 floor timbers and 15 futtocks extant were placed following a pattern. The floor timbers are sequenced with one long arm and one short arm alternating on the planking. There was a compartment, close to the stern, which contained the personal belongings of the vessel's captain. This special compartment extending across the two spaces between three frames has survived as a central stanchion with a groove on either side and pieces with grooves on the starboard and port futtocks. Here were found a stove-like brazier, jug, casserole bowl, beaker, two small amphorae not resembling the amphorae of the cargo, and cherry stones inside a reed-basket. It is thought that the captain (*magister*) was also the owner of the ship. The sudden squalls at the Sea of Marmara, usually known as *kaçak*, that caused the ship sink, did not allow the captain to collect his personal belongings. Especially the cherry stones in the basket constitute an important evidence for the season when the ship sank. Cherries ripen in May and June around the Marmara; thus, this proves that the ship sank due to a summer storm and also provides information regarding the sinking of other vessels in the same sediment unit (Figs. 11-13; Dwg. 3). *Teredo navalis* damage is especially noteworthy on the floor timber ends, which further indicates that the floor timber ends were not buried in sand at the bottom of the sea.

The bottom of the vessel is quite well-preserved; on top of the eight planking strakes on the starboard side were one wale and the ninth planking representing the beginning of the side-board. On the port side, seven strakes of planking have survived. The symmetry between the planking of port and starboard sides, a characteristic for shell-first vessels, is clearly discernible on this shipwreck.

5 OxA-13836 1246±25 BP (cal AD 681-870 at 95.4% probability), OxA-23837 1233±24 BP (cal AD 690-751), OxA-23838 1258±25 BP (cal AD 672-818).

-1,3 m kodunda, doğu-batı doğrultusunda belirlenen batık, ^{14}C analizlerine göre MS 672-870 tarih aralığındadır[5]. YK 12, güvertesiz, tek direkli ve latin yelken ile hareket eden, küçük nakliye işlerinde kullanılmış olan bir yük gemisidir.

Teknenin taşıdığı amforaların kaldırılmasıyla birlikte iç kısımdaki kaplamaların varlığı ortaya çıkmıştır. Belirli bir düzende üst üste bindirilerek demir çiviler yardımı ile eğri sistemine tutturulan iç kaplamada kullanılan tahtaların kalınlıkları 5-12 mm arasında değişmektedir. Yükün altında oldukça iyi durumda korunagelmiş olan yelken yatağı, YK 6 teknesinde bulunandan farklı olarak daha uzun ve tekneyi boydan boya geçmese de iç omurga olarak nitelendirilebilecek bir yapıdadır. Ayrıca, YK 6'daki gibi, pruvaya değil, geminin orta hizasına yakın bir noktaya yerleştirilmiştir. Yelken yatağı üzerinde direk topuğunun oturacağı ıskaça deliği haricinde, ikinci bir dikdörtgen kesitli oyuk mevcuttur. Iskaça deliğinin, teknenin pruva kısmına doğru hemen önünde yer alan bu deliğin, alabandadan alabandaya (geminin enine) yerleştirilen ve yelken direğinin yaslandığı destek kirişi veya kemeresinin (gayna ağacı) bastığı ayak için kullanıldığı düşünülmektedir.

Belirlenen 25 adet döşek ve 15 adet posta, belirli bir sistem izlenerek yerleştirilmiştir. Döşekler bir kısa, bir uzun kol olarak ardışık şekilde kaplama tahtaları üzerine bağlanmıştır. Teknenin kıç tarafına yakın bir noktada, içinden teknenin kaptanına ait kişisel eşyaların çıktığı bir bölme vardır. Burada kaptana ait olan pişmiş toprak maltız, testi, güveç kasesi, bardak, geminin taşıdığı amforaların formuna benzemeyen iki adet küçük amfora ve hasır bir sepet içinde kiraz çekirdekleri bulunmuştur. 3 eğri sırasını ve ara boşluklarını kaplayan bu özel bölmede, iki yanı kanallı bir payanda ile iskele ve sancak taraflarında kanallı postalar mevcuttur. Kaptanın *(magister)* aynı zamanda gemi sahibi olduğu düşünülmektedir. Geminin batmasına neden olan ve Marmara Denizi'nde "kaçak" olarak adlandırılan ani fırtına, kaptanın kişisel eşyalarını bile almasına imkân vermeden gerçekleşmiştir. Özellikle hasır sepet içinde bulunan kiraz, geminin battığı mevsim ile ilgili bilgi edinmemiz yönünden oldukça önemlidir. Marmara Bölgesi'nde Mayıs ve Haziran aylarında yetişen kiraz, geminin bir yaz fırtınası ile battığını kanıtlamakta ve aynı sediment istifi içindeki gemilerin batış nedeniyle ilgili olarak da bilgi vermektedir (Res. 11, 12, 13), (Çiz. 3). *Teredo navalisler* özellikle döşek uçlarında çok fazla tahribat yapmışlardır. Bu durum döşek uçlarının deniz dibinde kuma gömülmediğine işaret etmektedir.

Oldukça sağlam durumdaki karinanın sancak tarafındaki 8 adet kaplama sırasının üzerinde 1 adet çapa tahtası (yumru) ve borda başlangıcını temsil eden

5 OxA-13836 1246±25 BP (kal MS 681-870, %95.4 olasılık), OxA-23837 1233±24 BP (kal MS 690-751), OxA-23838 1258±25 BP (kal MS 672-818).

Fig. / Res. 11
Photo-mosaic of YK 12 shipwreck.
YK 12 batığına ait foto-mozaik.

0 10 50 100 cm

All the surviving planking strakes of the shipwreck were fastened with dowels – which clearly shows that the extant part of the vessel bottom was built with shell-first method. The first wale on the starboard side is fastened on the bottom's planking with dowels at several points.

The *in situ* documentation and lifting work on YK 12 shipwreck lasted from March 19th to July 7th, 2007. The ceiling, which was very thin, was lifted with epoxy method while the planking was lifted using L-shaped carriers (Fig. 14a, b).

Keel

The 3.41 m. long keel has survived intact with the stem and sternpost scarphs. The keel bears two holes for pulling the vessel to the beach positioned closer to the centre and stern (Fig. 15a, b). The keel is a square of 145 x 145 mm. at the stern end but it tapers down to 125 mm. at the point where it joins the stem. The strakes on either side of the keel rising 5 mm. above the planking are fastened on the keel with treenails. Floor timbers E3, E4, E6, E17, E22, and E24 are fastened on the keel with iron nails while E18, E19, E20, E25 and E26 with treenails – fourteen of the floor timbers were not fastened at all (Table 5).

Fig. / Res. 12
The first condition of the shipwreck.
Batığın ilk durumu.

Fig. / Res. 13
The ship with its cargo.
Batığın yüklü durumu.

Code of floor timber Döşek kodu	DÇ	AÇ	BY	Code of floor timber Döşek kodu	DÇ	AÇ	BY
E1	–	–	–	E14	X		
E2			X	E15		X	
E3		X		E16	X		
E4	X			E17		X	
E5			X	E18			X
E6		X		E19		X	
E7			X	E20			X
E8	X			E21		X	
E9		X		E22	X		
E10	X			E23		X	
E11		X		E24	X		
E12	X			E25		X	
E13		X		E26			X

Table / Tablo 5 Connections between the keel and floor timbers (DÇ: iron nail, AÇ: treenail, BY: not connected) / *Omurga - döşek bağlantıları (DÇ: Demir çivi, AÇ: Ahşap çivi, BY: Bağlantı yok).*

14a

14b

9. kaplama tahtası bulunmuştur. İskele tarafında ise 7 sıra kaplama tahtası günümüze ulaşmıştır. Kaplama-ilk tekniğinin belirgin özelliği olan iskele ve sancak kaplamaları arasındaki simetri, bu batıkta oldukça belirgindir.

Batığın günümüze ulaşan kaplama tahtalarının tamamının birleştirilmesinde kavelalar kullanılmıştır. Bu da bize karinanın mevcut kısmının kabuk-ilk yöntemi ile inşa edildiğini göstermektedir. Sancak tarafında bulunan teknenin ilk çapa tahtasının da karina kaplamalarına bir kaç yerinden kavela ile bağlandığı tespit edilmiştir.

YK 12 üzerindeki *in situ* belgeleme ve kaldırma çalışmaları 19.03.2007-07.07.2007 tarihleri arasında sürdürülmüştür. Oldukça ince durumdaki iç kaplamalar epoksi kalıp, dış kaplamalar ise L profilli taşıyıcılar yardımı ile kaldırılmıştır (Res. 14a, b).

Omurga

İki ucunda bodoslama geçmeleri bulunan 3,41 m uzunluğundaki omurganın tamamı günümüze ulaşabilmiştir. Omurga, orta ve kıç yönlere yakın şekilde 2 adet çekek deliğine sahiptir (Res. 15a, b). Kıç kısmında 145x145 mm kare kesitli olan omurganın genişliği baş bodoslama ile birleştiği uçta incelerek 125 mm'ye inmiştir. Omurganın iki yanındaki kaplama sıraları, üst yüzeyi kaplama hizasından ortalama 5 mm yüksekte giden omurgaya ahşap çivilerle bağlıdır. E3, E4, E6, E17, E22, E24 demir çivi ile; E18, E19, E20, E25, E26 ahşap çivi ile omurgaya tutturulmuştur; 14 adet döşek ise bağlı değildir (Tab. 5).

Bodoslamalar

1,10 m uzunluğundaki baş bodoslamanın omurgaya birleşen ucu 125 mm, diğer ucu 95 mm genişliğindedir. Bir geçme ile bağlanmış olan 175 mm uzunluğundaki ikinci bodoslama parçasının diğer ucu kırık durumdadır.

1,74 m uzunluğundaki kıç bodoslamanın omurgayla birleşen ucu 145 mm, geçmeli diğer ucu 95 mm genişliğindedir (Res. 16a-d).

Dış Kaplamalar

Analizi yapılan örneklerin tamamı kestane ağacı olan kaplama tahtaları, 9 adet sancak ve 7 adet iskele sırası korunarak günümüze ulaşmıştır. Bunlardan SK1, SK2, SK3, İK1, İK2, İK3 kıç bodoslamaya birleşen uçlara sahiptir. E12 numaralı eğriden alınan kaplama genişlikleri tablo 6'da verilmiştir. Parileler "S" şekilli olup (Res. 17a, b) bu batıkta da YK 7 ve YK 8'deki gibi çakışan kavelalar ele geçmiştir.

Fig. / Res. 14a, b

Lifting the ceiling timbers using epoxy resin method.

Epoksi reçine ile iç kaplama tahtalarının kaldırılması.

Fig. / Res. 15a, b

Keel and the hole for pulling the vessel to the beach.

Omurga ve çekek deliği.

Stem and sternpost

The stem is 1.10 m. long and 125 mm. wide where it joins the keel and 95 mm. wide at the other end. The second piece of the stem connected to the first one with a scarph is 175 mm. long but it is broken at the other end.

The sternpost is 1.74 m. long and 145 mm. wide where it joins the keel and its other end with the scarph is 95 mm. wide (Fig. 16a-d).

Eğri Sistemi

Döşekler

Bulunan 25 adet döşeğin üst yüzey genişlikleri 4-7 cm, kalınlıkları genelde 9-10 cm'dir. Çoğunlukla dikdörtgen kesitli olan döşekler kaplamalara ahşap ve demir çivilerle raptedilmiştir. Döşekleri kaplama tahtalarına bağlamak için kullanılan ahşap çiviler 12 ile 15 mm arasında değişen, çokgen kesitte ve 11 cm uzunluğundadır. Çakılma aralıkları 7 cm ile 25 cm arasında değişmektedir.

Fig. / Res. 16a-d

Scarph detail of the sternpost with the keel.

Batığın kıç bodoslaması ile omurgasının birleşim detayı.

Fig. / Res. 17a, b S-shaped scarph. / *"S" şekilli parile.*

Fig. / Res. 18 Limber holes. / *Sintine delikleri.*

Omurganın iki tarafında birer tane olan sintine delikleri, dik üçgen biçimlidir. Dik tarafları YK 6'da olduğu gibi omurgaya bakmaktadır. Bunlar 25-30 mm yüksekliğinde ve 35 mm genişliğindedir (Res. 18).

Postalar

E7, E9, E11, E13, E15, E17, E19, E21, E23, E25 numaralı döşeklerin sancak postaları ile E8, E12, E18, E22, E24 numaralı döşeklerin iskele postaları olmak üzere dişbudak ağacından yapılmış 15 adet posta günümüze ulaşmıştır. Posta döşek parilelerinde ahşap çivi kullanılmıştır (Res. 19). E18-İ1 postasının üst yüzeyinde boydan boya açılmış bir kanal bulunmaktadır. Aynı kanal E18 ve E20 döşeklerinin sancak tarafındaki uzun kollarının üzerine eklenen ikincil postalara da açılmıştır (Res. 20). E20'nin kanallı olması gereken iskele postası kayıptır. E18'in ortasında üst yüzeye basan 18 cm genişliğinde yaklaşık 50 cm yüksekliğinde iki yanı kanallı bir dikme vardır. Bu kanallı konstrüksiyonun kaptanın özel eşyalarının saklanması amacıyla yapılan bölme için kullanıldığı anlaşılmaktadır. Sözü geçen alanda bulunmuş olan ocak, testi, bardak, sepet gibi buluntular da bu görüşü desteklemektedir.

İç Kaplamalar

YK 12'de genelde üstten aşınarak incelmiş, kalınlıkları 5-12 mm arasında değişen iç kaplamalar bir sistematik içinde üst üste bindirilerek yerleştirilmiş ve belirli yerlerde döşeklere demir çivilerle tutturulmuşlardır. Kayıp olan iç kaplamaların bindiği yerler bir altındaki kaplama kenarında ortalama 2 cm'lik boyuna izler bırakmıştır. Büyük çoğunluğu meşe ağacından yapılmış olan iç kaplamaların enine dizilişinde, birinci sıra, omurganın iki yanına yerleştirilmiştir. Daha sonra bunlar, üst yan yüzeyleri üzerine bir sonraki sıranın alt yüzeylerinin bir kısmı basacak şekilde, sancak ve iskele yönlerine doğru, birbiri üstünde yükselmiştir. Boylamasına diziliş sistematiği, baş kıç doğrultusunda üst üste binen 5 sıra iç kaplamadan oluşmuştur (Tab. 7), (Çiz. 4). Bunlar baştan başlayarak kıça doğru üst üste bindirilerek yerleştirilmişlerdir. 3. sıra ile 4. sıra arasında, iç kaplaması bulunmayan, yaklaşık 50 cm genişliğinde kaptanın eşyalarına ait olduğu düşünülen bölüm yer almaktadır. İç kaplamaların bağlandığı döşek ve ilişkide bulunduğu dış kaplamalar tablo 8'de verilmiştir.

İç Omurga-Yelken Yatağı

E8 ile E16 arasındaki döşeklerin üzerine yerleştirilmiş olan ve 2,05 m uzunluğunda, ortada 135 mm, iki ucunda 75 mm genişliğinde küçük bir iç omurga işlevini de gören, dişbudak ağacından yapılmış yelken yatağı teknenin ortasına çok yakın bir konumda yer almaktadır (Res. 21). E13'e demir çivi ile; E8 ve E16'ya geçme ile bağlanmıştır. 6x20 cm ölçülerinde ıskaça deliğine ve baş yönüne doğru 4x10 cm boyutlarında diğer bir yuvaya sahiptir (Res. 22).

Planking

All the samples of planking analysed are chestnut wood and they have survived as nine strakes on the starboard side and seven strakes on the port side. Of these, SK1, SK2, SK3, İK1, İK2 and İK3 have ends joining the sternpost. Widths of the planking joining the frame E12 are given in Table 6. Scarphs are S-curved (Fig. 17a, b). Dowels pierced through by treenails are found in this shipwreck as in the YK 7 and YK 8.

Frame system

Floor timbers

All the 25 floor timbers uncovered have a top surface width of 4 to 7 cm. and a thickness of 9-10 cm. Usually rectangular in cross-section, the floor timbers are fastened on the planking with treenails or iron nails. The treenails fastening the floor timbers on the planking have a polygonal cross-section of 12 to 15 mm. in diameter and are 11 cm. long. They are hammered at a distance varying from 7 to 25 cm.

There is one limber hole on either side of the keel; they are triangular cut with their vertical sides toward the keel, as is the case with YK 6. These are 25-30 mm. deep and 35 mm. wide (Fig. 18).

Futtocks

A total of 15 ash-wood futtocks have survived, namely the starboard futtocks of the floor timbers E7, E9, E11, E13, E15, E17, E19, E21, E23 and E25 and the port futtocks of E8, E12, E18, E22 and E24. The scarphs of

Codes of planking and wale / Kaplama ve ÇT kodları	E12 (mm)
SK9	130
ÇT	110
SK8	-
SK7	160
SK6	160
SK5	120
SK4	180
SK3	180
SK2	180
SK1	100
İK1	100
İK2	180
İK3	210
İK4	160
İK5	90
İK6	170
İK7	100

Table / Tablo 6

Planking and wale widths corresponding to the floor timber E12 (SK: starboard planking, İK: port planking, ÇT: wale).

E12 hizasındaki kaplama ve çapa tahtası genişlikleri (İK: İskele kaplama, ÇT: Çapa tahtası).

Fig. / Res. 19

Scarph joining the futtock and floor timber.

Posta-döşek parilelerinde kullanılan ahşap çiviler.

Çapa Tahtası

Kalınlığı kenarlarda 4 cm, ortasında 6 cm ve ortalama genişliği 11 cm olan çapa tahtası, 8. ve 9. sancak kaplama sıraları arasında, iç yüzeyde kaplama hizasıyla yüzbeyüz şekilde bulunmaktadır. Meşe ağacından yapılmış olan çapa tahtası altındaki kaplama sırasına kavelalarla bağlıdır.

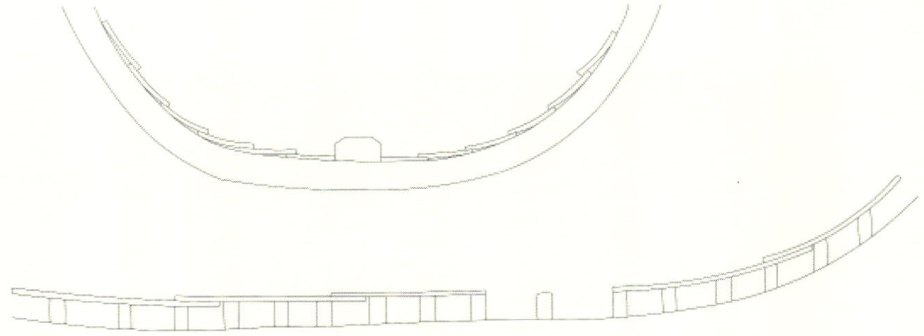

Dwg. / Çiz. 4

The sketch showing the ceiling arrangement. / *Batığın iç kaplamalarının diziliş krokisi.*

Row no. Sıra no	Name of ceiling (from port toward starboard) İç kaplama isimleri (iskeleden sancağa doğru)
1.	F16, F18, F19, F20, F22, F23, F25, F26, F35, F36, F37, F38 (at the very bottom) / (en altta kalanlar)
2.	F24, F39, F40, F41, F42, F43
3.	F14, F15, F17, F21, F22, F24, F27, F28, F30, F31, F32, F33, F34
4.	F1, F4, F7, F8, F10, F12, F13
5.	F2, F5, F6, F9, F11 (at the very top) / (en üstte kalanlar)

Table / Tablo 7

The longitudinal sequence of the ceiling timbers (F: ceiling timber).

İç kaplamaların boylamasına dizilişlerindeki sıra düzeni (F: Farş veya iç kaplama).

Fig. / Res. 20 Compartment thought to have belonged to the captain. / *Kaptana ait olduğu düşünülen bölme.*

Fig. / Res. 21 A small keelson or a mast step with the hole for the mast heel about the middle of the vessel and the ceiling.
Teknenin ortasına oldukça yakın bir konumda yer alan, küçük bir iç omurga ya da yelken yatağı üzerinde bulunan ıskaça deliği ve iç kaplamalar.

the futtocks and floor timbers are fastened with treenails (Fig. 19). Futtock E18-İ1 has a groove all along its interior surface. The same groove is also found on the secondary-futtocks placed additionally on the long arms on the starboard side of the floor timbers E18 and E20 (Fig. 20). E20's port side futtock, which is expected to have the same groove as well, is missing. There is a stanchion with a groove on two sides, 50 cm. tall and 18 cm. wide and resting on the top surface of the middle of E18. This construction with grooves is understood to fix the compartment that contained the personal belongings of the captain. This hypothesis is further supported with finds such as stove-like brazier, jug, beaker and basket.

Ceiling

The ceiling of YK 12 has worn away from the top, hence the timber thicknesses vary from 5 to 12 mm. The ceiling timbers were clinker-built with systematic overlapping from side to side and are fastened with iron nails on certain floor timbers. The missing ceiling timbers have left their marks about 2 cm. wide along the edges of the planking underneath. Mostly built from oak wood, the first ceiling timbers adjoin the keel on either side; then the next ones were placed overlapping the top edge of the lower ones, rising toward the starboard and port sides. The longitudinal sequence comprises five ceiling timbers overlapping in the bow-stern direction (Table 7; Dwg. 4). These were placed overlapping the next one starting from the bow toward the stern. The compartment for the personal belongings of the captain are found between the third and fourth rows, in an area of about 50 cm. wide and it does not have any ceiling. Table 8 shows the floor timbers, on which the ceiling is fastened, and corresponding planking.

Keelson – mast step

The mast step of ash wood is 2.05 m. long and is placed on the floor timbers between E8 and E16, very close to the centre of the vessel. It is 75 mm. wide at the ends and 135 mm. in the middle and it also served as a keelson (Fig. 21). It is fastened on the E13 with an iron nail but with scarphs on E8 and E16. The hole for placing the heel of the mast measures 6x20 cm. and there is a second hole of 4x10 cm. in the bow direction (Fig. 22).

Wale

The wale is 4 cm. thick at the ends and 6 cm. thick in the middle while it is 11 cm. wide on the average. It is located between the eighth and ninth strake of planking and at level with planking on the interior. The wale of oak wood is fastened on the strake with dowels.

Code of ceiling and mast step **Farş ve YY kodu**	**Frame connected** **Bağlandığı eğri**	**Number of iron nails (ea.)** **DÇ sayısı (adet)**	**Adjacent ceiling and mast steps / İlişkisi olan kaplamalar ve YY**
F1	E4, E6	1 ea.	F2, F3
F2	E3	1	F1, F3, F4
F3	E6, E7, E8	1 ea.	F2, F4, F1
F4	E6	1	F5, F2, F7, F3
F5	E3	1	F4, F6
F6	–	–	F7, F8, F9, F5
F7	–	–	F6, F4
F8	E6	1	F9, F6
F9	E3	1	F8, F10, F6, F11
F10	-	-	F9, F11, F12
F11	E3	1	F10, F9
F12	E5	1	F11, F13, F10
F13	E5	2	F12
F14	-	-	F15
F15	E11, E13	1 ea.	F14, F17, F16
F16	E16, E17	1 ea.	F15, F18
F17	E13	1	F15, F18, F19, F21
F18	E17	1	F16, F17, F19
F19	E15, E18, E19	1 ea.	F18, F20, F21, F17
F20	-	-	F19, F22, F21
F21	E12, E13	1 ea.	F22, F19, F20
F22	E12, E18, E22	1 ea.	F21, F20, YY44, F23
F23	E20	- (with dowel) - (kavela ile)	F22, YY44, F25
F24	E12	1	F25, F26, YY44, F23
F25	E20	1	F26, F24
F26	E21	1	F25, F35, F24
F27	Between E13 and E14 E13-E14 arasında	1	F24, F28, F39
F28	-	-	F27, F29, F39, F40, F30?
F29	-	-	F28, F40
F30	-	-	F28, F31
F31	E13, E15	1 ea.	F32, F30, F41
F32	E13	1	F31, F33, F42
F33	E13	1	F31, F34, F42, F43
F34	E11, E13	1 ea.	F33
F35	E22, between E20-E21, between E19-E20 E22, E20-21, E19-20 arasında	1 ea.	F26, F36, F39
F36	E23, E21	1 ea.	F35, F37, F40, F41
F37	-	-	F36, F38, F41
F38	-	-	F37, F41, F42
F39	E17	1	F40, F29, F35, F27
F40	-	-	F39, F41, F29, F28, F36
F41	E17	1	F40, F42, F37, F38, F31
F42	E17	1	F31, F32, F33, F41, F43, F38
F43	E17	1	F42, F33
YY44	E15	1	F22, F23, F25, F24
F45	-	-	F19
F46	-	-	F16

Table / Tablo 8

Frames on which the ceiling is fastened; number of nails hammered; and the related ceiling timbers (F: ceiling, YY: mast step, DÇ: iron nail).

İç kaplamaların bağlandığı eğriler, bunlara tutturulan çivi sayıları ve ilişkide bulundukları farşlar (F: Farş veya iç kaplama, YY: Yelken yatağı, DÇ: Demir çivi).

Fig. / Res. 22
Connection between the keelson and the floor timber.
İç omurga-döşek ilişkisi.

Dwg. / Çiz. 5
Plan drawing of YK 9 shipwreck.
YK 9 batığının plan çizimi.

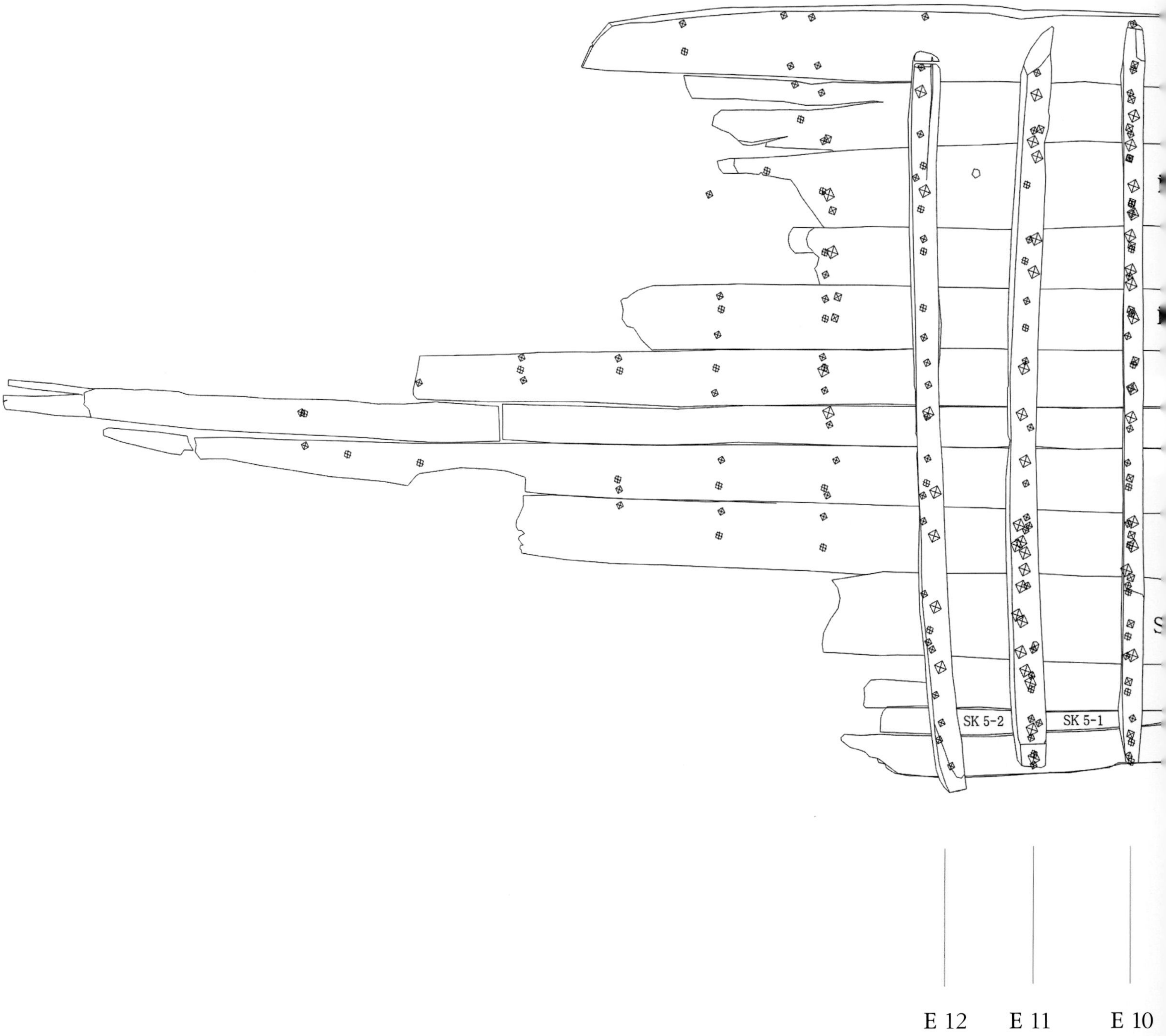

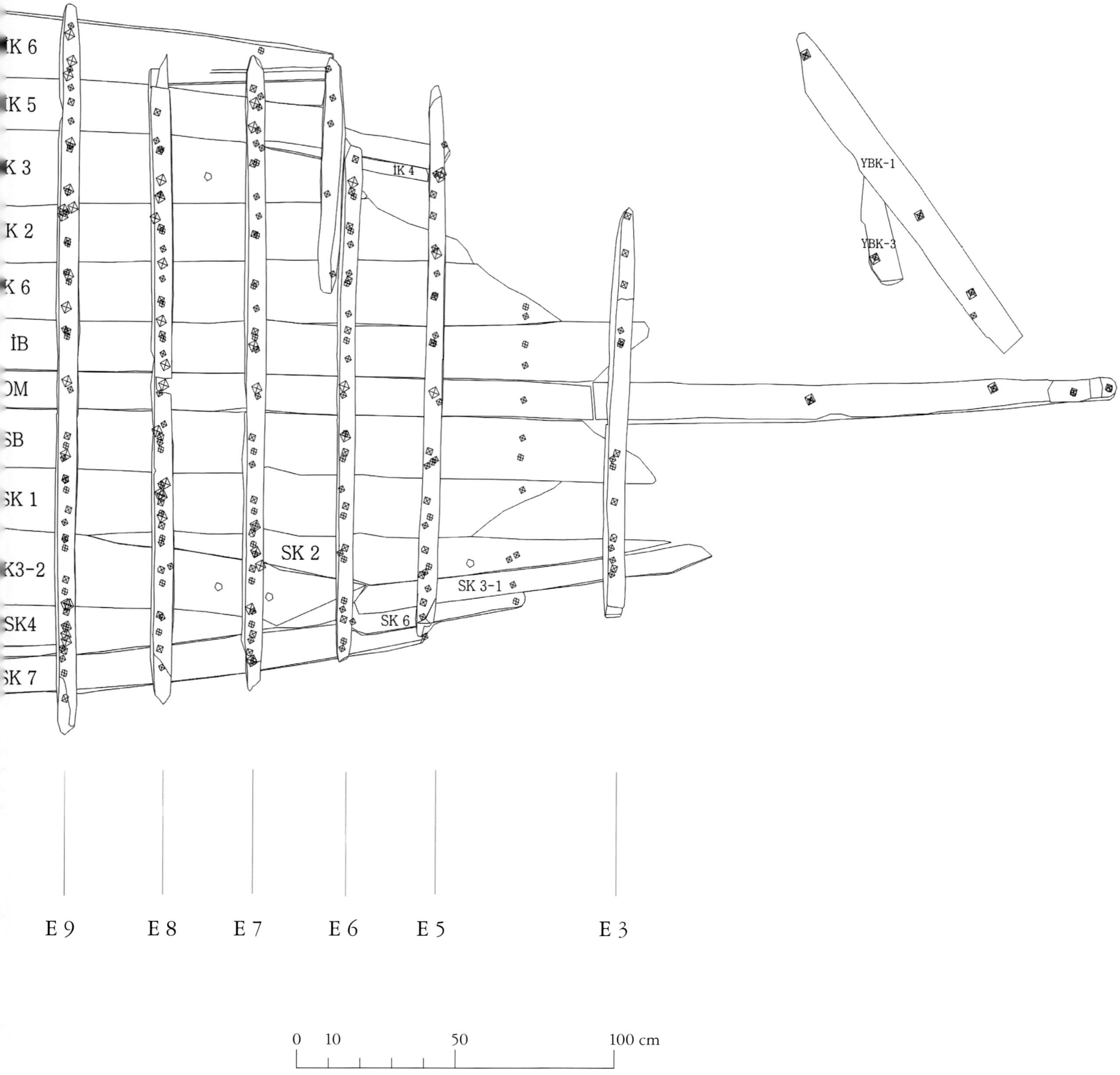
K 6
K 5
K 3
K 2
K 6
İB
OM
SB
SK 1
SK 2
K3-2
SK4
SK 7
İK 4
SK 3-1
SK 6
YBK-1
YBK-3
E 9
E 8
E 7
E 6
E 5
E 3
0
10
50
100 cm

Fig. / Res. 26
Lifting of the ship members.
Batığın kaldırma çalışmaları.

Fig. / Res. 27
The scarph between the stem and the keel.
Baş bodoslama ile omurga arasındaki geçme.

Fig. / Res. 28 The hole on the stem for pulling the vessel to the beach.
Baş bodoslama üzerindeki çekek deliği.

Fig. / Res. 29a, b The scarph between the keel and the sternpost.
Omurga-kıç bodoslama geçmesi.

Dwg. / Çiz. 6a, b Drawing of the scarph between the keel and the stem.
Batığın omurga-baş bodoslama geçmesinin çizimi.

28

29a

29b

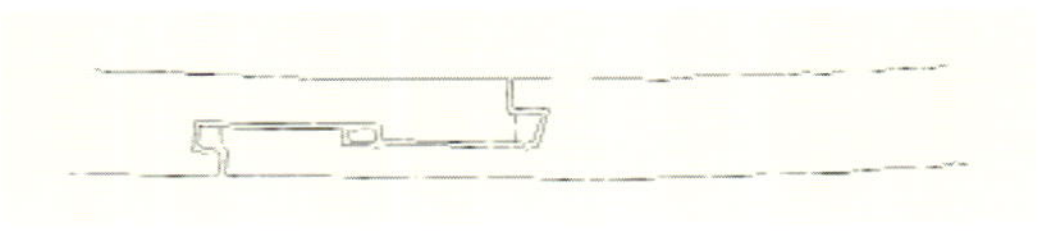

Dwg. / Çiz. 6a

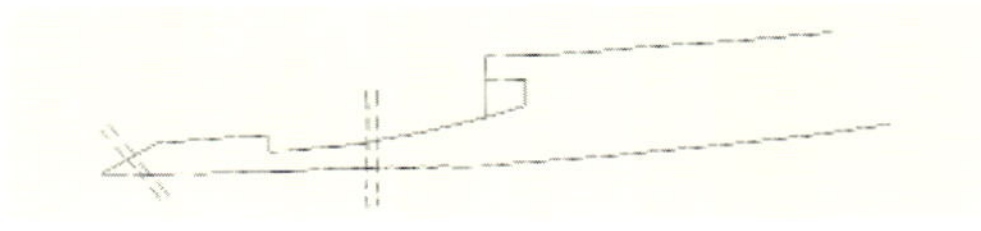

Dwg. / Çiz. 6b

Fig. / Res. 30

Nailing order observed on the planking.

Kaplamalarda görülen çivi düzeni.

Fig. / Res. 31

Floor timbers and limber holes.

Döşekler ve sintine delikleri.

Planking

The planking of YK 9 shipwreck has survived with seven portside strakes and eight starboard side strakes. These are fastened to each other with dowels placed at a distance varying from 35 to 58 cm. (Fig. 30). Extant strakes on either side of the keel display symmetry and the planks are fastened with S-shaped scarphs. Planking strakes have irregular dimensions and their widths measured by the frames E8 and E12 are listed in Table 9.

Frame system

Floor timbers

YK 9 shipwreck has ten floor timbers extant, namely E3, E5, E6, E7, E8, E9, E10, E11, E12 and E13; and there are the traces of nine others, hence 19 floor timbers are attested (Fig. 31). These rectangular floor timbers have a top surface width of 4 to 6 cm. and a thickness of 6 to 9 cm. Table 10 shows the spaces between these floor timbers, which are fastened on the planking with treenails or iron nails. On the contrary to YK 3, YK 6, YK 7, YK 8 and YK 12 shipwrecks; YK 9 has numerous iron nails and holes for iron nails between the regularly placed treenails on the top surfaces of the floor timbers. E9 has 20 iron nails and holes as well as 14 treenails while E8 has 12 iron nails and holes as well as 11 treenails. The iron nails are observed irregular and in groups and those that are projecting up may have belonged to the missing ceiling. E3 is fastened with treenails only while, on the other hand, E11 and E12 are fastened with iron nails only, 27 ea. and 5 ea. respectively. The treenails fastening the floor timbers on the planking are polygonal measuring between 14 and 17 mm. in diameter and the iron nails are square measuring between 4x4 mm. and 7x7 mm.

There is one limber hole flanking the keel on either side. Their right-angled sides face the keel as is the case with YK 6. The right-angled side is 20-25 mm. deep with the base 35 mm.

Futtocks

Only one futtock has survived from this ship, namely E6-İ1, i.e. the portside futtock of E6 in the stern direction. E6-İ1 bears no nails or nail-marks on its top surface. It measures 55 mm. wide on top.

Interval **Aralık referansı**	**Room and Space (cm)** **Uzunluk (cm)**	**Interval** **Aralık referansı**	**Room and Space (cm)** **Uzunluk (cm)**
E3-E4	29	E9-E10	29
E4-E5	29	E10-E11	31.5
E5-E6	27.5	E11-E12	27
E6-E7	27.5	E12-E13	29
E7-E8	29	E13-E14	32
E8-E9	30	E14-E15	27.5

Table / Tablo 10
Distances between the nail shaft centres of the floor timbers.
Döşeklerin çivi merkezleri arasındaki mesafeleri.

arasında olup dikdörtgen kesitlidirler. Birbirlerine olan uzaklıkları tablo 10'da verilmiş olan döşekler kaplamalara ahşap ve demir çivilerle bağlanmışlardır. YK 3, YK 6, YK 7, YK 8 ve YK 12'nin tersine YK 9'da döşek üst yüzeylerinde, düzenli seyreden ahşap çivilerin arasında, çok sayıda demir çiviler ve demir çivi boşlukları bulunmaktadır. E9'da 20 adet demir çivi ve deliği, 14 adet ahşap çivi; E8'de 12 adet demir çivi ve deliği, 11 adet ahşap çivi mevcuttur. Oldukça düzensiz ve öbekler halinde görülen demir çivilerin çıkıntılı olanlarının kaybolmuş olan farşlara ait olduğu düşünülebilir. E3 sadece ahşap çivilerle; E11 (27 adet) ve E12 (5 adet) ise, tamamen demir çivilerle bağlanmıştır. Döşekleri kaplama tahtalarına bağlamak için kullanılan ahşap çiviler 14 ile 17 mm arasında değişen, çokgen; demir çiviler 4x4 mm ile 7x7 mm arasında değişen ölçülerde kare kesitlidir.

Omurganın iki tarafında birer tane olan sintine delikleri dik üçgen biçimlidir. Dik kısımlar YK 6'daki gibi omurgaya bakmaktadır. Dik kısmın yüksekliği 20-25 mm, alt kenarı 35 mm ölçülerindedir.

Postalar

E6'nın kıç yönünde bulunan iskele postası E6-İ1 olmak üzere 1 adet posta günümüze ulaşmıştır. E6-İ1'in üst yüzeyinde hiçbir çivi ve çivi izi seçilmemektedir. Üst yüzey genişliği 55 mm'dir.

4. Yenikapı 7

YK 7 shipwreck has survived intact with most of its prow, keel and two bilge keels placed under the vessel's bottom. The vessel bottom extant measures 6.60 m. long, 2.10 m. wide; the vessel is estimated to be 9.50 – 10 m. long originally with the bottom 3 m. wide. It was uncovered at -91/-102 cm. level extending in the north-south direction. It was located in the sediment unit 6 and thus dated to the tenth century AD. As there have been no marks attested on the extant frames and mast step, YK 7 ship is thought to have had no deck, but a single mast and sailed with a lateen sail. It has a quite flat floor and obviously was a small cargo ship used for coastal shipping.

The variety of wood used, distorted symmetry between the starboard and portsides and repair-patches all indicate that the vessel had undergone repairs many times. Lack of symmetry is usually interpreted as careless construction, yet it is thought that the ship served many years.

The keel, part of the stem joining the keel, seven strakes on the starboard side of the bottom and nine strakes on the portside, eleven frames, one bilge keel extending the entire length of the vessel beneath the bottom on the port and starboard sides have survived to the present. Planking was fastened with dowels (Figs. 32, 33a, b; Dwg. 7). Thus, this shows that the extant part of the vessel bottom was built in the shell-first method, as is the case with YK 6 shipwreck. As the first wale is missing, it is not known whether the building technology shifted to skeleton-first technique as of that point. Extant frames are fastened on the floor timbers with treenails and reinforced systematically with iron nails hammered from the exterior of the planking.

For making the vessel watertight, luting was applied between the planks and the interior was coated with putty with colophony resin. No fixed ceiling was attested or no marks have been observed indicating the presence of a ceiling; therefore, as at YK 6 shipwreck, this ship too is thought to have had a portable ceiling system.

In situ documentation and lifting of YK 7 lasted from June 30th to August 4th, 2006. Dismantling of the ship members was done with L-shaped carriers (Fig. 34).

Keel

The keel has survived intact, 5.15 m. long and with the scarphs for the stem and sternpost. The keel is 10.5x10.5 cm. at the stern and it tapers down to 9x9 cm. at its end joining the stem. The garboards of 25 mm. thickness are fastened with treenails on the keel, which rises 5 mm. higher than the planking. In overall, it is observed that the floor timbers are fastened on the keel in the alternating order of an iron nail and either a treenail or not connected at all (Table 11; Fig. 35a, b).

4. Yenikapı 7

YK 7 batığı, pruva kısmının büyük bir bölümü, omurgası ve karina altına yerleştirilmiş iki adet yalpa omurgası korunmuş olarak bulunmuştur. Günümüze ulaşan boyu 6,6 m, karinasının en geniş yeri 2,10 m olan teknenin tam boyunun yaklaşık olarak 9,5-10 m, karinasının en geniş yerinin 3 m olduğu düşünülmektedir. 6 numaralı sediment istifi içinde, -0,91/-1.02 m kodları arasında, kuzey-güney doğrultusunda belirlenen batık, MS 10. yüzyıla tarihlenmektedir. Yelken yatağı ve mevcut eğriler üzerinde herhangi bir ize rastlanılmayan YK 7; güvertesiz, tek direkli, latin yelken ile hareket eden, oldukça düz bir karinaya sahip kıyı denizciliği yapan küçük bir yük gemisiydi.

Teknenin çok tamir gördüğü kullanılan ahşapların çeşitliliğinden, sancak ve iskele taraflarındaki simetrinin yer yer bozulmasından ve çeşitli onarım yamalarından anlaşılmaktadır. Simetrinin olmayışı özensiz bir yapıma işaret etse de, teknenin uzun süreler kullanıldığı düşünülmektedir.

Omurgası ve omurgaya ek olarak baş bodoslamasının bir parçası; karinayı oluşturan 7 sıra sancak, 9 sıra iskele tarafında kaplama tahtası; 11 adet eğrisi; karinanın altında iskele ve sancak taraflarında tekneyi boydan boya geçen birer yalpa omurgası günümüze ulaşan teknenin kaplama tahtalarının birleştirilmesinde kavelalar kullanılmıştır (Res. 32, 33a, b), (Çiz. 7). Bu da YK 6 batığında olduğu gibi, karinanın mevcut kısmının kabuk-ilk yöntemi ile inşa edildiğini göstermektedir. Teknenin ilk çapa tahtası (yumrusu) mevcut olmadığı için bu noktadan sonra yapım tekniğinde iskelet-ilk tekniğine dönüş olup olmadığı anlaşılamamaktadır. Mevcut eğrilerin kaplama tahtalarına ahşap çivilerle tutturulduğu ve kaplama dışından demir çivilerle sistematik bir şekilde güçlendirildiği saptanmıştır.

Su geçirmezliğin sağlanması için kaplama tahtalarının aralarına serme kalafat sürüldüğü ve teknenin içinin kolofon reçinesi ile macunlandığı belirlenmiştir. Sabit bir farş tahtası bulunmayan ve iç kaplamaların varlığına işaret edecek eğriler üzerinde herhangi bir ize rastlanılmayan batıkta YK 6'da olduğu gibi portatif bir farş sisteminin kullanılmış olduğu düşünülmektedir.

YK 7 üzerindeki *in situ* belgeleme ve kaldırma çalışmaları 30.06.2006 tarihinde başlayarak 04.08.2006 tarihinde tamamlanmıştır. Teknenin demonte edilmesi "L" profil yöntemi uygulanarak gerçekleştirilmiştir (Res. 34).

Omurga

Bodoslama birleştirmeleri iki ucunda da izlenen, 5,15 m uzunluğundaki omurganın tamamı günümüze ulaşmıştır. Kıç kısmında 10,5x10,5 cm kare kesitli olan omurganın genişliği baş bodoslama ile birleştiği uçta incelerek 9 cm'ye düşmüştür. 25 mm kalınlığındaki burma tahtaları, üst yüzeyi kaplama hizasından 5 mm yüksekte giden omurgaya ahşap çivilerle bağlanmıştır. Genel düzende, döşeklerin omurgaya bir demir çivi -

33a

33b

Fig. / Res. 33a, b
The shipwreck *in situ.*
Batığın in situ *görünüşü.*

bir ahşap çivi ya da bir çivisiz - bir demir çivi sırasıyla sabitlendiği izlenmektedir (Tab. 11), (Res. 35a, b).

Bodoslamalar

Baş bodoslamanın 1,50 m uzunluğundaki ilk parçası korunmuş olarak bulunmuştur (Çiz. 8). Baş ucundaki geçme başlangıcında 9 cm genişlik, 11 cm kalınlıkta olan baş bodoslamanın kıç ucundaki ölçüleri 9x9 cm'dir. Burada bodoslamanın ikinci parçasının birleşme yeri mevcuttur (Res. 36a, b). Baş bodoslamanın alt yüzeyi omurgadan başlayarak gittikçe yuvarlaklaşmaktadır. Ayrıca, bodoslamayı enine kesen 4 cm çapında, tekneyi karaya çekme amaçlı kullanılan bir çekek deliği mevcuttur (Res. 37a, b).

Kıç bodoslama ile omurga birleşim detayı omurga üzerinde görülmektedir. Ancak, kıç bodoslama kayıptır.

Dış Kaplamalar

İskele tarafında 9 sıra, sancak tarafında 7 sıra olan kaplama tahtalarının kalınlığı ortalama 2 cm'dir. Genişlikleri değişen ölçülerde olan kaplama sıralarını birleştiren parilelerin biçimleri yay ve "S" şekillidir (Tab. 12). Parileler özellikle pruva kısmında asimetriktir. 35-40 cm aralıklarla yerleştirilmiş olan ve kaplama sıralarını birleştiren kavelaların kesitleri kare, çokgen ya da yuvarlaktır (Res. 38, 39). Kaplama içine girme boyları kaplama üzerindeki aşınmalar sayesinde rahatça belirlenebilmektedir. Kare olanların kesit

Stem and sternpost

The first piece of the stem has survived intact with its 1.50 m. length (Dwg. 8). The stem is 11 cm. thick and 9 cm. wide at its bow end and it tapers down to 9x9 cm. at its keel direction end. The scarph where originally the second piece would be fastened is extant (Fig. 36a, b). The bottom surface of the stem becomes convex starting from the keel. Stem has a hole 4 cm. in diameter (Fig. 37a, b) and this hole is thought to have served for pulling the vessel to the beach.

Scarph detail for the sternpost is visible on the keel's end but the sternpost itself is missing.

Planking

The planking surviving as nine strakes on the portside and seven strakes on the starboard side have an average thickness of 2 cm. The scarphs joining the strakes of varying widths are arc- or S-shaped (Table 12). The scarphs are asymmetrical especially in the bow area. Dowels placed every 35 – 40 cm. fastening the strakes have polygonal, square or round cross-sections (Figs. 38-39). The depths of the dowels inside the planking can be easily followed thanks to the worn-out condition. The square ones are usually 10x10 mm. or 13x13 mm. while the others have a diameter about 12 mm. Dowels visible on the worn-out surfaces of the planking, depth of the marks on the planking formed by the floor timbers and futtocks as well as repairs all point to the long-lasting service life of the vessel (Fig. 40). Luting is found between the strakes (Fig. 41).

ölçüleri 10x10-13x13 mm olup; diğerleri ise yaklaşık 12 mm çapındadır. Aşınan kaplama yüzeyinde seçilebilen kavelalar, kaplama üzerinde oluşmuş döşek ve posta izlerinin derinliği ve tespit edilen onarımlar teknenin uzun süre kullanıldığını düşündürmektedir (Res. 40). Kaplamalar arasında serme kalafat kullanılmıştır (Res. 41).

Code of planking Kaplama kodu	E2 (mm)	E5 (mm)	E8 (mm)	E12 (mm)
SK7	–	125	160	160
SK6	–	30	70	110
SK5/SK4	–	80	120	–
SK5	–	–	–	170
SK4	–	–	70	160
SK3-1	–	105	160	140
SK2/SK3	160	180	–	–
SK2-2	–	–	70	90
SK1	90	85	140	130
İK1	90	110	120	110
İK2-1	–	80	–	–
İK2-2	–	–	110	100
İK3/İK4	150	190	–	–
İK3-2	–	–	170	160
İK4-2	–	–	150	200
İK5/İK6	–	–	–	115
İK7	–	100	150	100
İK8	–	110	160	175
İK9	–	190	190	180

Table / Tablo 12

Planking widths at selected frame locations.

Seçilen eğri sıralarına göre dış kaplama genişlikleri.

Code of floor timber Döşek kodu	DÇ	AÇ
E2		X
E3	X	
E4	X	
E5	-	-
E6	X	
E7	-	-
E8	X	
E9		X
E10	X	
E11	-	-
E12	X	

Table / Tablo 11

Nailing of the floor timbers on the keel (DÇ: iron nail, AÇ: treenail).

Döşeklerin omurgaya çivilenme özellikleri (DÇ: Demir çivi, AÇ: Ahşap çivi).

Fig. / Res. 34

Lifting of the ship members.

Batığın kaldırma çalışmaları.

Fig. / Res. 35a, b Scarphs between the keel and floor timbers. / *Omurga-döşek bağlantıları.*

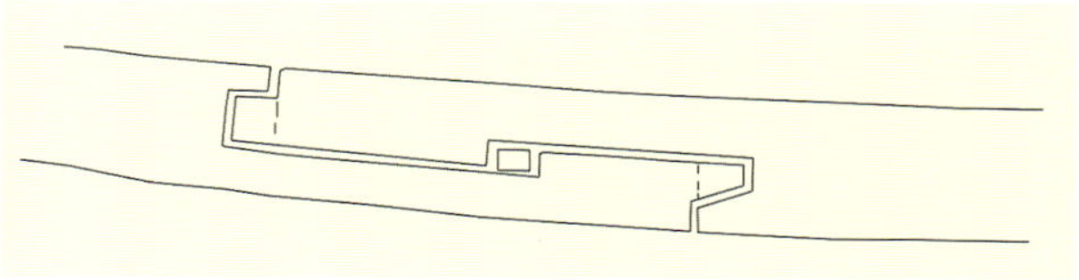

Fig. / Res. 36a, b
A view of the stem.
Baş bodoslamadan görünüşler.

Dwg. / Çiz. 8
Drawing of the stem and the scarph between the stem and the keel.
Baş bodoslama ve omurga- baş bodoslama geçmesinin çizimi.

Fig. / Res. 37a, b
The scarph between the keel and the stem and the hole on the stem for pulling the vessel to the beach.
Omurga-baş bodoslama birleştirmesi ve omurga üzerindeki çekek deliği.

Fig. / Res. 38

Square-shaped dowel fastening the planking strakes.

Kaplama sıralarını birleştiren kare kesitli kavela.

Fig. / Res. 39

Polygonal dowel fastening the planking strakes.

Kaplama sıralarını birleştiren çokgen kesitli kavela.

Fig. / Res. 40

Depression on the planking formed by the floor timbers.

Kaplama üzerinde oluşmuş döşek izi derinliği.

Fig. / Res. 41

Luting between the planking strakes, the dowel and floor timber nails piercing through the dowel.

Kaplamalar arasındaki serme kalafat ve kavela ile kavelayı kesen döşek çivileri.

Frame system

Floor timbers

YK 7 is understood to have had 24 floor timbers known – 11 extant and 13 whose marks are attested on the keel (Fig. 42). Floor timbers are 6 – 7 cm. wide and 7.5 – 8 cm. thick; they are fastened on the planking with treenails from the top and with iron nails from the bottom. Treenails have a diameter varying from 12 to 15 mm. and are usually 9 cm. long. The spaces between the floor timbers are given in Table 13.

There is one limber hole on either side of the keel; each is 3 cm. wide, 2 – 2.5 cm. deep and they terminate semicircular on top (Fig. 43a, b).

Futtocks

Although all the scarphs joining the floor timbers and futtocks are discernible, all the futtocks but E4-1 are missing. This extant futtock is fastened with three iron nails and two treenails hammered from the planking side. It is 6 cm. wide, 5 cm. thick and its top end is slightly bulbous.

Interval Aralık referansı	Room and Space (cm) Uzunluk (cm)	Interval Aralık referansı	Room and Space (cm) Uzunluk (cm)
E2-E3	22	E7-E8	23
E3-E4	26	E8-E9	21
E4-E5	22	E9-E10	23
E5-E6	24	E10-E11	23
E6-E7	24	E11-E12	24

Table / Tablo 13

Distances between the nail shaft centres of floor timbers fastened on the keel.

Omurgaya bağlı döşeklerin çivi merkezleri arasındaki mesafeler.

Eğri Sistemi

Döşekler

YK 7, omurga boyunca seçilen 13 adet iz ve mevcut 11 adet döşek ile toplamda bilinen 24 adet döşeğe sahiptir (Res. 42). 6-7 cm genişlik ve 7,5-8 cm kalınlığında olan döşekler kaplama tahtalarına üstten ahşap ve alttan demir çivilerle tutturulmuşlardır. Çapları 12 ile 15 mm arasında değişen ahşap çivilerin uzunluğu genellikle 9 cm'dir. Döşek aralıkları tablo 13'te verilmiştir.

Omurganın iki tarafında birer adet bulunan sintine delikleri, 3 cm genişliğinde, 2-2,5 cm yüksekliğinde olup üst kısımları yarım daire şeklindedir (Res. 43a, b).

Postalar

Döşek - posta birleşimleri döşekler üzerindeki geçme yerlerinden anlaşılmakla beraber E4-1 numaralı destek postasının dışında bütün postalar kayıptır. Bu posta, kaplama yönünden çakılan 3 adet demir ve 2 adet ahşap çivi ile tutturulmuştur. Genişliği 6 cm, kalınlığı 5 cm olup üst yüzeyi yuvarlak hatlıdır.

Fig. / Res. 42 Floor timbers of YK 7 across the keel. / *YK 7'nin, omurga boyunca devam eden döşekleri.*

Fig. / Res. 43a, b Limber holes flanking the keel on either side. *Omurganın iki tarafında birer adet bulunan sintine delikleri.*

Bilge keel

There is one bilge keel on starboard and portsides of YK 7 each, extending along entire the hull length and fastened with treenails 16 mm. in diameter (Fig. 44). Both bilge keels are 6.5 cm. thick and 5 cm. wide on the average and extend from E4 to E21. The starboard bilge keel overlaps the planking strake SK5 while the portside bilge keel covers the İK3/İK4, İK4-1, İK5-1 and İK6-1.

Yalpa Omurga

YK 7'nin iskele ve sancak taraflarında, gövde uzunluğu boyunca süren ve kaplamalara 16 mm çapında ahşap çivilerle tutturulmuş olan birer yalpa omurga bulunmuştur (Res. 44). Sancak yalpa omurga SK5 kaplama sırasında, iskele yalpa omurga İK3/İK4, İK4-1, İK5-1, İK6-1 kaplama sıralarında, ikisi de E4 ve E21 arasında yer almakta olup ortalama olarak 6,5 cm kalınlığında ve 5 cm genişliğindedirler.

Fig. / Res. 44

Bilge keel of YK 7 and the dowels fastening it to the hull.

YK 7'nin yalpa omurgaları ve gövde bağlantısını sağlayan kavelalar.

5. Yenikapı 18

This shipwreck has survived with its keel, some of its starboard and portside planking and found aground on its bottom. Its preserved length is 8.25 m. and width is 3.20 m. However, it is estimated to have originally been about 11 m. long. It was uncovered at -1.50 m. level lying in the southwest-northeast direction. It was found in the sediment unit 6 and thus dated to the tenth century AD.

During the ground reinforcement work for the Metro construction at Yenikapı, YK 18 wreck was discovered when the bored pile had already bored through its aft. It has survived with its sternpost, keel, stern parts of its planking and ceiling and the frame system in that part damaged and scattered around (Figs. 45-47; Dwg. 9).

Rectangular sockets identified on the floor timbers E8, E11 and E13 corresponding to the keel should belong to the mast step which has not survived to the present. This was a medium-size cargo or fishing ship with a soft rabbet, a single mast.

All the extant planking is fastened with dowels; thus, the extant part was built with the shell-first technique. It is also worth noting that its planks are shorter than those of other ships and are fastened with a variety of scarph-types. Inside the vessel, only a single ceiling timber was found nailed on certain floor timbers. No other marks for nailing the other ceiling timbers have been attested on the floor timbers.

In situ documentation and lifting work on YK 18 started on July 21st and lasted until September 6th, 2007. The ship members were lifted using L-shaped carriers (Fig. 48).

Keel

The keel has survived only 2.80 m. long and part of its stem has also survived while the stern end of the keel is missing (Fig. 49). The top surface of the keel is 11.5 cm.

Table / Tablo 14

Nailing characteristics of the floor timbers on the keel (DÇ: iron nail, AÇ: treenail, BY: not connected).

Döşeklerin omurgaya çivilenme özellikleri (DÇ: Demir çivi, AÇ: Ahşap çivi, BY: Bağlantı yok)

Code of floor timber Döşek kodu	DÇ	AÇ	BY
E2	–	–	X
E3	X	–	–
E4	X	–	–
E5	X	–	–
E6	–	–	X
E7	–	–	X
E8	X	–	–
E9	X	–	–
E10	–	–	X
E11	X	–	–
E12	X	–	–
E13	–	–	X
E14	X	–	–
E15	X	–	–
E16	X	–	–

5. Yenikapı 18

Omurgası, iskele ve sancak kaplamalarının bazıları korunmuş ve karinası üzerine oturmuş olarak bulunan geminin mevcut boyu 8,25 m, en geniş yeri 3,20 m'dir. Özgün boyu ise yaklaşık 11 m olarak hesaplanmıştır. 6 numaralı sediment istifi içinde, -1,50 m kodunda, güneybatı - kuzeydoğu doğrultusunda belirlenen batık, MS 10. yüzyıla tarihlenmektedir.

Yenikapı Metro inşaatı kapsamında zemin sağlamlaştırma çalışmaları sırasında inşa edilen fore kazık pupa kısmına saplanmış halde ortaya çıkarılan YK 18 batığı, kıç bodoslaması; omurgası ile dış ve iç kaplama tahtalarının kıç kısmı ve o bölgedeki eğri sistemi parçalanarak çevreye dağılmış olarak bulunmuştur (Res. 45-47), (Çiz. 9).

Gemi gövdesinin orta kısmına yakın konumda yer alan E8, E11 ve E13 numaralı döşeklerin omurga hizalarında belirlenen dikdörtgen şekilli yuvalar, günümüze ulaşamayan yelken yatağına ait olmalıdır. Tek direkli, yumuşak hatlı bir aşoza sahip orta büyüklükte bir yük ya da balıkçı teknesidir.

Batığın günümüze ulaşan kaplama tahtalarının tamamının birleştirilmesinde kavelaların kullanılmış olması karinanın mevcut kısmının kabuk-ilk yöntemi ile inşa edildiğini göstermektedir. Diğer batıklara oranla daha kısa olan dış kaplama tahtalarının birkaç değişik parile şekliyle birleştirilmiş olması dikkat çekicidir. Teknenin içinde sadece bir adet farş tahtası bazı döşeklere çivilenmiş halde ele geçmiştir. Diğer iç kaplamaların çivili olup olmadığına dair izlere döşekler üzerinde rastlanmamıştır.

YK 18 üzerindeki *in situ* belgeleme ve kaldırma çalışmaları 21.07.2007 tarihinde başlamış ve 06.09.2007 tarihinde son bulmuştur. Batığın tahtalarının kaldırılmasında "L" profil sistemi kullanılmıştır (Res. 48).

Omurga

Korunmuş kısmının uzunluğu 2,80 m olan omurganın baş bodoslamasının bir bölümü mevcut olup, kıç ucu kırıktır (Res. 49). Omurganın üst yüzeyinin genişliği geminin ortasında 11,5 cm, baş bitiminde 10 cm; kalınlığı mevcut kıç ucunda 12,5 cm, baş ucunda 13,8 cm'dir. Omurga ile birleşen ilk bodoslama parçasının buradaki genişliği 10 cm, kalınlığı 14,5 cm'dir (Res. 50). Mevcut döşeklerin bazıları omurgaya demir çivi ile bağlanmış; bazıları da omurgaya tutturulmamıştır (Tab. 14).

Her iki yanındaki burma tahtaları üst yüzey hizalarından yaklaşık 1 cm yukarıdan devam eden omurgaya demir çivilerle bağlanmıştır.

Fig. / Res. 45

Photo-mosaic image of YK 18 shipwreck.

YK 18 batığına ait foto-mozaik.

0 10 50 100 cm

Fig. / Res. 46
The shipwreck *in situ.*
Batığın in situ *durumu.*

Fig. / Res. 47
General view of the shipwreck.
Batığın genel görünüşü.

Fig. / Res. 48
Lifting of the ship members.
Batıkta kaldırma çalışmaları.

Fig. / Res. 49
The keel and the stem.
Omurga ve baş bodoslama.

Fig. / Res. 50
The scarph between the keel and the stem.
Omurga-baş bodoslama birleşimi.

Fig. / Res. 51
The second piece of the stem.
Baş bodoslamanın ikinci parçası.

Fig. / Res. 52
Triangular scarph. / *Üçgen parile.*

Bodoslamalar

YK 18'de omurganın devamı olan bodoslama parçasının genişliği her yerinde 10 cm, kalınlığı 14,5 cm, boyu 1,67 m'dir. Uzunluğu 1 m'ye yaklaşan ikinci bodoslama parçasının geçmeli kıç ucunun genişliği 10 cm iken, baş ucu gittikçe daralarak 5 cm'ye kadar incelmektedir (Res. 51). Kırık olan bu uçta geçmenin bir kısmı korunmuştur.

Kıç bodoslama kayıptır.

Dış Kaplamalar

Batığın iskele yanında 10 sıra, sancak yanında 6 sıra kaplama tahtası korunmuştur. Kaplama genişlikleri 12,5 ile 28 cm arasında; kalınlıkları 15 ile 30 mm arasında değişmektedir. Birleştirilmelerinde 30 cm ile 80 cm arasında değişen aralıklarla ve belli bir sistematiği olmayan çokgen kesitli kavelalar kullanılmıştır. Uzun olmayan kaplama tahtalarının eklenmesinde değişik biçimlerdeki parileler kullanılmıştır (Res. 52, 53, 54).

Eğri Sistemi

Döşekler

Üst yüzey genişlikleri 6,5-10 cm, yükseklikleri 5-11 cm arasında değişen genellikle dikdörtgen kesitli olan 24 adet döşek günümüze ulaşmıştır (Res. 55). Dördü orijinal yerinde bulunmayan bu döşeklerin omurgaya bağlı olanlarının aralıkları tablo 15'te verilmiştir (Res. 56a, b). Döşek-kaplama bağlantılarında demir ve ahşap çivi kullanılmıştır. E8, E11 ve E13 numaralı döşeklerin omurga hizalarında 23,5 cm uzunluğunda, 5 cm genişliğinde ve 15-25 mm derinliğinde dikdörtgen şekilli açılmış olan yuvaların bir yelken yatağına işaret ettiği düşünülmektedir (Res. 57). Omurganın iki yanında bulunan sintine delikleri çoğunlukla, dik tarafları omurgaya bakan üçgen şeklinde açılmıştır. Diğer birkaçının yarım daire şekilli olduğu görülmektedir.

Postalar

E5-1, E6-1, E9-1, E11-1, E12-1, E19-1 numaralı mevcut iskele postalarının genişlikleri 7-10 cm, yükseklikleri 5-11 cm arasında değişmektedir. Postalar döşek yanlarında ve döşek devamında konumlandırılmıştır. E7-1 postasının çapa tahtasına 1 adet demir çivi ile bağlandığı tespit edilmiştir.

in the middle of the vessel and 10 cm. at its bow end. Its thickness is 12.5 cm. at the stern side and 13.8 cm. at the bow end. The first piece of the stem joining the keel is 10 cm. wide and 14.5 cm. thick at the keel end (Fig. 50). Some of the extant floor timbers are fastened with iron nails on the keel while others are not fastened at all (Table 14).

On either side of the keel, the garboards are nailed with iron nails on the keel that rises about 1 cm. above their top surface level.

Stem and sternpost

The first stem piece of YK 18 is 10 cm. wide, 14.5 cm. thick and 1.67 m. long. The second piece of the stem is almost 1 m. long and its width starts from 10 cm. where it is fastened on the first piece and tapers down to 5 cm. toward the bow (Fig. 51). Part of the scarph is preserved on this broken end.

The sternpost is missing.

Planking

The planking of the shipwreck has survived as ten strakes on the portside and six strakes on the starboard side. The planks have a width varying from 12.5 to 28 cm. and a thickness varying from 15 to 30 mm. The strakes are joined with polygonal dowels placed every 30 to 80 cm. without following any systematic. The planks are not very long and are fastened with a variety of scarphs (Figs. 52-54).

Frame system

Floor timbers

A total of 24 floor timbers with rectangular cross-sections have survived and their top surface widths vary from 6.5 to 10 cm. and their heights vary from 5 to 11 cm. (Fig. 55). Four of the floor timbers were not in their original location and the timbers fastened on the keel are listed in Table 15 with the distances between the nail shaft centres (Fig. 56a, b). The floor timbers and planking are fastened to each other with iron and treenails. Floor timbers E8, E11 and E13 have rectangular recesses 23.5 cm. in length, 5 cm. in width and 15 – 25 mm. in depth corresponding to the keel and these recesses are thought to point to a mast step (Fig. 57). Most of the limber holes flanking the keel are usually triangular in shape with their right-angled sides facing the keel. The rest are semicircular.

Interval Aralık referansı	Room and Space (cm) Uzunluk (cm)	Interval Aralık referansı	Room and Space (cm) Uzunluk (cm)
E2-E3	27.5	E10-E11	32
E3-E4	30	E11-E12	27.5
E4-E5	19	E12-E13	28
E5-E6	30	E13-E14	29
E6-E7	28	E14-E15	29
E7-E8	27.5	E15-E16	30
E8-E9	30	E16-E17	29
E9-E10	30	E17-E18	32

Fig. / Res. 53

Various scarph types found on the vessel.

Batıkta görülen farklı parile tipleri.

Fig. / Res. 54

Diagonal and S-shaped scarphs.

Diyagonal ve "S" biçimli parileler.

Table / Tablo 15

Distances between the nail shaft centres of the floor timbers placed on the keel.

Omurga üzerinde yer alan döşeklerin çivi merkezleri arasındaki mesafeler.

Fig. / Res. 55
Arrangement of the floor timbers and futtocks.
Döşek ve posta sistematiği.

Fig. / Res. 56a, b
Stern frames of the shipwreck scattered around.
Batığın etrafa dağılmış kıç eğrileri.

Fig. / Res. 57

One of the rectangular holes drilled at keel line of the floor timbers.

Döşeklerin omurga hizalarında dikdörtgen şekilli açılmış olan yuvalardan biri.

Futtocks

Extant futtocks, namely E5-1, E6-1, E9-1, E11-1, E12-1 and E19-1, have a width varying from 7 to 10 cm. and a thickness varying from 5 to 11 cm. The futtocks are positioned next to and as extension of the floor timbers. Futtock E7-1 is fastened on the wale with a single iron nail.

Ceiling

One single ceiling timber, namely F1, was uncovered intact in YK 18. This timber terminates at E8 but past E18, in the stern direction, it is cut by the bored pile. Its width at the stern side is 17 cm., bow side 18 cm., and in the middle 22 cm. Its preserved length is 3.20 m. It is fixed with a single iron nail on the floor timbers E8, E10, E12 and E14.

Wale

The portside wale of the shipwreck has survived partially and the extant part measures 2.70 m. long, 45 mm. thick and 125 mm. wide.

İç Kaplamalar

YK 18'de, E8'de sağlam şekilde biten ucu, E18 numaralı döşekten sonra kıç yönünde fore kazık tarafından kesilerek biten, F1 kodlu bir adet iç kaplama tahtası bulunmuştur. Genişliği kıç ucunda 17 cm, baş ucunda 18 cm, ortada 22 cm ve mevcut boyu 3,20 m olan bu kaplama tahtası, E8, E10, E12, E14 kodlu döşeklere birer adet demir çivi ile bağlanmıştır.

Çapa Tahtası

Batığın iskele yönündeki çapa tahtasının bir kısmı günümüze ulaşmıştır. Mevcut ölçüleri; yaklaşık 2,70 m uzunluğunda, 45 mm kalınlığında ve 125 mm genişliğindedir.

6. Yenikapı 8

This ship has survived only 5 m. long and 2.90 m. wide at the bottom and its original dimensions are estimated to be 12 m. in length and 4 m. in width. The shipwreck's ceiling, mast step and keelson as well as its cargo are not found but its thick and strong floor timbers and planking suggest a medium-size cargo ship. YK 8 was uncovered inside the sediment unit 6 and thus dated to the tenth century.

The shipwreck comprises the keel, ten strakes of planking on the portside and nine strakes on the starboard side and 13 frames; and in fact, about half of the ship lies under the sheet pile wall (Figs. 58-60; Dwg. 10). This steel-wall had to be built in order to prevent the railway from slipping and collapsing and thus, rest of the ship lying behind it could not be documented or lifted. The vessel lies between very deep trenches full of water, covered with rubble and cement wastes. Its stern part has been damaged by the sheet pile wall but the remaining timbers are strong and in good state. Especially the planking on both sides of the keel is in very good state of preservation.

In situ documentation and lifting of the vessel lasted from December 11th, 2006 to February 16th, 2007 and lifting was implemented using L-shaped carriers (Fig. 61a, b).

Keel

The extant part of the keel is a single piece – 12x12 cm. square shaped and 5 m. long until the point cut by the sheet pile wall. The keel's scarph for the stem is extant but its sternside beyond frame E16 lies beneath the sheet pile wall; thus, no evidence could be gathered regarding its stern end. During the lifting of the vessel, two transversal holes of 5 cm. diameter were noticed. The hole closer to the stem has worn away in the bow direction while the second hole located further behind does not bear any traces of wearing and was full of putty and caulk; thus, the second hole is inferred not to have been used during seafaring. The garboards are fastened on the keel with treenails. In the overall layout, except for E4 and E15, extant floor timbers are fastened on the keel with iron nails (Table 16).

Stem and sternpost

Although its scarph on the keel remains, the stem is missing and no information is available on the sternpost which lies beneath the sheet pile wall.

Code of floor timber Döşek kodu	DÇ	BY
E4		X
E5	X	
E6	X	
E7	X	
E8	X	
E9	X	
E10	X	
E11	X	
E12	X	
E13	X	
E14	X	
E15		X

Table / Tablo 16

Nailing properties of the floor timbers on the keel (DÇ: iron nail, BY: not connected).

Döşeklerin omurgaya çivilenme özellikleri (DÇ: Demir çivi, BY: Bağlantı yok)

6. Yenikapı 8

Belirlenen boyu 5 m, karinasının en geniş yeri 2,9 m olan batığın tam boyu, yaklaşık 12 m, karinasının en geniş yeri ise yaklaşık 4 m olarak hesaplanmıştır. İç kaplamaları, yelken yatağı ve iç omurgası bulunamayan batığın döşek ve kaplama tahtalarının kalın ve sağlam olması, orta büyüklükteki bir yük teknesi olduğunu düşündürmektedir. Kargosu belirlenemeyen, 6 numaralı sediment istifi içinde yer alan YK 8, 10. yüzyıla tarihlendirilmiştir.

Omurga; karinayı oluşturan iskele tarafında 10 adet, sancak tarafında 9 adet kaplama tahtası ile 13 adet eğriden oluşan batığın yaklaşık olarak yarısı palplanş duvarı altında kalmıştır (Res. 58, 59, 60), (Çiz. 10). Demiryolu hattının çökmemesi için zorunlu olarak inşa edilen bu çelik duvarın arkasında kalan bölümün belgeleme ve kaldırma çalışması yapılamamıştır. Çevresi çimento atıkları, moloz döküntüleri ile kaplı halde, içi su dolu oldukça derin kanalların arasında bulunan teknenin kıç tarafında, palplanş tarafından parçalanan ve baskı sonucu kaymış olan bölümünün dışında ahşapları sağlam ve dirençlidir. Özellikle omurganın iki yanındaki kaplamalar oldukça sağlam durumda ele geçmiştir.

11.12.2006 tarihinde başlayan batık üzerindeki çalışmalar, eğri sistemi, kaplamalar ve omurganın "L" profil yöntemiyle kaldırılmasıyla 16.02.2007 tarihinde tamamlanmıştır (Res. 61a, b).

Omurga

Mevcut kısmı 5 m uzunluğunda, 12 cm genişlik ve 12 cm kalınlıkta olan kare kesitli omurga, palplanşın kestiği noktaya kadar tek parçadır. Baş ucunda bodoslama geçmesi bulunan omurganın E16 numaralı döşekten sonrası palplanş altında kaldığından kıç ucu hakkında bilgi edinilememiştir. Teknenin kaldırılması sırasında omurgayı enine kesen her biri 5 cm çapında iki delik ortaya çıkarılmıştır. Bunlardan baş bodoslamaya yakın olan deliğin kenarında baş yönüne doğru bir aşınma mevcuttur; daha geride olan ikinci deliğin kenarında ise aşınma izine rastlanmaması ve içinin tamamıyla macun ve kalafat ile dolu olmasından yola çıkılarak bu deliğin, seyir sırasında kullanılmadığı sonucuna ulaşılmıştır. Burma tahtaları omurgaya ahşap çivilerle bağlıdır. Genel düzende E4 ve E15 hariç, mevcut döşekler omurgaya demir çivilerle bağlanmıştır (Tab. 16).

Bodoslamalar

Omurga ile birleştiği yerde geçmesi bulunan baş bodoslama kayıptır. Palplanş altında kalan kıç bodoslama hakkında ise bir bilgiye ulaşılamamıştır.

Fig. / Res. 58
The photo-mosaic image of YK 8 shipwreck.
YK 8 batığına ait foto-mozaik.

Dwg. / Çiz. 10
Plan drawing of YK 8 shipwreck.
YK 8 batığının plan çizimi.

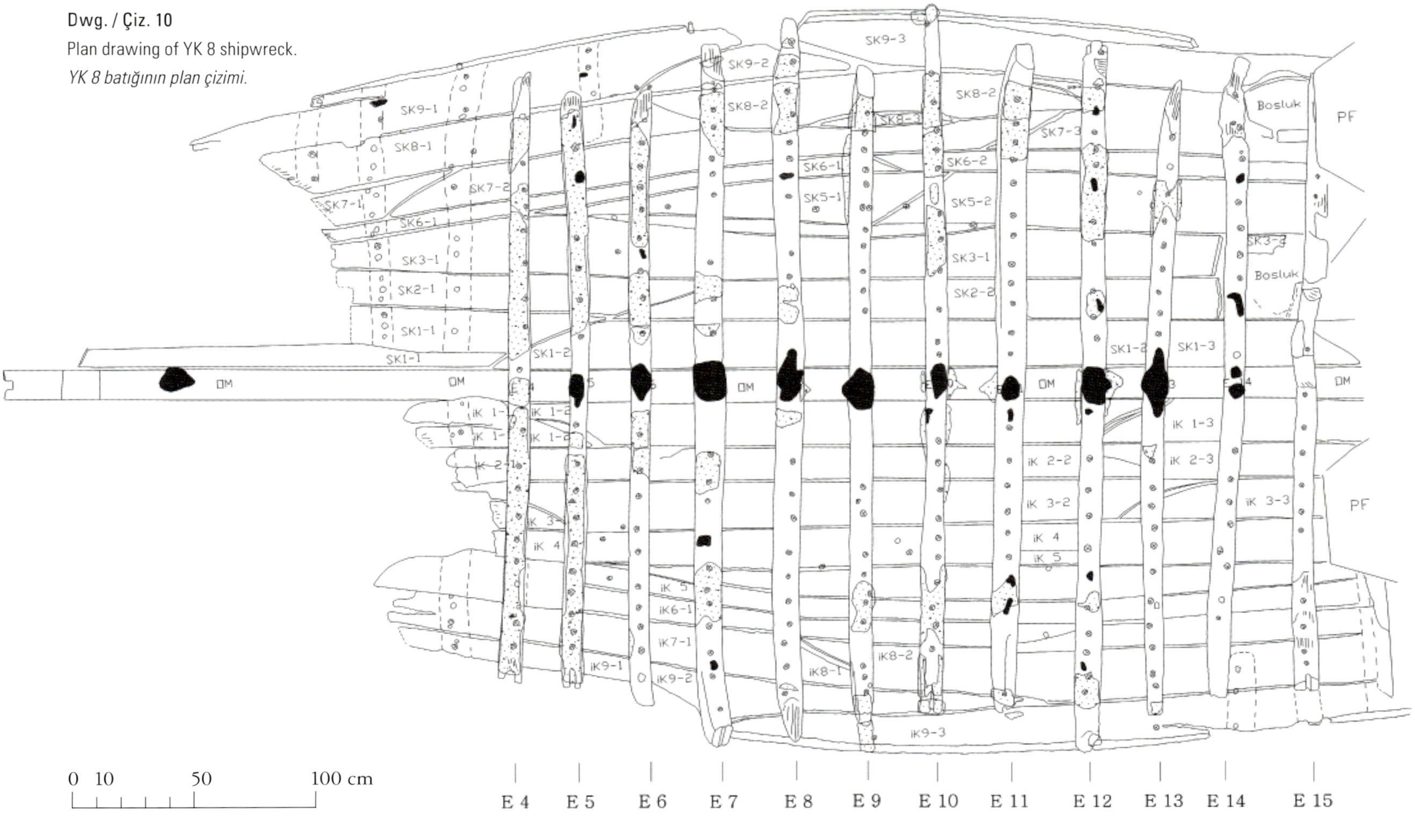

Table / Tablo 17 Planking widths at selected frame locations.
Seçilen eğri sıralarına göre dış kaplama genişlikleri.

Fig. / Res. 59 The shipwreck *in situ.*
Batığın in situ *durumu.*

Fig. / Res. 60 General view of the shipwreck following the cleaning.
Batığın temizlendikten sonraki görünüşü.

Fig. / Res. 61a, b Lifting of the ship members.
Batığın kaldırma çalışmaları.

Code of planking Kaplama kodu	E8 (cm)	E12 (cm)
SK9-2/3	22	-
SK9-3	-	22
SK8-2	20	-
SK8-4	-	11
SK7-2	12	-
SK7-3	-	14
SK6-1	7	-
SK6-2	-	8
SK5-1	16.5	-
SK5-2	-	21
SK4	5	-
SK3-1	16	17.5
SK2-1	-	-
SK2-2	15	15
SK1-2	17	17
İK1-2	17	16
İK2-1	12.5	12.5
İK3-2	17	16
İK4	14	14
İK5	9	12.5
İK6-1	8	-
İK6-2	-	8
İK7-1	8	-
İK7-2	-	11
İK8-1	17.5	-
İK8-3	-	20
İK9-2/3	22	17

Dış Kaplamalar

YK 8 batığının günümüze ulaşan 10 adet iskele ve 9 adet sancak kaplama sırasının genişlikleri 5-22 cm arasında değişmektedir (Tab. 17). Ortalama kalınlıkları 25 mm olan kaplama sıraları arasında kavela ve kalafat kullanılmış olup birleşim yerlerinde diyagonal (eğri açılı), "S" biçimli ve dikey kesim olmak üzere başlıca üç farklı biçimde parile tespit edilmiştir (Res. 62a, b; 63a, b). İlk sıra kaplamalar omurga ile aynı hizadadır ve omurganın iki tarafında da kaplama simetrisi tamdır (Çiz. 11).

Eğri Sistemi

Döşekler

Tekne üzerindeki eğrilere 1'den 16'ya kadar numara verilmiştir. Bunlardan E1, E2 ve E3 yalnızca kaplamalar üzerindeki izlerden yola çıkılarak belirlenmiş; E4, E5, E6, E7, E8, E9, E10, E11, E12, E13, E14 ve E15 tamamıyla mevcut; E16 ise yarısı palplanş altında kalmış durumdadır. Ortalama 8-11 cm genişlik, 12 cm kalınlığındaki döşekler; omurganın iki tarafında ve eğri kollarının dönüşlerinde, 25x25 mm ölçülerinde, tepe noktaları düz bazen de yay biçimli ikişer sintine deliğine sahiptir (Res. 64a, b). Kaplamalara ahşap ve demir çivilerle tutturulmuş olan döşeklerin birbirlerine olan uzaklıkları 22 cm ile 30 cm arasında değişmektedir (Tab. 18).

Planking

Extant planking strakes of YK 8 are ten on the port side and nine on the starboard side and their widths vary from 5 to 22 cm. (Table 17). The planking strakes have an average thickness of 25 mm. and between them are dowels and caulking attested. Scarphs identified are diagonal, S-shaped and vertical flat types (Figs. 62a, b; 63a, b). The first strake of planking is at the same level as the keel and the planking symmetry about the keel is excellent (Dwg. 11).

Frame system

Floor timbers

Frames of the vessel are numbered from 1 through 16. The first three, namely E1, E2 and E3 have been identified from the marks on the planking; the E4, E5, E6, E7, E8, E9, E10, E11, E12, E13, E14 and E15 are extant while E16 is half-damaged under the sheet pile wall. On the average the floor timbers are 8 to 11 cm. wide and 12 cm. thick. The floor timbers have a limber hole on either side of the keel as well as at the chine, measuring 25x25 mm. and their top surfaces are sometimes flat, sometimes arc-shaped (Fig. 64a, b). Fastened on the planking with treenails and iron nails, the floor timbers lie 22 cm. to 30 cm. apart (Table 18).

Futtocks

All marks of futtocks are discernible on SK9-1 and SK8-1 of E5-1 and on İK9-3 and İK8-2 of E14-1, all the futtocks are missing.

Postalar

E5-1'in SK9-1, SK8-1 ve E14-1'in İK9-3, İK8-2 kaplama sıraları üzerinde izleri görülmekle beraber teknenin bütün postaları kaybolmuştur.

Interval **Aralık referansı**	**Room and Space (cm) Uzunluk (cm)**	**Interval** **Aralık referansı**	**Room and Space (cm) Uzunluk (cm)**
E4-E5	22	E10-E11	27
E5-E6	22	E11-E12	30
E6-E7	25	E12-E13	22
E7-E8	29	E13-E14	29
E8-E9	25	E14-E15	25
E9-E10	27		

Table / Tablo 18
Distances between the nail shaft centres of the floor timbers on the keel.
Döşeklerin omurga üzerindeki çivi merkezleri arasındaki mesafeler.

Fig. / Res. 62a, b Diagonal scarph. / *Diyagonal parile.*
Fig. / Res. 63a, b Vertically cut scarph. / *Dikey kesimli parile.*
Fig. / Res. 64a, b The floor timber and four limber holes. / *Döşek ve 4 adet sintine deliği.*

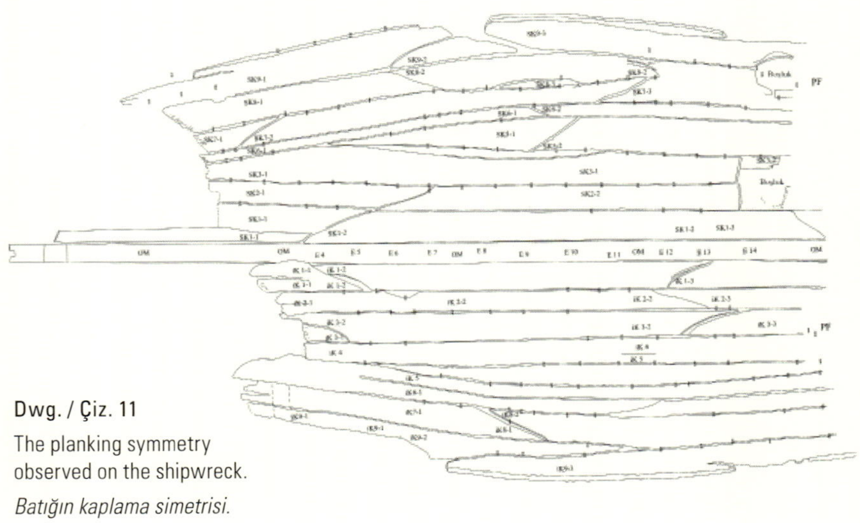

Dwg. / Çiz. 11
The planking symmetry observed on the shipwreck.
Batığın kaplama simetrisi.

7. Yenikapı 3

Compared to other shipwrecks in the area, YK 3 is considered a large-size cargo ship. Its extant length is 9.12 m. and width of the bottom is 2.28 m.; however, its original length is estimated to be about 18 m. and the width of the vessel's bottom to be about 6 m at the widest point. The shipwreck was uncovered at -0.69 m. level lying in the northwest-southeast direction. It is found in the sediment unit 6, and thus dated to the tenth century AD. Numerous roof tile fragments and mortar remnant have been found inside the vessel (Fig. 65a, b; Dwg. 12a, b).

The most significant feature observed regarding the building technique of YK 3 is the strong ceiling inside the hold. The ceiling, or the interior facing, of shipwrecks from this time are rarely encountered in wreck researches conducted in the Mediterranean; however, at Yenikapı shipwrecks we have had the opportunity to explore them in detail.

On the contrary to most of the shipwrecks uncovered at Yenikapı, YK 3 sank on its starboard – not on its bottom. Therefore, the portside half of the ship has entirely disappeared while the starboard side up to the first wale, including the keel, has survived (Figs. 66a, b; 67). The extant members are the keel, 11 planking strakes, one wale, 26 floor timbers and 13 futtocks, and 8 ceiling strakes from the hold's facing; most of the wooden members have softened and become crisp and brittle. Especially the wale has suffered much from *teredo* damage, which indicates that the wale was not buried under the sand.

The garboard, i.e. the first planking strake, adjoining the keel was fastened with iron nails while the planking of the bottom was joined with wooden dowels. The first wale identified on the starboard side was fastened on the bottom's planking with wooden dowels. However, no mark or trace of a dowel has been attested on the upper surface of the wale. Floor timbers – keel joining was fastened with iron nails hammered from the interior; floor timbers were fastened on the planking with treenails hammered from the top and iron nails hammered from the exterior of the planking. Thus, the floor timbers were fixed with two iron nails and one treenail alternating as observed on their bottom side. Floor timbers and futtocks overlapping on the wale were fixed with iron nails. The dowel system and building technique details clearly put forth that YK 3 shipwreck was built with the technique of the 'transitional period'.

A groove carved on the frame no. 19 located where the ceiling ended, closer to the stern of the vessel is interpreted as a cabin or cellar compartment, used by the captain or the crew, and parallels of it with better-preserved upper-structure were found later on YK 12, YK 20 and YK 29 shipwrecks.

7. Yenikapı 3

Alandaki diğer batıklarla karşılaştırıldığında, büyük bir yük gemisi olarak değerlendirilen YK 3'ün belirlenen boyu 9,12 m, karinasının en geniş yeri 2,28 m'dir. Geminin tam boyunun yaklaşık 18 m ve karinasının en geniş yerinin yaklaşık 6 m olduğu düşünülmektedir. 6 numaralı sediment istifi içinde bulunmuş olan batık, -0,69 m kodunda, kuzeybatı - güneydoğu doğrultusunda yatmakta, MS 10. yüzyıla tarihlenmektedir. Geminin içinde bol miktarda kiremit parçası ve harç kalıntıları bulunmuştur (Res. 65a, b; Çiz. 12a, b).

YK 3 gemisinde yapım tekniği ile ilgili saptadığımız en önemli özellik, geminin ambar kısmında bulunan güçlü iç kaplamalarıdır. Akdeniz'de gerçekleştirilen batık araştırmalarında nadir olarak karşılaştığımız bu döneme ait iç kaplamalar, Yenikapı kazılarında ortaya çıkartılan batıklarda detaylı olarak incelenebilmiştir.

Yenikapı'da bulunan çoğu batığın aksine YK 3 karina üzerine değil, sancak tarafı üzerine yatmıştır. Bu nedenle omurgasından, sancak tarafındaki ilk kuşak tahtasına kadar korunabilen gemi, iskele tarafı tamamen yok olmuş şekilde ele geçmiştir (Res. 66a, b; 67). Omurgası, sancak tarafında 11 sıra kaplama tahtası, 1 adet çapa tahtası (yumrusu), 26 adet döşek ve 13 postası, geminin ambar kaplamalarını oluşturan sekiz sıra farş tahtası bulunan geminin ahşaplarının çoğu yumuşak ve her an dağılmaya hazır durumdadır. Özellikle kuşakta çok fazla *teredo navalis* tahribatı izlenmekte; bu da kuşağın kuma gömülmediğini göstermektedir.

Omurgadan sonraki ilk kaplama olan burma tahtası-omurga birleşiminde demir çiviler; karinayı oluşturan kaplama tahtalarının birleştirilmesinde ise ahşap kavelalar kullanılmıştır. Sancak tarafında belirlenen ilk yumrunun karina kaplamalarına bağlantısı yine ahşap kavelalarla yapılmıştır. Fakat yumrunun borda tarafındaki yüzünde (üst yüzeyinde) herhangi bir kavela izine rastlanmamıştır. Döşek-omurga birleşiminde genel olarak geminin iç tarafından çakılan demir çivi; döşek-kaplama birleşimlerinde ise üstten çakılan ahşap çivi ile kaplamaların dışından çakılan demir çiviler kullanılmıştır. Böylece, döşeklerin alt yüzeyinde, 2 demir – 1 ahşap çivi düzeninde tekrarlanan bir düzen oluşturulmuştur. Döşek ve postaların yumruya denk gelen kısımları ise demir çivilerle tutturulmuştur. Kavela sistemi ve yapım tekniği detayları, çok net bir şekilde, YK 3 batığının "geçiş dönemi" tekniği ile inşa edildiğini ortaya koymaktadır.

Geminin kıç tarafına yakın bir noktada, iç kaplamaların son bulduğu kesimde bulunan 19 numaralı eğri üzerine açılmış olan kanal -ki daha sonraki tarihlerde YK 12, YK 20 ve YK 29 batıklarında da benzerlerine ve üst yapısı daha sağlam durumdaki örneklerine rastlanmıştır- personelin ya da kaptanın kullandığı bir kabin veya kilerin bölmesi olarak değerlendirilmiştir.

Fig. / Res. 65a
The photo-mosaic image of YK 3 shipwreck.
YK 3 batığına ait foto-mozaik.

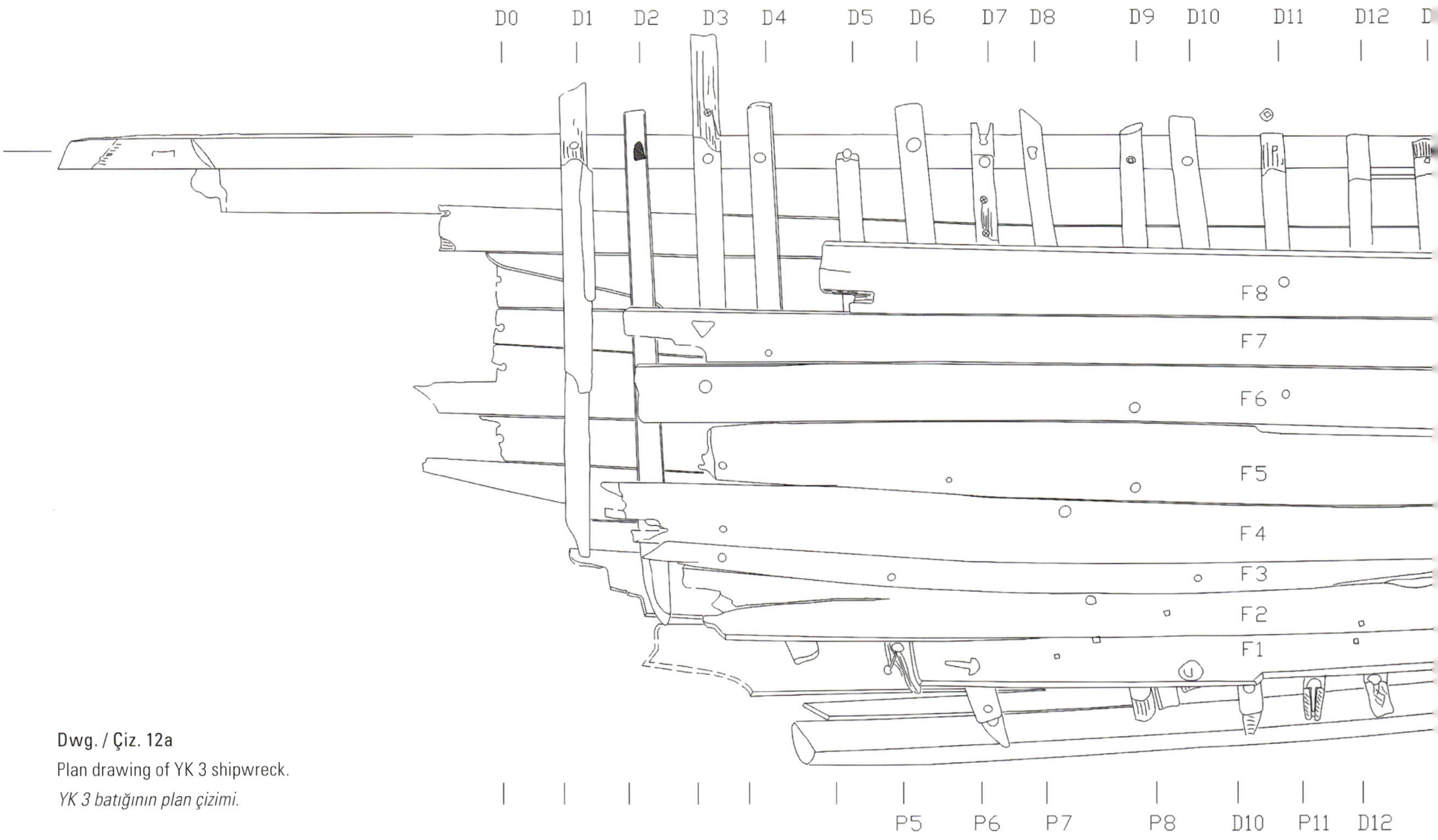

Dwg. / Çiz. 12a
Plan drawing of YK 3 shipwreck.
YK 3 batığının plan çizimi.

0 10 50 100 cm

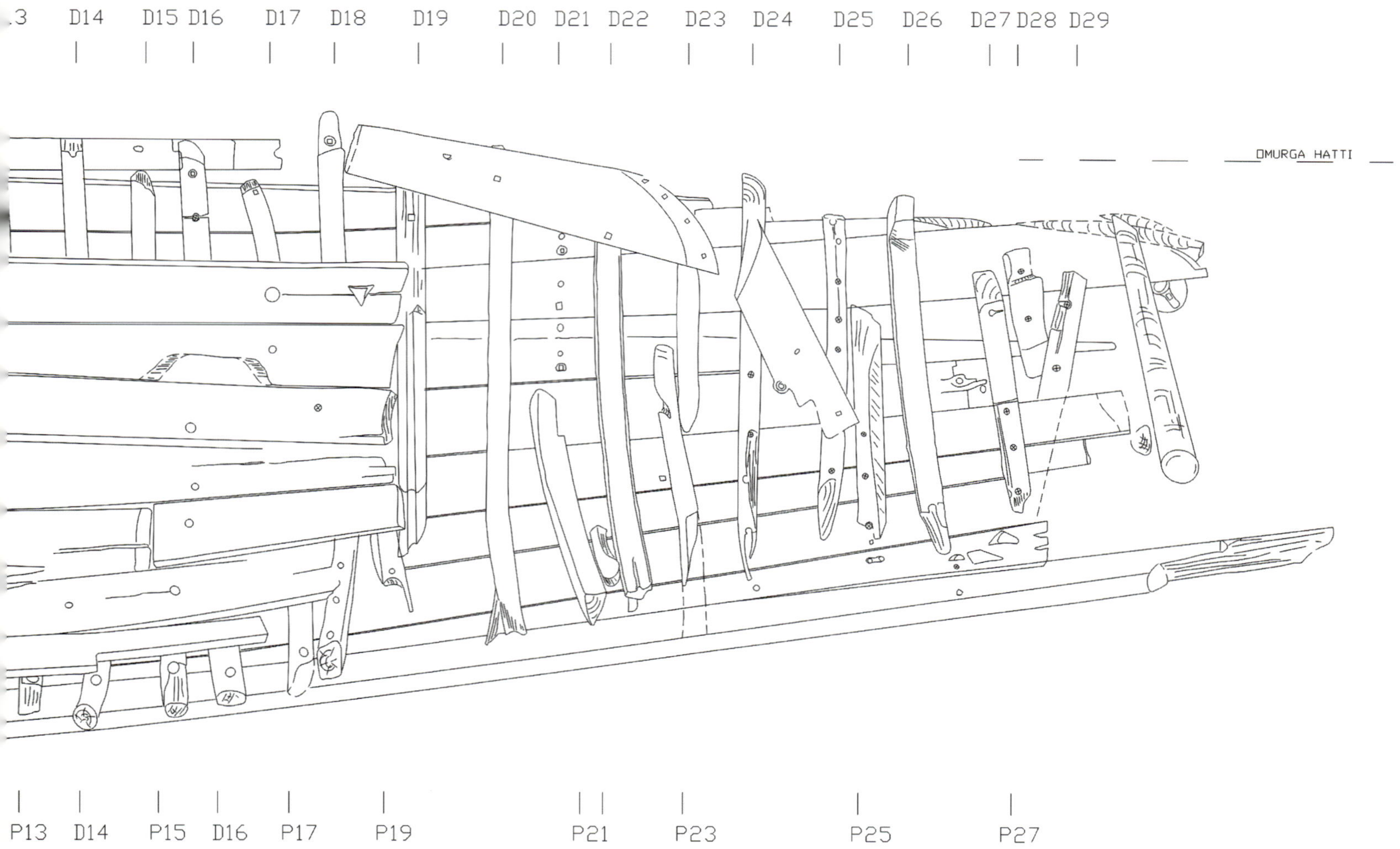
D14 D15 D16 D17 D18 D19 D20 D21 D22 D23 D24 D25 D26 D27 D28 D29
OMURGA HATTI
P13 D14 P15 D16 P17 P19 P21 P23 P25 P27

Fig. / Res. 66a, b The general view of YK 3 when it was first found. / *YK 3 batığının ilk bulunduğu durum.*

Fig. / Res. 67 A general view of the shipwreck. / *Batıktan genel bir görünüm.*

Fig. / Res. 68
Lifting of the ship members.
Batık elemanlarının kaldırılması.

Between the ceiling strakes and planking strakes of YK 3 were marble fragments *in situ* and these provide evidence for the route of the ship. It is thought that YK 3 had connection with Marmara Island (ancient Prokonnesos) which was an important site for marble quarrying and an important harbour for the ships transporting marble. The ceiling timbers of the ship are quite thick, which suggests that the cargo was heavy, and probably comprised especially construction materials such as bricks, roof tiles and marble demanded for constructional activities in Istanbul.

Documentation on YK 3 started before the lifting of YK 6 was completed. When our team had completed the lifting of YK 6, the preliminary documentation of YK 3 was also completed and it was ready for dismantling. When the ceiling timbers were dismantled, concealed details were unveiled, documented; and the floor timbers were dismantled and lifted. Following overall cleaning and completion of full scale drawings, planking was also dismantled, lifted and placed in the pools (Fig. 68). The work on this shipwreck was carried out from May 26th to July 5th, 2006. Lifting of the ceiling, futtocks, floor timbers and planking was done with L-shaped carriers.

YK 3'ün dış ve iç kaplamaları arasında ele geçen *in situ* mermer parçalar, geminin rotası hakkında bilgi verecek niteliktedir. YK 3'ün, Antik Çağ'dan itibaren sahip olduğu mermer kaynakları nedeniyle gemicilerin ilgi odağı olarak deniz ticaretinde önemli bir konuma gelen Marmara Adası (Prokonnesos) ile bağlantısının olduğu düşünülmektedir. Geminin iç kaplamalarının oldukça kalın olması, bu geminin yükünün de ağır olduğu; özellikle İstanbul'un inşa faaliyetlerinde kullanılan tuğla, kiremit ve mermer gibi malzemeleri taşıdığına işaret etmektedir.

YK 3 gemisi henüz YK 6'nın kaldırma çalışmaları bitirilmeden belgelemeye alınmıştır. Ekibimiz YK 6'nın kaldırma işlemlerini tamamladığında bu geminin de ön belgeleme çalışmaları bitmiştir. Farşlar söküldükten sonra, bunların altında kaldığı için görülemeyen detaylar da kayıtlara ve çizimlere işlenmiş, sonra döşekler kaldırılmıştır. Genel temizlik ve dış kaplamaların 1:1 çizimleri bitirildikten sonra kaplamalar da sökülerek havuzlara taşınmıştır (Res. 68). Bu batık üzerindeki çalışmalar 26.05.2006 - 05.07.2006 tarihleri arasında tamamlanmış; belgeleme çalışmalarından sonra, farşlar, posta, döşek ve dış kaplamaların bir kısmı sökülerek "L" profil yöntemiyle kaldırılmıştır.

Keel

The preserved length of the keel, whose stern part is damaged under the sheet pile wall, is 5.90 m. and its top surface thickness is 11 cm. at the bow end and 125 mm. in the middle of the vessel; its original height is 11 cm. at bow end and 12 cm. in the middle. The bow end of the keel with the scarph starts at floor timber E17 but there has been no remains found belonging to the stem. However, extant ends of the starboard planking touching the stem provide evidence for the stem's slope.

The square keel has a flat top and on the upper parts of its lateral sides is a rabbet groove along its length. The garboards on either side of the keel are nailed to these grooves with an angle. Fastening elements are square-shaped iron nails of 5x5 mm. or 8x8 mm. nailed at irregular intervals. It has been observed that 17 out of 27 floor timbers identified were fixed on the keel with iron nails, and some of the scarphs joining the floor timbers on the keel have a treenail hammered first and then hammered with an iron nail into it.

Apart from E12, extant floor timbers were fastened on the keel with square-shaped iron nails of 9x9 mm. (Table 19). Ends of E17, E19, E20, E21, E23, E25 and E27 are broken; therefore, their fastening details are not known.

Planking

Missing the portside entirely, YK 3 retains its keel and eleven planking strakes on the starboard side up to the first wale. The planking has an average thickness of 2 cm. while their widths and lengths vary (Table 20). Between the planking strakes is luting and the planks are fastened with dowels, which have a diameter varying from 10 to 15 mm. and are fitted usually into round canals crossing the planking width (Fig. 69). Furthermore, gnarls were also covered with caulk. Apart from the diagonal scarph of SK10, all the scarphs observed along the planking strakes are fastened with dowels and have S-shaped curves (Table 21).

Frame system

Floor timbers

26 rectangular floor timbers have top surface widths varying from 7 to 12 cm. and thicknesses varying from 10 to 12 cm. They are fixed on the planking mainly with treenails (Tables 22 and 23). The polygonal treenails fastening the floor timbers on the planking have a diameter varying from 14 to 20 mm. and are 12 to 14 cm. long. Some of these nails are square shaped measuring 14x14 mm. and they were hammered at intervals varying from 12 to 26 cm. Iron nails hammered from the planking into the floor timbers are two per planking and none has pierced through the floor timbers (Fig. 70a, b). Distances between the floor timbers are given in Table 24.

Code of floor timber Döşek kodu	DÇ	AÇ	BY	Code of floor timber Döşek kodu	DÇ	AÇ	BY
E1	X	-	-	E15	X	-	-
E2	X	-	-	E16	X	-	-
E3	X	-	-	E17	?	-	-
E4	X	-	-	E18	X	-	-
E5	X	-	-	E19	?	-	-
E6	X	-	-	E20	?	-	-
E7	X	-	-	E21	?	-	-
E8	X	-	-	E22	X	-	-
E9	X	-	-	E23	?	-	-
E10	X	-	-	E24	X	-	-
E11	X	-	-	E25	?	-	-
E12	-	-	X	E26	X	-	-
E13	X	-	-	E27	?	-	-
E14	X	-	-				

Table / Tablo 19

Floor timber – keel connections of YK 3 shipwreck (DÇ: iron nail, AÇ: treenail, BY: not connected).

YK 3 gemisinin döşek-omurga bağlantıları (DÇ: Demir çivi, AÇ: Ahşap çivi, BY: Bağlantı yok).

Omurga

Kıç yönüne devam eden ucunun bir kısmı palplanş altında kalan omurganın korunmuş kısmının uzunluğu 5,90 m; genişliği geminin ortasında 13 cm, baş bitiminde 11 cm olup orijinal yüksekliği baş bitiminde 11 cm, geminin orta kısmında 12 cm'dir. Bodoslama geçmesinin bulunduğu baş ucu E17 numaralı döşekte başlamakla beraber bodoslamalara dair hiçbir buluntu ele geçmemiştir. Ancak, sancak kaplamalarının bodoslamaya değen mevcut uçları, baş bodoslama eğimi hakkında ipuçları vermektedir.

Üstü düz ve kare biçimli omurganın, iki yan yüzünün üst kısmında, uzunluğu boyunca bir kanal mevcuttur. İki taraftaki burma tahtaları açı yaparak bu kanala çivilenmişlerdir. Kullanılan bağlantı elemanları düzensiz aralıklarla çakılan ortalama 5x5 mm ile 8x8 mm ölçülerinde kare kesitli demir çivilerdir. 27 adet döşekten 17 adedinin omurgaya demir çivi ile raptedildiği, mevcut döşek-omurga birleştirmelerinden bazılarında omurgaya açılan deliklere önce kavela, sonra bunların üstünden demir çivi çakıldığı belirlenmiştir.

Omurga boyunca mevcut döşeklerin bağlantıları, E12 hariç, 9x9 mm ölçülerinde kare kesitli demir çivilerle sağlanmıştır (Tab. 19). E17, E19, E20, E21, E23,

Table / Tablo 20

Planking widths on selected frames.

Seçilen eğri sıralarına göre dış kaplama genişlikleri.

Name of planking Kaplama adı	E2 (cm)	E6 (cm)	E10 (cm)	E19 (cm)	E23 (cm)	E25 (cm)
SK10	-	10	13	8	12	16
SK9	-	29	22	26	24	19
SK8	27	29	28	23	16	12
SK7	13	10	16	-	-	-
SK6	18	26	18	21	18	16
SK5	20	21	22	24	21	21
SK4	23	19	16	-	-	-
SK3	16	19	19	24	21	21
SK2	18	19	17	17	21	26
SK1	16	16	14.5	17	24	19
SB	16	20	22	17	-	-

E25, E27'nin uçları kırık olduğu için omurga ile olan birleşim detayları anlaşılamamıştır.

Dış Kaplamalar

İskele yanı tamamen kayıp olan YK 3'ün omurgası ve sancak tarafından ilk kuşağa kadar olan 11 sıra dış kaplaması günümüze ulaşabilmiştir. Boyları ve genişlikleri değişiklik gösteren bu kaplamaların kalınlıkları ortalama 2 cm'dir (Tab. 20). Birleştirilmeleri, birbirlerine olan uzaklıkları 30 cm ile 80 cm arasında değişen ahşap kavelalarla yapılan kaplama sıralarının arasına serme kalafat sürülmüştür. Çapları 10-15 mm arasında olan bu kavelalar, genelde kaplama genişliği boyunca açılan yuvarlak kesitli kanallar içinde devam etmektedir (Res. 69). Ayrıca kaplamadaki budakların da kalafatla kapatıldığı görülmektedir. Kaplama sıraları boyunca izlenen ve kavelalarla bağlanan parilelerin, diyagonal şekilli SK10 dışında, hepsi "S" biçimlidir (Tab. 21).

Eğri Sistemi

Döşekler

Üst yüzey genişlikleri 7-12 cm, kalınlıkları genelde 10-12 cm ve dikdörtgen kesitli olan 26 adet döşek, kaplamalara çoğunlukla ahşap çivilerle raptedilmiştir (Tab. 22, 23). Döşekleri kaplama tahtalarına bağlamak için kullanılan ahşap çiviler genellikle 14 ile 20 mm arasında değişen, çokgen çap kesitte ve 12-14 cm uzunluğundadırlar. 12 cm ile 26 cm gibi farklı mesafelerle çakılan bu çivilerden bazıları ise 14x14 mm ölçülerinde kare kesite sahiptir. Kaplamalardan döşeklere çakılan demir çiviler bir kaplamaya 2 çivi gelecek düzendedir ve hiçbiri döşek üstüne çıkmamıştır (Res. 70a, b). Döşek aralıkları tablo 24'te verilmiştir.

E24 numaralı döşeğin ve E23-S1 numaralı postanın, kıç yönündeki yan yüzeylerinde demir çiviler mevcuttur (Res. 71).

Omurganın iki tarafında birer adet bulunan sintine delikleri dik üçgen biçimlidir. Dik kısımlar YK 6 batığındakilerin tersine, sancak tarafına bakmaktadır. Dik kısmın yüksekliği 3,5 cm, alt kenarı 4-5 cm ölçülerindedir (Res. 72).

İç kaplamaların bitiminde bulunan ve içine 2,5 cm genişlik, 3 cm derinlikte boydan boya bir kanal açılmış olan E19'un geminin ambarı ile personelin ya da kaptanın kullandığı mekânı ayıran bölmenin yuvasını taşıdığı düşünülmektedir (Res. 73a-c).

Fig. / Res. 69
Dowel canal crossing the entire width of the planking.
Dış kaplamada genişliği boydan boya geçen kavela kanalı.

Fig. / Res. 70a, b
Nails fastening the floor timbers on the planking.
Döşekleri kaplama tahtalarına bağlayan çiviler.

Code of planking Kaplama kodu	Scarph type Parile biçimi	Length of planking between the scarphs (cm) Parileden parileye mevcut kaplama uzunluğu (cm)	Length of scarph (cm) Parile uzunluğu (cm)	No. of extant scarphs Mevcut parile sayısı
SK10	Diagonal / diyagonal	SK10-1 missing, 340 (SK10-2), 275 (SK10-3) SK10-1 bulunamadı, 340 (SK10-2), 275 (SK10-3)	11, 11	2
SK9	Curved (S)	SK9-1 missing, 660 (SK9-2) SK9-1 bulunamadı, 660 (SK9-2)	ca. 100 Yaklaşık 100	1
SK8	Curved (S)	320 (SK8-1), 445 (SK8-2)	65	1
SK7	Curved (S)	385 (SK7-1), 105 (SK7-2)	34	1
SK6	Curved (S)	SK6-1 missing, 254 (SK6-2) SK6-1 bulunamadı, 254 (SK6-2)	ca. 65 Yaklaşık 65	1
SK5	Curved (S)	150 (SK5-1), 484 (SK5-2)	95	1
SK4	–	490 (SK4)	–	–
SK3	Curved (S)	266 (SK3-1), 556 (SK3-2)	95	1
SK2	Curved (S)	6 (SK2-1), 765 (SK2-2)	65	1
SK1	–	700 (SK1)	–	–
SB	–	695 (SB)	–	–

Table / Tablo 21

Planking lengths between the scarphs, types, lengths and number of scarphs.

Kaplama tahtalarının parileler arası uzunlukları, parilelerinin biçimleri, uzunlukları ve sayıları.

Floor timber E24 and futtock E23-S1 have iron nails on their stern facing sides (Fig. 71).

There is one limber hole of right-angle triangle in shape on either side of the keel. The right-angled sides face the starboard side on the contrary to those of YK 6 shipwreck. The right-angled side is 3.5 cm. deep and the bottom side is 4-5 cm. (Fig. 72).

E19, located at the termination of the ceiling, has a canal of 2.5 cm. width and 3 cm. depth all along. It is thought that this supported the separator between the hold of the ship and the private compartment used by the captain or the crew (Fig. 73a-c).

Fig. / Res. 72

Triangular limber hole with a right angle.

Dik üçgen biçimli sintine deliği.

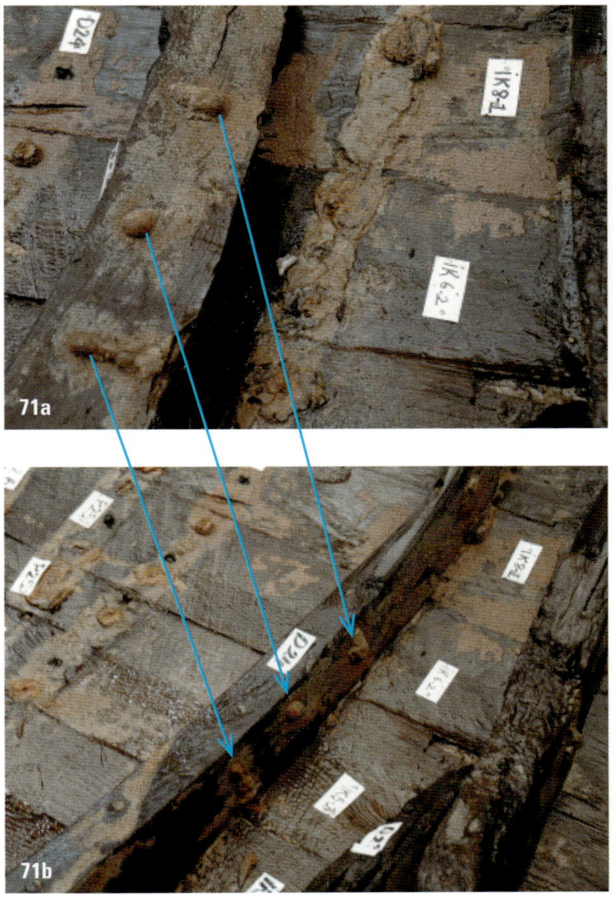

Fig. / Res. 71a, b

Iron nails found on the lateral side of floor timber E24.

E24 numaralı döşeğin yan yüzeyinde bulunan demir çiviler.

Table / Tablo 22

Length, width and thickness of the floor timbers.

Döşeklerin uzunluk, genişlik ve kalınlık ölçüleri.

Fig. / Res. 73a-c

Floor timber E19 with a groove on it.

Üzerinde bir kanal bulunan E19 numaralı döşek.

Code of floor timber Döşek kodu	Length (cm) Uzunluğu (cm)	Width (cm) Genişliği (cm)	Thickness (cm) Kalınlığı (cm)
E1	146	11	8
E2	146	7	10
E3	213	10	12
E4	207	10	10
E5	175	10	8
E6	243	10	12
E7	169	10	8
E8	237	9	11
E9	212	9	7
E10	244	9	12
E11	167	9	12
E12	224	8	9
E13	176	8	12
E14	219	8	11
E15	138	8	11
E16	215	9	10
E17	126	8	11
E18	210	9	16
E19	135	10	11
E20	181	8	17
E22	161	8	12
E23	79	8	10
E24	146	8	11
E25	117	8	6
E26	125	10	10
E27	44	12	10
E28	90	10	10

Futtocks

The connections between the futtocks and the floor timbers of the ship display a variety and a total of 13 futtocks have been uncovered; namely futtocks E5-1, E7-1, E11-1, E13-1, E15-1, E17-1, E24-1 and E25-1 were found on the bow side of their floor timbers while futtocks E9-1, E19-1, E21-1, E22-1 and E26-1 were found on the stern side of their floor timbers. In addition, scarphs on the ends of the floor timbers indicated the presence of futtocks extending them. Nails here showed that the floor timbers were fastened on the futtocks with iron nails (Fig. 74). The futtock of floor timber E21 was fastened from the side via a rabbet. All the

Postalar

Döşek-posta ilişkileri değişiklik gösteren gemide, E5-1, E7-1, E11-1, E13-1, E15-1, E17-1, E24-1, E25-1 postaları döşeklerinin baş yönü yanında; E9-1, E19-1, E21-1, E22-1, E26-1 postaları döşeklerinin kıç yönü yanında olmak üzere 13 adet posta bulunmuştur. Ayrıca döşek hizasında devam eden postaların varlığı, döşek uçlarındaki geçmelerden anlaşılmıştır. Buralardaki çiviler döşek-posta bağlantısının demir çivilerle sağlandığını göstermektedir (Res. 74). E21 numaralı döşeğin postası uç kısmında açılan lamba ile döşeğe yandan birleştirilmiştir. Bütün postalar kaplamalara üstten ahşap, alttan demir çivilerle tutturulmuştur. Tüm postalar ve döşeklerin uzun kolları çapa tahtasına (yumru) birer demir çivi ile raptedilmiştir.

İç Kaplamalar

YK 3 gemisinin, tuğla, kiremit, mermer ve özellikle Konstantinopolis'in inşaat çalışmalarında kullanılan diğer benzeri ağır malzemeleri taşıyabilecek özellikte imal edilmiş iç kaplama tahtaları oldukça kalın ve sağlamdır. Baş ucuna doğru, E19 hizasında düzgün bir profille ve kıç ucunda kırık olarak biten kaplamaların uzunluğu 4,40 m, ortalama kalınlığı 3 cm, genişliği 20 cm'dir (Tab. 25). Her iç kaplama sırası, boy kenarlarında yuvarlak paha sahiptir ve altındaki döşeklere 1, 2 ya da 3 demir çivi ile sabitlenmiştir (Res. 75a, b). Çivi yerlerinde, çivi başlarının gömülebilmesi için çoğunlukla üçgen biçimli çentikler açılmıştır (Res. 76a, b).

Çapa Tahtası

Sancak kaplamalarının üzerinde, yer yer yanık izlerine sahip, korunmuş kısmı 7 m boyunca uzanan çapa tahtası, 10 cm kalınlık ve ortalama 18 cm genişliktedir. İç yüzeyi düz, dış yanı yuvarlak hatlıdır ve kaplama tahtası SK10 ile yüzbeyüz birleşmiştir. SK10 ile arasında ahşap kavelalar görülmesine rağmen, kuşağın üstünde kavela izine ve deliğine rastlanmamaktadır. Bu da kuşağın üzerine gelen kaplama sırasıyla birleştirilmediğini gösteren önemli bir bulgudur.

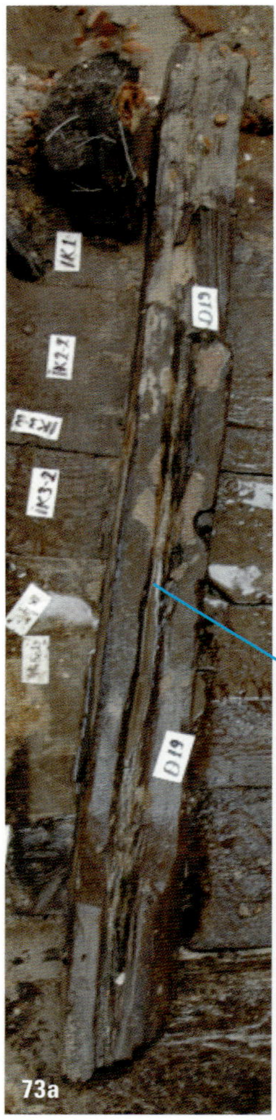

73a

73b

73c

Code of frame Eğri kodu	Planking fastened Bağlandığı kaplama	AÇ (ea.) AÇ (adet)	DÇ (ea.) DÇ (adet)
E1	İK6-1 (1 aç), İK4 (1 aç), İK2-2 (1 aç),	3	-
E2	İK8 (2 aç), İK7 (1 aç), İK6-1 (1 aç), İK5-1 (1 aç), İK4 (1 aç), İK3-1 (1 aç), İK1 (1 aç), İB (1 aç)	9	-
E3	İK8 (1 aç), İK7(1 aç), İK1 (1 aç)	3	-
E4	İK9 (1 aç), İK8 (2 aç), İK7 (1 aç), İK6-1 (1 aç), İK5-1 (1 aç), İK4 (1 aç), İK2-2 (1 aç), İK1 (1 aç), İB1 (1 aç)	10	-
E5	İK8 (1 aç), İK7 (1 aç), İK6-1 (1 aç), İK5-1 (1 aç), İK4 (1 aç), İK3-1 (1 aç), İK2-2 (1 aç), İB (1 aç)	8	-
E6	İK11 (1 dç), İK9 (1 aç), İK8 (1 aç), İK5-2 (1 aç), İK3-1 (1 aç), İK2-2 (1 aç), İK1 (1 aç), İB (1 aç)	7	1
E7	İK7 (1 aç), İK6-1 (1 aç), İK5-2 (1 aç), İK4 (1 aç), İK3-2 (1 aç), İK2-2 (1 aç), İB (1 aç, 1 dç)	7	1
E8	İK11 (1 aç), İK9 (1 aç), İK8 (2 aç), İK6-1 (1 aç), İK5-2 (1 aç), İK4 (1 aç, 1 dç), İK3-2 (1 aç), İK2-2 (1 aç), İK1 (1 aç), İB (1 aç)	11	1
E9	İK9 (2 aç), İK8 (1 aç), İK7 (2 aç), İK6-1 (1 dç), İK5-2 (1 dç), İK4 (1 aç, 1 dç), İK3-2 (1 aç), İK2-2 (2 aç), İK1 (1 aç), İB (1 aç)	12	3
E10	İK11 (1 dç), İK10 (1 dç), İK9 (1 aç), İK8 (2 aç, 1 dç), İK7 (1 aç), İK5-2 (2 aç, 1 dç), İK4 (1 aç), İK3-2 (1 aç, 1 dç), İK2-1 (1 aç), İK1 (1 aç), İB1 (1 aç)	11	5
E11	İK7 (1 aç), İK6-1 (1 aç), İK5-2 (1 aç), where İK4 joins İK3-2 (1 aç, 1 dç – from ceiling to floor timber), İK3-2 (1 aç), İK2-2 (1 aç), İK1 (1 aç), İB(1 aç) İK7 (1 aç), İK6-1 (1 aç), İK5-2 (1 aç), İK4 ile İK3-2'nin birleştiği yerde (1 aç, 1 dç - farstan döşeğe), İK3-2 (1 aç), İK2-2 (1 aç), İK1 (1 aç), İB (1 aç)	8	1
E12	İK11 (1 aç), İK9 (1 aç), İK8-1 (1 aç), İK8 (1 aç), İK7 (1 aç), İK6-1 (1 aç), İK5-2 (1 aç), İK4 (1 aç), İK3-2 (1 aç), İK2-2 (1 aç), İK1 (1 aç), İB (1 aç)	12	-
E13	İK8 (1 aç), İK7 (1 aç), İK6-1 (1 dç), İK5-2 (1 aç, 1 dç), İK4 (1 aç), İK3-2 (1 aç), İK2-2 (1 aç), İK1 (1 aç)	7	2
E14	İK11 (1 dç), İK9 (1 aç), İK8-1 (1 aç), İK7 (1 aç), İK6-1 (1 aç), İK5-2 (1 aç), İK4 (1 aç), İK3-2 (1 aç), İK2-2 (1 aç), İK1 (1 aç), İB (1 aç)	10	1
E15	İK7 (1 aç), İK6-1 (1 aç), İK5-1 (2 aç), İK4 (1 aç), İK3-1 (1 aç), İK2-2 (1 aç), İK1 (1 aç), İB (1 aç)	9	-
E16	İK11 (1 dç), İK9 (1 aç), İK8-1 (1 aç), İK7-1 (1 dç – from floor timber to planking), İK6-1 (2 aç), İK5-2 (1 aç, 1 dç from planking to floor timber), İK4 (1 aç), İK3-2 (1 aç), İK2-2 (1 aç), İK1 (1 aç), İB (1 aç) İK11 (1 dç), İK9 (1 aç), İK8-1 (1 aç), İK7-1 (1dç - döşekten kaplamaya), İK6-1 (2 aç), İK5-2 (1 aç, kaplamadan döşeğe 1 dç), İK4 (1 aç), İK3-2 (1 aç), İK2-2 (1 aç), İK1 (1 aç), İB (1 aç)	10	3
E17	İK5-2 (1 aç), İK3-2 (1 aç, 1 dç from floor timber to planking), İK2-2 (1 aç), İK1 (1 aç), İK1 (1 aç), İB (1 aç) İK5-2 (1 aç), İK3-2 (1 aç, kaplamadan döşeğe 1 dç), İK2-2 (1 aç), İK1 (1 aç), İK1 (1 aç), İB (1 aç)	6	1
E18	İK11 (1 dç), İK10-1 (dç), İK9 (1 aç, 1 dç from planking to floor timber), İK8-1 (1 aç), İK7-1 (1 aç), İK5-2 (1 aç), İK3-2 (2 aç), İK2-2 (1 aç), İK1 (1 aç) İK11 (1 dç), İK10-1 (1 dç), İK9 (1 aç, kaplamadan döşeğe 1 dç), İK8-1 (1 aç), İK7-1 (1 aç), İK5-2 (1 aç), İK4, İK3-2 (2 aç), İK2-2 (1 aç), İK1 (1 aç)	8	3
E19	İK3-2 (1 aç)	1	-
E20	İK9 (2 aç), İK8-1 (2 aç), İK7-1 (1 aç), İK6-2 (1 aç), İK5-2 (1 aç), İK2-2 (1 aç), İK1 (1 aç), İB (1 aç)	10	-
E22	İK9 (2 aç), İK8-1 (1 aç), İK6-2 (2 aç), İK5-2 (1 aç), İK3-2 (2 aç), İK2-2 (1 aç), İK1 (1 aç), İB (1 dç)	10	1
E23	İK5-2 (1 aç), İK3-2 (1 aç), İK2-2 (2 aç), İK1 (1 aç), İB (1 aç)	6	-
E24	İK10-1 (1 dç), İK9 (1 aç), İK8-1 (1 aç), İK6-1 (1 aç), İK5-2 (1 aç), İK3-2 (1 aç), İK2-2 (1 aç), İK1 (1 aç)	7	1
E25	İK8-1 (1 aç), İK6-2 (1 aç, 1 dç), İK5-2 (1 aç, 1 dç), İK3-2 (1 aç), İK2-2 (1 aç), İK1 (1 aç)	6	2
E26	İK9 (1 aç, 1 dç), İK8 (1 aç), İK6-2 (1 aç), İK5-2 (1 aç), İK3-2 (2 aç), İK2-2 (2 aç), İK1 (1 dç)	8	2
E27	İK9 (1 aç), İK8-1 (1 aç), İK6-2 (1 aç)	3	-
E28	İK5-2 (1 aç), İK3-2 (1 aç)	2	-

Table / Tablo 23

Planking on which the floor timbers of YK 3 are fastened, extant number and types of nails observed on the top surface of the floor timbers (AÇ: treenail, DÇ: iron nail).

YK 3 döşeklerinin bağlandığı kaplamalar, döşek üst yüzeyinde bulunan mevcut çivi cinsi ve sayısı (AÇ/aç: Ahşap çivi, DÇ/dç: Demir çivi).

futtocks were fixed on the planking with treenails from the top and with iron nails hammered from the exterior. All the futtocks and the long arms of the floor timbers were fixed on the wale with an iron nail.

Ceiling

The ceiling timbers of YK 3 are very thick and strong as the ship was meant to transport bricks, roof tiles, marble and other heavy materials demanded for the constructional activities in Istanbul. Toward the bow, the ceiling strakes terminate with a vertical profile at E19 while their stern side ends are broken. The ceiling strakes are 4.40 m. long, 3 cm. thick on the average and 20 cm. wide (Table 25). Each ceiling strake has rounded chamfers along the long sides and fixed on the floor timbers beneath with one, two or three iron nails (Fig. 75a, b). At most of the nail holes, notches, triangular in shape, were made to be able to hammer the nailheads at level (Fig. 76a, b).

Fig. / Res. 74

Iron nails fastening the floor timbers with the futtocks.

Demir çivilerle sağlanan döşek-posta bağlantıları.

Fig. / Res. 75a, b
Ceiling.
İç kaplama tahtaları (farşlar).

Wale

The wale's extant part measures 7 m. long, 10 cm. thick and 18 cm. wide on the average. Positioned on the starboard planking, the wale bears marks of burning. Its interior face is flat while its exterior face is convex, and it joins the planking SK10 at level. Although wooden dowels are discernible between the wale and SK10, there are no traces or holes indicating the presence of dowels on top of the wale. This shows that it was not fastened with the planking strake on top.

Interval Aralık referansı	Room and Space (cm) Uzunluk (cm)	Interval Aralık referansı	Room and Space (cm) Uzunluk (cm)
E1-E2	22	E9-E10	20
E2-E3	25	E10-E11	31
E3-E4	19	E11-E12	31
E4-E5	31	E12-E13	28
E5-E6	23	E13-E14	28
E6-E7	25	E14-E15	23
E7-E8	13	E15-E16	18
E8-E9	35		

Table / Tablo 24

Distances between the nail shaft centres of the floor timbers fastened on the keel.

Omurgaya bağlı döşeklerin çivi merkezleri arasındaki mesafeler.

Fig. / Res. 76a, b

Triangular shaped notches for levelling the nail-heads.

Çivi başlarının gömülebilmesi için açılan üçgen biçimli oyuklar.

Table / Tablo 25

Dimensions of the ceiling timbers of YK 3 and the names of the floor timbers at their terminals (DÇ: iron nail, F: ceiling, E: frame).

YK 3 gemisinin iç kaplama ölçüleri ile başlangıç ve bitim hizalarındaki döşeklerin kodları (DÇ: Demir çivi, F: Farş ya da iç kaplama, E: Eğri).

	F1	F2	F3	F4	F4-1	F5	F6	F7	F8
Length (m) Uzunluk (m)	2.80	3.94	3	3.51	0.9	4	4.25	4.34	3.64
Width (cm) Genişlik (cm)	23	27	9	29	26	29	22	20	23
Thickness (mm) Kalınlık (mm)	20	15-20	10-15	8	-	-	20	35	40
Location of DÇ DÇ yeri	E7, E8, E12	E8, E10, E12, E15	E5, E9	E3, E8	E15	E3, E9, E16	E3, E9, E16	E4, E17	E11, E17
Terminal frames Baş ve son eğri	E6-E17	E2-E18	E2-E13	E1-E15	E15-E19	E3-E19	E2-E19	E2-E19	E5-E19

8. Yenikapı 15

YK 15 shipwreck has survived with its keel, part of its stem and a few bottom timbers. Its extant length is 11.45 m. and width is 1.30 m. Its original length is estimated to be over 17.40 m. It was uncovered at -2.15 m. level lying in the northwest-southeast direction. As it was found in the sediment unit 5, it is thus dated to the eighth – ninth centuries AD (Figs. 77-78).

In situ documentation, dismantling and lifting work was carried out from October 23rd to November 15th, 2007; lifting was done using L-shaped carriers (Fig. 79; Dwg. 13).

Keel

The extant length of the keel is 7.55 m. and its stem has survived (Fig. 80). Average width of the keel is 17 cm. and its thickness where it joins the stem is 20 cm. (Dwg. 14). On both sides of the keel and along the length of the stem, 7 cm. below the surface and at intervals, are nail shafts and nail holes of 5x5 mm. square shaped or 1 cm. in diameter. These are thought to be the nails fixing the first planking strakes on the keel. There are 8x8 mm. square-shaped iron nails on the keel at points corresponding to the floor timbers and these indicate that some of the floor timbers were fastened on the keel with iron nails. In the stem part, the keel comprises two timbers placed on top of each other and fixed with iron nails.

Stem and sternpost

The stem has survived about 3.90 m. in length and its first piece is 165 mm. wide where it joins the keel but it is 135 mm. wide where it joins the second piece (Fig. 81). There is a hole here for pulling the vessel to the beach, 5 cm. in diameter and worn away in the bow direction. The second piece of the stem has survived as a small fragment with its scarph.

As the stern part of the keel is missing, there is no evidence available regarding the sternpost.

Planking

Two portside planking strakes and four starboard side planking strakes have survived from YK 15 and between them are dowels placed every 2 cm. to 9 cm. The planking widths at the beginning of the stem are as follows: SK1: 85 mm., SK2: 215 mm., SK3: 215 mm., SK4: 26 cm., İK1: 115 mm., and İK2: 19 cm. Their average thickness is 23 mm. Abrasion on their surfaces is little and the strakes are fastened with S-shaped scarphs.

8. Yenikapı 15

Günümüze, karina tahtalarının birkaç tanesi, omurgası ve baş bodoslamasının bir bölümü ulaşan YK 15'in mevcut uzunluğu 11,45 m, genişliği 1,30 m'dir. Özgün boyu ise 17,40 m üzeri olarak hesaplanan batık, 5 numaralı sediment istifinde, -2,15 m kodunda, kuzeybatı-güneydoğu doğrultusunda bulunmuştur. Yelken yatağı, eğri sistemi, çapa tahtası ve diğer elemanları kaybolmuş olan batık, omurga uzunluğu itibarıyla büyük gemiler arasında sınıflandırılmıştır. Batık, 8-9. yüzyıllara tarihlendirilmektedir (Res. 77, 78).

23.10.2007 - 15.11.2007 tarihleri arasında yürütülen çalışmalarda YK 15'in *in situ* belgeleme çalışmalarının ardından, mevcut kaplama tahtaları ve omurgası "L" profil yöntemiyle kaldırılmıştır (Res. 79), (Çiz. 13).

Omurga

Mevcut uzunluğu 7,55 m olan omurganın baş bodoslaması korunmuş durumdadır (Res. 80). Omurganın ortalama genişliği 17 cm; baş bodoslama ile birleştiği yerdeki kalınlığı 20 cm'dir. (Çiz. 14). Omurganın her iki yanında ve bodoslamanın uzunluğu boyunca, yüzeyinden 7 cm aşağıda belirli aralıklarla devam eden 5x5 mm ölçülerinde kare kesitli ve 1 cm çapında demir çivi gövdeleri ve delikleri tespit edilmiştir. Bunların ilk kaplama sıralarını omurgaya birleştiren çiviler olduğu düşünülmektedir. Omurga üzerindeki ve döşek izlerinin hizasına denk gelen ortalama 8x8 mm kare kesitli demir çivilerin varlığı, döşeklerin bir kısmının demir çivilerle omurgaya bağlandığını göstermektedir. Baş bodoslama kısmında omurganın, üst üste iki ayrı tahtanın birleşmesiyle oluşturulduğu belirlenmiştir. Bu ahşaplar birbirlerine demir çivi ile bağlanmıştır.

Bodoslamalar

Uzunluğu yaklaşık olarak 3,90 m olan baş bodoslamanın ilk bölümünün genişliği, omurgaya birleştiği uçta 165 mm, diğer geçmeli ucunda 135 mm'dir (Res. 81). Burada baş yönüne doğru aşınması olan yaklaşık 5 cm çapında bir çekek deliği bulunmaktadır. İkinci baş bodoslama parçasının geçmesi ve küçük bir parçası vardır. Omurganın kıç ucu kırık olduğu için bu bölge hakkında bilgi edinilememiştir.

Dış Kaplamalar

YK 15'in günümüze ulaşan 2 sıra iskele ve 4 sıra sancak kaplamasının aralarında, 2 cm ile 9 cm arasında değişen mesafelerle kavelalar kullanılmıştır. Baş bodoslamanın başladığı yerde kaplama genişlikleri, SK1: 85 mm, SK2: 215 mm, SK3: 215 mm, SK4: 26 cm, İK1: 115 mm, İK2: 19 cm olup ortalama kalınlıkları 23 mm'dir. Yüzey aşınmasının az olduğu bu kaplama sıralarında "S" biçimli parileler izlenmektedir.

Fig. / Res. 77
The photo-mosaic image of YK 15 shipwreck. / *YK 15 batığına ait foto-mozaik.*

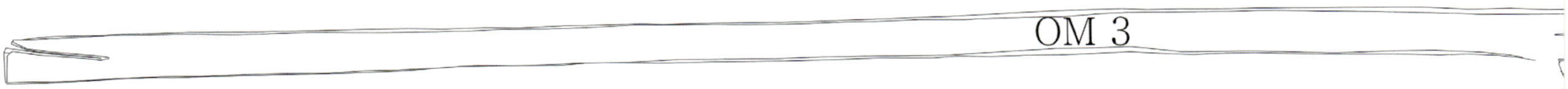

Dwg. / Çiz. 13
Plan drawing of YK 15 shipwreck. / *YK 15 batığının plan çizimi.*

Fig. / Res. 78
The shipwreck *in situ.*
Batığın in situ *görünüşü.*

9. Yenikapı 17

The extant length of YK 17 shipwreck is 8.20 m. The widest part from the keel axis to the wale is 2.03 m. Thus, the original length of the ship is estimated to be more than 18 m. It was uncovered at - 2.64 m. level lying in the southwest-northeast direction. As it was found in the sediment unit 5, it is radiocarbon dated to around cal AD 652-870[6] (Figs. 82a,b, c; 83a, b; 84; Dwg. 15).

YK 17 distinguishes itself from the other ships for it was built with iron nails, does not have any dowels between the planking strakes, has two extant wales and thicker planking. Although it looks at first sight as if it was built with skeleton-first technique, the possibility that it could have been built with shell-first technique following the construction of false-futtocks should not be disregarded. Therefore, absence of dowels between the planking strakes must not be considered good enough evidence for skeleton-first technique. To draw decisive conclusions on this point, full scale drawings and detailed examination of the vessel need to be completed first of all.

YK 17 has survived with only its starboard side preserved. It contained a total of 56 stones with no regular profiles and roughly measuring 25x30x45 cm. each. The blocks weighed 647 kg. in total.

The keel is missing but eleven planking strakes of starboard side, two wales, 16 frames and 3 bilge stringers have survived.

Documentation started on the shipwreck on October 4th and lifting with L-shaped carriers was completed on November 19th, 2007 and the ship members were placed in pools (Fig. 85).

Keel

The keel and the stem and sternpost of YK 17 are missing but extant nail marks on the floor timbers at points corresponding to the keel allow us to trace the keel line.

Table / Tablo 27

Planking and wale widths on the selected frames.

Seçilen eğri sıralarına göre dış kaplama ve çapa tahtası genişlikleri.

Code of planking or wale Kaplama - çapa tahtası kodu	E5 (mm)	E15 (mm)
SK1	–	185
SK2	150	150
SK3	140	190
SK4	165	210
SK5	105	130
SK6	–	145
SK7	–	–
SK8	–	200
SK9	–	–
SK10	230	185
ÇT1	300	280
SK11	50	75
ÇT2	100	125

6 OxA-23843 1242±24 BP (cal AD 685-870 at 95.4% probability), OxA-23844 1324±25 BP (cal AD 652-719).

9. Yenikapı 17

YK 17'nin belirlenen boyu 8,20 m, omurga merkezi ile çapa tahtası arasındaki en geniş yeri 2,03 m olup, tam boyu 18 m'den fazla olarak hesaplanmıştır. 5 numaralı sediment istifi içinde bulunmuş olan batık, -2,64 m kodunda, güneybatı - kuzeydoğu doğrultusunda yatmakta, ^{14}C analizlerine göre MS 652-870 tarih aralığındadır[6] (Res. 82, 83a, b; 84), (Çiz. 15).

YK 17 gemisi, inşasında demir çivi kullanılması, kaplama aralarında kavela kullanılmaması, 2 adet çapa tahtasının ele geçmesi ve kalın kaplamaları bakımından çalıştığımız diğer batıklardan ayrılmaktadır. İlk bakışta iskelet-ilk tekniğinde inşa edildiği düşünülse de, batığın, inşası sırasında yalancı postalar çakıldıktan sonra kaplama-ilk tekniğinde inşa edilmiş olması da mümkündür. Bu nedenle, kaplama aralarında kavela kullanılmamasının, tek başına iskelet-ilk tekniğinin bir kanıtı olduğu söylenemez. Bu konudaki kesin sonuçlara ulaşmak için gemi elemanlarının 1:1 ölçekli çizim ve incelemelerinin tamamlanmasını beklemek gerekmektedir.

Sadece sancak yanı korunmuş olan YK 17 gemisi içinde yayılmış olarak bulunan, kaba ölçüleri 25x30x45 cm olarak saptanan ve düzenli profillere sahip olmayan 56 adet büyük taş çıkarılmıştır. Taşların toplam ağırlığı 647 kg'dır.

Omurgası bulunamayan geminin 11 sıra sancak kaplaması, 2 adet çapa tahtası, 16 adet eğrisi ve 3 adet iç kuşağı günümüze ulaşmıştır.

4.10.2007 tarihinde çizimine başlanan batık elemanları, 29.11.2007 tarihinde "L" profil ile yapılan kaldırma çalışmaları sonucunda havuza yerleştirilmiştir (Res. 85).

Omurga

YK 17 batığının omurga ve bodoslamaları bulunamamıştır. Ancak, mevcut döşeklerin omurga hizalarındaki uçlarında bulunan çivi yerlerinden omurga hattı izlenebilmektedir.

Dış Kaplamalar

Üst yüzeyinde yanık izleri bulunan 11 sıra sancak kaplama tahtası ve 2 adet çapa tahtası günümüze ulaşan teknenin kaplama genişlikleri tablo 27'de verilmiştir. 2-3 cm arasında değişen kalınlıktaki kaplama sıraları arasında kavela kullanılmamıştır; ancak oldukça kalın kalafat tabakası görülmektedir. Kaplamaların boyuna birleştirmelerinde diyagonal ve "S" şekilli parileler tespit edilmiştir. Önceki batıklarda rastlanmayan bir düzende dizilen kaplamalar, birbirine paralel giden SK10, ÇT1, SK11 ve ÇT2'ye verev birleşmektedir (Çiz. 16).

6 OxA-23843 1242±24 BP (kal MS 685-870, %95,4 olasılıkla), OxA-23844 1324±25 BP (kal MS 652-719).

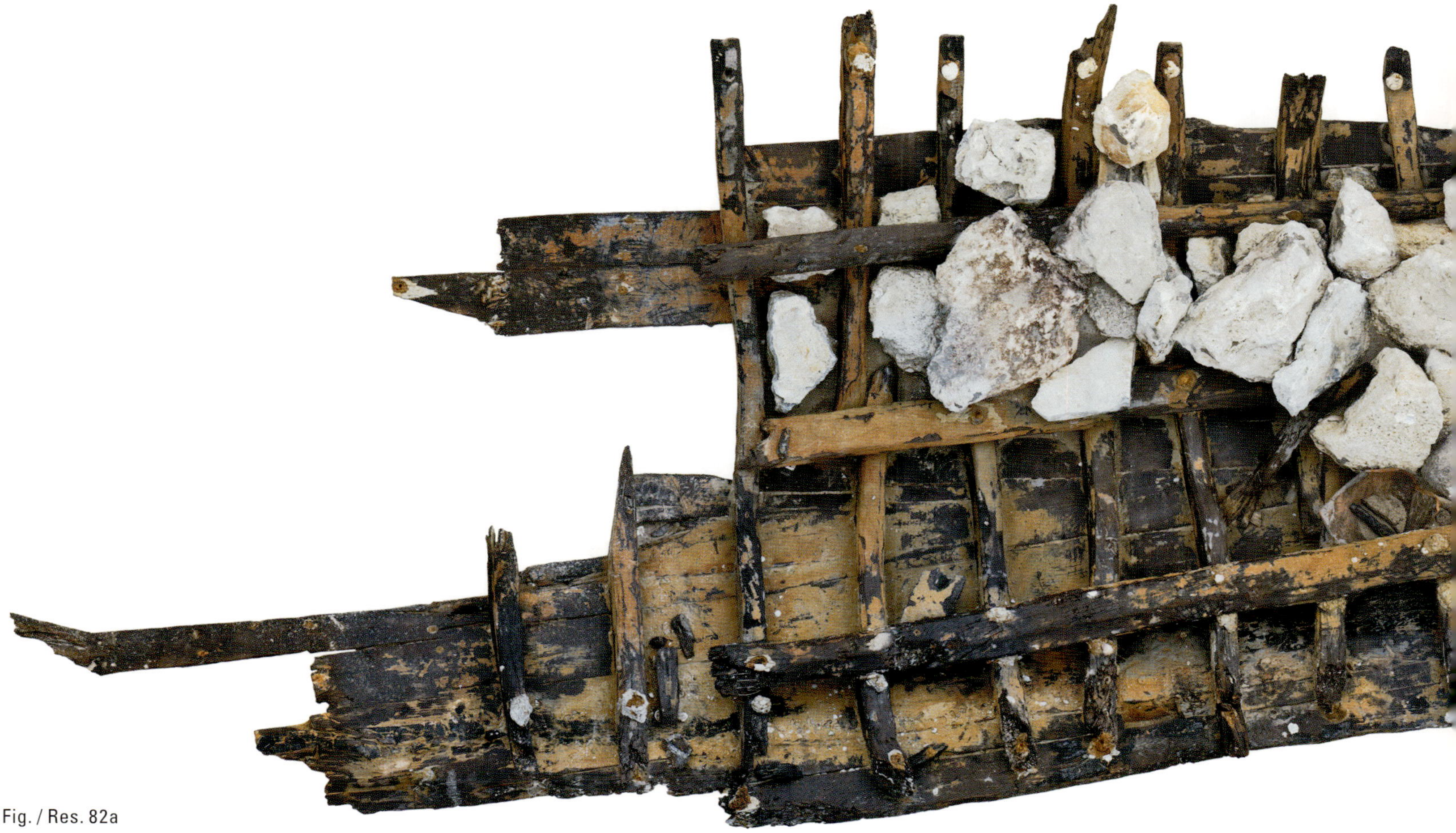

Fig. / Res. 82a
The photo-mosaic image of YK 17 shipwreck.
YK 17 batığına ait foto-mozaik.

Fig. / Res. 82b
The photo-mosaic image of YK 17 shipwreck.
YK 17 batığına ait foto-mozaik.

0 10 50 100 cm

Planking

A total of eleven starboard side planking strakes and two wales, bearing marks of burning on their top surfaces, have survived and the widths of the planking are given in Table 27 above. Their thicknesses vary from 2 to 3 cm. and no dowels are attested between the planking strakes but there is a very thick caulking layer in between. The planking strakes are fastened with diagonal and S-shaped scarphs. The planking strakes are aligned at a style very peculiar to this shipwreck, not attested on the other wrecks – SK10, ÇT1, SK11 and ÇT2 running parallel to each other are joined at an oblique angle by the other strakes (Dwg. 16).

Frame system

Floor timbers

A total of 16 floor timbers were uncovered in YK 17 and their widths vary from 5 to 11 cm. while they have an average height of 10 cm. They were fastened on the planking with iron nails (Table 28). Distances between the floor timbers vary from 25 to 39 cm. (Table 29). These frames have a triangular limber hole 25 mm. in depth and 7 cm. in width. Their right-angled sides face the starboard side just as at YK 3 shipwreck, which was a large size cargo ship like this one.

Fig. / Res. 83a, b

General view of the shipwreck with the stones *in situ*.

Batığın içindeki taşlarla beraber in situ *durumu.*

Eğri Sistemi

Döşekler

YK 17 batığında bulunan ve genişlikleri 5-11 cm arasında değişen 16 adet döşeğin ortalama yüksekliği 10 cm'dir. Kaplamalara olan bağlantıların hepsinde de demir çiviler kullanılmıştır (Tab. 28). Döşekler arası uzaklıklar 25 cm ile 39 cm arasında değişmektedir (Tab. 29). Bu eğrilerde, 2,5 cm yükseklikte ve 7 cm genişlikte, üçgen biçimli birer sintine deliği

Fig. / Res. 84

General view of the shipwreck after the stones were removed.

Batığın içi boşaltıldıktan sonraki genel görünümü.

Dwg. / Çiz. 16

The planking strakes shown in the plan.

Batığın kaplama sıralarının plan üzerinde çizimi.

Futtocks

Seven futtocks have survived in total, namely E6-1, E8-1, E10-1, E12-1, E14-1, E16-1 and E18-1 (Fig. 86). Futtock widths vary from 5 to 7 cm. All the futtocks and floor timbers were fastened on the wale ÇT1 with iron nails hammered from the floor timbers.

bulunmaktadır. Bunların dik kenarları, kendisi gibi büyük boyutlu bir yük gemisi olan YK 3 batığında olduğu gibi, sancak yönüne bakmaktadır.

Postalar

E6-1, E8-1, E10-1, E12-1, E14-1, E16-1, E18-1 olmak üzere 7 adet posta günümüze ulaşmıştır (Res. 86). Posta genişlikleri 5-7 cm arasında değişmektedir. Bütün posta ve döşekler ÇT1'e döşek üstünden demir çivilerle çakılmıştır.

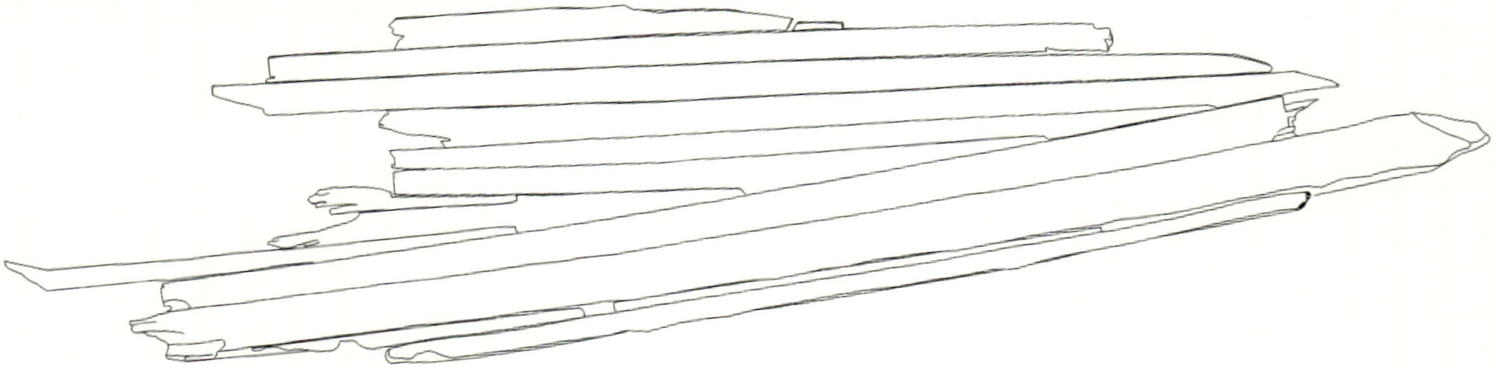

Fig. / Res. 85

Lifting of the ship members.

Batığın kaldırma çalışmaları.

Code of frame Eğri kodu	Corresponding planking and wale Bağlandığı kaplama ve Çapa tahtası	DÇ (ea.) DÇ (adet)
E2	ÇT1 (2 dç), SK10 (1 dç), SK4 (1 dç)	4
E3	ÇT1 (2 dç), SK10 (2 dç), SK5 (1 dç), SK4 (2 dç), SK3 (1 dç)	8
E4	ÇT1 (1 dç), SK10 (1 dç), SK5 (1 dç), SK4 (2 dç), SK3 (2 dç)	7
E5	ÇT1 (1 dç), SK10 (2 dç), SK5 (2 dç), SK4 (2 dç), SK3 (2 dç)	9
E6	ÇT1 (1 dç), SK10 (2 dç), SK6 (1 dç), SK5 (2 dç), SK4 (2 dç), SK3 (2 dç)	10
E7	ÇT2 (1 dç), ÇT1 (2 dç), SK10 (2 dç), SK6 (1 dç), SK5 (2 dç), SK4 (3 dç), SK3 (2 dç), SK2 (2 dç)	15
E8	ÇT1 (1 dç), SK10 (2 dç), SK6 (2 dç), SK5 (2 dç), SK4 (2 dç), SK3 (3 dç), SK2 (2 dç)	14
E9	ÇT2 (1 dç), ÇT1 (2 dç), SK10 (2 dç), SK6 (2 dç), SK5 (2 dç), SK4 (2 dç), SK3 (2 dç), SK2 (2 dç)	15
E10	SK10 (3 dç), SK6 (2 dç), SK5 (1 dç), SK4 (2 dç), SK3 (2 dç), SK2 (1 dç)	11
E11	ÇT2 (1 dç), ÇT1 (1 dç), SK10 (1 dç), SK8 (1 dç), SK6 (2 dç), SK5 (2 dç), SK4 (3 dç), SK3 (3 dç), SK2 (3 dç), SK1 (1 dç)	18
E12	SK6 (1 dç), SK5 (2 dç), SK4 (2 dç), SK3 (2 dç), SK2 (2 dç), SK1 (1 dç)	10
E13	ÇT2 (1 dç), ÇT1 (2 dç), SK10 (2 dç), SK8 (2 dç), SK6 (2 dç), SK5 (2 dç), SK4 (3 dç), SK3 (2 dç), SK2 (2 dç), SK1 (1 dç)	19
E14	SK5 (1 dç), SK4 (2 dç), SK3 (2 dç), SK2 (2 dç), SK1 (2 dç)	9
E15	ÇT2 (1 dç), SK11 (1 dç), ÇT1 (2 dç), SK10 (2 dç), SK8 (4 dç), SK6 (2 dç), SK5 (2 dç), SK4 (2 dç), SK3 (2 dç), SK2 (2 dç), SK1 (4 dç)	24
E16	SK6 (1 dç), SK5 (2 dç), SK4 (3 dç), SK3 (3 dç), SK2 (3 dç), SK1 (3 dç)	15
E17	ÇT2 (1 dç), SK11 (1 dç), ÇT1 (2 dç), SK10 (3 dç), SK9 (2 dç), SK8 (2 dç), SK7 (1 dç), SK6 (2 dç), SK5 (2 dç), SK4 (1 dç), SK3 (3 dç), SK2 (2 dç)	22

Table / Tablo 28

Types and number of extant nails on the planking surface beneath the floor timbers, and the planking and wales the floor timbers are fastened of YK 17 (ÇT: wale, SK: starboard planking strake, DÇ/dç: iron nail).

YK 17 döşeklerinin bağlandığı kaplama ve çapa tahtalarının, döşek altında kaplama yüzeyinde bulunan mevcut çivi cinsi ve sayısı (ÇT: Çapa tahtası, SK: Sancak kaplama, DÇ/dç: Demir çivi).

Fig. / Res. 86
Floor timber ends with nails designating the keel; futtocks and bilge stringers.
Omurga hattını gösteren çivili döşek uçları; posta ve iç kuşaklar.

Bilge stringers

YK 17 had three bilge stringers surviving: İÇK1 was located between E10 and E17; İÇK2 between E4 and E17; and İÇK3 between E9 and E17. İÇK1 measures 9 cm. thick and 21 cm. wide; İÇK2 measures 6 cm. thick and 30 cm. wide; and, İÇK3 is 6 cm. thick and 27 cm. wide. İÇK1 is fixed with iron nails on E10, E12, E14 and E17; İÇK2 is fixed with iron nails on E4, E5, E6, E7, E8-S1, E9, E10-S1, E11, E13 and E15; and İÇK3 is fixed with iron nails on E9, E11, E13, E15, E16-S1 and E17. Both ends of İÇK1 and İÇK3 are broken while only the stern end of İÇK2 is broken.

Wales

Two wales, namely ÇT1 and ÇT2, have survived. ÇT1 is 30 cm. wide on the average and 9 cm. thick on the ends and 17 cm. thick in the middle. ÇT1 is 7.55 m. long and bears marks of burning along its length. Floor timbers and futtocks were fixed on it with one or two iron nails. Between ÇT1 and ÇT2 is a single planking strake named SK11. Its extant length is 5.15 m. and it measures about 12 cm. wide and 5 cm. thick on the average. It extends from E2 to E17. Frames are nailed on ÇT2 at irregular intervals. ÇT1 connected to the stem with two dowels with 2 cm. average diameter (Fig. 87).

İç Kuşaklar

YK 17'de 3 adet iç kuşak bulunmuştur. İÇK1, E10 ile E17; İÇK2, E4 ile E17; İÇK3, E9 ile E17 arasında konumlanmıştır. İÇK1: 9 cm, İÇK2: 6 cm, İÇK3: 6 cm kalınlık ve sırasıyla 21 cm, 30 cm ve 27 cm genişliğindedirler. İÇK1: E10, E12, E14, E17; İÇK2: E4, E5, E6, E7, E8-S1, E9, E10-S1, E11, E13, E15; İÇK3: E9, E11, E13, E15, E16-S1, E17 numaralı eğrilere demir çivilerle bağlıdır. İÇK1 ve İÇK3'ün iki ucu, İÇK2'nin kıç yönündeki ucu kırıktır.

Çapa Tahtaları

ÇT1 ve ÇT2 olmak üzere 2 adet çapa tahtası günümüze ulaşmıştır. ÇT1 ortalama 30 cm genişliğinde, uçlarında 9 cm, ortasında 17 cm kalınlığındadır. 7,55 m olan uzunluğu boyunca yanık izleri görülen ÇT1'e, döşek ve postalar 1 veya 2 demir çivi ile bağlanmıştır. ÇT2 ile arasında SK11 numaralı 1 adet kaplama sırası bulunmaktadır. Mevcut boyu 5,15 m olan ÇT2 yaklaşık 12 cm genişliğinde ve ortalama 5 cm kalınlığındadır ve E2 ile E17 eğrileri arasında bulunmaktadır. Eğriler ÇT2'ye düzensiz aralıklarla çivilenmiştir. ÇT1'in baş bodoslamaya, ortalama 2 cm çapında iki kavela deliği ile bağlanan ucu görülmektedir (Res. 87).

Interval Aralık referansı	Room and Space (cm) Uzunluk (cm)	Interval Aralık referansı	Room and Space (cm) Uzunluk (cm)
E3-E4	30	E10-E11	25
E4-E5	27.5	E11-E12	35
E5-E6	39	E12-E13	34
E6-E7	39	E13-E14	30
E7-E8	34	E14-E15	32
E8-E9	32	E15-E16	32
E9-E10	35	E16-E17	30

Table / Tablo 29

Distances between the nail shaft centres of floor timbers on SK4.

SK4 üzerindeki döşek-çivi merkezleri arasındaki mesafeler.

Fig. / Res. 87

The wale end joining the stem.

Çapa tahtasının baş bodoslamaya birleşen ucu.

B. Galleys

Yenikapı 16

One of the foremost important inputs the Yenikapı excavations have brought is the discovery of galleys, rarely encountered in archaeological excavations under the water. To date, four galleys[7] have been identified among the Yenikapı shipwrecks and two of them will be studied by the Istanbul University's team. Although one of these two galleys, namely YK 16, has just started to be documented and examined, we decided to include in the present volume an outline of preliminary observations. The only example of a galley dating to the Roman period was found at the ancient harbour of Pisa, Italy[8]. The other known examples of galleys date to the fourteenth century and thereafter, which is later than the Yenikapı shipwrecks. These galleys uncovered at Yenikapı bear great importance for they are the first examples of galleys from the Middle Byzantine period.

YK 16 was being uncovered in the days of writing the present volume in your hands. Its preserved length is 22.50 m. and width is 2.40 m. (Fig. 88a, b). The slim and long outline of the vessel and the sockets identified at first sight meant for the oarsmen's seats (thwarts) led us to categorise this shipwreck as belonging to the galley category. The extant vessel comprises the keel, keelson, a short fragment thought to belong to the stem, the frame system with floor timbers and futtocks, two bilge stringers on the starboard side, two wales and planking. No ceiling has been found.

The ship has survived only in half – the stern and the port sides have been heavily destroyed. The destruction arises mainly from broken members and lost fragments. Deterioration caused by *teredo navalis* has not

7 For general information on the other two galleys excavated by INA, see Pulak 2007a and 2007b.

8 This battleship dated to the first century AD had a very distinctive feature: its stem was sheathed with iron in order to be able to mount a ram. In addition, the distances between the oar-ports were identified which allowed calculating the distances between the oarsmen. Besides, although the shipbuilding technologies in the Mediterranean and the North are studied separately from each other, two examples of such galleys are on display at the Museum of Ancient Shipping at Mainz. The fifth shipwreck (AD 390) at this museum has a slim and pointed hull and it was not meant for civic use as inferred from the decayed interior of its hull. The first shipwreck (AD 385) there belongs to the stern part of a similar ship. The aft was uncovered almost entirely intact and has a steering set-up and one traverse for placing two steering oars laterally. The physical properties of the first and the fifth shipwrecks at Mainz correspond to galleys in conformity with the regional building standards; yet, R. Bockius draws attention to the possibility that they were built by masters equipped with the Mediterranean shipbuilding knowledge in the late period of the Roman Empire (Bockius 2006)

B. Kürekli Gemiler (Çektiriler)

Yenikapı 16

Yenikapı kazılarının en önemli kazanımlarından biri de sualtında gerçekleştirilen arkeoloji çalışmalarında son derece nadir olarak karşımıza çıkan kürekli gemilere rastlanmış olmasıdır. Kazı alanında şimdiye kadar belirlenen dört adet çektiri[7] tarzı batığın ikisinin incelenmesi tarafımızca gerçekleştirilecektir. Bu kapsamda kazısına yeni başladığımız YK 16 numaralı batık genel nitelikleri ile de olsa bu cilde dâhil edilmiş olup, daha kapsamlı sonuçlar ise serinin 2. cildinde yer alacaktır. Bu tip gemilerin Roma Dönemi'ne tarihlenen bilinen tek örneği İtalya'da Antik Pisa Limanı kazısında bulunmuştur[8]. Bilinen diğer örnekler ise Yenikapı batıklarından daha geç bir döneme, 14. yüzyıl ve sonrasına tarihlenmektedir. Yenikapı kazılarında ele geçen bu çektiri tarzı gemiler, Orta Bizans Dönemi'ne ait ilk batık kalıntıları olmaları nedeniyle son derece önemlidirler.

Bu kitabın baskıya hazırlandığı günlerde üzerini açtığımız YK 16'nın korunan boyu 22,5 m, eni ise 2,4 m'dir (Res. 88a, b). Geminin ince uzun yapısı ve ilk gözlemlerimize göre kürekçilerin oturacağı yerlere ait yuvaların bulunması, üzerinde çalıştığımız batığı kürekli bir gemi olarak nitelendirmemize neden olmuştur. Gemi; omurga, iç omurga, baş bodoslamaya ait olduğu düşünülen kısa bir parça, posta ve döşeklerden oluşan eğri sistemi ile sancak tarafında iki adet iç kuşak, iki adet çapa tahtası ve kaplama tahtalarından oluşmaktadır. İç kaplamaya rastlanmamıştır.

7 Kazısı yapılan diğer iki adet çektiri tarzı gemi ile ilgili ön bilgi için bakın: Pulak 2007a; 2007b.

8 MS 1. yüzyıla tarihlendirilen savaş gemisinin en dikkat çekici özelliklerinden biri, geminin ucuna mahmuz bağlanabilmesi için baş bodoslamasının demirle kaplanmış olmasıdır. Bunun yanı sıra belirlenen kürek delikleri de kürekçiler arasındaki mesafenin tespit edilebilmesi açısından önem taşımaktadır. Ayrıca; Akdeniz ve Kuzey ülkelerindeki gemi yapımı ayrı olarak ele alınmakla birlikte, bu tür kürekli gemilere ait bilinen iki örnek Almanya'nın Mainz kentindeki *Römisch-Germanisches Zentralmuseum (RGZM), Museum für Antike Schiffahrt*'da sergilenmektedir. Buradaki 5. gemi kalıntısının (MS 390) ince, sivri hatlı bir gövdeye sahip olduğu, geminin sivil kullanıma yönelik olmadığı, gövde iç kısmının çürümüş olan yapısından da anlaşılmaktadır. 1. gemi kalıntısının da (MS 385) aynı türde bir geminin arka kısmına ait olduğu belirlenmiştir. Kazılar sonucunda neredeyse tamamına ulaşılan arka kısımda, bir kumanda tertibatı ve yan olarak yerleştirilebilecek iki kumanda küreği için bir travers yer almaktadır. Mainz 1. ve 5. gemi kalıntısında rastlanılan kürekli teknelere ilişkin fiziksel özellikler nedeniyle, her ne kadar bölgesel yapı standartlarına uyulduğu gözlemlense de, Roma İmparatorluğu'nun son dönemlerinde, Akdeniz tarzı gemi yapım bilgisine sahip ve onu uygulayan gemi yapımcıları tarafından üretilmiş olabilecekleri R. Bockius tarafından belirtilmektedir (Bockius 2006).

Fig. / Res. 88a

General view of YK 16 (from the stem toward the stern).

YK 16 batığının genel bir görüntüsü (baştan kıça doğru).

Fig. / Res. 88b

General view of YK 16 (from the stern toward the stem).

YK 16 batığının genel bir görüntüsü (kıçtan başa doğru).

been attested overall. Around YK 16 are scattered fragments of planking and frame system but the vessel rests on top of another vessel about the middle of the port side; therefore, those fragments may belong to the vessel underneath.

Apart from a couple of planking pieces, not much has survived from the portside. However, the joint of the garboard with the port bow side of the keel is clearly visible and provides the clue for the very sharp-pointed bow of the ship.

Geminin ancak yarısına yakın bir kısmının mevcut olduğu söylenebilir. Özellikle iskele ve kıç tarafta yoğun hasar bulunmaktadır. Bu hasar, kırıklar ve parça kayıpları şeklindedir. *Teredo navalis* kaynaklı bozulmalara genel olarak rastlanmamıştır. Gemi çevresinde tek tük kaplama ve eğri parçaları dağılmış olarak gözlenebilmekte; geminin orta kısmına doğru, iskele tarafında başka bir gemi kalıntısının tam üzerinde bulunması, bu parçaların başka bir gemiye de ait olabileceğini düşündürmektedir.

İskele tarafından günümüze fazla bir şey ulaşmamış olup yalnızca bir iki kaplama parçası mevcuttur. Ancak iskele baş tarafında bulunan burma tahtasının omurgayla birleşme şekli oldukça net olup bize, geminin ne kadar sivri bir şekilde sonlandığının ipuçlarını vermesi bakımından oldukça önemlidir.

Sancak tarafında ise pek çok kaplama mevcut bulunmakla birlikte, kıç taraf oldukça hasar gördüğü için buradaki kaplamalara tam olarak ulaşılamamıştır. Eğriler genellikle kırılarak bitmektedir. Sancak tarafında göze çarpan en önemli detay iki adet çapa tahtası olup, bunlar oldukça kalın, sağlam yapılı ve neredeyse kare kesitlidirler (yaklaşık 13x15 cm). Aralarında 55 mm genişliğinde ince bir kaplama tahtası bulunmaktadır Altta kalan çapa tahtası, kalınlığı kadar, geminin

Fig. / Res. 89a

Longitudinal cross-sectional view. Socket and traces of oarsmen thwarts are visible on the top and the knee and stringer stretching along are also seen.

Batığın kesit görüntüsü. Üst kısımda kürekçi oturaklarının kaplama üzerindeki iz ve kalıntıları, paraçol ile batığı boydan boya geçen iç kuşaklar görülmektedir.

Fig. / Res. 89b

Detail of the knee supporting the oarsmen thwart.

Kürekçi oturağını destekleyen paraçoldan detay.

In spite of the high number of extant planking strakes on the starboard side, they have not survived in full due to the damage in the stern direction. The frames usually terminate broken. The most important detail on the starboard side comprises the two thick and strong wales with a cross-section almost square in shape (*ca.* 13x15 cm.). Between these two wales is a narrow planking strake *ca.* 55 mm. in width. The wale below is also noteworthy for its preserved length – 14.65 m. This member is observed to follow neatly the outline of the vessel's form. Another point worth noting for this wale is the grooves cut every 77 – 79 cm. on its top side. These grooves are 12 – 13 cm. wide and 15 – 20 mm. deep (Fig. 89a, b).. The distances between the centres of these grooves vary from 90 to 97 cm. These are thought to be the grooves for fitting the oarsmen's thwarts. There are about 16 of them extant (Fig. 90, 91).

The keel is 10 cm. wide and 155 mm. thick at the stern side but it narrows down to 7 cm. at the bow. The keel terminates with a scarph at the bow end and there is a second piece right on top, although off its context. This 24-cm.-long piece could belong to the stem. For the time being the keel is observed as a single piece and terminates with a scarph near the stern. However, it is not clear whether this scarph joined the keel with the sternpost or a second piece of the keel. The keel and the frames bear a keelson on top. The keelson is in two pieces – the longer one is 4.76 m. long while the second piece is 1.28 m. long and not at its original position. The keelson terminates broken at both the bow and stern ends.

The frames are very thin and fragile. Placed at about 16-20 cm. apart, the frames are 5x6 cm. in cross-section. They are sequenced individually at the bow and stern ends while in the middle they are placed in pairs placed adjacent or very close to each other. One of these could be the futtock but as frame ends are broken away, it is not possible to speak certain. The frames are fastened on the planking with iron nails and dowels.

Two bilge stringers stretch across the frames. These bilge stringers were sliced from a trunk without bark and the rounded die was placed on top. The bilge stringer on the starboard side is also noteworthy for its length – a single piece which is 12.70 m. long.

The facts that the surface of the vessel has not been cleaned finely yet and that the surface is also coated with putty do not allow us to make any further comments on the planking. However, as much as could be observed, the planking strakes have varying widths and forms. The widths vary from 6 to 18 cm. and thickness of the planks themselves is about 2 cm. on the average. Some fastenings were also done with scarphs.

Dowels are observed between some of the planking strakes; therefore, the ship is thought to have been built with shell-first technique. However, only after the detailed examination and dismantling we will be

formuna uygun olarak şekillendirilmiş ve 14,65 m olan korunmuş uzunluğu ile de dikkat çekmektedir. Çapa tahtasında ilginç bir ayrıntı da sancağa bakan yan yüzeyindeki, yaklaşık 77-79 cm aralıklarla yer alan yuvalardır. Genişlikleri yaklaşık 12-13 cm, derinlikleri 15-20 mm kadar olan bu yuvaların kürekçilerin oturduğu tahtaların yani oturakların yerleştirilmesi için yapıldığı düşünülmektedir (Res. 89a, b). Bunların merkezleri arasındaki uzaklık 90 ile 97 cm arasında değişmektedir. Yaklaşık olarak 16 adettirler (Res. 90, 91).

Omurga, geminin kıç tarafında oldukça geniş iken (10 cm, yükseklik 15 cm) baş tarafındaki genişliği 7 cm'ye kadar düşmektedir. Omurga, baş tarafta bir geçme ile son bulmakta, bunun tam üzerinde yerinden oynamış da olsa bir ek parça yer almaktadır. Bunun baş bodoslama olabileceği düşünülmektedir ve uzunluğu yaklaşık 24 cm kadardır. Omurga şu an itibarıyla tek parça olarak görülmekte ve kıça yakın bir noktada bir geçme ile son bulmaktadır. Buradaki geçmenin kıç bodoslamaya mı yoksa omurganın devamı olan başka bir ek parçaya mı ait olduğu anlaşılamamaktadır. Omurganın ve eğrilerin üzerinde iç omurga bulunmaktadır. 2 parçadan oluşan iç omurganın, uzun olan kısmı 4,76 m, ayrılarak alta kayan kısmı ise 1,28 m kadardır. Bu iç omurga baş ve kıç tarafta kırılarak sonlanmaktadır.

Geminin eğrileri oldukça ince ve narin yapıdadırlar. Yaklaşık 16-20 cm aralıklarla yerleştirilen eğriler ortalama 5x6 cm'lik bir kesite sahiptirler. Eğriler baş ve kıç tarafta tek sıralı dizilim gösterirlerken, geminin orta kısımlarında birbirlerine bitişik ya da çok az aralıklarla ikişer adet yerleştirilmişlerdir. Bunlardan birinin posta olması olasıdır, ancak eğri uçları genellikle kırılarak sona erdiğinden bu tam olarak anlaşılamamaktadır. Eğrilerin kaplamalarla birleşmesi demir çivi ve kavelalarla sağlanmıştır.

Eğrilerin üzerinde uzanan 2 adet iç kuşak bulunmaktadır. Bunlar kabuğu soyulmuş bir ağaçtan alınan ince bir kesitle oluşturulmuş ve bombeli kısımları üst tarafa gelecek şekilde yerleştirilmişlerdir. Bu iç kuşaklardan, özellikle sancak tarafında bulunanın bir özelliği de uzunluğudur: Parça, yekpare olup 12,70 m uzunluğundadır.

Gemi yüzeyinin tam olarak temizlenememiş olması ve yüzeyin kalın bir macun tabakası ile kaplı bulunması nedeniyle kaplamalar hakkında şu an için yorumda bulunamıyoruz. Ancak gözlemlenebilen alanlar düşünüldüğünde kaplama genişlik ve biçimlerinin farklılık gösterdiği söylenebilir. Genişlikler yaklaşık 6 ile 28 cm arasında değişebilmekte, kalınlıklar 2 cm civarında seyretmektedir. Bazı birleştirmelerde düzgün parileler kullanıldığı da fark edilebilmektedir.

Görülebilen bazı kaplama aralarında ahşap kavelalar ile yapılan birleştirmeler gözlenebilmekte, bu nedenle geminin yapımında kaplama-ilk tekniğinin

Fig. / Res. 90

Detail from the thwarts placed in intervals varying between 90-97 cm.

90-97 cm arasında değişen aralıklarla yerleştirilen oturaklardan detay.

Fig. / Res. 91

The only knee sample found from the galley at Yenikapı which supported the thwarts.

Kadırga üzerinde ele geçen ve oturakları desteklediği anlaşılan mevcut tek paraçol örneği.

Fig. / Res. 92

Byzantine soldiers embarking on the galley (Sakelliades 1997, 48).

Kadırgaya binen Bizanslı askerler (Sakelliades 1997, 48)

able to obtain clear information about the shipbuilding technique and typological features.

At the time of writing, what has been identified is that this is a medieval galley-type monoreme ship of light construction, known as *galea* from medieval sources; it had one row of oars on either side (Pryor – Jeffreys 2006, 423-444; Casson 1994, 104). The *galeae* were used for watching or as a support ship for *dromon*s and this particular one had 25 oars on either side, adding up to 50 oars in total (Fig. 92, 93, 94).

kullanıldığı düşünülmektedir. Ancak detaylı inceleme ve demontaj çalışmaları sonrasında yapım tekniği ve tipolojik özellikleri hakkında daha sağlıklı bilgiler elde edilebilecektir.

Geminin şu ana kadar belirlenen özellikleri, Orta Çağ vakanüvislerince *galea* olarak adlandırılan hafif ve tek katlı kürekli bir gemi ile karşı karşıya olduğumuzu göstermektedir (Pryor-Jeffreys 2006, 423-444; Casson 1994, 104). *Dromonların* destek gemisi olarak ya da gözcülük amacıyla kullanılan *galealar*, her bir tarafında tek sıra halinde 25 küreği olmak üzere, toplamda 50 küreği bulunan çektiri tarzı gemilerdir (Res. 92, 93, 94).

Fig. / Res. 93

The Russian navy put to rout by the Byzantines (Sakelliades 1997, 53).

Bizanslılar tarafından bozguna uğratılan Rus donanması (Sakelliades 1997, 53).

Fig. / Res. 94

The Greek fire, the secret weapon of the Byzantine navy (Sakelliades 1997, 53).

Bizans donanmasının gizli silahı: Rum ateşi (Sakelliades 1997, 53).

BIBLIOGRAPHY / KAYNAKÇA

Balaska, N. – N. Selenti, 1997, On the trade routes. In/Bkz.: D. Zafiropoulou (ed.), *Journeys on the Seas of Byzantium,* 54-69.

Bass G.F. et al/vd., 2004, *Serçe Limanı: An Eleventh-Century Shipwreck, Volume I.* College Station.

Bass, G.F. – F.H. van Doorninck, Jr., 1982, *Yassi Ada 1: Seventh-Century Byzantine Shipwreck.* College Station.

Bockius, R., 2006, *Die Spätrömischen Schiffswracks aus Mainz.* Mainz.

Casson, L., 1994, *Ships and Seafaring in Ancient Times.* London.

Greenhill, B. – J. Morrison, 1995, *The Archaeology of Boats and Ships.* London

Kahanov, Y. – J. Royal, 2001, Analysis of hull remains of the Dor D Vessel, Tantura Lagoon, Israel. *The International Journal of Nautical Archaeology,* 30.2, 257-265.

Katzev, M.L. – S.W. Katzev, 1974, Last harbor for the oldest ship. *National Geographic,* 146.5, 618-625.

Kocabaş, U. – I. Özsait Kocabaş, 2006, İstanbul Üniversitesi, Yenikapı batıkları belgeleme, konservasyon, restorasyon ve rekonstrüksiyon projesi 2006 yılı çalışmaları, *Sualtı Bilim ve Teknoloji Toplantısı 11-12 Kasım 2006 Bildiriler Kitabı (SBT),* 10, 115-122.

Kocabaş, U., 2006, İstanbul Üniversitesi bin yıllık Bizans batıklarını kurtarıyor. *İdol,* 30, 2-7.

Kocabaş, U., 2005, Eski çağda gemi yapımı. *Tarih Boyunca Dünyada ve Türklerde Denizcilik Semineri Bildiriler Kitabı,* 19-32. İstanbul

McGrail, S., 2001, *Boats of the World.* New York.

Müller-Wiener, W., 1998, *Bizans'tan Osmanlı'ya İstanbul Limanı.* İstanbul.

Pomey, P., 1997, *La Navigation Dans l'Antiquité.*

Pryor, J.H. – E.M. Jeffreys, 2006, *The Age of the ΔΡΟΜΩΝ.* Leiden, Boson.

Pulak, C., 2007a, Yenikapı batıkları fırtınanın armağanı. *Arkeo Atlas,* 6, 129-141.

Pulak, C., 2007b, Yenikapı Bizans batıkları. *Gün Işığında: İstanbul'un 8000 Yılı. Marmaray, Metro ve Sultanahmet kazıları,* 203-215. İstanbul.

Pulak, C., 1996, Uluburun batığı. *Arkeoloji ve Sanat,* 71, 4-25.

Sakelliades,V., 1997, Byzantine naval power. In/Bkz.: D. Zafiropoulou (ed.), Journeys on the Seas of Byzantium, 47-54.

Stavroulaki, F., 1997, Byzantine seaports. In/Bkz.: D. Zafiropoulou (ed.), *Journeys on the Seas of Byzantium,* 18-31.

Steffy, J.R., 1982, Reconstructing the hull, *Yassi Ada volume 1: Seventh-Century Byzantine Shipwreck.* In/Bkz.: G.F. Bass – F.H. van Doorninck, Jr. (ed.), 65-86. College Station.

Turanlı, T., 1999, *Denizlerimizdeki Tarih, Türkiye'nin Sualtı Hazineleri.* İstanbul.

Vinner, M., 2002, *Viking Ship Museum Boats.* Roskilde.

YK 11
BATI 4 BÖLGESİ

LANGA BOSTANLARI SOKAK
NAMIK KEMAL CADDESİ
YK 13
BETON
EFES PİLSEN DEPO
YK 14
BETON SANTRAL ALANI
PERDE AYAKLARI
BETON
ULUSLAR ARASI OTOBÜS TERMİNALİ

LANGA BOSTANLARI SOKAK
MUSTAFA KEMAL CADDESİ
YK 10
YK 7
YK 19
YK 20
YK 6
YK 16
YK 18
YK 9
YK 4
YK 5
YK 17
YK 15
YK 22
PALPLANS BÖLGESİ
YK 21
YK 3
YK 12
YK 1
YK 2
GAR GAZİNOSU
YK 8
PALPLANS BÖLGESİ

VI

The first Turkish national laboratory for shipwreck conservation and reconstruction

Türkiye'nin ilk ulusal gemi konservasyon ve rekonstrüksiyon laboratuari

Sait Başaran – Ufuk Kocabaş – Işıl Özsait Kocabaş – Ramazan Yılmaz

KOMPRESOR
STOP

Archaeological excavations conducted by scholars from Istanbul University since 1930s have accumulated vast amount of information regarding and improvement of consciousness for the protection of the cultural history and archaeological heritage of Anatolia[1]. In addition, the shipwrecks of Yenikapı have been the newest link of the chain of archaeological and conservation works. The Department of Conservation and Restoration at the Faculty of Letters of Istanbul University (IU) is the first and only academic institution in Turkey specialising on the conservation and restoration of the cultural heritage. The department has undertaken the mission of instructing scientists with theoretical and experimental methods at the undergraduate, master's and PhD levels. The faculty of the department encompasses experts from various disciplines such as conservators, restorers, archaeologists, architects, and chemists and they have managed to implement many projects together with the faculty, assistants and students. One example is the conservation, restoration and replica production of the Orhun Monuments of Bilge Kağan and Köl Tigin in Mongolia[2]. Another work is the archaeological excavations and restoration work at ancient Ainos (modern Enez) on the north Aegean coast of Turkey, on-going since 1971[3]. Experts from the department have also conducted underwater surveys in the harbour of Ainos and identified many remains[4] (Fig. 1a, b, c). The department's laboratory has hosted many archaeological items whose conservation and restoration have been accomplished and whose production technologies have been investigated. Furthermore, the conservation and restoration project of wooden items, iron anchors and baked clay items from the Çamaltı Burnu I Shipwreck dating to the thirteenth century AD, which is the first underwater archaeological expedition by Turkish scientists[5], has been undertaken by the department. Conservation of water-logged wooden remains as well as lifting of iron anchors from the shipwreck (Fig. 2), their transportation to Istanbul, X-ray examinations of 35 iron anchors at TAEK (Turkish Atomic Energy Authority)'s Nuclear Research and Training Centre at Çekmece have all been implemented within the frame of the project (Fig. 3). Construction of a PEG tank, desalination, mechanical and chemical cleaning of the surfaces, analyses of deterioration and conservation-restoration work of the wooden remains of Çamaltı Burnu I are still in progress. Furthermore, historical study on the iron anchors of the wreck, conservation-restoration

1 For overall information on the contributions of the faculty from Istanbul University to the archaeological excavations and surveys in Anatolia and Thrace see Belli 2000.

2 For more information see Başaran – Dede 2003.

3 For more information see Başaran 1996, 1999, 2000.

4 For more information see Kocabaş 2007.

5 For more information on the Çamaltı Burnu I wreck see Günsenin 2003, 2005.

İstanbul Üniversitesi (İÜ) bilim insanlarının 1930'lardan itibaren gerçekleştirdikleri arkeolojik kazılar; Anadolu'nun kültür tarihi, arkeolojik eserleri ve koruma bilincinin geliştirilmesi konularında geniş bir bilgi birikimi sağlamıştır[1]. Sayıları yüzlerle ifade edilen bu araştırmaların ardından Yenikapı Batıkları da İstanbul Üniversitesi'nin arkeoloji ve koruma çalışmalarının en yeni halkasını oluşturmuştur. Yenikapı'daki batık gemilerle ilgili projeyi üstlenen İÜ Edebiyat Fakültesi Taşınabilir Kültür Varlıklarını Koruma ve Onarım Bölümü (TKVKOB), kültürel değerler taşıyan eserlerin konservasyon ve restorasyonu konularında eğitim veren ülkemizin ilk ve tek akademik kurumudur. Lisans, yüksek lisans ve doktora düzeyinde farklı eğitim basamaklarından oluşan eğitim sistemiyle teorik ve deneysel yöntemler eşliğinde araştırmalar yapabilecek bilim adamlarının yetiştirilmesi, bölümün yüklenmiş olduğu ve yürüttüğü önemli bir misyondur. Konservatör, restoratör, arkeolog, mimar, kimyager gibi farklı disiplinlerden bilim insanlarının bir araya gelmesiyle oluşan bölümün öğretim üyeleri, yardımcıları ve öğrencilerinin katılımıyla şimdiye kadar pek çok proje hayata geçirilmiştir. Bunlar içinde ön plana çıkanlardan biri de Moğolistan'daki Orhun Anıtları'nın (Bilge Kağan ve Kültigin) konservasyon, restorasyon ve tıpkıyapım projesidir[2]. Bir diğer çalışma, Kuzey Ege kıyılarında bulunan Antik Ainos (Enez) kentinde 1971 yılından itibaren sürdürülen arkeoloji kazıları ve restorasyon çalışmalarıdır[3]. Ayrıca antik kentin limanında yine bölümümüz uzmanlarınca sualtı yüzey araştırmaları gerçekleştirilerek pek çok sualtı kalıntısı belirlenmiştir[4] (Res. 1a, b, c). Bölüm laboratuarlarında binlerce arkeolojik eserin konservasyon ve restorasyonu tamamlanmış, üretim teknolojisi ile ilgili araştırmalar yapılmıştır. Ayrıca Türk bilim insanları tarafından gerçekleştirilen ilk bilimsel sualtı arkeoloji çalışması olan Marmara Adası Çamaltı Burnu'ndaki MS 13. yüzyıla tarihlendirilen Bizans Dönemi batığının[5] ahşap kalıntıları, demir çapaları ve pişmiş toprak eserlerinin konservasyon ve restorasyon projesi Koruma ve Onarım Bölümümüzce yürütülmektedir. Batığın suya doymuş ahşapları üzerindeki konservasyon çalışmaları ile batık kontekstinde ele geçen demir çapaların su üzerine çıkartılması (Res. 2), İstanbul'a taşınması; batığa ait 35 adet demir çapanın TAEK, Çekmece Nükleer Araştırma ve Eğitim Merkezinde X-Radyografi yöntemi ile

1 İÜ Edebiyat Fakültesi öğretim üyelerinin Anadolu ve Trakya'da gerçekleştirdikleri arkeolojik kazı ve yüzey araştırmalarını içeren toplu bilgi için bakın: Belli 2000.

2 Geniş bilgi için bakın: Başaran, Dede 2001, 2003.

3 Ainos kazısı ile ilgili bilgi için bakın: Başaran 1996, 1999, 2000.

4 Ainos antik kenti kıyı şeridinde gerçekleştirilen sualtı araştırmaları için bakın: Kocabaş 2007.

5 Çamaltı Burnu I batığıyla ilgili bilgi için bakın: Günsenin 2003, 2005.

Fig. / Res. 1a, b, c

Stone anchor found in the underwater surveys at Ainos harbour.

Ainos limanı sualtı araştırmalarında bulunan taş çapa.

and replica production works constituted the scope of a doctoral thesis in the department[6].

Archaeological finds from underwater wrecks require a special implementation in methodology different from those in use for the finds from the excavations in land; therefore, underwater finds are treated in specialised laboratories across the world. The examination, lifting, conservation, restoration and reassembly processes of shipwrecks uncovered under the water or in wet land require a series of specialised applications and accumulation of knowledge. In addition, the leather, ivory, bone, rope and similar organic finds from wet

incelenmesi bu proje kapsamında gerçekleştirilmiştir (Res. 3). Çamaltı Burnu I Batığının ahşap kalıntıları için PEG tankı inşası, ahşapların tuzdan arındırılması, yüzey temizliklerinin mekanik ve kimyasal yöntemlerle yapılması, bozulma durumlarının analizi ve koruma-onarım çalışmaları halen devam etmektedir. Ayrıca batığa ait demir çapaların tarihsel incelemesi, koruma-onarım ve replika işlemleri (Res. 4) bölümümüzde doktora tezi olarak çalışılmıştır[6].

6 Conservation, restoration and reconstruction works of the iron anchors of the wreck see Kocabaş 2008a, 2008b, 2007, 2006, 2005, 2003.

6 Çamaltı Burnu batığına ait demir çapaların konservasyon, restorasyon ve rekonstrüksiyon çalışmaları için bakın: Kocabaş 2008a, 2008b, 2007, 2006, 2005, 2003)

Fig. / Res. 2

Lifting the iron anchors from the Çamaltı Burnu I shipwreck.

Çamaltı Burnu I batığından demir çapaların su üzerine çıkartılması.

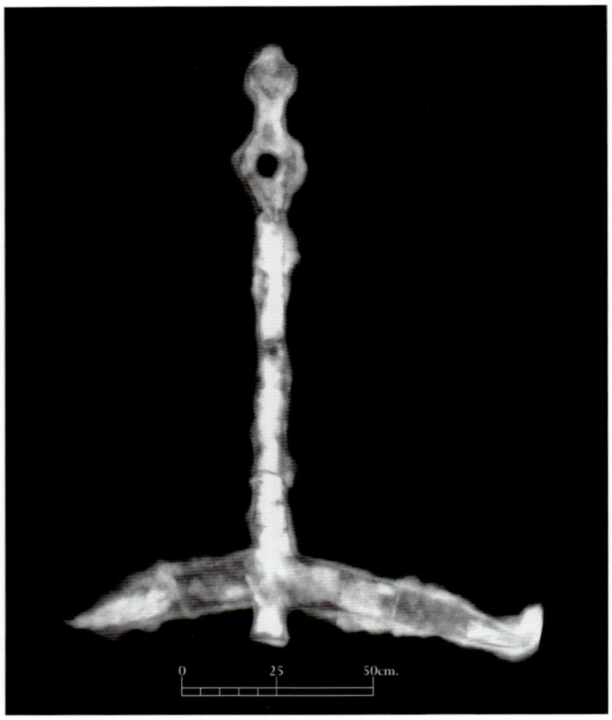

Fig. / Res. 3

The x-ray of anchor Ç10 of the Byzantine period.

Bizans dönemine ait çapalardan Ç10'un x-ray filmi.

Fig. / Res. 4

Cutting the concretion on the iron anchors for the purpose of replica production.

Demir çapaların yüzeyindeki depozit tabakasının replika çalışması için kesilmesi.

context have their own specialised field of conservation different from the conventional ones. Similarly metal objects, especially the iron items from underwater excavations, require a method of preservation entirely different from that applied on the iron finds from the land. Conservations and restoration of underwater finds have been covered with a two-term-long course titled 'Conservation of underwater archaeological finds'[7]. The Yenikapı Shipwrecks Project and development

7 *Arkeolojik Sualtı Kalıntılarının Konservasyonu* [*Conservation of Underwater Archaeological Objects*], one of the first master's theses prepared at the department, was published in 1998 (Kocabaş 1998).

Metodoloji olarak karada bulunan eserlerden ayrı bir uygulama gerektiren arkeolojik sualtı kalıntıları, bu özelliklerinden dolayı tüm bilim dünyasında karada bulunan eserlerden farklı olarak ele alınmakta ve bu kalıntıların kurtarılması ihtisas laboratuarlarında yapılmaktadır. Özellikle sualtı ve ıslak kara yerleşmelerinden ele geçen batık gemi kalıntılarının incelenmesi, yerinden kaldırılması, konservasyon, restorasyon ve rekonstrüksiyon süreci özel bir bilgi birikimi ve uygulamalar dizisi gerektirmektedir. Ayrıca yine ıslak olarak bulunmuş olan deri, kemik, fildişi, halat gibi organik kalıntıların konservasyon süreci de geleneksel yöntemlerden ayrılarak kendi içinde bir uzmanlık alanı oluşturmaktadır. Aynı şekilde metal eserler, özellikle sualtında bulunan demir objeler gerek bozulma süreci, gerekse koruma ve onarım çalışmaları açısından kara sitelerinde ele geçen demir buluntulardan çok farklı bir kurtarma uygulaması gerektirmektedir. Anabilim Dalımızda, sualtından çıkartılan arkeolojik eserlerin konservasyon ve rekonstrüksiyonu konusu "Arkeolojik Sualtı Kalıntılarının Konservasyonu 1-2" dersleri ile bugüne kadar karşılanmaya çalışılmıştır[7]. Yenikapı Batıkları Projesi ve son yıllarda ülkemizdeki sualtı arkeolojisinin gelişimi bu yöndeki yetişmiş eleman eksikliğini ortaya çıkartmıştır. Bölümümüz bünyesinde gemi ve tekne arkeolojisi ve sualtı kalıntılarının konservasyonu konusunda yetişmiş uzman öğretim üyeleri ve elemanlarının bulunması ise bu konudaki en büyük avantajımızı oluşturmuştur. Sualtı kazılarında ele geçen eserler üzerinde yürütülecek konservasyon çalışmaları geleneksel kara kazılarından çok temel farklılıklar gösterdiğinden ve değişik bir uzmanlık alanı gerektirdiğinden "Sualtı Kültür Kalıntılarını Koruma Anabilim Dalı" adı altında Bölümümüz bünyesinde yeni bir Anabilim dalı kurulabilmesi için çalışmalara başlanarak gerekli resmi başvurular yapılmıştır. Bölümümüzün Yenikapı Batıkları projesini üstlenmesinin ardından, yeni bir ihtisas laboratuarının kurulma çalışmalarına da hız verilmiştir. Bu amaçla, Edebiyat Fakültesi girişinde bulunan eski matbaa atölyesinin tarafımıza tahsis edilmesiyle birlikte, İstanbul Üniversitesi tarafından Türkiye'nin ilk "Gemi Konservasyon ve Rekonstrüksiyon Laboratuarı", kimya şirketi BASF Türk'ün desteğiyle oluşturularak 2007 yılı içinde hizmete girmiş; projesi Dr. Ufuk Kocabaş ve Işıl Özsait Kocabaş tarafından hazırlanan, suya doymuş ahşapların konservasyon işlemlerinin yapılabildiği ısıtıcı sistemli özel bir polietilen glikol (PEG) tankı imal ettirilerek laboratuara kazandırılmıştır[8] (Res. 5a, b). Bu

7 TKVKO Bölümünde hazırlanan ilk yüksek lisans tezlerinden biri olan "Arkeolojik Sualtı Kalıntılarının Konservasyonu" 1998 yılında kitap haline dönüştürülerek yayımlanmıştır (Kocabaş 1998).

8 Tankın projelendirilmesinde Danimarka'daki Viking gemilerinin konservasyonlarının yapıldığı ısıtma sistemli Peg tanklarından ve Sualtı Arkeoloji Enstitüsü'nün (INA)

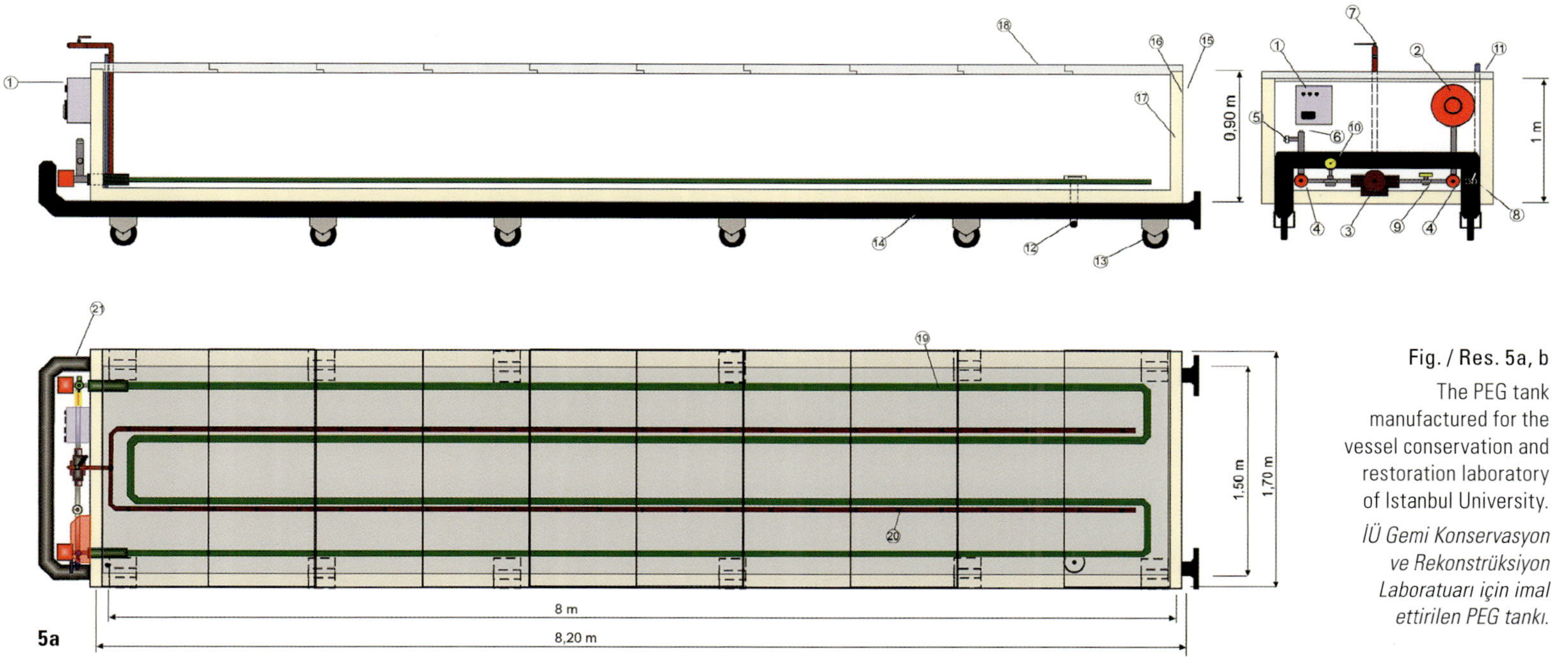

5a

5b

Fig. / Res. 5a, b

The PEG tank manufactured for the vessel conservation and restoration laboratory of Istanbul University.

İÜ Gemi Konservasyon ve Rekonstrüksiyon Laboratuarı için imal ettirilen PEG tankı.

1. Power panel / *Elektrik panosu*
2. Expansion tank / *Genleşme tankı (imbisat)*
3. Circulation pump / *Sirkülasyon tulumbası*
4. Electric heater / *Elektrikli ısıtıcı*
5. Safety valve / *Emniyet valfi*
6. Air relief purger / *Hava tahliye pürjörü*
7. Compressor connection valve / *Kompresör bağlantı vanası*
8. Inlet valve of the heating system / *Isıtma sistemi su giriş vanası*
9. Manometer of the heating system / *Isıtma sistemi manometre*
10. Temperature display of the heating system / *Isıtma sistemi sıcaklık göstergesi*
11. Thermometer probe / *Termometre probu*
12. Tank drain tap / *Tank su boşaltma vanası*
13. Wheels / *Tekerlekler*
14. Carrier construction / *Taşıyıcı konstrüksiyon*
15. External tank / *Dış tank*
16. Insulation / *İzolasyon*
17. Internal tank / *İç tank*
18. Lids / *Kapaklar*
19. Hot water circulation pipe / *Izgara şeklinde sıcak su sirkülasyon borusu*
20. Air circulation pipe / *Hava sirkülasyon borusu*
21. Bumper / *Tampon*

of underwater archaeology in Turkey recently have revealed the shortage of experts in the field. The fact that our department has a faculty specialising on the ship and boat archaeology and conservation of underwater finds has been a great advantage. As the conservation work on underwater finds requires entirely different procedures and specialisation, our department has initiated the official procedure to launch the discipline of conservation of underwater cultural heritage. Having undertaken the Yenikapı Shipwrecks Project our department has also accelerated the setting up of a new laboratory. The former printing house quarter located at the entrance of the Faculty of Letters was allocated to our department and with the great support of BASF Türk chemical company, the first Turkish Laboratory for Ship Conservation and Reconstruction was inaugurated in 2007. Designed by Dr. U. Kocabaş and I. Özsait Kocabaş, a special polyethylene glycol (PEG) tank with heating system was manufactured for the conservation of water-logged wooden

laboratuarda öncelikle, konservasyon işlemleri tamamlanan gemi elemanlarının yeniden kurulma işlemleri için rekonstrüksiyon çizimleri ve model gemi yapımları gerçekleştirilecektir.

Batık sayısının artması ile birlikte Yenikapı kazı alanı yakınında, 1:1 çizim ve konservasyon çalışmalarının gerçekleştirileceği yeni bir alana ihtiyaç duyulmuştur. Böylece, İstanbul Büyükşehir Belediyesi'nin (İBB) tahsis ettiği yaklaşık 2000 metrekarelik bir alanda konservasyon havuzları inşa edilmiştir. Ayrıca, İstanbul Üniversitesi ekibinin araştırma, 1:1 ölçekli çizim ve konservasyon işlemleri için ihtiyaç duyduğu merkez, yine İBB'nin katkılarıyla inşa edilerek hizmete sokulmuştur. Gelişmiş teknolojik imkânlarla donatılan bu merkez, batıklar üzerinde sürdürülecek belgeleme ve konservasyon işlemlerinin yanı sıra, uluslararası

Bodrum'daki laboratuarında bulunan benzer sistemlerden yola çıkılarak, yeni bir tasarım geliştirilmiştir.

Fig. / Res. 6a, b

Stainless steel pools manufactured for the conservation of the shipwrecks.

Batıkların konservasyonu için inşa edilen paslanmaz çelik havuzlar.

items[8] (Fig. 5a, b). This laboratory will serve, above all, for reconstruction drawings for reassembly of the ship members, whose conservation is completed, and model ship building.

With the number of shipwrecks increasing, need for a larger space for drawing in full scale and conservation work arose; thus, the Metropolitan Municipality of Istanbul allocated an area of 2000 sq. m. where conservation pools were built. Besides, the centre needed by the Istanbul University's team for research, full scale drawings and conservation work was constructed with the contributions of the Municipality. This centre equipped with advanced technological facilities will serve under the auspices of the department both for documentation and conservation work on the shipwrecks and as a specialist laboratory also organising international seminars and workshops.

At Yenikapı, documentation and lifting of the shipwrecks on site progressed in parallel to the passive conservation of the vessel timbers. The dismantled shipwrecks were placed into stainless steel pools of 2x2x10 m. with two compartments. The pools were also roofed over to prevent unwanted effects of the direct sunlight. In order to desalinate, the water in the pools is circulated and refreshed with new fresh water. The incoming water line is at the bottom level of the pool while the outlet is at the top; thus, contamination with bacteria, fungi and algae due to still water is prevented while the desalination continues (Fig. 6a, b).

In the time that has elapsed extensive investigation was done on methodology and reconstruction to be executed in active conservation. First we examined the conservation method using Kauramin employed on the

8 The tank was designed anew inspired by the PEG tanks with heating built for the conservation of Viking ships at Denmark as well as similar systems in use at the Bodrum compound of Institute of Nautical Archaeology (INA).

eğitim seminerleri ve çalıştayların da organize edileceği bir ihtisas laboratuarı şeklinde TKVKOB'ye bağlı olarak hizmet verecektir.

Yenikapı'da batıkların arazide devam eden belgeleme ve yerinden kaldırma çalışmalarına paralel olarak, gemi ahşaplarının pasif konservasyonu gerçekleştirilmiştir. Demonte edilen batıklar bu alanda oluşturulan 10 m boy ve 2x2 m genişlikte, iki gözlü ve 1,20 m yükseklikte paslanmaz çelikten havuzların içine yerleştirilerek koruma altına alınmıştır. Havuzların üzeri bir çatı sistemi ile kapatılarak güneşin direkt ektileri engellenmiştir. Tuzdan arındırma sürecinde havuzlardaki suyun sürekli yenilenen bir şekilde sirkülasyonu sağlanmıştır. Bu işlem için havuzların dibinden giriş yapan musluk suyunun, havuzların taşma seviyesinde oluşturulan giderden çıkması sağlanarak tuzdan arındırma prosedüründe efektif bir yöntem uygulanmıştır. Böylece tuzdan arındırma prosedürü devam ederken aynı zamanda durağan suda oluşabilecek bakteri, mantar ve yosun oluşumlarının önüne geçilmiştir (Res. 6a, b).

Tüm bu süre zarfında da aktif konservasyonda kullanılacak metodoloji ve rekonstrüksiyon üzerinde bir dizi kapsamlı inceleme yürütülmüştür. İlk olarak, Almanya'nın Mainz kentinde bulunan *Römisch-Germanisches Zentralmuseum (RGZM), Museum für Antike Schiffahrt* laboratuarlarında suya doymuş ahşaplarda kullanılan *Kauramin* ile konservasyon yöntemi üzerinde incelemeler yapılmıştır (Res. 7). Bu amaçla 2006 yılı içinde Prof. Dr. Sait Başaran ve 2007 yılı içinde Dr. Ufuk Kocabaş Alman konservatör Markus Wittköpper tarafından Mainz'daki müze laboratuarında gerçekleştirilen çalıştaya katılmışlardır (Res. 8). 2006-2007 yılları içinde ise Restoratör M. Wittköpper[9] "Mainz'da Suya Doymuş Ahşap Teknelerin Kazısı,

9 *Kauramin* yöntemi ile ilgili olarak bakın: Hoffmann, Wittköpper 1999, 163-166.

water-logged wooden items at the laboratories of the Museum of Ancient Navigation of Roman-Germanic Central Museum in Mainz, Germany (Fig. 7). For this purpose, in 2006 Prof. Dr. Sait Başaran and in 2007 Dr. Ufuk Kocabaş participated in the workshop at the museum laboratory in Mainz organised by restorer Markus Witköpper (Fig. 8). In 2006 and 2007, restorer M. Wittköpper[9] and Dr. Ronald Bockius were invited over to Istanbul to present a lecture on "Excavations, conservation and reconstruction of the water-logged wooden vessels in Mainz"[10] and "Late Antique ships discovered at Mainz" respectively.

Furthermore, in 2006 and 2007, we explored the following institutions and their laboratories: Centre d'Arqueologia Subaquatica de Catalunya (CASC) located at Girona, Catalonia-Spain; Centre Camille Jullian, Université de Provence located at Aix-en-Provence, France; and, the National Museum, Waterlogged Wood Conservation Laboratory located at Lyngby-Brede, Denmark. At Catalonia, the director Xavier Nieto was consulted regarding the conservation work and at Brede Dr. Paul Jensen was consulted about his opinions on drying by freezing. Another technical investigation was carried out at the Dutch Maritime Archaeological Centre RACM Lelystad, the Netherlands, where the expert conservator Lucas van Dijk explained in detail their method of drying by warming up and freezing. A visit to Vasa Museum in Sweden gave us the opportunity for exploring and discussing with Fred and Emma Hocker the sulphate problems arising recently following the PEG implementation on the Vasa wreck.

Comments and remarks by the experts at the museums and laboratories we visited were joined with our own expertise and data and parameters and finally we, the team of Istanbul University, decided to implement the drying method by freezing following PEG impregnation. Therefore, a vacuum freeze-dryer 10 m. in length and 2 m. in diameter is foreseen to be built at the new centre by the pools. Work on the technical features and manufacturing details of the abovementioned vacuum freeze-dryer is in progress at the time of writing.

One of the foremost articles in the planning of the project was the establishment of a shipwreck museum, for which ideas have been exchanged with the Istanbul Archaeological Museums. Following the completion of the Marmaray and Metro stations at Yenikapı, the Istanbul Metropolitan Municipality foresees to create a cultural park around the station within the frame of Urban Transformation Project. The museum for the shipwrecks is also foreseen to be located within this area. In order to have a modern museum in terms of

9 For more information on the Kauramin method see Hoffmann – Wittköpper 1999, 163-166.

10 For information about this lecture see Özsait Kocabaş 2006, 2007.

Fig. / Res. 7

Experts of Istanbul University, Istanbul Archaeological Museums and Istanbul Metropolitan Municipality visiting the laboratory of the Museum of Ancient Navigation.

İstanbul Üniversitesi, İstanbul Arkeoloji Müzeleri ve İstanbul Büyükşehir Belediyesi uzmanlarının katıldığı teknik gezi kapsamında ziyaret edilen Museum für Antike Schiffahrt laboratuarı.

Konservasyonu ve Restorasyonu"[10] ve Dr. Ronald Bockius "Mainz'da Bulunan Geç Antik Çağ Gemileri" konulu birer konferans vermek üzere İstanbul'a davet edilmişlerdir.

2006 ve 2007 yılları içinde ise sırasıyla: İspanya-Katalonya Girona'da bulunan "Katalonya Sualtı Arkeoloji Merkezi-*Centre d'Arqueologia Subaquàtica de Catalunya (CASC)*"; Fransa Aix-en-Provence'ta bulunan "Provence Üniversitesi Camille Jullian Merkezi-*Centre Camille Jullian, Université de Provence*"; Danimarka Lyngby-Brede'de bulunan "Ulusal Müze Suya Doymuş Ahşap Konservasyon Laboratuarı- *The National Museum, Waterlogged Wood Conservation Laboratory*"de incelemelerde bulunulmuştur. "Katalonya Sualtı Arkeoloji Merkezi"nde Müdür Xavier Nieto'nun konservasyon çalışmaları ve Brede'deki laboratuarda Dr. Paul Jensen'in dondurarak kurutma yöntemi ile ilgili görüş ve deneyimlerine başvurulmuştur. Bir diğer teknik inceleme ise Hollanda Amsterdam-Lelystad'da bulunan "Hollanda Deniz Arkeolojisi Merkezi-*The Dutch Maritime Archaeological Center RACM Lelystad*" laboratuarında gerçekleştirilmiş; PEG'nin, ısıtarak veya dondurarak kurutma yöntemleri ile uygulandığı bu laboratuarda uzman konservatör Lucas van Dijk'ten detaylı bilgi alınmıştır. Vasa Muzesi ziyaretinde ise İsveç Vasa batığı üzerindeki PEG uygulamasının ardından, yakın geçmişte ortaya çıkan sülfat problemlerinin incelenebilmesi için yerinde gözlemler yapılarak Fred ve Emma Hocker'den bilgi alınmıştır.

Gerçekleştirilen teknik gezi kapsamında incelenen müzeler ve konservasyon laboratuarlarındaki uzmanların görüş ve önerileri, kendi yaptığımız çalışmalardan elde ettiğimiz veriler ve tüm parametrelerin

10 M. Wittköpper tarafından verilen konferansın tanıtım yazısı için bakın: Özsait Kocabaş 2006, 2007.

Fig. / Res. 8

Master restorer Markus Wittköpper during the Kauramin application.

Kauramin uygulaması sırasında uzman restoratör Markus Wittköpper.

both techniques and aesthetics as well as to have an attractive display on the Byzantine period seafaring, a technical exploration trip to related European museums was organised. The technical committee led by Istanbul University's team and comprising members from Istanbul Archaeological Museums and Istanbul Metropolitan Municipality visited the Vasa Museum in Stockholm, the Roskilde Viking Ships Museum in Copenhagen (Fig. 9a-c), the RACM museum and laboratory at Lelystad-Amsterdam as well as the Batavia replica and Mainz Ancient Shipping Museum (Fig. 10a-d), and corresponded with the local officials.

In spite of the thoughts for the foreseen shipwreck museum to be located around Yenikapı, we are of the opinion that the shore of Golden Horn would be more suitable for its historical texture. We propose the Golden Horn, which, as a natural harbour, has sheltered numerous ships and seamen for 2500 years, as the site for the new museum for it will provide advantages with its historical background and by allowing the shipwrecks to be displayed by the sea. Beside the shipwreck displays, as at the Viking Ships Museum, the visitors may experience the medieval seafaring in replicas of the wrecks (Fig. 11a, b). The Taşkızak Dockyard, evacuated by the Turkish Navy, on the shore of the historical Golden Horn, is very suitable for housing this future museum and displaying Byzantine and Ottoman shipwrecks; it will certainly make a great contribution to Istanbul regarding museology. An alternative third proposal, which encompasses the first two, is that there should be two museums indeed, taking into consideration the

değerlendirilmesi sonucunda, İstanbul Üniversitesi ekibi olarak batıkların suya doymuş ahşaplarının konservasyonunda PEG emdirmesinin ardından gerçekleştirilecek olan dondurarak kurutma yöntemi benimsenmiş, bu amaçla havuz bölgesinde inşa edilecek olan merkezimize yaklaşık 10 m boyunda, 2 m çapında bir vakumlu dondurarak kurutucunun kurulması kararı verilmiştir. Söz konusu cihazın teknik özellikleri ve imalat detayları üzerindeki çalışmalar halen sürmektedir.

Projenin planlama aşamasında öncelikli maddelerimizden biri olan batık gemi müzesi kurulması ile ilgili olarak İstanbul Arkeoloji Müzeleri Müdürlüğü'ne öneri ve katkılarda bulunulmaktadır. Yenikapı'da Marmaray ve Metro istasyonlarının kurulmasının ardından İBB tarafından hazırlanan "Kentsel Dönüşüm Projesi" kapsamında istasyon etrafında çevre düzenlemesi yapılarak bir kültür park oluşturulacaktır. Batıklar için kurulması düşünülen müzenin de bu yenileme alanı içinde yer alması tasarlanmaktadır. Kurulacak müzenin gerek teknik gerekse estetik açıdan modern bir yapıda olabilmesi, gerçekleştirilecek sergilemenin Bizans Dönemi gemiciliğini çarpıcı bir şekilde vurgulayabilmesi amacıyla bu konularda Avrupa'da faaliyet gösteren ilgili müzelere teknik bir heyet ile inceleme gezisi düzenlenmiştir. İstanbul Üniversitesi ekibinin liderliğinde, İstanbul Arkeoloji Müzeleri ve İBB uzmanlarından oluşan teknik heyet sırasıyla Stockholm-Vasa Müzesi, Kopenhag-Roskilde Viking Gemi Müzesi (Res. 9a-c), Amsterdam-Lelystad RACM laboratuarı ve müzesi ile Batavia Replikası ve Mainz Batık Gemi Müzesi'ni (Res. 10a-d) ziyaret ederek yetkililerle görüşmeler yapmıştır.

Kurulması düşünülen batık gemi müzesinin yeri Yenikapı civarı olarak düşünülse de bize göre, oluşturulacak müzenin niteliği de göz önünde bulundurulduğunda, tarihi bir dokuya sahip bulunan Haliç sahilinde bir noktanın seçilmesi isabetli olacaktır. 2500 yıldır doğal bir liman olarak pek çok gemiye ve denizciye sığınak olan Haliç, tarihi geçmişi ile ve batıkların deniz kenarında sergilenmesinin sağlayacağı sayısız imkânlar da düşünülerek tarafımızca teklif edilmektedir. Batık sergilenmesinin yanısıra, özellikle deneysel arkeoloji yöntemleri ile üretilen batık replikalarının müzeyi ziyaret eden konuklara Viking Gemi Müzesi'ndeki gibi denizcilik tecrübesi yaşatabilecek olması son derece heyecan vericidir (Res. 11a, b). Altın Boynuz olarak adlandırılan bu tarihi körfezin sahil şeridinde yer alan ve donanma tarafından boşaltılmış bulunan Taşkızak Tersanesi'nin gemi müzesi olarak düzenlenmesi, Bizans gemilerinin yanı sıra Osmanlı dönemi batıklarının da burada sergilenmesi fikri İstanbul'a müzecilik açısından önemli bir değer katacak niteliktedir. Bu önerilere alternatif olarak, aslında her iki görüşü de kapsayan bir üçüncü öneri ise batık sayısı göz önüne alındığında hem Yenikapı hem de Haliç kıyılarında birbirine bağlı iki müzenin oluşturulabileceği yönündedir.

9a

9b

9c

Fig. / Res. 9a-c

The Viking Ships Museum (Roskilde).

Viking Gemi Müzesi (Roskilde).

10a

10b

10c

Fig. / Res. 10a-d
Replicas of the Roman period ships (Mainz).
Roma Dönemi'ne ait gemi replikaları (Mainz).

high number of shipwrecks, one at Yenikapı and one at Golden Horn, connected to each other.

The Yenikapı shipwrecks have drawn the attention of scientists working on ship and boat archaeology to the excavations in Istanbul. The first international meeting was a round table meeting titled "Technology Transfer in Ship Construction" held at the French Anatolian Studies Institute (IFEA) in Istanbul on 18-22 May 2007 and attended by archaeologists excavating shipwrecks around the Mediterranean. The International Symposium of Boat and Ship Archaeology (ISBSA 12) attended by the leading experts on ship and boat archaeology from all over the world will be held in Istanbul in 2009. The symposium will be organised jointly by Istanbul University's Underwater Technology Programme and Department of Conservation and Restoration with the supports of Istanbul Research Centre and the Pera Museum[11].

Yenikapı batıkları, gemi arkeolojisi ile ilgili çalışmalar yürüten bilim insanlarının, İstanbul'daki kazılar üzerine yoğunlaşmasında önemli bir etmen olmuştur. Bu konudaki ilk uluslararası toplantı, Fransız Anadolu Araştırmaları Enstitüsü'nde, 19-22 Mayıs 2007 tarihleri arasında, Akdeniz çevresinde batık kazısı yapan arkeologların katılımıyla gerçekleştirilen *"Technology Transfer in Ship Construction"* konulu yuvarlak masa toplantısıdır. Dünyanın önde gelen gemi ve tekne arkeolojisi uzmanlarının katılacağı *"International Symposium of Boat and Ship Archaeology (ISBSA 12)"* ise 2009 yılında İstanbul'da düzenlenecektir. Sempozyum, İstanbul Üniversitesi Sualtı Teknolojisi Programı ile Taşınabilir Kültür Varlıklarını Koruma ve Onarım Bölümü'nün ortak çalışmaları ve İstanbul Araştırmaları Enstitüsü ve Pera Müzesi'nin destekleriyle gerçekleştirilecektir[11].

11 For more information on the symposium see : www.isbsa.org

11 Sempozyumla ilgili bilgi için bakın: www.isbsa.org

Fig. / Res. 11a, b
Replicas of the Roman period ships (Mainz).
Roma Dönemi'ne ait gemi replikaları (Mainz).

Bibliography / Kaynakça

Başaran, S., 1996, Ainos kazıları 1971-1994. *Anadolu Araştırmaları XIV*, 105-141.

Başaran, S., 1999, Enez çevresinde yapılan arkeolojik araştırmalar. *Zafer Taşlıklıoğlu Armağanı. Anadolu ve Trakya çalışmaları I,* 169-197. İstanbul

Başaran, S., 2000, Enez (Ainos) kazıları. Bkz.: O. Belli (ed.), *Türkiye Arkeolojisi ve İstanbul Üniversitesi (1932-1999),* 251-259. Ankara.

Başaran, S. – Y. Dede, 2001, Koruma ve restorasyon çalışmaları. *Moğolistan'daki Türk Anıtları Projesi 2000 Yılı Çalışmaları*,127-145. Ankara

Başaran, S. – Y. Dede, 2003, Göktürk anıtları koruma ve onarım çalışmaları. *Moğolistan'daki Türk Anıtları Projesi 2001 Yılı Çalışmaları*, 89-96. Ankara.

Belli, O. (ed.), 2000, *Türkiye Arkeolojisi ve İstanbul Üniversitesi (1932-1999).* Ankara.

Günsenin, N., 2003, L'Epave de Çamaltı Burnu I (Ile de Marmara, Proconnèse): Résultats des anneés 2001-2002. *Anatolia Antiqua,* XI, 361-376.

Günsenin, N., 2005, A 13th-Century Wine Carrier: Camalti Burnu, Turkey. Bkz.: G. Bass, (ed.), *Archaeology Beneath the Seven Seas*, 118-123. London.

Hoffmann, P. – M. Wittköpper, 1999, The kauramin method for stabilizing waterlogged wood. In/Bkz.: C.Bonnot-Diconne, at al/.vd. (ed.), *Proceedings of the 7th ICOM Group on Wet Organic Archaeological Materials Conference, Grenoble, 1998*, 163-166.

Kocabaş, U., 2008a, The technology and metal analyses of Çamaltı Burnu I shipwreck iron anchors. In/Bkz.: Ü.Yalçın, H.Özbal, A.G.Paşamehmetoğlu (ed.), *Ancient Mining in Turkey and The Eastern Mediterranean,* 175-188. Ankara.

Kocabaş, U., Çamaltı Burnu I shipwreck: The anchors. Bkz.: R. Bockius (ed.), *ISBSA 11, Between The Seas - Transfer and Exchange in Nautical Technology.* Mainz. (In print / Baskıda).

Kocabaş, U., 2007, Kuzey Ege'nin çifte limanlı antik kenti: Ainos, *Deniz Magazin*, 4, 60-62.

Kocabaş, U. – Ş. Ekinci, 2006, Çamaltı Burnu I batığı demir çapalarının radyografi ile incelenmesi. In/Bkz.: M. Egi (ed.), *SBT 2006, 10. Sualtı Bilim ve Teknoloji Toplantısı Bildiriler Kitabı*, 92-98. İstanbul.

Kocabaş, U., 2005, Çamaltı Burnu I Batığı Demir Çapalarının Tarihsel İncelemesi, Koruma, Onarım ve Tıpkıyapım Çalışmaları. Yayımlanmamış Doktora Tezi, İstanbul Üniversitesi.

Kocabaş, U., 2003, Çamaltı Burnu I Batığı demir çapaları üzerinde yapılan 2003 yılı çalışmaları. In/Bkz.: T. Tuglu (ed.), *SBT 2003, 7. Sualtı Bilim ve Teknoloji Toplantısı Bildiriler Kitabı*, 89-96. Bursa.

Kocabaş, U., 1998, *Arkeolojik Sualtı Kalıntılarının Konservasyonu.* İstanbul.

Özsait Kocabaş, I., 2006, Yenikapı batıkları belgeleme, konservasyon, restorasyon ve rekonstrüksiyon projesi kapsamında düzenlenen iki konferans. *Haberler Dergisi*, 23: 15-16.

Özsait Kocabaş, I., 2007, İ.Ü. Yenikapı batıkları projesi kapsamında düzenlenen konferanslar: Yenikapı batıkları projesi. *Deniz Magazin*, 4, 26-28.

VII

Identification of timbers from Yenikapı 12 shipwreck

Yenikapı 12 batığı ahşaplarının cins/tür teşhisleri

Ünal Akkemik

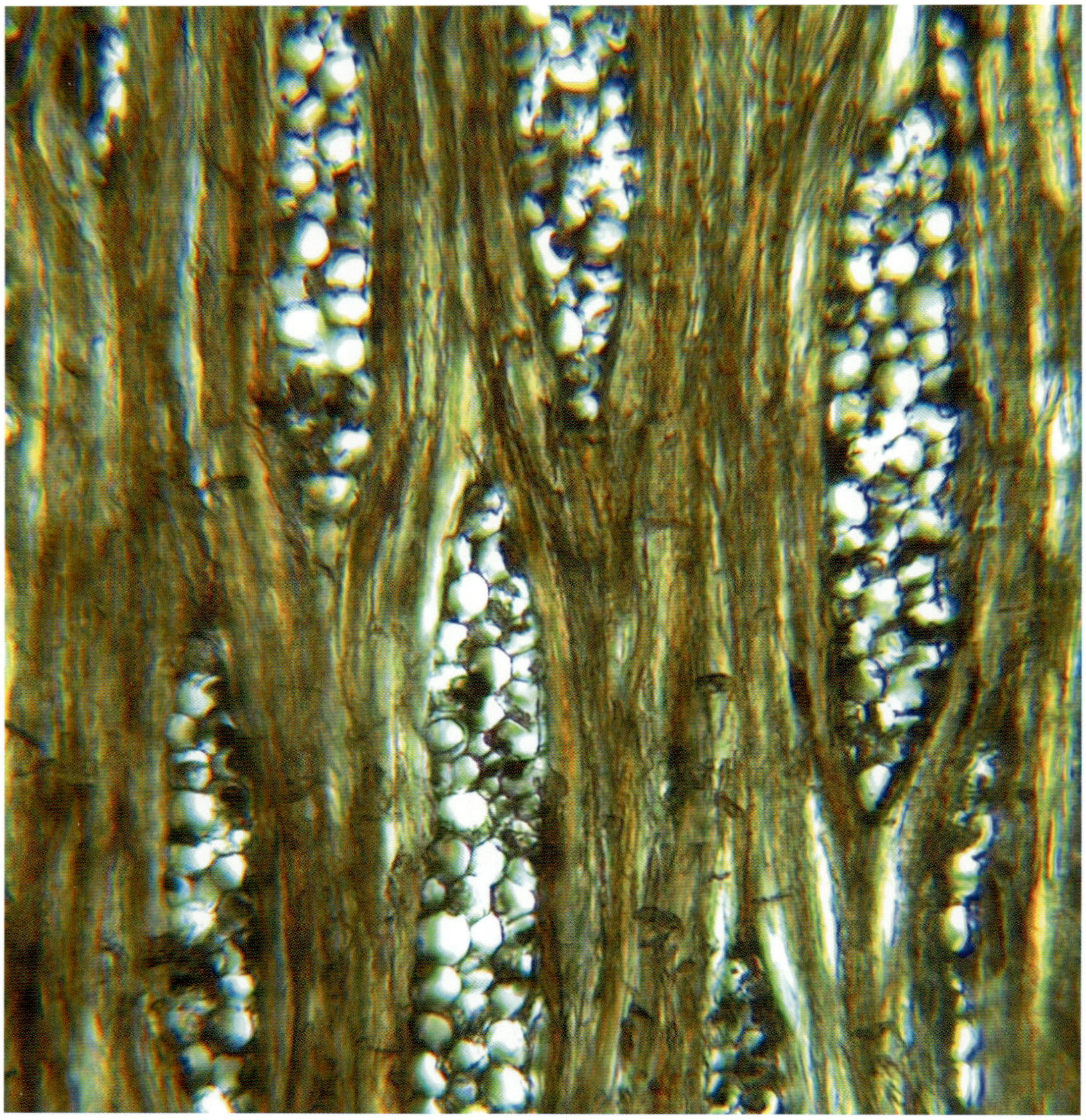

In modern scientific studies, common efforts by a variety of disciplines have proven to be very efficient in solving the problems. In the recent years, analyses of woody materials paved the way for dating of archaeological sites (dendrochronology) and identification of the species and types of wood used (xylology) culminating in very important results.

Samples of oak taken from the pier poles at Yenikapı excavations pointed to the eleventh and twelfth centuries based on the annual tree ring analyses. This result is not binding yet and the studies continue. The preliminary results evince that renovation works were undertaken at the harbour in the years AD 1092-93, 1104-05, 1145 and 1175-76. Results obtained have shown that the oak trees were timbered from the same forest and the harbour was renovated and extended about every thirty years or so (Manning 2007). It is also reported that oak, plane (sycamore), red pine, black pine and poplar were also used in some ships uncovered at Yenikapı (Pulak 2007).

This chapter covers the identification of the wood samples taken from the Yenikapı (YK) 12 shipwreck whose documentation and lifting have been completed by the Department of Conservation and Restoration from Istanbul University's Faculty of Letters. It is thought that the vessel originally measured 8-8.5 m. long in total and its bottom to be about 2.8 m. wide (Fig. 1) (Kocabaş – Özsait Kocabaş 2007, 200). Our studies at the Department of Forest Botany at the Faculty of Forestry have identified the types of timber used in the building of this ship and which timber types were used in which parts of the vessel and the results obtained are discussed[1] (Fig. 2).

The identification of woody materials can be realised usually to the level of the genus[2] and reaching the level of species[3] is very rare indeed while it is possible to identify the species only for a few genera[4].

1 Analyses of the samples from the shipwreck were carried out at the Forest Botany Department of Istanbul University's Faculty of Forestry with the permission issued by the Istanbul Archaeological Museums' Directorate and within the frame of Istanbul University Yenikapı Shipwrecks Projects implemented by the Department of Conservation and Restoration, Faculty of Letters, Istanbul University.

2 Genus is a systematic level comprising few or many species sharing common features (Yaltırık 1989). For example, pine (*Pinus*) is a genus comprising 112 species. Their common features are that their leaves spring out as groups of 2, 3 or 5 and their cone scales have woody texture.

3 Species is a group of individuals whose features are extremely alike and they can cross-pollinate and produce new generations alike (Yaltırık 1989). For example, black pine, red pine, maritime pine are species of the genus *Pinus*.

4 Woody features of species with different morphology are alike; therefore, it is usually not possible to identify the species. However, for example, chestnut is represented with a single species in our country; therefore, when chestnut wood

Modern bilimsel çalışmalarda birbirinden farklı disiplinlerin ortak çabaları, sorunların çözülmesinde çok etkin olmaktadır. Son yıllarda arkeolojik alanlardan elde edilen odunsu materyallerin analizleri yoluyla arkeolojik tarihlendirme (dendrokronoloji) ve kullanılan ağaç malzemenin tanımlanması (ksiloloji) konusunda önemli sonuçlara ulaşılmaya başlanmıştır.

Yenikapı kazılarından elde edilen ve iskele kazıkları olarak kullanılmış olan meşe örnekleri üzerinde yapılan yıllık halka analizleri sonucunda, örnekler 11 ve 12. yüzyıllara tarihlenmiştir. Bu tarihlendirme kesin olmayıp, çalışmalar halen devam etmektedir. İlk sonuçlara göre, limanda 1092-93, 1104-05, 1145 ve 1175-76 tarihlerinde yenileme çalışmaları yapıldığı anlaşılmaktadır. Elde edilen sonuçlar, meşe ağaçlarının aynı ormandan temin edildiğini ve limanın yaklaşık olarak 30 yıl aralıklarla yenilendiği ve genişletildiğini ortaya çıkartmıştır (Manning 2007). Yenikapı'da gün ışığına çıkarılan bazı gemilerde meşe, çınar, kızılçam, karaçam ve kavak gibi ağaçların kullanıldığı da belirtilmektedir (Pulak 2007). Bu bölümde, İstanbul Üniversitesi (İÜ) Edebiyat Fakültesi Taşınabilir Kültür Varlıklarını Koruma ve Onarım Bölümü tarafından belgeleme ve kaldırma çalışmaları tamamlanan Yenikapı (YK) 12 batığında kullanılan ahşapların teşhisleri sunulmaktadır. Geminin tam boyunun 8-8,5 m, karinasının en geniş yerinin yaklaşık 2,8 m olduğu düşünülmektedir (Res. 1) (Kocabaş – Özsait Kocabaş 2007, 200). İÜ Orman Fakültesi Orman Botaniği Anabilim Dalı'nda gerçekleştirdiğimiz çalışmalarda bu gemide kullanılmış olan ağaç cinsleri ile hangi ağaçların geminin hangi kısımlarında kullanıldığı belirlenmiş ve ağaç malzemenin kullanımı ile ilgili tartışmalar yapılmıştır[1] (Res. 2). Odunsu malzeme analizlerinde teşhisler, büyük oranda cins[2] düzeyinde kalmaktadır. Tür[3] düzeyinde teşhisler son derece zor olup, az sayıdaki cinste tür düzeyinde[4] teşhis mümkün olmuştur.

1 Batığa ait ahşap örneklerin analizi, İstanbul Üniversitesi Edebiyat Fakültesi Taşınabilir Kültür Varlıklarını Koruma ve Onarım Bölümü tarafından yürütücülüğü üstlenilen "İstanbul Üniversitesi Yenikapı Batıkları Projesi" kapsamında, İstanbul Arkeoloji Müzeleri'nin izni ile İÜ Orman Fakültesi Orman Botaniği Anabilim Dalı'nda gerçekleştirilmiştir.

2 Cins, ortak özellikleri olan az ya da çok sayıda türün bir araya gelmesiyle oluşan sistematik bir basamaktır (Yaltırık 1989). Örneğin çam (*Pinus*) bir cins olup, bu cinsi oluşturan 112 değişik tür bulunmaktadır. Bu türlerin, bir cins altında toplanmasını sağlayan ortak özellikler ise, yapraklarının 2, 3 ya da 5 tanesinin bir arada çıkması ve kozalaklarının pullarında odunsu bir yapının oluşmasıdır.

3 Tür, özellikleri birbirine çok benzeyen ve kendi aralarında döllenme yaparak, kendilerine benzeyen yeni jenerasyonlar oluşturabilen bireyler topluluğudur (Yaltırık 1989). Örneğin karaçam, kızılçam, sahil çamı, çam cinsine ait bazı türlerdir.

4 Morfolojik açıdan birbirlerinden farklı olan türlerin

Fig. / Res. 1
Yenikapı 12 shipwreck.
Yenikapı 12 batığı.

1. Genus/species identification of the wood samples

A total of 148 wood samples were taken from YK 12 shipwreck and almost all had decayed and were very small in size.

In order to be able to identify the genus of the woody material it is necessary to examine the wood sample in three dimensions and for this purpose transversal, radial and tangential sections were sampled. A very sharp blade was used to take the sections in three directions from a decaying sample.

is attested in an archaeological dig it can be identified as Anatolian chestnut (*Castanea sativa*) if its wood characteristics are clearly ascertained.

1. Ahşap materyallerin cins/tür tespitleri

YK 12 batığından, teşhisleri gerçekleştirilmek üzere alınan 148 adet odun örneğinin hemen tamamı çürümüş durumda ve oldukça küçük boyutlarda bulunmaktadır.

Odunsu materyallerin cins düzeyinde teşhis edilebilmesi için, odunu oluşturan elemanların çoğunlukla üç boyutlu bir şekilde incelenmesi gereklidir. Bu nedenle odunların enine, ışınsal ve teğet yönlerinden kesitleri alınmaktadır. Bu tür çürümeye başlamış örneklerden, keskin bir jiletle, üç yönden ince kesitler alınarak odun özellikleri incelenebilmiştir.

Teşhisler, alınan ince kesitler lam-lamel arasına yerleştirildikten sonra, mikroskop altında, önemli odun özelliklerine dayanılarak gerçekleştirilmiştir. Teşhisler sırasında, gerektiğinde İ.Ü.Orman Fakültesi Orman Botaniği Anabilim Dalı'nda bulunan referans örneklerden ve bazı diğer kaynaklardan (Bozkurt 2000; Schweingruber 1990) yararlanılmıştır. Teşhislerde, öncelikli olarak odunsu malzemenin ait olduğu grup (*gymnosperm – angiosperm*) belirlenmiştir. Teşhisler sırasında kullanılan odun özellikleri aşağıda verilmektedir.

1. Eğer *gymnosperm* (açık tohumlu) örneği ise (YK 12 batığında herhangi bir *gymnosperm* odununa rastlanmamıştır):

- Yıllık halka sınırlarının belirgin olup olmaması ve yaz odunu genişliği
- Reçine kanalının varlığı, konumu, reçine kanalı çevresindeki salgı hücrelerinin özellikleri
- Öz ışınlarının homojen ya da heterojen oluşu ve enine traheidlerin özellikleri
- Karşılaşma yeri geçitlerinin tipleri
- Öz ışınlarının yükseklikleri
- Traheidlerin boyutları ve hücre arası boşlukları, gibi...

2. Eğer *angiosperm* (kapalı tohumlu) örneği ise (YK 12 batığındaki örneklerin tamamı bu gruba aittir):

- Trahelerin halkalı, yarı halkalı veya dağınık dizilişi, yaz odunu trahelerinin dizilişi
- Birim alandaki trahe sayısı
- Trahe çapları
- Odun paranşimlerinin konumları ve dizilişi

odun özellikleri birbirlerine çok benzer. Bu nedenle, çoğunlukla tür düzeyinde teşhis olanaklı değildir. Ancak, örneğin kestane ağaçları ülkemizde tek türle temsil edildiğinden, arkeolojik kazılarda tespit edilen bir kestane odunu, eğer odun özellikleri de belirgin şekilde görülebilmişse "Anadolu kestanesi (*Castanea sativa*)" olarak teşhis edilebilmektedir.

Fig. / Res. 2
Keel, frame, futtock, planking and ceiling of the vessel.
Geminin omurga, eğri, posta, kaplama ve iç kaplamaları.

The sections were placed between the microscopic slides and woody features were diagnosed by referring to, when necessary, reference samples ready available at the Forest Botany Department and other sources (Bozkurt 2000; Schweinburger 1990). First of all, the group to which the woody sample belonged to was identified – gymnosperm and angiosperm. The woody characteristics watched for identification are as follows:

1. In case the sample belongs to the gymnosperm group (none of the YK 12 samples belonged to this group):

- visibility of the tree rings and the width of the latewood
- presence of the resin canal, its position and the features of the secretor cells around the canals
- homogeneity or heterogeneity of the rays and characteristics of the transversal tracheids
- types of the cross-field pits

- Öz ışınlarının homoselüler ya da heteroselüler olması
- Öz ışınlarının yükseklik ve genişlikleri
- Perforasyon tipleri ve özellikleri
- Türlere özel yapıların varlığı
- Salgı kanallarının varlığı, gibi...

2. Yenikapı 12 batığındaki ahşaplar

YK 12 batığından alınan 148 adet ahşap malzeme üzerinde gerçekleştirilen odun anatomisi çalışmaları sonucunda, meşe (çoğunluğu akmeşe grubuna ait), dişbudak, ceviz, kestane, gürgen ve çınar ağaçları saptanmıştır (Tab. 1). 148 örnekten 76 adedi meşe, 29 adedi kestane, 20 adedi dişbudak, 10 adedi gürgen, 8 adedi ceviz, 2 adedi çınar ağacına ait bulunmaktadır. 3 adet örnek ise küçük ve çok fazla çürümüş

- heights of rays
- dimensions of the tracheids and having intercellular spaces in transversal section or not, etc.

2. In case the sample belongs to the angiosperm group (all of the YK 12 samples belonged to this group):

- the features of ring porous, semi-ring porous or diffuse porous; arrangement of the latewood vessels
- number of vessels per unit square
- vessel diameters
- types and arrangement of wood parenchyma
- homocellularity or heterocellularity of the rays
- heights and widths of the rays
- types and characteristics of perforation plates
- presence of specific structures peculiar to the species (storied structure)
- presence of secretion canals, etc.

2. Timbers of the Yenikapi 12 shipwreck

Wood anatomy examination on 148 samples taken from YK 12 shipwreck has shown oak (76 samples in total; mostly white oak group), ash (20 samples), walnut (8 samples), chestnut (29 samples), hornbeam (10 samples) and plane (2 samples) (Table 1). Three samples out of the 148 taken were so small and decayed that it was not possible to identify them due to the fact that their woody characteristics could not be seen. All these three were taken from the planking where all the timber in that part was chestnut. The microscopic photographs of the samples are given below and as the photographs are taken from the decayed samples, traces of crumbling are discernible and magnification coefficient is µm (1 mm. = 1000 µm).

Families, Latin, Turkish and English names of the timber genera identified, together with their characteristics, are as follows:

Family: *Fagaceae*

Genus: *Quercus* **L. (oak)**

Oak is an important tree represented in Turkey with 18 species. Due to the high number of oak species found, Turkey is considered an oak centre of the world. Oak trees build up large forests and their hard and durable timber has been welcome for all areas of use where resistance and durability are of utmost importance.

Oak wood is easy to identify under the microscope. The oak is categorised into three as white, red and evergreen oaks and identification is limited to the group level only. It is not possible to identify an oak sample down to its species level. Rays are uni-, bi- and multiseriate (up to 25) and are easy to identify. The group's woody characteristics are as follows:

olmaları nedeniyle ve odun özellikleri yeterince görülemediğinden teşhis edilememiştir. Bu üç örneğin hepsi de kaplama tahtasından alınmış olup, bu kısımdaki ağaçların tümü kestanedir. Örneklerin çekilen mikroskobik fotoğrafları aşağıda sunulmuştur. Fotoğraflar, çürümüş örneklerden çekildiği için, parçalanma izleri belirgindir ve büyütme oranları µm (1 mm = 1.000 µm) olarak belirlenmiştir.

Teşhis edilen ahşap örneklerin özellikleri, familyaları, Latince ve Türkçe adları ile birlikte aşağıda verilmektedir:

Fam. : ***Fagaceae***

Cins : ***Quercus*** **L. (Meşe)**

Meşe, ülkemizde 18 türle temsil edilen çok önemli bir ağaç cinsidir. Tür sayısının fazlalığından dolayı Türkiye, dünyanın meşe merkezlerinden biri olarak kabul edilmektedir. Meşe ağaçları, büyük ormanlar oluşturmaları, özellikle de sert ve dayanıklı odunlara sahip olmaları nedeniyle, direnç gerektiren ahşap malzemenin gerekli olduğu tüm alanlarda kullanılmışlardır.

Meşe odunlarının mikroskobik teşhisleri oldukça kolaydır. Akmeşeler, kırmızı meşeler ve herdem yeşil meşeler olmak üzere üç gruba ayrılmakta ve teşhislerde ancak grup düzeyine inilebilmektedir. Tür düzeyinde teşhis ise mümkün olamamaktadır. Meşe odunlarında traheler (odun içerisinde yer alan su iletim boruları) genellikle halkalı, öz ışınları 1, 2 ve çok sıralı (25 sıraya kadar) olup, oldukça kolay teşhis edilebilmektedirler. Grupların odun özellikleri şöyledir:

a. Akmeşeler: İlkbahar traheleri halka şeklinde, ilkbahar odunundan yaz odununa geçiş çok ani ve yaz odunu traheleri alev dili şeklinde dizilmiştir (Res. 3-4).

b. Kırmızı meşeler: İlkbahar traheleri halka şeklinde, ilkbahardan yaz odununa geçiş daha yavaş, yaz traheleri daha seyrektir (Res. 5).

c. Herdem yeşil meşeler: Traheler özden çevreye doğru radyal olarak dizilmiş olup ilkbahar-yaz geçişleri belirgin değildir.

YK 12 batığındaki örneklerin çoğu akmeşe grubu olarak teşhis edilmiştir. Bazı örneklerde yıllık halkalar çok dar olduğu ve yaz traheleri görünmediği için, grubu dahi teşhis edilememiş ve cins düzeyinde bırakılmıştır.

Fam. : ***Fagaceae***

Cins : ***Castanea*** **Miller (Kestane)**

Kestane, ülkemizde, Anadolu kestanesi (*Castanea sativa* Miller) adlı tek türle temsil edilmektedir. Anadolu kestanesi; Karadeniz, Marmara ve İç Ege civarında yetişmektedir. Kestane ağaçları oldukça dayanıklı oduna sahip olmaları nedeniyle, gemi yapımında ve binaların ana taşıyıcılarında sıkça kullanılmışlardır.

Timber identification of Yenikapı 12 shipwreck / Yenikapı 12 batığı ahşaplarının cins/tür teşhisleri	
Area of use / Ahşabın kullanıldığı yer	Wood genus-species / Ağaç cinsi-türü
Treenail (from E18) / Ahşap çivi (E18'den)	Red oak / Kırmızı meşe
Treenail (from E18) / Ahşap çivi (E18'den)	Red oak / Kırmızı meşe
Treenail (from E18) / Ahşap çivi (E18'den)	Oak / Meşe
Bulkhead / Bölme tahtası (E20-1)	Ash / Dişbudak
Bulkhead / Bölme tahtası (E18-1)	Ash / Dişbudak
Stanchion / Dikme	Ash / Dişbudak
Futtock / Posta (E8-İ1)	Walnut (*Juglans*) / Ceviz (*Juglans*)
Floor timber / Döşek (E7, E6, E5, E26, E25, E13, E14)	Walnut (*Juglans*) / Ceviz (*Juglans*)
Floor timber / Döşek (E20)	Ash / Dişbudak
Floor timber / Döşek (E2, E16)	Hornbeam (*Carpinus betulus*) / Gürgen (*carpinus betulus*)
Floor timber / Döşek (E4, E3, E24, E22, E11, E9, E10, E19, E18, E15)	Oak / Meşe
Floor timber / Döşek (E23, E21, E17)	Oak (white oak group) / Meşe (akmeşe grubu)
Ceiling / Farş (F24)	Plane / Çınar
Ceiling / Farş (F21, F18, F19, F16, F15, F20, F10, F12, F13, F14, F25, F26, F27, F28,F30, F31, F33, F34, F35, F36, F37, F38, F39, F40, F41, F42, F43, F45, F46, F1, F2, F3, F4, F5, F6, F7, F8, F9, F22, F1-B)	Oak / Meşe
Ceiling / Farş (F23, F11, F32, F17)	Oak (white oak group) / Meşe (akmeşe grubu)
Ceiling / Farş (F29)	Oak (red oak group) / Meşe (kırmızı meşe grubu)
Planking / Kaplama tahtası (İK6-2, IK 5-1, İK 3-1, SK 7-2, SK 6-1, İK4-2, IK-5-2, SK4-2, SK3-1, SK2-1, SK2-1, SK-2-2, İK2-2, IK6-1, İK1, SK1, SK6-2, İK8, SK5-1, İK2-1, İK7-2, SK8-1, SK7-1, İK6-2, SK3-2, İK3-2, İK2-1)	Chestnut / Kestane
Planking / Kaplama tahtası (SK6-3)	Oak / Meşe
Dowel / Kavela (SK3-1, SK4-2, SK5-2)	Hornbeam / Gürgen
Wale / Çapa tahtası (ÇT-1)	Oak / Meşe
Keel / Omurga	Plane / Çınar
Keel / Omurga	Hornbeam / Gürgen
Futtock / Posta (E8-İ1, E22-İ1, E23-S1, E25-S1, E11-S1, E7-S1, E12-İ1, E13-S1, E17-S1, E15-S1, E9-S1, E24-İ1, E18-S1, E19-S1)	Ash / Dişbudak
Mast step / Yelken yatağı (YY-44)	Ash / Dişbudak

Table / Tablo 1 Areas of use and types of timber from YK 12 shipwreck. / *YK 12 batığında bulunan ağaç malzemenin kullanım yerleri ve cinsleri.*

a. white oaks: ring porous, transition from the earlywood to latewood is sudden and the vessels of the summer wood are sequenced like flame-tongues (Figs. 3-4).

b. red oaks: ring porous, transition from the spring wood to summer wood is more gradual, summer vessels are sparse (Fig. 5).

c. evergreen oaks: vessels are aligned radially from one tree ring to the next and the transitions from earlywood to latewood are not distinguishable. Tree-ring borders are visible under the microscope.

Most of the samples from YK 12 shipwreck have been identified as white oak group while the annual rings of some samples were very narrow and summer vessels were not visible; thus, their group could not be identified and their identification had to be finalised at genus level.

Fig. / Res. 3 Transversal section of wood from the white oak group (Sample no: YK 12 floor timber-89 E-23). / *Akmeşe grubu örneği odunun enine kesiti (Örnek no: YK 12 döşek-89 E-23).*

Fig. / Res. 4 Transversal section of wood from the white oak group (Sample no: YK 12 floor timber-92 E-21). / *Akmeşe grubu örneği odunun enine kesiti (Örnek no: YK 12 döşek-92 E-21).*

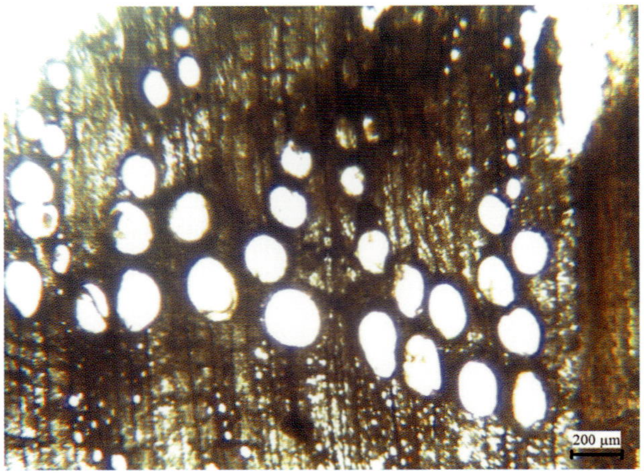

Fig. / Res. 5
Transversal section of wood from the red oak group (Sample no: YK 12 treenail-E-18-AT).
Kırmızı meşe odunun enine kesiti (Örnek no: YK 12 ahşap çivi-E-18-AT)

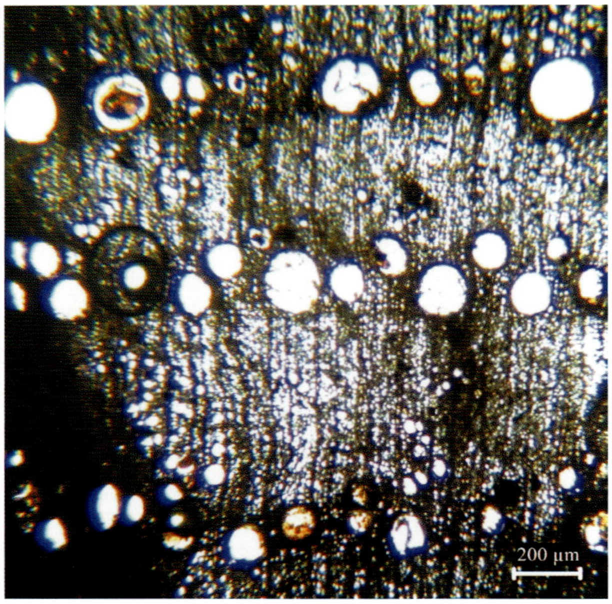

Fig. / Res. 6
Transversal section of Anatolian chestnut wood (Sample no: YK 12 planking-İK5-2).
Anadolu kestanesi örneği odunun enine kesiti (Örnek no: YK 12 kaplama tahtası-İK5-2)

Family : *Fagaceae*

Genus : *Castanea* **Miller (chestnut)**

Chestnut is represented with a single species called the Anatolian chestnut (*Castanea sativa* Miller) in Turkey. The Anatolian chestnut grows in the Black Sea, Marmara and interior of the Aegean regions. As its wood is very durable, it was often preferred for shipbuilding and for the main carrier supports of buildings.

Ring porous; the earlywood vessels have wide diameters with tangent diameters reaching 300 µm and they are 2- or 3-seriate. Latewood vessels have smaller diameter, are diffuse or dendritic groups. The rays are uniseriate and 5-30 cells high (Bozkurt 2000) (Fig. 6).

Family : *Oleaceae*

Genus : *Fraxinus* **L. (ash)**

Ash tree is represented with three species in Turkey, all of which grow in humid regions, by the streams and in bottom lands. The species are narrow-leafed ash (*Fraxinus angustifolia* Vahl.), common ash (*Fraxinus excelsior* L.) and flowering ash (*Fraxinus ornus* L.). Ash tree was preferred for building small ships (Bozkurt 2000).

Kestane odunlarında trahe dizilişi halkalı olup, ilkbahar traheleri geniş çaplı, teğet çapları 300 µm'ye kadar ve 2-3 sıralıdır. Yaz traheleri ise küçük çaplı, dağınık ya da dentrik bir diziliş gösterirler. Öz ışınları tek sıralı ve 5-30 hücre yüksekliğindedir (Bozkurt 2000) (Res. 6).

Fam. : ***Oleaceae***

Cins : ***Fraxinus*** **L. (Dişbudak)**

Dişbudak, ülkemizde 3 türle temsil edilmektedir. Her üç tür de ülkemizin nemli bölgelerinde, dere kenarlarında ve taban arazilerinde yetişmektedir. Türler: Sivri meyveli dişbudak (*Fraxinus angustifolia* Vahl.), adi dişbudak (*Fraxinus excelsior* L.) ve çiçekli dişbudak (*Fraxinus ornus* L.) olup küçük gemilerin yapımında kullanılmaktadır (Bozkurt 2000).

Dişbudak odunları, halkalı traheli olup, ilkbahar traheleri geniş (350 µm'ye kadar) ve 1-4 sıralı; yaz odununda ise trahe çapları küçük olup, tek tek ya da çift olarak bulunurlar ve oldukça seyrektirler. Trahe hücre çeperleri oldukça kalındır. Öz ışınları 1-3-5 sıralıdır, ortalama 10 hücre yüksekliğinde (Bozkurt 2000) ve çoğunlukla da 1-2 hücre genişliğindedir (Res. 7-8).

Fam. : ***Betulaceae***

Cins : ***Carpinus*** **L. (Gürgen)**

Gürgen, ülkemizde, ilki adi gürgen (*Carpinus betulus* L.), ağaç formunda ve ikincisi doğu gürgeni (*Carpinus orientalis* Mill.), ağaççık veya çalı formunda olmak üzere iki türle temsil edilmektedir. Ülkemizin özellikle kuzey bölgesi ormanlarında karışıma giren ağaçlardır.

Gürgen odunlarında trahe dizilişi dağınık olup, trahe çapları 60-80 µm'dir. Traheler tek tek ya da radyal yönde 6-10 adet traheden oluşan küçük gruplar halinde dizilirler. Perforasyon basit, bazen de 3-6 geniş bölmelidir. Öz ışınları 1-2 sıralı olup, bileşik öz ışınları belirgindir (Bozkurt 2000) (Res. 9-11).

Fam. : ***Juglandaceae***

Cins : ***Juglans*** **L. (Ceviz)**

Ceviz, Doğu Anadolu Bölgesi'nde doğal olarak yetişmekte olup, hemen her bölgede kültüre alınmış bir ağaç cinsidir. Meyve ve odunları bakımından çok değerlidir. Ülkemizde *Juglans regia* L. (Adi ceviz) adı altında tek bir tür bulunmaktadır. Bu nedenle, teşhis edilen örnekler bu türe ait olabilir.

Ceviz odunlarında traheler büyük olup (200 µm'ye kadar), çoğunlukla dağınık ya da yarı halkalı şekilde dizilmiştir. 1 mm^2'deki trahe sayısı 5-10 arasında değişmektedir. Yaz odununda ise tek tek ya da 3-4 radyal sıralıdır. Teğet sıralı boyuna paranşim hücreleri belirgindir. Öz ışınları 1-5 sıralı, maksimum 40 hücre yüksekliğindedir (Bozkurt 2000) (Res. 12-14).

Ring porous and the earlywood vessels are wide (up to 350 µm) and uni- to 4-seriate. In the latewood the vessel diameters are smaller and they are found solitary or in pairs, very infrequent. The cell walls of the vessels are quite thick. The rays are uni-, 3- and 5-seriate and are about 10 cells high on the average (Bozkurt 2000) and usually 1-2 cells wide (Figs. 7-8).

Family : *Betulaceae*

Genus : *Carpinus* **L. (hornbeam)**

The hornbeam tree has two species found in Turkey: Hornbeam (*Carpinus betulus* L.) is a tree while the oriental hornbeam (*Carpinus orientalis* Mill.) is a bush. Hornbeam tree is especially found in mixed forests of northern Turkey.

Diffuse porous and the vessel diameters are 60 to 80 µm. The vessels are solitary or in radial groups of 6 to 10. Transition of earlywood to latewood is not visible. Perforation is simple. Rays are uni- or bi-seriate and aggregate rays are clearly visible (Bozkurt 2000) (Figs. 9-11).

Family : *Juglandaceae*

Genus : *Juglans* **L. (walnut)**

Walnut grows naturally in eastern Turkey and has been taken under cultivation almost all over the country. It is valued for its wood and fruits. There is only one species in Turkey, namely *Juglans regia* L. (common walnut); therefore, the samples identified as walnut should belong to this species.

Vessels of walnut wood are large (up to 200 µm) and mostly diffuse-porous to semi-ring porous. There may be 5 to 10 vessels in 1 sq. mm. In the latewood vessels are 3-4-seriate radially. Tangential sequenced longitudinal parenchyma cells are discernible. Rays are uni- to 5-seriate and reach a height of maximum 40 cells (Bozkurt 2000) (Figs. 12-14).

Family : *Platanaceae*

Genus : *Platanus* **L. (plane)**

Plane trees usually grow by streams, in bottom lands and wetlands. In Turkey there is only the *Platanus orientalis* L. (oriental plane) species and therefore, the identified plane samples may belong to this natural species.

Diffuse porous; there are quite many vessels per square mm. – from 100 to 150. Vessels are sequenced individually or in small groups and their tangential diameters are less than 75 µm. Rays are wide and uni- to 12-seriate and measure 1-2 mm. (Bozkurt 2000) (Fig. 15).

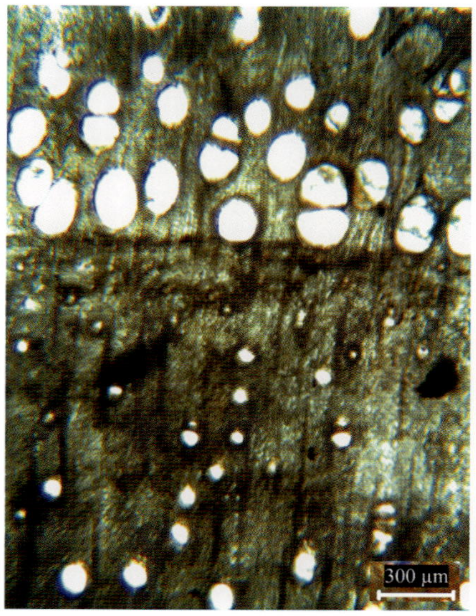

Fig. / Res. 7 Transversal section of ash wood (Sample no: YK 12 floor timber-91 E-20).

Dişbudak odunu enine kesiti (Örnek no: YK 12 döşek-91 E-20).

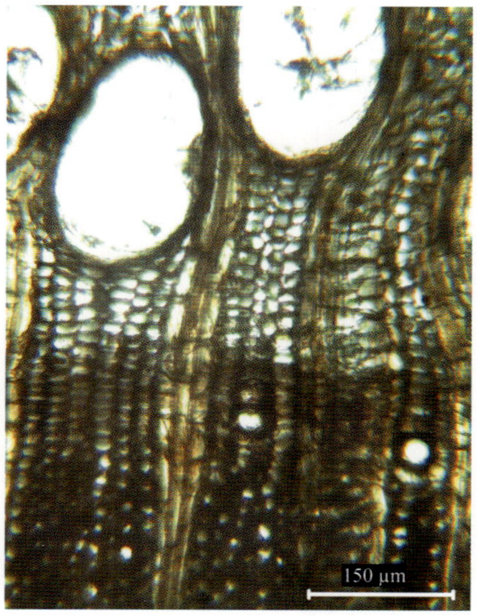

Fig. / Res. 8 Transversal section of ash wood (Sample no: YK 12 futtock-85 E18-S1). / *Dişbudak odunu enine kesiti (Örnek no: YK 12 posta-85 E18-S1).*

Fig. / Res. 9 Transversal section of hornbeam wood (Sample no: YK 12 Floor timber E-16).

Gürgen odunu enine kesiti,(Örnek no: YK 12 döşek E-16).

Fig. / Res. 10 Transversal section of hornbeam wood (Sample no: YK 12 floor timber E-16).

Gürgen odunu enine kesiti (Örnek no: YK 12 döşek E-16).

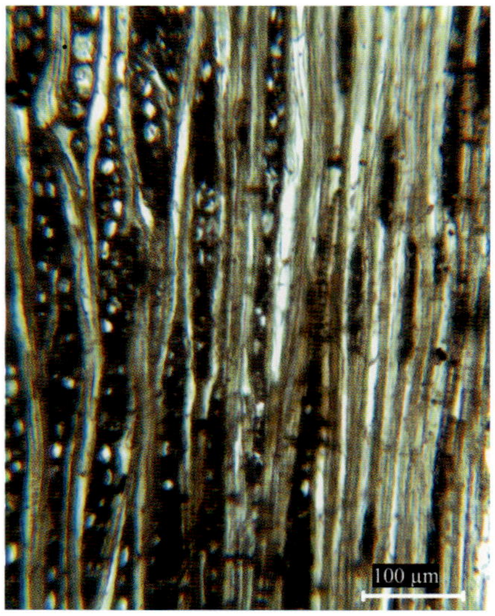

Fig. / Res. 11

Tangential section of hornbeam wood (Sample no: YK 12 Floor timber E-16).

Gürgen odunu enine kesiti (Örnek no: YK 12 döşek E-16).

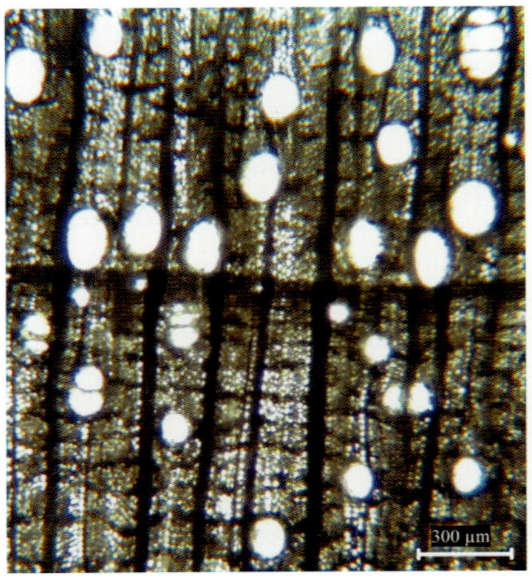

Fig. / Res. 12

Transversal section of walnut wood (Sample no: YK 12 floor timber-86-E26).

Ceviz odunu enine kesiti (Örnek no: YK 12 döşek-86-E26).

Fig. / Res. 13

Transversal section of walnut wood (Sample no: YK 12 floor timber-87-E25).

Ceviz odunu enine kesiti (Örnek no: YK 12 döşek-87-E25).

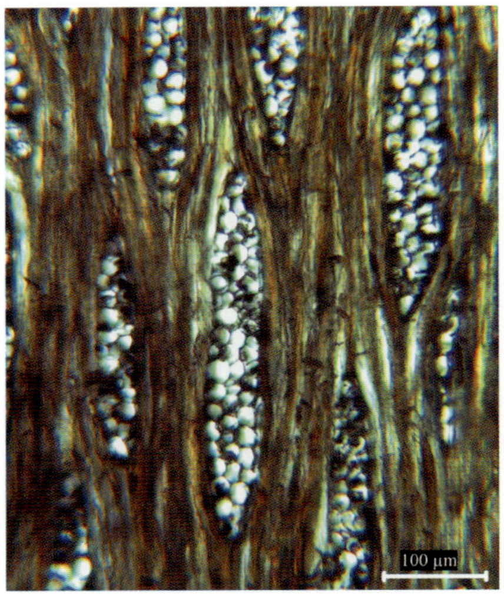

Fig. / Res. 14

Tangential section of walnut wood (Sample no: YK 12 floor timber-87-E25).

Ceviz odunu teğet kesiti (Örnek no: YK 12 döşek-87-E25).

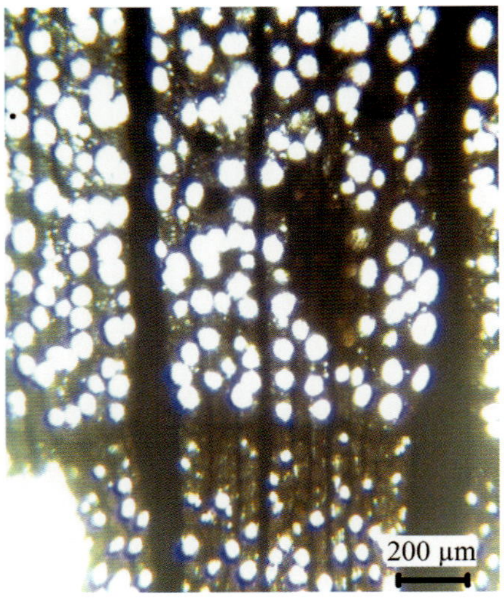

Fig. / Res. 15

Transversal section of plane wood (Sample no: YK 12 ceiling F-24).

Çınar odunu enine kesiti (Örnek no: YK 12 farş F-24).

3. Areas of use in shipbuilding for the timbers identified

Areas of use for the identified timber usually display wholeness. The floor timbers are usually of walnut; bulkheads and futtocks are usually of ash; all the planking are of chestnut; treenails and ceilings are of oak; dowels and keels are of hornbeam. The plane tree does not have a specified area of use. Yet, all the abovementioned species were also employed in other areas, but very scarcely. Such uses, not displaying wholeness, have been interpreted as normal use or later repairs.

Fam. : *Platanaceae*

Cins : *Platanus* L. (Çınar)

Çınar, genel olarak nehir kenarlarında, taban arazilerde ve sulak alanlarda yetişen bir ağaç cinsidir. Ülkemizde *Platanus orientalis* L. (Doğu çınarı) adlı tek bir türle temsil edilmektedir. Teşhis edilen çınar, bu doğal türe ait bir parça olabilir.

Çınar odunlarında traheler dağınık diziliştedir. 1 mm^2'deki trahe sayısı oldukça fazla olup 100-150 arasındadır. Traheler tek tek ya da küçük gruplar halinde dizilmişlerdir. Teğet çapları 75 µm'nin altındadır. Öz ışınları geniş olup, 1-12 sıralı ve 1-2 mm boyundadır (Bozkurt 2000) (Res. 15).

3. Ağaç türlerinin gemideki kullanım yerleri

Teşhis edilen örneklerin kullanım yerleri genel olarak bir bütünlük göstermektedir. Geminin döşek kısmında genel olarak ceviz; bölme tahtası ve posta kısımlarında genel olarak dişbudak; bütün kaplama tahtalarında kestane; ahşap çivi ve iç kaplama kısımlarında meşe; kavela ile omurga kısımlarında da gürgen ağaçları kullanılmıştır. Çınar ağaçlarının belirgin bir kullanım yeri bulunmamaktadır. Bununla beraber, adı geçen türler az sayıda da olsa değişik kısımlarda kullanılmışlardır. Bu, bir bütünlük göstermeyen kullanımlar, normal kullanım ya da sonradan yapılan onarımlar olarak değerlendirilmiştir.

4. Ahşap malzemenin olası orijini

YK 12 batığından elde edilen ahşapların teşhisi sonucunda meşe, kestane, dişbudak, gürgen, ceviz ve çınar ağaçları saptanmıştır. Bu ağaçlardan ceviz dışında kalan diğer tüm cinslere ait türler, İstanbul'un hemen kuzeyinde yer alan Belgrad Ormanı'nda ve çevresindeki ormanlarda doğal olarak yetişmektedir. Bu ormanlarda, akmeşe grubu 3, diğer cinsler de birer türle temsil edilmektedir. Adı geçen cinslere ait türler şunlardır:

Meşe	:	Sapsız meşe (*Quercus petraea* Mattuschka Liebl.)
		Saplı meşe (*Quercus robur* L.)
		Macar meşesi (*Quercus frainetto* Ten.)
Dişbudak	:	Sivri meyveli dişbudak (*Fraxinus angustifolia* Vahl.)
Gürgen	:	Adi gürgen (*Carpinus betulus* L.)
Çınar	:	Doğu çınarı (*Platanus orientalis* L.)
Kestane	:	Anadolu kestanesi (*Castanea sativa* Miller)

Bu ağaçlar dışında teşhis edilen diğer cins olan ceviz ağaçları (*Juglans regia* L.) da, yakın çevreden getirilmiş olabilirler.

4. Possible origins of the timbers

Analyses of the timber samples from YK 12 shipwreck identified oak, chestnut, ash, hornbeam, walnut and plane trees. Apart from the walnut, all the other wood could easily be procured from the Belgrade, or the Fatih Forest to the north of the city or other forests near the city, where they naturally grow. These forests have three species of white oaks and one species of the other genera as follows:

Oak	: Sessile oak (*Quercus petraea* (Mattuscka) Liebl.)
	Pedunculate oak (*Quercus robur* L.)
	Hungarian oak (*Quercus frainetto* Ten)
Ash	: Narrow-leafed ash (*Fraxinus angustifolia* Vahl.)
Hornbeam	: European or common hornbeam (*Carpinus betulus* L.)
Plane	: Oriental plane (*Platanus orientalis* L.)
Chestnut	: Anatolian chestnut (*Castanea sativa* Miller)

The walnut (*Juglans regia* L.) timber identified as well should have been brought from the neighbouring regions.

It is thought that Istanbul was surrounded with denser forests in the Byzantine period and especially the Alibey Deresi area was covered with forests. A report dating to 1870 states that the Belgrade Forest covered an area of 7500 hectares (Akesen *et al* 1994). Sources state that timber was procured from the Belgrade Forest for construction activities (buildings, shipbuilding and pier building) and tree cutting was carried out without any control (Destan 2001). Thus, it is plausible to claim that the YK 12 shipwreck was originally built with timber procured from the forests around Istanbul.

Bizans Dönemi'nde İstanbul çevresindeki orman varlığının, günümüze oranla çok daha yoğun olduğu, özellikle Alibey Deresi çevresinin ormanlarla kaplı bulunduğu düşünülmektedir. 1870 yılında hazırlanmış olan bir raporda, Belgrad Ormanı'nın kapladığı alan 7500 hektar olarak belirtilmiştir (Akesen vd., 1994). Belgrad Ormanı'ndan, Bizans Dönemi'nde 8. yüzyıldan başlayarak ve yakın zamanlara kadar devam eden, yakacak ve yapacak (bina, gemi ve iskele inşası) amaçlı odun kesimleri yapıldığı, bunların da düzensiz bir şekilde gerçekleştirildiği ifade edilmektedir (Destan 2001). Bu bulgulara dayanılarak, YK 12 batığının inşasında, büyük olasılıkla İstanbul çevresindeki ormanlardan temin edilen ahşapların kullanılmış olduğu sonucuna varılabilir.

Bibliography / Kaynakça

Akesen, A. – S. Özhan – Ü. Asan – S. Ayanoğlu – A. Türker, 1994, *Belgrad Ormanı'nın Statüsü Hakkında Rapor.* İstanbul.

Bozkurt, Y. – N. Erdin, 2000, *Odun Anatomisi.* İstanbul.

Destan, S., 2001, Management And Functional Characteristics and Assesment of Forest Ecosystems in Forest Management Activities. Basılmamış Doktora Tezi, Sofya Üniversitesi.

Manning, S., 2007, *Aegean Dendrochronology Project: December 2007 Progress Report.*

Kocabaş, U. – I. Özsait Kocabaş, 2007, İstanbul Üniversitesi, Yenikapı Bizans batıkları projesi kapsamındaki gemilerin yapım teknikleri ve özellikleri. *Gün Işığında: İstanbul'un 8000 Yılı. Marmaray, Metro ve Sultanahmet Kazıları,* 196-201. İstanbul.

Pulak, C., 2007, Yenikapı Bizans batıkları. *Gün Işığında: İstanbul'un 8000 Yılı. Marmaray, Metro ve Sultanahmet Kazıları,* 202–215. İstanbul.

Schweingruber, F. H. 1990. *Anatomy of European Woods.* Bern/ Stuttgart.

Yaltırık, F., 1989, *Otsu Bitkilerin Sistematiği.* İstanbul.

Abbreviations / Kısaltmalar

General Abbreviations / Genel Kısaltmalar

English/İngilizce	Turkish/Türkçe	
BP	BP	Before present Günümüzden önce
Cal AD	Kal MS	Calibrated date Kalibre edilmiş tarih
CASC	CASC	Catalonia Underwater Archaeology Centre Katalonya Sualtı Arkeoloji Merkezi
DLH	DLH	General Directorate of the Railway, Harbour and Airport Construction Demiryollar, Limanlar ve Hava Meydanları İnşaatı Genel Müdürlüğü
Fig.	Res.	Figure / Resim
	Har.	Map / Harita
IFEA	IFEA	French Anatolian Studies Institute Fransız Anadolu Araştırmaları Enstitüsü
INA	INA	Institute of Nautical Archaeology / Sualtı Arkeoloji Enstitüsü
ISBSA	ISBSA	The International Symposium of Boat and Ship Archaeology Uluslararası Gemi ve Tekne Arkeolojisi Sempozyumu
IU	İÜ	Istanbul University / İstanbul Üniversitesi
MRY	MRY	Marmaray
MTR	MTR	Metro
TKVKOB	TKVKOB	Department of Restoration and Conservation Taşınabilir Kültür Varlıklarını Koruma ve Onarım Bölümü
PEG	PEG	Polyethylene glycol/Polietilen glikol
RACM	RACM	The Dutch Maritime Archaeological Centre Hollanda Deniz Arkeolojisi Merkezi
RGZM	RGZM	Roman-Germanic Central Museum Roma Germen Merkez Müzesi
	Tab.	Table / Tablo
YK	YK	Yenikapı (New Gate) / Yenikapı
3D	3D	3 dimensional / 3 boyutlu

Abbreviations concerning the shipwrecks / Batıklarla ilgili kısaltmalar

English/İngilizce	Turkish/Türkçe	
E	E	Frame / Eğri sistemi
E1	E1	Floor timber 1 / 1. döşek
E1-S1	E1-S1	First starboard futtock / 1. sancak postası
E1-İ1	E1-İ1	First port futtock / 1. iskele postası
Om	Om	Keel / Omurga
İçOm	İçOm	Keelson / İç Omurga
İK	İK	Port Planking / İskele dış kaplama
SK	SK	Starboard Planking / Sancak dış kaplama
F	F	Ceiling / Farş (İç kaplama)
SB	SB	Starboard garboard / Sancak burma tahtası
İB	İB	Port garboard / İskele burma tahtası
ÇT	ÇT	Wale / Çapa tahtası
YOm	YOm	Bilge Keel / Yalpa Omurga
YBE, YBK	YBE, YBK	Unknown member / Yeri belli olmayan eğri, kaplama
AÇ	AÇ	Treenail / Ahşap çivi
DÇ	DÇ	Iron Nail / Demir çivi
BY	BY	Not connected / Bağlantı yok
ea	ad	Each / Adet

Concordance table showing the former and present codes of the shipwrecks
Batıkların eski ve yeni kod numaralarını gösteren değişim tablosu

New codes of Shipwrecks Batıkların Yeni Kodları	Old codes of Shipwrecks Batıkların Eski Kodları	Trench Açma	Level Derinlik	Approximate Dimensions Yaklaşık Ölçüler	
				Length Boy	Width Genişlik
YK 1	MRY 1	O-P 32-33-34 O 35	-1.63 m.	6.5 m.	4 m.
YK 2	MRY 2	P 31-32 -33-34-35	-1.51 m.	14.70 m.	2.10 m.
YK 3	MRY 3	N – O 48-49	-0.69 m.	9.12 m.	2.28 m.
YK 4	MTR 1	2Bb1/4-2Bc1/4 2Ba4	-0.79/-1.15/-1.65 m.	18 m.	4 m.
YK 5	MTR 2	2Ba4-2Ba2	-0.79 m. /-1.04 m.	12 m.	3.5 m.
YK 6	MTR 3	2Cc3 – 2Cc1	-0.67 m. /-0.90 m.	6.20 m.	1.90 m.
YK 7	MTR 4	3Bb1-2Bd3	-0.91 m. /-1.02 m.	6.6 m.	2.10 m.
YK 8	MRY 4	S 21-22	-0.90 m./-1.26 m.	5 m.	2.9 m.
YK 9	MTR5	2Ec3-2Dd4-2Ec1-2Dd2	-1.40 m. /-1.09 m.	6.5 m.	2 m.
YK 10	MTR 6	4Ba2- 4Ba1- 3Bc3	-2.29 m. /-2.37 m.	Scattered app. to a field of 10x10 m. Yakl.10x10 m.'lik alana yayılmış.	
YK 11	MRY 5	J- K 88-89	-1.70 m.	8.50 m.	4 m.
YK 12	MRY 6	F-G 13-14	-1.30 m.	7 m.	2.30 m.
YK 13	MTR 7	1Ia4-1Ic1-1Ic2-1Ic3 1Ic4	-0.65 m. /-1.20 m.	15 m.	2.80 m.
YK 14	MRY 7	K-L-M 146	-1.10 m.	12 m.	2.55 m.
YK 15	MTR 8	1Ac1-1Ac2-1Aa41Aa31Aa1	-2.15 m.	11.45 m.	1.30 m.
YK 16	MTR 9	2A1a2/4-2A1b3-2A1c2-2A1d1/4	-1.20 m.	22.5 m.	2.40 m.
YK 17	MTR 10	1A1b4- 1A1b3	-2.18 m./-2.40 m.	8.20 m.	2 m.
YK 18	MTR 11	1A2d2- 1A2d1	-1.42m. /-1.50 m.	8.25 m.	3.20 m.
YK 19	MTR 12	2A1c1- 2A1c2	-1.40 m.	5 m.	2.5 m.
YK 20	MTR 13	2A2b1-2A2b3-2A2b4	-0.70 m. /-1.00 m.	8.80 m.	2.30 m.
YK 21	MTR 14	1Ja2-1Ja3-1Ja4-1Jb-1Jc1-1Jc2-1Id4	-0.70 m.	11 m.	4 m.
YK 22	MTR 15	2Ga1-2Ga2-2Gb1-2Gb2-2Gb3-2Gb4-2Ha1-2Ha3-2Gb4-2Ha1-2Ha3	-3.60 m.	Scattered app. to a field of 10x20 m. Yakl. 10x20 m.'lik alanda.	
YK 23	MRY 8	H- G 1	-1.70 m.	9 m.	3 m.
YK 24	MRY 9	M 36	-1.00 m.	5 m.	1.5 m.
YK 25	MTR 16	2A1b2/4-2A1d2	-140 m.	19 m.	1.5 m.
YK 26	MTR 17	2Gb4-2Gd2-2Ha3-2Hc1	-3.50 m.	2 m.	1.5 m.
YK 27	MTR 18	3Dd2-3Ea4-3Eb4-3Eb4- 3Ec4	-2.60/-2.70 m.	12 m.	2.30 m.
YK 28	MTR 19	3Fa1- 3Fa4	-2.60 m. /-2.70 m.	Scattered app. to a field of 7x4 m. Yakl. 7x4m.lik bir alana yayılmış	
YK 29	MRY 10	H 49-50	-2.40 m.	8.80 m.	6.53 m.
YK 30	MRY 11	N 148	-2.20 m.	L. (*ca.*) / Yak. Uz: 1 m.	W. (*ca.*) / Yak. Gen: 2.5 m.
YK 31	MRY 12	B 137-138	-1.50 /-2.20 m.	5 m.	3 m.
YK 32	MTR 20	4Fa2-4Fa3-4Fa4	-1.55 m.	Scattered app. to a field of 5x5 m. Yakl. 5x5m. lik bir alana yayılmış.	
YK 33	MRY 13	J 138	-1.40 m./-1.50 m.	3.5	2 m.

The shipwrecks found during the excavations at Yenikapı were coded as Marmaray 1-2-3... or Metro 1-2-3...regarding the worksites of Marmaray (MRY) and Metro (MTR) where they were uncovered. But later, developing a new coding system covering both excavation areas, the shipwrecks were coded as Yenikapı 1-2-3... (YK 1-2-3...) respectively according to their discovery sequence (Prepared by Barış Mirzanlı)

Yenikapı'daki kazılarda bulunan batıklar ele geçtikleri Marmaray (MRY) ve Metro (MTR) şantiye sahalarına göre, Marmaray 1-2-3... ya da Metro 1-2-3... kodları verilerek isimlendirilmişlerdir. Daha sonra ise her iki kazı alanını kapsayacak şekilde oluşturulan ortak bir numaralandırma sistemi benimsenerek, batıklar bulunuş sıralarına göre Yenikapı 1-2-3... (YK 1-2-3...) olarak isimlendirilmişlerdir (Hazırlayan: Ark. Barış Mirzanlı)

Terminology / Terimler

Compiled by / Derleyen
Ufuk Kocabaş

Aft *(pupa)*: The rear end of a vessel. See stern.

Along side *(aborda)*: Aboardage; a ship pulling next to another vessel, pier, or quay all along its length.

Apron *(baş bodoslama astarı)*: A piece placed where the keel is scarphed to the stem for strengthening.

Athwart *(alabandadan alabandaya)*: across the ship from side to side; perpendicular to the keel.

Ballast *(safra)*: Heavy material placed in the hold to lower the centre of gravity and improve stability. This usually comprises heavy pieces like stones, iron items etc. placed at the very bottom.

Bilge *(sintine)*: The part of a vessel's bottom, on either side of the keel, and almost flat, where the bottom of the vessel and the curved pieces on the side join. When a vessel is agrounded, then it rests on the bilge. As it is the bottommost part of the vessel all the water collects there and therefore the pumps are placed here.

Bilge keel, sister keel *(yalpa omurgası)*: Additional keels placed on the exterior of the bottom, on both sides, reaching the bilge height, running parallel to the main keel. Their main function is to decrease the damage to come while sliding the vessel via the way into the sea, or beaching or grounding. In addition, they decrease the amount of rocking in very wavy waters. They also improve the holding of the sailboats on the sea surface and making better use of the wind.

Bilge pump *(sintine pompası)*: Pump for discharging the water collecting at the bilge.

Bilge water *(sintine suyu)*: Water entering the vessel with wave splashes, rain or flooding and collecting at the bilge.

Bottom of the vessel *(karina)*: the part of a vessel's exterior below the waterline.

Breakwater *(dalgakıran)*: a barrier built out into the sea to protect a coast or harbour from the force of waves.

Bulkhead *(bölme tahtası, perde)*: a vertical partition under the deck either fore-and-aft or athwart.

Bulwark *(küpeşte)*: The horizontal wale connecting the upper ends of futtocks above the deck.

Buttock *(batok)*: The convex part of the hull under the stern deck.

Buttock lines *(batok hatları)*: vertical cross-section drawings of a ship drawn parallel to the keel.

Capsize *(alabora olmak)*: (of a boat) be overturned and sink in the water, either in open sea or harbour. Capsizing usually occurs due to strong winds or big waves but sometimes due to wrong balanced cargo or overloading.

Capstan *(bocurgat)*: a cylindrical disk, crane, used for heavy-duty work like hoisting the anchor. The disk is located

Aborda *(along side)*: Bir teknenin diğer bir tekneye, bir iskeleye veya bir rıhtıma tamamen bordasını vererek yanaşması (aborda olmak, aborda olmuş, aborda etmek).

Açoz *(chine)*: Teknenin alt kısmı ile bordasının birleşirken yaptıkları açı.

Ahşap çivi *(treenail)*: Bir teknenin yan ve alt kaplamalarını eğrilere tutturmak için kullanılan uzun, silindirik bazen çokgen kesitli ağaç çiviler.

Alabandadan alabandaya *(athwart)*: Bir teknenin bir yanından diğer yanına ve baş-kıç doğrultusuna dik olan doğrultu.

Alabora olmak *(capsize)*: Bir teknenin deniz veya limanda ters dönmesi, batması. Genelde sert rüzgâr ve büyük dalgalar yüzünden gerçekleşen bu olay, yanlış ve fazla yükleme gibi insan hatalarından dolayı da olabilir.

Alarga *(offing)*: Sis ve başka navigasyonel tehlikeler yüzünden bir teknenin sahilden açıkta durması. Bu terim genelde teknenin demir atılamayacak kadar derin sularda kaldığı anlamına gelir.

Ambar *(hold)*: Geminin yük koymaya ayrılmış yeri.

Arma *(rig)*: Teknenin tipinin belirlenmesini sağlayan, direk ve yelkenleri ile ilgili tüm özelliklerini kapsayan genel terim.

Armuz kaplama *(carvel construction, carvel built)*: Ahşap teknelerde uygulanan ve kaplama tahtalarının uç uca getirildiği inşa metodu. Bu inşa metodu ile bindirme kaplamaya nazaran çok daha düz ve yumuşak eğimli bir yüzey elde edilir.

Armuz *(seam)*: Ahşap teknelerde, teknenin yan kısmını ve güvertesini oluşturan kaplamalar arasındaki boşluk. Bu boşluk kalafat kıtığı ile doldurularak, su geçirmemesi için üzeri reçine, zift, macun vs. ile kaplanır. Bu işlem yapılırken ıslandıkça şişecekleri göz önüne alınarak, aralarında ufak bir boşluk bırakılmalıdır. Tekne bir süre su altında bekletildiğinde ise, kaplamalar şişerek aradaki kıtığı sıkıştırır ve böylece tam bir su geçirmezlik sağlanmış olur.

Aşoz *(rabbet)*: Ahşap parça üzerinde, kaplamaların takılabilmesi için açılan oyuk. Ayrıca, omurga üzerinde burma tahtasının; baş ve kıç bodoslamalar üzerinde ise yan kaplamaların oturacağı kanal.

Baş bodoslama (Talimar) *(stem-stem)*: Teknenin başını oluşturan, alt kısmında parile ile omurgaya bağlı en ön parça.

Baş bodoslama astarı *(apron)*: Ahşap teknelerin ön kısımlarında, tekne omurgasının yukarı kıvrılmaya başladığı noktadaki sağlamlaştırıcı parça.

Batok *(buttock)*: Teknenin arka, alt kısmında yaptığı eğim. Bu kısımdaki eğime göre tekne dar veya geniş kuruzlu olarak adlandırılır.

in the middle of the ship and worked on electricity or steam power. In the small vessels, it was replaced by a windlass. The only difference in between is that the capstan is vertical cylinder while the windlass is a horizontal one.

Careenage *(kalafat yeri)*: a sandy beach with appropriate slope for caulking the ships.

Carvel-built, carvel construction *(armuz kaplam*a): planked so that the external planks do not overlap (as opposed to clinker built) and thus, the seams are smooth or aligned.

Caulk *(kalafat)*: Making a vessel watertight by filling with fine ropes and oakum the gaps between the wooden members. After filling the gaps this way, they were coated with hot pitch or any other watertight substance in order to prevent the oakum from decaying due to contact with water.

Ceiling *(farş, iç kaplama)*: The internal planking of a vessel. The narrow wooden strips stretching from the bow to the stern of a tender boat are also called ceiling.

Chine *(açoz)*: The angular junction of the bottom and side of a vessel.

Clinker-built, clinker *(bindirme kaplama)*: A vessel constructed so that its outer planking overlaps and is fastened to the plank immediately below it. It was widely used by the Scandinavian shipbuilders.

Deck *(güverte)*: A floor of a ship, especially the upper, open level.

Deck beam, beam *(kemere kirişi)*: Athwartships beams supporting the deck. These beams connected on the sideboards with pieces called knee *(praçol)*.

Dowel, coak *(kavela)*: a cylindrical or polygonal wooden piece used for alignment and fastening of wooden pieces.

Floor timber *(döşek)*: The central piece of a frame, extending across the bottom, an essential member of the ship's skeleton.

Frame *(eğri)*: the wooden ribs extending from the keel to the sides of a vessel. Fastened or resting on the keel, these ribs constitute the skeleton and hull and the planking are fixed unto them. These curving pieces are built fastening a few pieces in wooden ships.

Frame-first, skeleton construction, skeleton-first *(iskelet-ilk yöntemi)*: A shipbuilding technique when the skeleton comprising the frames and the keel is built first and then dressed with the planking.

Futtock *(posta)*: Each one of the ribs forming form of the hull and providing strength, and fastened on the end or the sides of the floor timbers fixed on the keel.

Galley *(çektiri)*: A general name for commercial or naval ships that sailed both with sails and oars.

Galley *(kadırga, çektirme)*: A wooden commercial or battleship, used in the Mediterranean until the eighteenth century, with two masts and sailing both with oars and sails.

Galley *(kuzine)*: Kitchen of a ship.

Garboard, garboard strake *(burma tahtası, dip kaplaması)*: The strake of planking next to the keel.

Heel *(topuk)*: The bottom end of a mast, boom or bowsprit. The mast heels are usually placed in the steps on the keel

Batok hatları *(buttock lines)*: Teknenin omurgaya paralel dikey kesitleri.

Bindirme kaplama *(clinker, clinker-built)*: Teknenin dış kaplamasını oluşturan tahtaların üst üste bindiği tekne inşa metodu. Daha çok İskandinav tekne yapımcılarının kullandığı bir yöntemdir.

Bocurgat *(capstan)*: Büyük teknelerde, demir çekme gibi ağır işlerde kullanılan silindirik disk, vinç. Bu disk geminin ortasında bulunur, elektrik veya buharla çalışır. Küçük teknelerde bunun yerini ırgat almıştır. Irgat ile bocurgat arasındaki tek fark, bocurgat dikey konumda iken ırgatın yatay pozisyonda olmasıdır. Ayrıca teknelerin karaya çekilmesinde de kullanılır.

Borda *(side-board)*: Teknelerin dış tarafta ve su kesiminden yukarıda kalan kısımları.

Borda çalımı *(sheer)*: Bir tekne güvertesinin, orta kısımdan başa ve kıça doğru yaptığı yukarı eğim. Teknenin orta noktasının en yüksek nokta olup da, güvertenin baş ve kıça doğru belli bir eğimle alçalmasına ise ters çalım denir. Bazı gezi ve okyanus yarışı yatları, teknenin baş kısmından daha geniş yer edinebilmek için bu prensiple inşa edilmişlerdir.

Bölme tahtası (perde) *(bulkhead)*: Güvertenin altında tekneyi enine veya boyuna bölümlere ayıran dikey bölmeler.

Burma tahtası (dip kaplaması) *(garboard, garboard strake)*: Omurganın hemen yanından başlayan teknenin ilk dış kaplaması.

Büyük kürek *(sweep)*: Yelkenli teknelerde, rüzgâr bittiğinde kullanılmak üzere taşınan büyük kürek. Motorların genel kullanımından önce tüm büyük yelkenlilerde en azından bir çift böyle kürek taşınırdı.

Çalım *(rake)*: Bir tekne direğinin, dikeye göre yaptığı açı. Bazen teknenin baş ve kıç kısmının dikeye yaptığı açı için de kullanılır.

Çapa tahtası (yumru, dış kuşak) *(wale)*: Ahşap teknelerde ekstra sağlamlık gereken yerlerde teknenin kenarlarına çakılmış ya da kaplama sıraları arasına yerleştirilen sağlam ek tahtalar.

Çektiri *(galley)*: Eskiden kürek ve yelkenle yürütülen, şekil ve büyüklüklerine göre sınıflara ayrılarak çeşitli isimler alan savaş ve ticaret gemilerine verilen genel ad.

Dalgakıran *(break water)*: Bir liman çevresine, limandaki teknelere daha güvenli bir ortam sağlamak için dalgaları karşılayacak şekilde inşa edilen yapı.

Dikme (payanda) *(stanchion)*: Dikey destek. Kemere kirişi ve bölme tahtalarının desteklenmesinde kullanılır.

Direk *(mast)*: Yelkenli bir teknede, ana amacı yelkenleri taşımak olan dikey çubuk. Direkler genelde güverte üzerindeki bir delikten geçerler ve topukları, iç omurga üzerindeki ya da iç omurgası olmayan teknelerde direk oturağı (yelken yatağı) olarak adlandırılan parça üzerine oturur.

Donanım *(rigging)*: Bir teknede direk ve serenleri destekleyen, yelkenleri basmak, indirmek, ve kontrol etmek için kullanılan halatların tamamı. Teknedeki tüm direk ve serenlerle, civadrayı tutan halatlara sabit donanım denir.

Döşek *(floor timber)*: İç omurgadan sintineye kadar uzanan, "eğri" olarak da adlandırılan gemi iskeletinin ana parçaları.

or, as is the case with portable masts, fitted in a special socket on the deck.

Hold *(ambar)*: The part of a merchant's ship's interior where the cargo and ballast were stowed.

İnebolu kütüğü: A small sailing boat which was in use in the Black Sea until recently. It is worth noting for it was built with shell-first technique.

Keel *(omurga)*: The main longitudinal timber upon which the frames, stem and sternpost are fitted; the backbone of the hull.

Keelson *(iç omurga)*: a structure running along the top of the keel and top of the frames inside a ship and providing extra strength.

Knee *(paraçol, praçol)*: A metal piece placed perpendicularly where two wooden pieces join, to increase the strength. Various types of knees are named after their forms and where they are placed.

Lateen sail *(latin yelken)*: A narrow triangular sail on a long yard with the bottom corner pulled down and the part on the mast forming a hill.

Leg (payanda): Wooden supporting construction when the vessels are beached for repair or maintenance.

Limber hole *(sintine deliği, lev)*: A watercourse aperture cut in the bottom surfaces of frames over and on either side of the keel to allow water to drain.

Mast *(direk)*: the vertical pole meant for carrying the sails. The masts go through the deck and their heels stand on a step on the keelson or a special construction known as a mast step in ships with no keelson.

Mast step *(yelken yatağı, direk oturağı)*: A wooden piece extending in the bow-stern direction and placed about the middle of the boat and supporting the mast.

Mole *(mendirek)*: A large solid structure serving as a pier, breakwater, or causeway. It can also be built independent of the harbour, in the middle of the sea.

Mortise-and-tenon joint *(zıvanalı birleştirme)*: Joining wooden ship members, especially planks by which a projecting piece (tenon) is fitted into the corresponding cavity (mortise). Small wooden pegs lock the joint. There is a variety of mortise-and-tenon joint types.

Oakum *(kalafat kıtığı)*: tarred loose fibre obtained by untwisting old ropes, cords etc. And used for caulking wooden ships for watertightness.

Offing *(alarga)*: (of a boat) to stay away from the coast due to fog or other navigational dangers. This term means that the ship is at very deep waters not suitable for anchoring.

Planking *(kaplama tahtası)*: wooden planks forming the outer shell of a vessel.

Plug *(tapa)*: A wooden or metal screw for closing off the water drainage hole at the bottom of a small boat.

Port *(iskele)*: The side of a ship or aircraft that is on the left when one is facing forward. The opposite of starboard

Prow *(pruva)*: The bow end of the vessel.

Rabbet *(aşoz)*: a step-shaped recess cut in a piece of wood, typically forming a match to the edge or tongue of another piece.

Dümen *(rudder)*: Yol alan bir teknenin yönünü değiştirmede kullanılan en etkili parça.

Eğri *(frame)*: Teknenin omurgasından yan kısmına kadar uzanan ahşap kaburgalar. Omurga üzerine bağlanan veya oturan bu kaburgalar teknenin iskeletini oluştururlar ve gövde kaplamaları bunların üzerine raptedilir. Eğri bir biçimi olan bu kaburgalar, ahşap teknelerde birkaç parçanın birleşmesi ile oluşur.

Farş (taban-iç kaplama) *(ceiling)*: Sintine üzerindeki iç döşeme tahtaları. Filikaların sintinelerinde baştan kıça devam eden ensiz çıtalara da denir.

Felek *(way)*: İnşa halinde bir teknenin omurgasının her iki yanında birbirine paralel olarak denize doğru uzanan ve tekne denize indirilirken üzerlerinde tekneyi tutan beşiğin kaydırıldığı kalasların her biri.

Firengi deliği *(scupper)*: Güvertede biriken suların boşalması için teknenin küpeştelerinde açılmış delikler.

Güverte *(deck)*: Evlerdeki tabana denk gelen, teknelerdeki yatay yüzey. Temel olarak tüm tekne boyunca uzanan düz platforma verilen isimdir.

Iskaça *(step)*: İç omurga ya da yelken yatağı üzerinde direğin oturması için yapılmış kare şeklinde oyuk. Direklerin dip kısmı (topuğu) bu oyuğa tam olarak oturup, dönmemesi için kare veya dikdörtgen şekilli olarak biçimlendirilir.

İç omurga *(keelson)*: Teknenin iç tarafında, omurga boyunca uzanan, eğrilerin üzerine yerleştirilen ve tekneye ekstra bir sağlamlık veren parça.

İnebolu kütüğü: Yakın zamana kadar Karadeniz sahillerinde kullanılan bir sınıf küçük yelkenli. Yapım tekniği açısından önemi; kaplama-ilk tarzda inşa edilmiş olmasıdır.

İskele *(port)*: Kıçtan bakıldığında teknenin sol tarafı.

İskelet-ilk yöntemi *(Skeletal construction, frame-first, skeleton-first)*: Önce omurga ve eğrilerden oluşan bir iskeletin inşa edilerek plakalardan oluşan kaplamanın bunun üzerine raptedildiği gemi inşa yöntemi.

Kaçak *(squall)*: Çok kuvvetli ve ani sağanak. Bunlar genelde bir alçak basınç merkezinin geçişinden sonra, barometrenin tekrar yükselmeye başlaması ile oluşurlar.

Kadırga *(galley)*: 18. yüzyıla değin çoğunlukla Akdeniz'de kullanılan, iki direkli, yelkenle ve kürekle hareket ettirilen ahşap savaş ve ticaret gemisi. Çektirme olarak da bilinir.

Kalafat *(caulk)*: Teknenin kaplama ve güverte kısımlarındaki ahşap parçalar arasındaki boşlukların ince halat ve kalafat kıtığı ile doldurulup su geçirmelerinin engellenmesi işi. Boşluklar bu şekilde iyice kaplandıktan sonra üzerleri sıcak zift veya benzeri su geçirmez bir malzeme ile sıvanarak, kıtığın su ile temas edip çürümesi engellenir.

Kalafat kıtığı *(oakum)*: Ahşap teknelerin güverte ve gövdelerindeki kaplamalar arasındaki boşlukları doldurup buraları su geçirmez duruma getirmek için kullanılan, katranlanmış kendir halatı, eski halat ve kırpıntılardan yapılan malzeme.

Kalafat yeri *(careenage)*: Tekneleri kalafat etmeye uygun bir eğimi olan kumluk sahil.

Rake *(çalım)*: inclination of a mast from the perpendicular. Sometimes it is used for the angle between the bow or the stern of the vessel and the perpendicular.

Rig *(arma)*: a general term covering the system of ropes or chains supporting a ship's masts and controlling or setting the yards and sails, and thus facilitating the identification of a ship's type.

Rigging *(donanım)*: the system of ropes or chains supporting a ship's masts and controlling or setting the yards and sails.

Rudder *(dümen)*: The steering piece for a vessel sailing.

Scarph, scarf *(parile)*: An overlapping joint used to connect two wooden pieces without increasing their dimensions. Stem and sternpost are scarphed on the ends of the keel.

Scupper *(firengi deliği)*: Hole in a ship's side to allow water to run away from the deck

Seam *(armuz)*: a line where the edges of two planks touch each other, i.e. the longitudinal joint between two planks on the side board and deck of a wooden ship. This line was filled with oakum and covered with caulking. When the boat stayed in water for a while this filling would bloat and fill the gaps in between making the edge-joint watertight.

Shell-first construction, shell-built *(kaplama-ilk yöntemi)*: the self-supporting outer shell of a vessel built first and then the skeleton placed inside it. The planks were fitted unto each other in three ways: sewing, mortise-and-tenon, clinker-built.

Side-board *(borda)*: The exterior of a ship's hull above the waterline.

Spritsail *(yan yelken donanımı)*: A square-shaped sail fitted on a sprit diagonally extending from the mast toward the bow in the bow-stern direction.

Squall *(kaçak)*: A sudden and strong downpour. These usually occur when the barometer starts to rise after a low pressure centre moves away.

Stanchion *(dikme, payanda)*: an upright bar, post, or frame supporting the deck beam or partitions.

Stem, stem *(baş bodoslama, talimar)*: The foremost timber or assembly or timbers, scarphed on the keel at its bottom end.

Step *(ıskaça)*: a rectangular or square shaped socket or hole carved on the keelson or mast step to place the mast heel. The rectangular shape is to prevent the mast from revolving.

Stern *(kıç, pupa)*: The rearmost part of a ship or boat.

Sternpost *(kıç bodoslama)*: A curved timber of assembly of timbers scarphed tot he after end of a keel.

Sweep *(büyük kürek)*: a large oar used in sailing boats when the wind ceases. Before engines gained widespread use, every vessel would accommodate a pair of such large oars.

Thwart *(oturak)*: A transversal plank or board in a galley for the oarsmen to sit. These planks are supported with knees placed on the side-board.

Kaplama tahtası *(planking)*: Tekne boyunca uzanan dış kabuğu oluşturan ahşap parçalar.

Kaplama-ilk yöntemi *(shell-first construction, shell-built)*: Kaplama tahtalarının birbirine raptedilerek kuvvetli bir kabuk inşa edildiği ve sonradan iskeletin bu kabuğun içine yerleştirildiği gemi inşa yöntemi. Plakaların birbirine raptedilmesinde üç değişik yol kullanılmıştır: Dikiş ya da örme tekniği, zıvanalı birleştirme, bindirme tekniği.

Karina *(bottom of the vessel)*: Teknelerin su kesimlerinin altında bulunan dış kısımları.

Kavela (coak-dowel): Yuvarlak ya da çokgen kesitli ahşap hizalama ve birleştirme pimi.

Kemere kirişi *(beam-deck, beam)*: Güvertenin üstünde oturduğu, teknenin bir yanından diğer yanına uzanan kirişler. Ahşap teknelerde bu parçaların teknenin yanına birleştiği noktalarda paraçol adı verilen küçük destek parçaları vardır.

Kıç (Pupa) *(stern)*: Teknenin en arka kısmı.

Kıç bodoslama *(sternpost)*: Bir teknenin en arka kısmındaki, alt ucu omurgaya bağlanmış olan parçası. Bu parça ahşap teknelerde parile ile omurgaya tutturulur.

Kuzine *(galley)*: Gemi mutfağı.

Küpeşte *(bulwark)*: Teknenin güverte üzerindeki kısmındaki posta başlarını tekne boyunca bağlayan kuşak.

Latin *(lateen)*: Alt ucu mümkün olduğunca aşağı vira edilmiş ve bu sayede direkteki kısmı yüksek bir tepe yapan, uzun bir serene çekilen, dar üçgen yelken.

Mendirek *(mole)*: Bir limanın denizden korunmasını sağlayan iskele veya dalgakıran. Limandan bağımsız olarak denizde veya limanın bir uzantısı olarak inşa edilebilir.

Omurga *(keel)*: Teknenin en altında bulunan, tüm boyunca uzanan ahşap parça. Bunun üzerine teknenin ana yapı parçaları olan eğriler, baş ve kıç bodoslama parçaları bağlanır.

Oturak *(thwart)*: Kürekli bir teknede, kürekçilerin üzerine oturması için enine konulmuş ahşap parça. Bu oturaklar genelde teknenin eğrilerine bağlanan paraçollarla desteklenirler.

Paraçol/Praçol *(knee)*: İki ahşap parçanın birleştikleri noktada, ekstra sağlamlık kazanmak amacıyla, dik bir açı yapacak şekilde araya konan metal parça. Değişik tiplerdeki paraçollar yerleştirilme yönleri ve hangi parçalar arasına yerleştirildiklerine göre farklı isimler alırlar.

Parile *(scarf, scarph)*: Uç kısımları eşit kalınlığa gelecek şekilde iki ahşap parçanın birleştirilmesi. Ahşap bir teknenin inşasında baş ve kıç bodoslamaları omurgaya birer parile ile bağlanır.

Payanda *(leg)*: Bakım veya tamirat için karaya çekilmiş bir teknenin altına konulan ve düz durmasını sağlayan ahşap destekler. Bunlar omurga derinliğince uzanır.

Posta *(futtock)*: Teknenin gövdesine biçim ve gücünü veren, omurgaya bağlı döşeklere uçtan ya da yandan bağlanan kaburgalardan her biri.

Pruva *(prow)*: Teknenin en öndeki baş kısmı.

Pupa *(aft)*: Teknenin arka kısmı; bkz. kıç.

Treenail *(ahşap çivi)*: Long, cylindrical, sometimes polygonal wooden nails used to fasten the side and bottom planking on the frames.

Wale *(çapa tahtası, yumru, dış kuşak)*: Additional strong timbers nailed along the boards of a vessel or between the strakes of planking where extra strength is needed.

Washboard, washstrake *(talazlık tahtası)*: Portable wooden board placed on the bulwark of open sailing boats to prevent water from entering while sailing.

Way *(felek)*: A structure on which a vessel is built, and the planks running along the keel on which the vessel is slid along down into the water.

Safra *(ballast)*: Tekneye ekstra bir stabilite kazandırmak veya ön ve arka kısmında tam bir suya batıklık düzeyi sağlamak için taşınan fazla yük. Bu yük genelde teknenin en alt tabanına konan ağır parçalar (örn. taş) şeklindedir.

Sintine *(bilge)*: Tekne tabanının, omurganın iki yanında yer alan neredeyse düz kısmı. Burası tekne tabanı ile teknenin yan kısmındaki eğimli parçaların birleştiği noktadır. Karaya oturduğunda tekne sintine üzerinde kalır. Teknenin en alt kısmı olması nedeniyle, teknedeki tüm su sintinede birikir ve bu nedenle sintine pompaları buraya yerleştirilir.

Sintine deliği (Lev) *(limber)*: Ahşap teknelerde iç omurganın her iki yanında, döşeklerin alt yüzlerinde, sintine suyunun aşağıya, pompa çukuruna akması için açılmış kanallar.

Sintine pompası *(bilge pump)*: Sintinede biriken suyu dışarı atan pompa.

Sintine suyu *(bilge water)*: Dalga serpintisi, yağmur ya da teknenin su alması sonucu tekneye giren ve sintinede biriken su.

Talazlık tahtası *(washboard, washstrake)*: Üstü açık bazı teknelerde yelkenle seyrederken içeri serpinti girmesini engellemek için küpeşteye takılan çıkarılabilir ahşap kaplama.

Tapa *(plug)*: Ufak bir teknenin dibindeki su boşaltma deliğini kapatmaya yarayan ahşap tıkaç veya metal vida.

Topuk *(heel)*: Direk, bumba veya civadranın alt ucu. Direk topukları genelde güvertenin altına inerek omurga üzerindeki bir ıskaçaya otururlar veya istenildiğinde indirilebilen direklerde olduğu gibi güverte üzerindeki kayıtlı bir yuvaya takılırlar.

Yalpa omurgası *(bilge keel-sister keel)*: Teknenin dış kısmında ve her iki yanında, sintine yüksekliğinde, ana omurgaya paralel ek omurgalar. Ana amaçları, tekne feleklerden denize indirilirken veya karaya çekilirken ya da karaya oturduğunda, teknenin ana gövdesine gelecek yükü ve hasarı azaltmaktır. Ayrıca çok dalgalı denizde, teknenin daha az yalpalamasını sağlarlar. Yelkenli teknelerde ise teknenin denizi daha iyi tutmasına ve rüzgârdan daha çok faydalanmasına yardımcı olurlar.

Yan yelken donanımı *(spritsail)*: Teknenin baş kısmına yakın yerleştirilen yelken direğinin dibinden, baş-kıç doğrultusunda, çapraz olarak uzatılan bir çubuk (açavela gönderi) üzerine açılan kare yelken.

Yelken yatağı (direk oturağı) *(mast step)*: Teknenin ortasında, baş-kıç doğrultusunda uzanan ve direğe destek olan ahşap parça.

Zıvanalı birleştirme *(mortise and tenon joint)*: Ahşap gemi elemanlarının, özellikle de kaplamaların birleştirilmesinde, karşılıklı açılan dikdörtgen kesitli zıvana deliklerine, zıvana dili yerleştirilerek yapılan birleştirme şekli. Birleşmenin ardından küçük ahşap pimler kullanılarak birleşimin kilitlenmesi sağlanır. Değişik türde zıvanalı birleştirmeler bulunmaktadır.

Credits / Görsel kaynaklar

Figures / Resimler

Bekir Köşker Ch./Böl. II: p./s.28-fig./res.6; **Ch./Böl. VII:** p./s.204-fig./res.1

Doğan Perinçek Ch./Böl. II: p./s.35-fig./res.12ab

F. Muhtar Katırcıoğlu Harita Koleksiyonu Ch./Böl. I: p./s.2; p./s.16-Map/Har.1; p./s.17-Map/Har.2; p./s.18-Map/Har.3

Ersu Pekin Arşivi Ch./Böl. I: p./s.4-fig./res.1

DLH Marmaray Bölge Müdürlüğü Arşivi Ch./Böl. I: p./s.6-fig./res.3 (with contributions by / Sn. Ümit Çelik'in katkılarıyla)

İstanbul Arkeoloji Müzeleri Müdürlüğü-Yenikapı Kazısı Arşivi Ch./Böl. V: p./s.184-Plan 1

İstanbul Üniversitesi Nadir Eserler Kitaplığı Ch./Böl. I: p./s.6-fig./res.2

KUDEP Arşivi Ch./Böl. I: p./s.7-fig./res.7

Orhan Yenigün Ch./Böl. I: p./s.7-fig./res.5-6

Recep Dönmez (Çamaltı Burnu I Batığı Arşivi) Ch./Böl. VI: p./s.191-fig./res.2

Istanbul University Yenikapı Shipwrecks Project Archive / İstanbul Üniversitesi Yenikapı Batıkları Projesi Arşivi

Burcu Kıyıcı Ch./Böl. IV: p./s.87-fig./res.21-28; **Ch./Böl. V:** p./s.118-fig./res.14ab

Deniz Öztekin Ch./Böl. I: p./s.8-fig./res.8abc; **Ch./Böl. III:** p./s.55-fig./res.21; **Ch./Böl. IV:** p./s.76-fig./res.1ab; p./s.90-fig./res.36ab; p./s.91-fig./res.38-39; p./s.158-fig./res.69-70b; p./s.159-fig./res.71a-72; p./s.160-fig./res.73ac

Erkan Baloğlu Ch./Böl. II: p./s.25; **Ch./Böl. III:** p./s.51-fig./res.13; p./s.61-fig./res.28-29; **Ch./Böl. V:** p./s.89; p./s.115-fig./res.11-12; p./s.119-fig./res.15ab, fig./res.16ad; p./s.120-fig./res.17ab, fig./res.18; p./s.121-fig./res.19; p./s.150-fig./res.59-61b; p./s.151-fig./res.62a-64b

Evren Türkmenoğlu Ch./Böl. I: p./s.8-fig./res.8a; **Ch./Böl. III:** p./s.62-fig./res.30-33; **Ch./Böl. IV:** p./s.84-fig./res.13ab; **Ch./Böl. V:** p./s.130-fig./res.30-31; p./s.143-fig./res.46-49; p./s.144-fig./res.50-52; p./s.145-fig./res.53-54; p./s.147-fig./res.57; p./s.155-fig./res.66ab; p./s.171-fig./res.83ab; p./s.172-fig./res.84

Fırat Buzlu Ch./Böl. V: p./s.146-fig./res.55-56b

Gökçe Turan Ch./Böl. V: p./s.135-fig./res.34

Işıl Özsait Kocabaş Ch./Böl. III: p./s.44-fig./res.6a-d; p./s.47-fig./res.7-8; p./s.48-fig./res.10; p./s.49-dwg./çiz.1; p./s.57-fig./res.24; p./s.59-fig./res.26-27; p./s.63-fig./res.34ab; p./s.64-fig./res.35-36; **Ch./Böl. IV:** p./s.77-fig./res.2ab; p./s.78-fig./res.3; p./s.89-fig./res.29-32; p./s.90-fig./res.35; **Ch./Böl. V:** p./s.107-fig./res.3b; p./s.111-fig./res.6-8; p./s.113-fig./res.10ac; **Ch./Böl. V:** p./s.136-fig./res.35ab-36ab-37ab; p./s.137-fig./res.38-41; p./s.137-fig./res.42-43b; p./s.138-fig./res.44; p./s.155-fig./res.67; p./s.156-fig./res.68; p./s.161-fig./res.74; p./s.162-fig./res.75a; p./s.163-fig./res.6ab

Namık Kılıç Ch./Böl. I: p./s.8-fig./res.8abc; p./s.28-fig./res.5; **Ch./Böl. V:** p./s.129-fig./res.28-29ab; p./s.177-fig./res.88a; p./s.178-fig./res.88b; p./s.179-fig./res.89ab; p./s.181-fig./res.90-91

Ramazan Yılmaz Ch./Böl. IV: p./s.81-fig./res.8; **Ch./Böl. V:** p./s.108-fig./res.4

Rut Geli Mauri Ch./Böl. II: p./s.26-fig./res.1-2

Ufuk Kocabaş Ch./Böl. I: p./s.6-fig./res.4; p./s.9-Fig./res.9a-b; p./s.10-Fig./res.9c; p./s.12-Fig./res.10; p./s.17-12a-b; **Ch./Böl. II:** p./s.27-fig./res.3; p./s.29-fig./res.7; p./s.30-fig./res.8; p./s.35-fig./res.11; **Ch./Böl. III:** p./s.38; p./s.42-fig./res.1-2-3; p./s.39-fig./res.4-5; p./s.47-fig./res.9; p./s.50-fig./res.11-12; p./s.51-fig./res.14; p./s.52-fig./res.15-18; p./s.54-fig./res.19-20a-b; p./s.57-fig./res.23ab; p./s.58-fig./res.25; p./s.66-fig./res.39ad; **Ch./Böl. IV:** p./s.74; p./s.78-fig./res.4; p./s.79-fig./res.5-7; p./s.82-fig./res.9-10; p./s.83-fig./res.11; p./s.84-fig./res.14; p./s.85-fig./res.16-19; p./s.90-fig./res.34ab; p./s.91-fig./res.37; p./s.92-fig./res.40-42b; p./s.94-fig./res.44; **Ch./Böl. V:** p./s.105-fig./res.1; p./s.107-fig./res.2ab-3a; p./s.109-fig./res.5ab; p./s.112-fig./res.9; p./s.117-fig./res.12-13; p./s.124-fig./res.22; p./s.125-fig./res.23; p./s.126-fig./res.24; p./s.129-fig./res.26-27; p./s.134-fig./res.33ab; p./s.162-fig./res.75b; p./s.165-fig./res.78; p./s.166-fig./res.79-80; p./s.167-fig./res.81ab; **Ch./Böl. VI:** p./s.189; p./s.190-fig./res.1abc; p./s.192-fig./res.3-4; p./s.193-fig./res.5ab; p./s.195-fig./res.7; p./s.196-fig./res.8; p./s.197-fig./res.9abc; p./s.198-9fig./res.10abcd; p./s.200-fig./res.11ab

Ünal Akkemik Ch./Böl. VII: p./s.202; p./s.207-fig./res.3-4; p./s.207-fig./res.5-6; p./s.209-fig./res.7-11; p./s.210-fig./res.12-15

Drawings / Çizimler

Işıl Özsait Kocabaş Ch./Böl. III: p./s.49-dwg./çiz.1; p./s.53-dwg./çiz.2; p./s.56-dwg./çiz.3; **Ch./Böl. V:** p./s.112-dwg./çiz.2; p./s.121-dwg./çiz.4; p./s.129-dwg./çiz.8ab; p./s.136-dwg./çiz.8; p./s.151-dwg./çiz.11; p./s.167-dwg./çiz.14

AutoCad application of drawings / Çizimlerin *AutoCad* uygulamaları

İlker Kızılçay Ch./Böl. V: p./s.112-dwg./çiz.2; p./s.121-dwg./çiz.4; p./s.129-dwg./çiz.8ab; p./s.136-dwg./çiz.8; p./s.167-dwg./çiz.14

Şehrigül Yeşil Erdek Ch./Böl. III: p./s.49-dwg./çiz.1; p./s.53-dwg./çiz.2; p./s.56-dwg./çiz.3; **Ch./Böl. V:** p./s.106-dwg./çiz.1

Drawing and Photo-Mosaic Implementations of the Shipwrecks / Batıkların Çizim ve Foto-Mozaik Uygulamaları

Yenikapı 3

Drawn by / Çizen: Işıl Özsait Kocabaş; **Ch./Böl. III:** p./s.65-38ad.; **Ch./Böl. V:** p./s.153-dwg./çiz.12a; p./s.154-dwg./çiz.12b

Manuel measurements / Nokta alımı: Işıl Özsait Kocabaş; Burcu Yücel, Deniz Öztekin, Gökçe Turan, Uğur Tunalı

Reference point-marking / Nokta işleme: Işıl Özsait Kocabaş

AutoCad implementation and 3D modelling / AutoCad uygulama ve 3D modelleme: Şehrigül Yeşil Erdek; **Ch./Böl. III:** p./s.65-38ad.; **Ch./Böl. V:** p./s.153-dwg./çiz.12a; p./s.154-dwg./çiz.12b

Photo-mosaic photography / Foto-mozaik çekimleri: Ufuk Kocabaş; Burcu Yücel, Gökçe Turan, Uğur Tunalı, Ramazan Yılmaz; **Ch./Böl. V:** p./s.153-fig./res.65a; p./s.154-fig./res.66b

Photo-mosaic implementation / Foto-mozaik birleştirme: Çağlar Çakır; **Ch./Böl. V:** p./s.153-fig./res.65a; p./s.154-fig./res.66b

Yenikapı 6

Drawn by / Çizen: Işıl Özsait Kocabaş; **Ch./Böl. III:** p./s.49-dwg./çiz.1

Manuel measurements / Nokta alımı: Işıl Özsait Kocabaş, Gökçe Turan, Deniz Öztekin, Burcu Yücel

Reference point-marking / Nokta işleme: Işıl Özsait Kocabaş

AutoCad implementation and 3D modelling / *AutoCad* Uygulama ve 3D modelleme: Şehrigül Yeşil Erdek; **Ch./Böl. III:** p./s.49-dwg./çiz.1; p./s.65-37ab

Photo-mosaic photography / Foto-mozaik çekimleri: Ufuk Kocabaş; Burcu Yücel, Gökçe Turan, Uğur Tunalı, Ramazan Yılmaz; **Ch./Böl. V:** p./s.105-fig./res.1

Photo-mosaic implementation / Foto-mozaik birleştirme: Çağlar Çakır; **Ch./Böl. V:** p./s.105-fig./res.1

Yenikapı 7

Total Station measurements / *Total Station* nokta alımı: Evren Türkmenoğlu-İmge Harita; **Ch./Böl. V:** p./s.133-dwg./çiz.7

Total Station implementation / Nokta birleştirme: Çağlar Çakır, Evren Türkmenoğlu, İlker Kızılçay, Fırat Buzlu; **Ch./Böl. V:** p./s.133-fig./res.32

Revision of the drawings / Doğrulama çizimi: Ayşegül Çetiner; **Ch./Böl. V:** p./s.133-dwg./çiz.7

Photo-mosaic photography / Foto-mozaik çekimleri: Deniz Öztekin, Gökçe Eğin, Hidayet Bakırcı, Namık Kılıç; **Ch./Böl. V:** p./s.133-fig./res.32

Photo-mosaic implementation / Foto-mozaik birleştirme: Çağlar Çakır; **Ch./Böl. V:** p./s.133-fig./res.32

Yenikapı 8

Drawn by / Çizen: Işıl Özsait Kocabaş; **Ch./Böl. V:** p./s.149-dwg./çiz.10

Manuel measurements / Nokta alımı: Işıl Özsait Kocabaş, Ayşegül Çetiner, Burcu Kıyıcı, Deniz Öztekin, Erkan Baloğlu, Fırat Buzlu, Gökçe Eğin, İlker Kızılçay, Sinem Köstak

Reference point-marking / Nokta işleme: Ayşegül Çetiner

Photo-mosaic photography / Foto-mozaik çekimleri: Erkan Baloğlu; **Ch./Böl. V:** p./s.149-fig./res.56

Photo-mosaic implementation / Foto-mozaik birleştirme: Çağlar Çakır; **Ch./Böl. V:** p./s.149-fig./res.56

Yenikapı 9

Total Station measurements / *Total Station* nokta alımı: Evren Türkmenoğlu-İmge Harita; **Ch./Böl. V:** p./s.128-dwg./çiz.3

Total Station implementation / Nokta birleştirme: Çağlar Çakır, Evren Türkmenoğlu, İlker Kızılçay, Fırat Buzlu; **Ch./Böl. V:** p./s.127-dwg./çiz.3

Revision of the drawings / Doğrulama çizimi: Ayşegül Çetiner; **Ch./Böl. V:** p./s.128-dwg./çiz.3

Photo-mosaic photography / Foto-mozaik çekimleri: Deniz Öztekin, Gökçe Eğin, Hidayet Bakırcı, Namık Kılıç; **Ch./Böl. V:** p./s.127-fig./res.25

Photo-mosaic implementation / Foto-mozaik birleştirme: Çağlar Çakır; **Ch./Böl. V:** p./s.127-fig./res.25

Yenikapı 12

Total Station measurements / *Total Station* nokta alımı: Evren Türkmenoğlu-İmge Harita; **Ch./Böl. V:** p./s.116-dwg./çiz.3

Total Station implementation / Nokta birleştirme: Evren Türkmenoğlu, Çağlar Çakır; **Ch./Böl. V:** p./s.116-dwg./çiz.3

Revision of the drawings / Doğrulama çizimi: Işıl Özsait Kocabaş; **Ch./Böl. V:** p./s.116-dwg./çiz.3

Photo-mosaic photography / Foto-mozaik çekimleri: Erkan Baloğlu; **Ch./Böl. V:** p./s.115-fig./res.11

Photo-mosaic implementation / Foto-mozaik birleştirme: Çağlar Çakır; **Ch./Böl. V:** p./s.115-fig./res.11

Yenikapı 15

Total Station measurements / *Total Station* nokta alımı: Evren Türkmenoğlu-İmge Harita; **Ch./Böl. V:** p./s.165-dwg./çiz.13

Total Station implementation / Nokta birleştirme: Çağlar Çakır, Evren Türkmenoğlu, İlker Kızılçay, Fırat Buzlu; **Ch./Böl. V:** p./s.165-dwg./çiz.13

Revision of the drawings / Doğrulama çizimi: Ayşegül Çetiner; **Ch./Böl. V:** p./s.165-dwg./çiz.13

Photo-mosaic photography / Foto-mozaik çekimleri: Namık Kılıç, Evren Türkmenoğlu; **Ch./Böl. V:** p./s.165-fig./res.77

Photo-mosaic implementation / Foto-mozaik birleştirme: Çağlar Çakır; **Ch./Böl. V:** p./s.165-fig./res.77

Yenikapı 17

Total Station measurements / *Total Station* nokta alımı: Evren Türkmenoğlu-İmge Harita; **Ch./Böl. V:** p./s.170-dwg./çiz.15

Total Station implementation / Nokta birleştirme: Çağlar Çakır, Evren Türkmenoğlu, İlker Kızılçay, Fırat Buzlu; **Ch./Böl. V:** p./s.170-dwg./çiz.15

Revision of the drawings / Doğrulama Çizimi: Evren Türkmenoğlu, Ayşegül Çetiner; **Ch./Böl. V:** p./s.170-dwg./çiz.15

Photo-mosaic photography / Foto-mozaik çekimleri: Evren Türkmenoğlu; **Ch./Böl. V:** p./s.169-170-fig./res.82abc

Photo-mosaic implementation / Foto-mozaik birleştirme: Çağlar Çakır; **Ch./Böl. V:** p./s.169-170-fig./res.82abc

Yenikapı 18

Total Station measurements / *Total Station* nokta alımı: Evren Türkmenoğlu-İmge Harita; **Ch./Böl. V:** p./s.142-dwg./çiz.9

Total Station implementation / Nokta birleştirme: Çağlar Çakır, Evren Türkmenoğlu, İlker Kızılçay, Fırat Buzlu; **Ch./Böl. V:** p./s.142-dwg./çiz.9

Revision of the drawings / Doğrulama çizimi: Ayşegül Çetiner; **Ch./Böl. V:** p./s.142-dwg./çiz.9

Photo-mosaic photography / Foto-mozaik çekimleri: Ufuk Kocabaş, Evren Türkmenoğlu; **Ch./Böl. V:** p./s.141-fig./res.45

Photo-mosaic implementation / Foto-mozaik birleştirme: Çağlar Çakır; **Ch./Böl. V:** p./s.141-fig./res.45

Authors / Yazarlar

Sait Başaran, Prof. Dr.

Istanbul University, Faculty of Letters, Department of Conservation and Restoration
Ordu C. 34459 Laleli-Istanbul/Turkey
İstanbul Üniversitesi, Edebiyat Fakültesi,
Taşınabilir Kültür Varlıklarını Koruma ve Onarım Bölümü
Ordu C. 34459 Laleli-İstanbul/Türkiye

sbasaran@istanbul.edu.tr

İsmail Karamut, Dr., Director / Dr., Müdür

Istanbul Archaeological Museums
Osman Hamdi Bey Yokuşu Sokak, Gülhane – Istanbul/Turkey
İstanbul Arkeoloji Müzeleri Müdürlüğü
Osman Hamdi Bey Yokuşu Sokak, Gülhane – İstanbul/Türkiye

istanbularkeolojimuz@kultur.gov.tr

Ufuk Kocabaş, Assoc. Prof. Dr. / Doç. Dr.

Istanbul University, Faculty of Letters,
Department of Conservation and Restoration
Ordu C. 34459 Laleli-Istanbul/Turkey
İstanbul Üniversitesi, Edebiyat Fakültesi,
Taşınabilir Kültür Varlıklarını Koruma ve Onarım Bölümü
Ordu C. 34459 Laleli-İstanbul/Türkiye

ufukk@istanbul.edu.tr - www.divingintopast.com - www.gecmisedalis.com

Işıl Özsait Kocabaş, Asst. Prof. Dr. / Yard. Doç. Dr.

Istanbul University, Faculty of Letters,
Department of Conservation and Restoration
Ordu C. 34459 Laleli-Istanbul/Turkey
İstanbul Üniversitesi, Edebiyat Fakültesi,
Taşınabilir Kültür Varlıklarını Koruma ve Onarım Bölümü
Ordu C. 34459 Laleli-İstanbul/Türkiye

isilkocabas@yahoo.com.tr

Ramazan Yılmaz, Lecturer, MA / Okutman, MA

Istanbul University, Faculty of Letters,
Department of Conservation and Restoration
Ordu C. 34459 Laleli-Istanbul/Turkey
İstanbul Üniversitesi, Edebiyat Fakültesi,
Taşınabilir Kültür Varlıklarını Koruma ve Onarım Bölümü
Ordu C. 34459 Laleli-İstanbul/Türkiye

ra_yilmaz@yahoo.com

Ünal Akkemik, Prof. Dr.

Istanbul University, Forest Faculty, Department of Forest Botany
34473 Bahçeköy-Istanbul/Turkey
İstanbul Üniversitesi, Orman Fakültesi, Orman Botaniği Anabilim Dalı
34473 Bahçeköy – İstanbul/Türkiye

uakkemik@istanbul.edu.tr